MATA HARI

Sam Waagenaar

MATA HARI

ou la danse macabre

traduit de l'anglais par
MICHÈLE GARÈNE

FAYARD

Introduction

Ce livre est le premier récit véridique de la vie de Mata Hari. Pendant près d'un demi-siècle, son histoire a été contée par des auteurs dont le seul matériau était les on-dit. Comme les faits manquaient, des rumeurs se substituèrent à la réalité.

Cet ouvrage se fond sur des faits. En menant mon enquête, j'ai eu la bonne fortune de découvrir des documents jusqu'ici inédits dans leur grande majorité.

Le fameux dossier secret français sur Mata Hari n'a pas encore été révélé au public ; il restera secret — selon la loi — pendant cent ans à partir de la mort de l'espionne, c'est-à-dire jusqu'en 2017. J'ai toutefois eu le loisir de le consulter, si bien que, malgré le refus du gouvernement français de le publier, les informations qu'il contient figurent en bonne place dans mon livre.

Les détails de l'acte d'accusation de Mata Hari n'ont jamais été divulgués. Il en est de même des noms des membres du jury militaire qui l'ont condamnée à mort ainsi que du mode de leur vote. Quant au rapport du procès proprement dit, il n'est pas disponible au ministère français de la Guerre. Pourtant, toutes ces informations sont incluses dans cet ouvrage.

Le rôle joué par les Anglais dans l'histoire de Mata Hari n'avait jamais encore été signalé. Des documents inédits de Scotland Yard m'ont permis de reconstituer de façon très détaillée cet aspect de la vie de la danseuse.

J'ai retrouvé des lettres qui, pour certaines, datent des années d'avant-guerre, et pour d'autres, de son incarcération à Saint-Lazare, et qui jettent une lumière toute nouvelle sur ses pensées et son état d'esprit. Le dossier complet de sa correspondance avec son impresario révèle un autre visage de Mata Hari.

Il me faut aussi mentionner ses albums personnels, qui m'appartiennent depuis plus de cinquante ans.

J'ai commencé à m'intéresser à Mata Hari en 1931. Cette année-là, la Metro-Goldwyn-Mayer décida de tourner un film avec Greta Garbo sur la vie de Mata Hari et, plus précisément, sur l'époque de son espionnage présumé. En tant que directeur de la promotion et de la publicité de la MGM pour l'Europe, je me passionnai pour ce projet — d'autant plus que j'étais moi aussi hollandais.

Mata Hari fut exécutée en 1917 par les Français, après un procès qui devint en fait l'affaire d'espionnage la plus retentissante de la Grande Guerre. A peine quatorze ans plus tard, le projet de film avec Greta Garbo prenait corps. Je pensai qu'il devait être facile de retrouver en Hollande des gens qui avaient personnellement connu Mata Hari. Un voyage aux Pays-Bas me permettrait certainement de réunir des renseignements utiles au lancement du film.

Ce voyage me fut plus profitable que je ne l'avais escompté. Je rentrai avec une véritable masse d'éléments. Je rencontrai l'un des frères de Mata Hari, un médecin qui l'avait soignée aux Indes orientales ainsi que d'autres personnes qui l'avaient connue aux colonies. Je m'entretins avec la troisième épouse de son mari, parlai longuement avec des avocats, des relations, et des domestiques qui avaient travaillé pour elle, et avec un peintre et ami intime qui avait fait son portrait. Je multipliai les rencontres jusqu'au jour où quelqu'un me donna le nom de celle qui en savait certainement plus que quiconque sur Mata Hari.

Cette piste m'entraîna dans un hameau du Limbourg, province à l'extrême sud de la Hollande. Là, dans une minuscule maison située à l'extérieur du village, vivait une vieille femme qui avait servi Mata Hari pendant des années. Elle s'appelait Anna Lintjens. Elle avait été la servante, la compagne, l'habilleuse, la confidente et la femme à tout faire de Mata Hari.

Mlle Lintjens avait plus de soixante-dix ans lorsque je la rencontrai en 1932. Elle resta sur la défensive jusqu'au moment où je lui expliquai le but de ma visite. J'étais en quête d'informations prouvant que, derrière la célèbre Mata Hari, se cachait un être humain comme les autres.

Mlle Lintjens était bien placée pour savoir que personne ne s'était jamais soucié de trouver des circonstances atténuantes à Mata Hari. Tous les écrivains qui s'étaient penchés sur son cas soutenaient que les Français avaient eu raison d'exécuter cette espionne à la solde des Allemands.

Je demandai donc à Mlle Lintjens si elle pouvait apporter des détails inédits qui jetteraient un nouvel éclairage sur le passé de son ancienne patronne.

Mlle Lintjens, petite femme frêle et tranquille, me laissa terminer mon exposé. Puis elle parla : « Elle n'a jamais espionné pour personne. »

Cette déclaration n'avait pas grande valeur en de telles circonstances. Pourtant, venant de la seule personne qui eût vraiment connu Mata Hari, elle prenait un relief particulier. C'était la première fois, depuis que Mata Hari avait clamé son innocence, que quelqu'un d'autre prenait sa défense.

L'atmosphère s'était détendue, et Mlle Lintjens devint plus prolixe. Elle avait rencontré Mata Hari en 1905 et n'avait pas tardé à entrer à son service.

Mlle Lintjens avait préparé du café pendant que nous discutions, mais il fallut attendre cette déclaration pour que la glace se brisât vraiment. Elle avait été très malade l'année précédente, en 1931 — si malade qu'elle avait cru en mourir. Ayant recouvré la santé, elle s'était demandée ce qu'elle devait faire des lettres et des documents qui avaient appartenu à Mata Hari.

Je me crispai. Qu'avait-elle donc fait de tous ces papiers qui pouvaient expliquer le passé de la danseuse ? Les avait-elle encore ?

Elle secoua la tête. Non, elle ne les avait plus. Lorsqu'elle s'était rétablie, elle avait soudain craint que ces derniers ne tombent entre de mauvaises mains le jour de sa mort. Après maintes hésitations, elle s'était décidée à tout détruire, tant et si bien que l'hiver précédent, elle avait fourré les papiers de Mata Hari dans la gueule du petit poële de sa chaumière et les avait brûlés.

Nous nous regardâmes. Son visage était sérieux, et ses mains veinées de bleu reposaient calmement sur son tablier propre. Elle avait l'air songeur, comme si cet aveu lui faisait revivre ces années passées aux côtés de Mata Hari.

« Il ne vous reste rien ? » demandai-je enfin.

Elle me regarda intensément, puis, avec quelques difficultés, se leva de sa chaise et disparut dans la pièce voisine. De longues minutes s'écoulèrent. Enfin, elle revint avec deux grands livres apparemment très pesants.

« J'ai ça. »

Je pris les livres. Deux épais volumes reliés en box, avec, sur la tranche, le nom de la propriétaire dessiné en lettres dorées avec de petits accents à l'indienne au-dessus des A : MĀTA HĀRI.

J'ouvris lentement le plus lourd. La photographie d'une très belle femme apparut. Anna Lintjens bougea imperceptiblement la tête pour m'encourager à continuer.

Je tournai plusieurs pages. Encore des photos. « Mai 1908 », disait en français la légende de l'une d'elle, et un peu plus loin : « *Soirée chez moi.* [1] »

Je levai les yeux vers Mlle Lintjens. « Ce sont bien

---

1. En français dans le texte. (N.d.T.)

les... » demandai-je sans terminer ma phrase. Elle hocha silencieusement la tête et se rassit.

J'attendis qu'elle parle, car je voyais bien que sortir ces livres lui avait demandé un effort considérable, tant physique que moral. Si elle avait vraiment brûlé tous les autres documents de Mata Hari, pourquoi avait-elle donc épargné ces livres qui, de toute évidence, contenaient autant de renseignements que les papiers détruits ?

« Elle est tout entière là-dedans, reprit-elle enfin. Je ne pouvais pas les détruire. Elle y avait collé elle-même tous les écrits où l'on parlait d'elle : lettres, articles de journaux, photos, télégrammes, notes — *tout*. Toutes les annotations sont d'elle. Ces albums ne la quittaient jamais.

— Jamais ?

— Même lorsqu'elle est allée à Berlin en 1914. Elle devait danser au Métropole, mais la guerre a éclaté. [Une pause.] Je n'avais pas la moindre idée de l'endroit où elle se trouvait. Puis j'ai su qu'elle était arrivée à Amsterdam. »

Les mots me manquaient. J'avais sur les genoux les albums personnels de Mata Hari, qui avaient comme par miracle survécu à la tourmente dans une petite maison d'un minuscule village hollandais.

« Qu'allez-vous en faire ?

— Je ne sais pas. Je ne sais vraiment pas. Depuis que j'ai brûlé ces papiers, je ne cesse de me demander ce que je pourrais en faire. C'est toute sa vie qui apparaît dans ces livres, les années qui ont vraiment compté pour elle... C'est pour cela que je n'ai pas voulu les détruire. Et maintenant, je ne sais plus. Je ne veux pas qu'ils tombent en de mauvaises mains après ma mort. Et depuis ma maladie, l'année dernière, je sais que ce jour approche. J'ai soixante et onze ans, comment savoir combien d'années il me reste à vivre ? »

Je ne pouvais rien dire, rien suggérer, je n'aurais pas osé. Nous bavardâmes encore un peu, puis je pensai qu'il était temps de prendre congé. Je ne pouvais m'imposer

davantage à cette femme qui m'avait tant confié de sa vie
— peut-être le plus important.

Nous restâmes silencieux un moment. Mlle Lintjens
regardait par la fenêtre. Puis elle se tourna vers moi :

« Prenez-les, me dit-elle. Je sens que je peux vous faire
confiance. Si vous refusez, il ne me reste plus qu'à les
détruire aussi. »

Cette offre me stupéfia.

« Je crois ce que vous m'avez dit. Je sais que ces livres
seront en sécurité avec vous. Promettez-moi seulement une
chose. Ne vous en séparez pas tant que je serai en vie. »

Je promis, et nous nous serrâmes la main. Je me dirigeai
vers la porte. Me retournant une dernière fois, je vis Anna
Lintjens toujours assise sur sa chaise, à quelques pas de
moi, les mains croisées, seule. J'emportais les derniers
objets tangibles qui l'avaient reliée à Mata Hari. Pendant
quelques années, il lui resterait ses souvenirs qui disparaî-
traient avec elle. Seuls survivraient ces albums.

Ce soir-là, dans ma chambre d'hôtel d'Amsterdam, je
feuilletais ces deux albums remplis de papiers concernant
la carrière de l'artiste, les années où elle dansa. Il y avait
des cartes et des lettres de gens dont le nom était connu
de l'Europe entière. Des lettres de Jules Massenet, et une
note de Puccini. Des dessins et des télégrammes qui
remontaient à 1905, juste avant ses débuts au Musée
Guimet à Paris. Et enfin, une photo prise à La Haye en
1915, sa dernière apparition sur scène.

Je gardai ces livres. Ils passèrent la guerre dans le coffre
de la Bank of America à Hollywood, pendant que je me
trouvais en Europe. Mais entre-temps, le monde avait
commencé à imaginer Mata Hari sous les traits de Greta
Garbo.

A la fin des années 50, je me plongeai dans la littérature
concernant Mata Hari, d'abord au hasard puis avec un
intérêt grandissant. Chaque nouvelle page ajoutait à ma
confusion. Je commençai à penser qu'il fallait que j'en-

treprisse un travail de recherche sérieux pour faire apparaître toute la vérité sur la vie de Mata Hari — loin du mythe et de la légende. Je passai six mois à faire des recherches, surtout en Hollande et en France mais aussi en Allemagne et en Angleterre. J'envoyai des centaines de lettres à des archives nationales ou locales, à des compagnies de paquebots, à des hôtels, à des banques, à Scotland Yard, à des entreprises, à des ministères dans neuf pays et à des douzaines d'individus habitant des villes et des villages français et hollandais. Plus j'avançais, plus j'étais convaincu que l'histoire de Mata Hari n'avait jamais été fidèlement racontée.

Ce livre est le résultat d'une volonté constante de retrouver les sources originales de l'histoire de Mata Hari et d'un refus de partir de principes établis. Comme il est complet, il va souvent à l'encontre des prétendus « faits » qui ont été publiés jusqu'ici.

Mata Hari fut-elle réellement une espionne ? Cette question a été largement débattue par des auteurs qui se sont surtout fiés à une imagination dont la richesse dépassait souvent celle de Mata Hari elle-même. Néanmoins, le problème reste entier : qu'a donc fait Mata Hari qui justifia son exécution par les Français en 1917 ? A-t-elle espionné pour le compte des Allemands ? Pour celui des Français ? Il s'agit de savoir si elle s'est contentée de *donner dans* l'espionnage ou si elle a *vraiment espionné.*

L'un des meilleurs dictionnaires internationaux donne de l'espion la définition suivante : « Individu qui pénètre clandestinement dans les lignes ennemies pour recueillir des renseignements. » Quant aux risques encourus, voici ce qu'on en dit : « On considère que l'espion a enfreint toutes les règles et, en cas d'arrestation, il est passible de la peine capitale. »

Bien sûr, pour appliquer la peine capitale, il faut pouvoir prouver sans l'ombre d'un doute que l'individu arrêté est bien un espion. En outre, il faut prouver que cet individu a effectivement utilisé les renseignements qu'il a recueillis clandestinement. Dans le cas de Mata Hari, les Français n'ont jamais apporté de preuves concrètes, définitives ou irréfutables.

Il va sans dire que les interprétations et les avis ne se comptent plus. Lors des nombreux interrogatoires subis par Mata Hari à Paris en 1917, le capitaine Bouchardon déclara que, selon les Français, le fait même d'*adresser la parole* à un Allemand était considéré comme un acte de haute trahison. Mata Hari riposta logiquement en disant qu'en Hollande, pays neutre où elle avait passé les premières années de la guerre, il y avait des milliers d'Allemands, et que les Hollandais — dont elle était, après tout — avaient le droit de leur parler si l'envie les en prenait.

Il y a quelque vingt ans, lorsque ce livre rédigé au terme d'une enquête minutieuse parut pour la première fois, je ne tenais pas Mata Hari pour coupable. J'admettais qu'elle avait espionné, ou du moins qu'elle avait essayé. Mais selon toute évidence, son activité dans ce domaine ressemblait fort à un jeu, dangereux, certes, mais un jeu d'enfant — un semblant d'espionnage qui aurait dû convaincre n'importe qui que jamais elle n'eût été capable de découvrir quoi que ce soit de sérieux et qu'elle n'a certainement jamais fourni de renseignements importants aux Allemands.

A présent, de nouveaux éléments sont apparus qui semblent accablants. Mais s'ils le sont effectivement, je m'empresse d'ajouter que les Français n'en ont jamais pris connaissance. Mata Hari a bien été exécutée sans que la preuve de sa culpabilité soit faite — même si maintenant nous pouvons arriver à des conclusions légèrement différentes.

Quels sont donc ces nouveaux éléments ? Ils furent révélés des années après ces événements, en octobre 1940, soit vingt-trois ans après l'exécution de Mata Hari.

Ces renseignements nouveaux font partie d'un rapport

rédigé en 1940 à la demande du général de division allemand Friedrich Gemmp, qui préparait à l'époque un exposé sur l'espionnage pendant la première Guerre mondiale. L'auteur du dossier sur Mata Hari, qui utilisa surtout sa mémoire et peut-être aussi quelques documents, était le commandant Roepell qui, en 1916, dirigeait le bureau de renseignements du front ouest (*Kriegsnachrichtenstelle*) à Düsseldorf. Si nous en croyons le rapport du commandant, Mata Hari était beaucoup plus impliquée — ou du moins *donnait l'impression* d'être plus impliquée que je ne l'aurais pensé à la lecture du dossier secret français sur la danseuse-espionne. Et si nous pouvons nous fier à l'opinion du commandant Roepell, pourquoi ne pas le croire quand il affirme quelle était coupable ? Voici en effet ce qu'il écrit à la fin de son rapport, lui, un officier allemand : « Qu'elle ait espionné pour les Allemands ne fait aucun doute, et je pense que les Français avaient — malheureusement — le droit de l'exécuter. »

Mais cette affirmation n'est, bien sûr, que l'opinion d'un homme. Nous avons donc le droit de la mettre en doute, ou au moins de la vérifier à la lumière de tous les documents disponibles et des interrogatoires menés par les Français, matériau que n'avait pas Roepell lorsqu'il rédigea son rapport en 1940.

La monographie de Roepell, qui date maintenant de plus de quarante ans, ne fut pas publiée pendant la Seconde Guerre mondiale. Elle est restée secrète jusqu'à ce que les Archives nationales américaines commencent à classer la masse de documents trouvés par les Américains en 1945 au Haut Commandement et dans les bureaux d'espionnage allemands. Ce travail gigantesque a permis de faire apparaître le rapport en question ainsi que d'autres notes dans lesquelles les Allemands mentionnaient Mata Hari — et le tableau est loin d'être réjouissant.

Il nous faut maintenant examiner ces nouveaux éléments à la lumière des informations déjà connues et tâcher d'en déterminer la valeur. Le commandant Roepell, né en 1873, qui fut, pendant la Seconde Guerre mondiale, attaché au Haut Commandement allemand (*Oberkommando der Wehrmacht*), s'est évanoui dans la nature. Quant au général Gemmp, il fut fait prisonnier par les Russes en 1945. Selon les renseignements que j'ai reçus de la division militaire des archives nationales allemandes (*Bundesarchiv*), il est « porté disparu » depuis 1946 — en fait, il a dû mourir en captivité chez les Soviétiques cette année-là.

Le 1er mai 1917, au cours de l'un des interrogatoires les plus révélateurs de l'enquête préalable, le capitaine Bouchardon annonça à Mata Hari que les Français avaient intercepté des télégrammes envoyés de Madrid à Berlin, et qui, tous, concernaient un espion que les Allemands appelaient H-21. Selon Bouchardon, il ne pouvait s'agir que de Mata Hari. Notre espionne présumée expliqua donc « qu'elle n'avait eu aucun contact avec les Allemands avant de rencontrer von Kalle », l'attaché militaire allemand à Madrid, qu'elle avait contacté, comme elle l'avait déjà dit à Bouchardon, en décembre 1916.

Trois semaines plus tard, le 21 mai, Mata Hari donnait une nouvelle version des faits. Elle avait eu tout le temps de méditer et elle sentait que continuer à nier ses contacts avec les Allemands ne servirait à rien. Elle fit donc au capitaine Bouchardon un récit dont elle espérait qu'il ne serait pas mis en doute. Elle expliqua qu'en mai 1916, le consul allemand à Amsterdam, Herr Cramer, était venu la voir. Il lui avait promis 20 000 francs français si elle acceptait d'espionner pour le compte de l'Allemagne et, après quelques jours de réflexion, elle avait donné son accord. Mais, avait-elle ajouté devant le très attentif Bouchardon, elle n'avait jamais rien fait en échange de cet argent, dans la mesure où elle estimait que cette somme remboursait les manteaux de fourrure et autres possessions que les Allemands lui avaient confisqués à Berlin à la déclaration de la guerre de 1914. Et, continua-t-elle, les

trois flacons d'encre secrète que Cramer lui avait confiés
étaient déjà allés grossir les flots du canal de la mer du
Nord en Hollande lorsqu'elle s'embarqua pour l'Espagne
afin de rejoindre Paris en ce mois de mai 1916.

D'après le rapport de Roepell, l'histoire se passa très
différemment. Qu'on en juge ! Selon Roepell, ce contact
entre Mata Hari et les Allemands eut effectivement lieu en
mai 1916. Et *peut-être* avait-elle reçu alors les 20 000 francs
et les trois flacons d'encre secrète. Mais, si c'est le cas, ce
contact avec Cremer avait donc été établi avant ou après
cette date — et la *véritable* rencontre entre Mata Hari et
les fonctionnaires des services secrets allemands ne s'était
pas produite à La Haye, mais en Allemagne, à Cologne et
à Francfort.

Dans son rapport, le commandant Roepell explique
que Mata Hari « avait été découverte par *Freiherr* von
Mirbach », et recommandée ensuite au chef du service
IIIb. Ce chef n'était autre que le célèbre Walther Nicolai
(né en 1873) qui, pendant la Première Guerre mondiale,
avait dirigé le service de renseignements (lire « espionnage ») — la section IIIb — du commandement allemand.
Roepell précise ensuite qu'à l'époque — c'est-à-dire en mai
1916 — il était attaché au service de renseignements du
front ouest (*Kriegsnachrichtenstelle*) à Düsseldorf, où il
reçut un télégramme de Nicolai qui lui donnait l'ordre
de le rejoindre à Cologne. « C'est là que la première
conversation entre H-21 et le colonel Nicolai eut lieu — au
Dom Hotel ».

Roepell s'était opposé à la venue de Mata Hari en
Allemagne. « Mirbach et moi étions contre l'idée de laisser
H-21, qui habitait La Haye, entrer en Allemagne, mais le
chef de IIIb insista ».

Nous arrivons ensuite à une déclaration plutôt révélatrice
de la part de Roepell. C'est le premier détail qui incite à
ne pas prendre tous ses renseignements au sérieux. Il dit
d'abord que « plus tard, Mata Hari me répéta à différentes

reprises qu'elle avait été surveillée lors de son passage de la frontière hollandaise à Zevenaar ». Il ajoute qu'elle « était accompagnée d'une servante *halfcast* [en anglais dans le texte allemand] » qui « joua peut-être un rôle douteux ».

Avant de poursuivre l'étude du rapport Roepell, je pense qu'il est nécessaire de revenir à ma rencontre avec la servante de Mata Hari, Anna Lintjens, en 1931. A aucun moment je n'ai pensé que Anna Lintjens présentait une ressemblance même vague avec une Indonésienne, métisse ou non. Johanna Hubertina Lintjens était née à Maasniel en 1861, et on ne pouvait faire plus hollandais qu'elle. Pourtant, il semble bien qu'Anna ait effectivement accompagné Mata Hari en Allemagne. En reprenant les notes rédigées lors de mon premier entretien de mars 1963 avec Franciscus Hubertus Lintjens, fils d'Anna, né le 24 janvier 1886 à Bruxelles, je retrouve quelques détails intéressants. Je n'ai pas utilisé ces renseignements dans la première version de mon livre pour la simple raison que rien ne venait les étayer. Maintenant, à la lumière du rapport Roepell, les pièces du puzzle se remettent en place.

« Pendant la Première Guerre mondiale, la mère de Franciscus alla passer quelques jours à Cologne avec Mata Hari. J'écrivis alors dans mes notes : ''Elles descendirent dans un hôtel situé en face de la cathédrale. Un garçon la reconnut pour l'avoir déjà rencontrée à Paris et alerta les autorités, pensant avoir affaire à une espionne française. On les installa donc dans un autre hôtel.'' »

Donc, la mention du Dom Hotel de Roepell confirme les dires d'Hubertus Lintjens. L'incident avec le garçon apparaît aussi dans le rapport de Roepell, mais de façon plus détaillée : « L'*Oberkellner* de l'hôtel Frankfurter Hof avait été maître d'hôtel au Ritz à Paris. Il reconnut Mata Hari qui — comme nous devions l'apprendre le lendemain — avait été invitée par l'*Oberkellner* et sa femme à passer la soirée dans leur appartement. Un jour, au cours d'une promenade — on m'avait donné l'ordre de continuer l'instruction de Mata Hari en dehors de Francfort, là où les chances d'être vus étaient moindres — Mata Hari me dit qu'elle aurait mieux fait de ne pas accepter l'invitation de l'*Oberkellner* et que l'intérêt que lui portait cet homme était *unheimlich* — en d'autres termes, cela lui donnait la chair de poule. » Roepell nous apprend ensuite « qu'à son avis, Mata Hari devait de l'argent au garçon depuis Paris, car [il l'avait vue] lui remettre un chèque ». (On peut se demander pourquoi Roepell, qui était l'instructeur de Mata Hari, ne l'interrogea pas à ce propos !)

Le témoignage de Roepell nous paraît à nouveau douteux sur certains points. Nous pouvons conclure de son histoire qu'il dînait *avec* Mata Hari au Frankfurter Hof le soir où l'*Oberkellner* la reconnut, étant donné que, comme nous devions l'apprendre le lendemain — ayant « vu qu'elle lui remettait un chèque » —, Mata Hari « avait été invitée à passer la soirée à son appartement ». Donc l'invitation de l'*Oberkellner* avait dû être lancée avant. Hubertus Lintjens m'avait dit que sa mère et Mata Hari n'avaient passé que « quelques jours » en Allemagne. Bien sûr, comme, le jour où je rencontrais Hubertus Lintjens, le voyage de sa mère remontait déjà à quarante-sept ans, il est possible que sa mémoire l'ait trahi et que « ces quelques jours » aient duré plus longtemps. Il n'en reste pas moins que la contradiction qui apparaît dans ce rapport rédigé par un agent secret allemand haut placé est plutôt étonnante.

Néanmoins, certains autres détails des récits de Roepell et d'Hubertus Lintjens se recoupent — telle la mention de ce *Freiherr* von Mirbach. Je retrouve ceci dans mes notes de 1963 : « Anna portait des lettres de Mata Hari à un certain "Myer, Meier ou Mijer" [j'avais recouru à la transcription phonétique, car ces trois noms se prononcent de la même façon en hollandais] de Rotterdam, dont le véritable nom était baron von Mehrbach et qu'Anna savait être le consul allemand. » Lorsque Hubertus quitta l'armée hollandaise en 1917, Anna alla voir « Meier » afin de lui demander un visa pour son fils qui lui permît de rentrer en Allemagne, où il résidait avant la guerre. Meier avait répondu qu'il ne pouvait rien faire dans la mesure où Hubertus habitait le Limbourg. Quand Hubertus alla voir le consul allemand à Maastricht (capitale du Limbourg), ce dernier s'emporta lorsqu'il lui parla du « consul » Meier : « Il n'est pas consul ! Je ne connais même pas cet homme-là. »

Comment Mata Hari était-elle arrivée à Francfort ? Après sa première rencontre avec le colonel Nicolai au Dom Hotel de Cologne, c'est le colonel lui-même qui lui donna l'ordre d'aller dans le sud où on lui conseilla de prendre une chambre au Frankfurter Hof. L'affaire se corse alors considérablement, parce que Roepell nous dit que « le colonel Nicolai les avait priés, Fräulein Dr. Schragmüller et lui, de s'installer au Carlton ». Fräulein Elisabeth Schragmüller n'était autre que la célèbre Fräulein Doktor ou Mademoiselle Docteur, comme l'appelaient les Français, responsable de la section France du bureau de renseignements du front (espionnage) d'Anvers (*Abteilung Frankreich der Kriegsnachrichtenstelle Antwerpen*).

Et pour quelle raison le colonel Nicolai avait-il fait venir Fräulein Doktor à Francfort ? Roepell nous éclaire sur ce sujet : « Je devais instruire H-21 en quelques jours sur le plan politique et *militärpolitisch* [de politique militaire] pour qu'elle puisse s'acquitter de sa mission, et Fräulein Doktor devait mettre sur pied le prochain voyage de H-21 et lui expliquer comment recueillir des renseignements et les transmettre. » Le système de formation de l'espion allemand était du style : « Comment devenir un espion en six leçons faciles ! ».

Toutefois, le colonel Nicolai et Fräulein Doktor avaient encore une chose à faire avant de pouvoir envoyer Mata Hari en mission. Restait le problème de l'encre secrète.

« Lorsqu'on aborda le sujet de la transmission des renseignements par l'utilisation de l'encre secrète, continue Roepell, on fit appel à Herr Habersack du bureau de renseignements du front d'Anvers, et le travail conjoint de l'instruction, de l'interrogation et de l'écriture à l'encre secrète recommença à zéro. »

L'apprentissage de Mata Hari n'était cependant pas encore terminé car, dans l'intervalle, « un autre entretien réunit le chef de section IIIb, Fräulein Doktor et moi-même au Dom Hotel de Cologne. Nous repartîmes ensuite pour Francfort avec de nouvelles instructions ». Ainsi Mata Hari, qui devait plus tard affirmer à Bouchardon qu'elle n'avait pas eu de contact avec les Allemands avant la visite de Cramer à La Haye (à moins que Cramer n'ait été le contact de Nicolai en Hollande *avant* qu'elle n'arrive en Allemagne) était prête à commencer sa carrière d'espionne allemande.

Néanmoins, bien des points restent obscurs, et le rapport de Roepell, rédigé en 1940, ne nous aide pas à résoudre ces problèmes, même les plus insignifiants, maintenant que nous savons que Mata Hari était beaucoup plus impliquée avec les Allemands qu'elle n'aurait aimé le faire croire aux Français, et certainement plus impliquée que les Français ne le *soupçonnaient*. Roepell rapporte ensuite les entretiens qu'il eut avec Cramer en Hollande *après* la guerre.

« Plus tard, en 1918, alors que j'étais en poste à La Haye, je parlais souvent de H-21 avec Herr Cramer, le consul général allemand à Amsterdam. Car, après tout, les télégrammes chiffrés en provenance de Madrid lui étaient adressés et, pour autant que je sache, étaient rédigés à l'aide du code figurant dans notre vieille brochure brune [selon d'autres documents qui me furent envoyés par les archives de Washington, elle était verte] qui avait bien sûr était décodé depuis longtemps par l'ennemi. Madrid donna l'ordre à Cramer de verser 20 000 florins à H-21 dès qu'elle arriverait à Amsterdam au retour de son voyage France-Espagne-Angleterre. »

Mata Hari, de son côté, avoua au capitaine Bouchardon que Cramer lui avait offert — et donné — 20 000 francs avant ce voyage. Il est, bien sûr, possible que les *sommes* indiquées par Roepell et Cramer-Mata Hari aient été identiques, mais qu'un paiement ait été effectué en francs et l'autre en florins. Mais Mata Hari aurait-elle vraiment avoué à Bouchardon qu'elle avait déjà été payée par les Allemands avant de partir si ce n'était pas le cas ? Admettre qu'elle avait reçu des fonds n'aurait qu'accru sa culpabilité aux yeux des Français. Doit-on en conclure que Roepell fait allusion à une autre somme ou que sa mémoire défaillait au bout de tant d'années ? Cela semble plausible quand nous considérons que — comme nous l'avons dit — il révéla « avoir souvent parlé de H-21 avec le consul *général* allemand d'Amsterdam, Herr Cramer ».

Pourtant, en réponse à une de mes lettres au ministère des Affaires étrangères de Bonn où je demandais des renseignements, on m'informa, en janvier 72, que « le 2 novembre 1914, le commerçant Carl H. Cramer, natif de Brême, fut nommé directeur du consulat général d'Amsterdam. A partir de 1915, le consul général fut le *Freiherr* Hans Paul Humboldt Dachroeden. En tant que directeur du bureau de renseignements, Cramer avait droit au titre de consul et était connu comme tel par le gouvernement hollandais. Le 24 décembre 1919, Cramer fut relevé de son poste à Amsterdam, et ce n'est qu'à partir du 12 janvier 1920 que Cramer porta le titre de consul général quand le ministère des Affaires étrangères allemand lui confia une courte mission. »

Parlant toujours de ses entretiens avec Cramer, Roepell nous apprend que « lorsque Cramer reçut ce télégramme [à propos du règlement des 20 000 florins], il fut consterné et convaincu que l'opération tournait mal ».

Par un calme après midi dominical de 1973, je retournai

à Maasniel-Roermond pour voir si Hubertus Lintjens pouvait m'éclairer sur la participation de sa mère aux activités de guerre allemandes — si participation il y avait. Je trouvai la petite maison vide. Un voisin m'apprit qu'Hubertus Lintjens « était parti ». Quand reviendrait-il ? « Jamais », me répondit cet aimable voisin. Et il ajouta : « Si vous voulez le voir, il faut vous dépêcher, sa dépouille est exposée à l'hôpital de Maasniel. » Hubertus avait alors quatre-vingt-sept ans. Il avait survécu à sa mère et à Mata Hari. Avec lui disparaissait le dernier témoin probable de l'espionnage de Mata Hari.

Début avril 1917, au bout de deux mois d'emprisonnement, Mata Hari demanda à l'ambassade de Hollande à Paris de prévenir sa servante restée au pays qu'elle avait « des difficultés à quitter le territoire français » et de lui dire de « ne pas s'inquiéter ». On se demande bien pourquoi Anna aurait pu s'inquiéter. C'est tout simplement qu'elle s'inquiétait *toujours*, comme elle me le dit elle-même en 1931 et comme son fils me le confirma en 1963. Anna avait peur que Mata Hari ne se fasse tuer lors d'une attaque sous-marine, et elle m'avoua qu'elle préférait l'atmosphère calme de La Haye, qui lui réussissait mieux en ces temps de guerre. Est-il possible qu'Anna ait été partiellement, sinon complètement, au courant des activités de sa maîtresse ? Roepell parle effectivement d'une servante qui aurait accompagné Mata Hari, même s'il commet l'erreur de la prendre pour une métisse. Mata Hari avait-elle dit à Anna la raison de son voyage en Allemagne ? Mata Hari, dont l'imagination fertile faisait jaillir de nouvelles idées à tout instant, avait fort bien pu annoncer à Anna qu'elle se rendait en Allemagne pour essayer de décrocher un contrat. En tous cas, elle avait sûrement concocté une histoire plausible. En revoyant cette petite femme tranquille qui murmurait, je me demandai si elle connaissait l'existence d'irrégularités — ou du moins, si elle les *soupçonnait*. Car, après tout, une espionne qui vient de recevoir des instructions n'en parle pas à sa femme de chambre ou à qui que ce soit. Seule une très mauvaise espionne agirait ainsi. Si c'était le cas, cela confirmerait le comportement totalement novice de Mata Hari pendant sa carrière d'espionne. (A Paris, quand les Français lui demandèrent de travailler pour eux, elle alla voir un fonctionnaire haut placé pour qu'il la conseille !) Je me demande aussi si Anna aurait pu être moins innocente que je ne l'avais cru à l'époque de notre rencontre.

Anna Lintjens avait brûlé toutes les lettres et presque tous les autres documents appartenant à Mata Hari, à l'exception des albums qu'elle devait me confier plus tard. Ces derniers, cependant, remontaient à une époque plus lointaine et bien plus innocente de la vie de Mata Hari [1]. Anna aurait-elle pu penser que Mata Hari était susceptible de laisser traîner des lettres compromettantes en allemand ? Ou — mieux encore — aurait-on pu imaginer que les Allemands lui avaient *envoyé* des lettres compromettantes ? Même dans un pays comme la Hollande, qui n'était pas en guerre ? Les services secrets allemands n'auraient certainement pas fait preuve d'une telle bêtise. L'explication la plus logique est la suivante : après l'exécution de Mata Hari pour intelligence avec l'ennemi, Anna avait simplement *pensé* qu'il y avait peut-être des papiers dangereux dans la maison de La Haye, ou considéré comme potentiellement dangereux tout ce qu'elle avait emporté à Maasniel — on comprend alors pourquoi Anna « brûla tout » après avoir été malade un an avant notre rencontre en 1931.

Pendant les interrogatoires, Mata Hari ne cessa de répéter au capitaine Bouchardon qu'elle avait demandé de

---

1. Je n'ai découvert que récemment qu'Anna les avait d'abord mis en sûreté chez le propriétaire de la maison louée par Mata Hari. Ils furent rendus à Anna après la vente aux enchères des biens de Mata Hari. (N.d.A.)

l'argent à sa servante — par télégramme et par lettre. Avait-elle (comme Bouchardon le soupçonna) demandé aux Allemands de verser cette somme à Anna, afin que celle-ci puisse la lui réexpédier à l'ambassade hollandaise à Paris ? C'est effectivement là que l'argent arriva, envoyé selon toute probabilité — selon l'explication qu'elle fournit à Bouchardon — par son amant hollandais, le baron Edouard Willem van der Capellen.

Si nous considérons que la version de Roepell est la bonne — et elle donne des détails si déconcertants qu'on ne peut, dans l'ensemble, guère la mettre en doute —, alors les actes d'Anna ainsi que les dénégations et les fausses explications de Mata Hari font figure de purs mensonges. Mais dans la mesure où Bouchardon avait beaucoup de soupçons sans pouvoir apporter de preuves, Mata Hari n'avait aucune raison — ni était forcée — de lui dire la vérité.

Cependant il y a des incohérences dans la version de Roepell, et Mata Hari semble n'avoir pas menti quand elle affirma à Bouchardon qu'il avait tort de penser qu'elle avait commencé à espionner pour les Allemands bien avant la guerre de 1914. Les renseignements de Roepell lui-même le confirment. En effet, sur un autre microfilm des documents apportés d'Allemagne à Washington, je lis que « l'idée d'utiliser Mata Hari pour le service de renseignement [espionnage] allemand venait de *Freiherr* von Mirbach en poste à Cleve [ville allemande située près de la frontière hollandaise] qui relevait du bureau de Düsseldorf. C'est sur ses ordres que le commandant Roepell envoya, le 3 mai 1916, une lettre renfermant des suggestions à propos de l'entraînement et de la mission de H-21 ».

Les *suggestions* de Roepell étaient donc datées du 3 mai 1916. Mais Mata Hari déposa sa demande de passeport à La Haye quelques semaines avant, autour de la mi-avril au plus tard. Elle déclara à Bouchardon que « les

Allemands avaient eu vent de cette demande » et que Cramer la contacta à ce moment-là.

Cela avait dû se produire « vers le mois de mai 1916... assez tard dans la soirée » et, lorsque Mata Hari avait ouvert sa porte, elle « s'était trouvée face à M. Cramer, consul allemand à Amsterdam, qui lui avait écrit qu'il viendrait la voir sans toutefois préciser le but de sa visite ».

Mata Hari disait-elle la vérité à Bouchardon ou le contact avec Cramer — sur la suggestion de Von Mirbach — avait-il eu lieu *avant* que Mata Hari ne fasse cette demande de passeport ?

Roepell dit que le contact fut pris en *mai*. Mata Hari, comme nous l'avons vu, demanda un passeport ainsi qu'un visa de transit au consulat britannique en Hollande. Puis, le 27 avril, ou même avant, elle se rendit au ministère des Affaires étrangères hollandais pour requérir son *aide* en vue de l'obtention de ce visa britannique. C'est en effet le 27 avril que le ministère des Affaires étrangères hollandais envoya un télégramme à son ambassade de Londres, l'enjoignant d'intervenir auprès des Anglais en faveur de Mata Hari. Environ une semaine plus tard — le 4 mai — la légation hollandaise à Londres télégraphia que les Britanniques avaient refusé le visa.

Les Anglais craignaient-ils que Mata Hari ne vienne jouer les Lady Godiva sur leur territoire ? Non. Ils avaient de bonnes raisons ou du moins ils *croyaient* en avoir, comme je devais le découvrir plus tard. Quoi qu'il en soit, Mata Hari avait bien sollicité un passeport, un visa de transit britannique et un visa d'entrée en France *longtemps avant la date où Roepell place son premier contact avec les Allemands !* Mata Hari avait reçu son passeport hollandais le 15 mai. Elle dit apparemment la vérité lorsqu'elle affirme à Bouchardon que les Allemands étaient venus la voir *après* qu'elle eut mis ses projets de voyage au point.

Roepell prétend en outre qu'il reçut un peu plus tard

« deux ou trois lettres » de Mata Hari à une « boîte à lettres » de Düsseldorf et que « pour autant que je m'en souvienne, elles ne contenaient que des renseignements sans intérêt écrits avec de l'encre secrète ». Il dit ensuite « qu'il imagine [!] que des renseignements plus importants ont pu être interceptés et pas retransmis ». Si les renseignements furent « interceptés » par les *Français*, il paraît logique qu'ils n'aient pas été retransmis. Si les Allemands les avaient interceptés, il ne fait aucun doute qu'ils les *auraient* fait suivre. Cette *hypothèse* de Roepell le pousse à émettre une opinion que nous pouvons donc écarter. Car si, comme il l'avoue, il ne savait pas si Mata Hari avait donné des « renseignements d'importance » aux Allemands, comment pourrions-nous le prendre au sérieux lorsqu'il fait la déduction suivante : « ... en ce qui concerne les résultats obtenus par H-21... je pense personnellement qu'elle renseignait très bien ; car elle était l'une des femmes les plus intelligentes [*klug*] qu'il m'ait été donné de rencontrer. » Cela porte à croire que Roepell n'avait pas rencontré beaucoup de femmes *klug*, car si Mata Hari n'était pas complètement dénuée d'intelligence, elle était aussi totalement irresponsable — agissant sous l'impulsion sans réfléchir aux conséquences. Roepell devait être du type impressionnable pour faire un tel éloge de Mata Hari.

Les lettres « sans intérêt » que Roepell dit avoir reçues de Mata Hari à la boîte de Düsseldorf étaient écrites — d'après lui — à l'encre secrète. Cela paraît légèrement, sinon *franchement* suspect. Si ces lettres étaient vraiment sans intérêt, pourquoi ne pas avoir utilisé une encre ordinaire ? Il est plausible que Mata Hari, ne disposant *pas* de renseignements importants, ait simplement respecté les ordres afin de montrer qu'elle faisait de son mieux pour justifier l'argent que lui avaient versé les Allemands. Mais on doute que Mata Hari ait jamais écrit de lettres à l'encre secrète quand on lit que, lors de l'interrogatoire du 1er mai, Bouchardon lui révéla le contenu du télégramme allemand intercepté par les Français. Il avait été envoyé d'Allemagne à von Kalle qui se trouvait à Madrid, le 6 mars 1917 — un mois environ *après* l'arrestation de Mata Hari à Paris. Le texte est le suivant : « Faites-nous savoir si l'on a dit à l'agent H-21 que pour toutes les communications elle devait utiliser l'encre secrète qui lui a été confiée et si on lui a montré que cette encre ne peut être développée par l'ennemi. »

Surprenant d'envoyer un tel télégramme alors que Mata Hari était déjà en prison — et, en outre, à *Madrid*, ville que Mata Hari avait quittée pour Paris le 2 janvier 1917, ce qui signifie qu'elle se trouvait déjà en France depuis deux mois quand les Allemands s'enquirent de son aptitude à utiliser l'encre secrète. De plus, *elle était déjà sous les verrous depuis un bon mois !* Cela tendrait à prouver que Mata Hari n'avait eu aucun contact avec les agents allemands à Paris qui, sinon, auraient aussitôt informé leur quartier général d'Anvers ou d'ailleurs de la destinée de leur collègue. Mais pourquoi cette *question* à propos de l'encre ? Car nous savons — comme l'affirme Roepell, que Mata Hari avait été initiée par Fräulein Doktor à *tous les usages de l'encre secrète !* Pourquoi les Allemands s'inquiéteraient-ils alors en mars 1917 — c'est-à-dire plus d'un an après la rencontre entre H-21 et la très efficace Fräulein docteur — de savoir si « on lui a montré que cette encre ne peut être développée par l'ennemi » ?

On peut donner d'autres interprétations de ce télégramme. L'histoire que nous raconte Roepell à propos de l'instruction de Mata Hari par Fräulein Doktor ne serait que pure invention, ce qui paraît peu plausible. On peut aussi penser que de nouvelles recrues du service de renseignements allemand ignoraient que Mata Hari avait si bien appris à se servir de cette encre. Or, cette hypothèse devrait être éliminée, puisque Nicolai resta chef du service de renseignements allemand jusqu'au jour de l'armistice, le 11 novembre 1918. Et Nicolai savait certainement très

bien ce qu'on avait dit à Mata Hari lors de son voyage de
1916 en Allemagne. Reste une troisième supposition : les
Allemands avaient commencé à douter des talents d'espionne de Mata Hari.

Cette dernière hypothèse n'est peut-être pas dénuée de
fondement. Il ne faut pas oublier que c'est Fräulein Doktor
qui déclara plus tard que Mata Hari aurait pu faire mieux
pour les 20 000 florins qu'elle avait reçus. Ceci confirme
que Mata Hari avait effectivement reçu cette somme de
Cramer *avant* qu'elle ne parte pour son fatal voyage en
Espagne et en France. Roepell affirmait donc à tort que
cet argent devait être versé à Mata Hari à son retour en
Hollande, retour qui n'eut jamais lieu — à moins, bien
sûr, qu'il n'ait été question de deux sommes distinctes,
l'une en francs et l'autre en florins.

Cela signifierait-il aussi que Mata Hari disait la vérité
lorsqu'elle affirmait à Bouchardon qu'elle n'avait jamais
écrit de lettres avec de l'encre secrète et qu'elle avait jeté
les trois flacons — donnés par Cramer ou par quelqu'un
d'autre avant en Allemagne — dans le canal de la mer du
Nord en Hollande, lorsqu'elle quitta Amsterdam sur le SS
Zeelandia, le 24 mai 1916 ? Il est vrai qu'elle n'avait pas
(plus ?) d'encre secrète en sa possession lorsqu'elle fut
arrêtée par Scotland Yard à Falmouth à son retour de
France en Hollande en novembre de cette même année.
Elle déclara à Bouchardon le 1er mai 1917 : « Où donc
aurais-je pu la cacher en Angleterre ? Ils ont fouillé tous
mes bagages et fait analyser tous mes articles de toilette ! »
Le télégramme des Allemands porterait donc à croire que
Mata Hari n'utilisa jamais cette encre invisible !

Même si Roepell affirme que Mata Hari était très
impliquée avec les Allemands, nous devons pourtant
conclure que ses services n'allèrent pas très loin. Si, comme
Bouchardon et le jury français l'ont déclaré, elle transmit
des renseignements importants aux Allemands, elle aurait
dû s'empresser, logiquement, de le faire dans les plus

brefs délais. Conservés pendant un mois ou plus, des
renseignements vitaux à propos de la position de l'ennemi,
de ses plans et autres activités de guerre perdent une bonne
partie — sinon la totalité de leur intérêt. On notera que
Mata Hari attendit son *retour* à Madrid pour contacter
von Kalle lors de son voyage effectué de novembre à
décembre 1916 Paris-Hollande-Paris, interrompu par son
arrestation en Angleterre. Il ne fait presque aucun doute
qu'elle ne le rencontra pas en quittant la France le
6 novembre 1916 quand elle traversa Madrid pour rejoindre
Vigo, où elle devait embarquer à bord du *SS Hollandia.*
Car ce n'est que plus tard, en décembre — Mata Hari
était revenue d'Angleterre à Madrid le 11 de ce mois —
que les Français interceptèrent les messages que von Kalle
envoyait en Allemagne.

Dans les papiers allemands des archives nationales de
Washington, on trouve d'autres messages significatifs qui
viennent étayer ce fait, du moins dans une certaine mesure.
En août 1916, lit-on, l'attaché militaire [à Madrid] dut se
plaindre à IIIb [le bureau de Nicolai] d'ennuis causés par
des agents du bureau. Les agents Lb-113 et 135 de Lindau
l'ont contacté en violation de toutes les instructions,
risquant ainsi de compromettre définitivement cette ambassade. Le chef de IIIb décréta donc ce qui suit le 2 septembre
1916 : « Donnez l'ordre aux divisions de renseignements
[lire : nids d'espions] d'éviter d'envoyer en Espagne des
agents qui causent des ennuis à cette ambassade, comme
cela s'est déjà produit à plusieurs reprises. » On demandait
à l'attaché militaire de mettre ces individus à la porte :
« L'affaire Mata Hari prouve que les agents eux-mêmes
courent le risque d'être découverts par les agents de
l'ennemi. »

Un autre passage, daté du 16 septembre 1916, traite de
la même question. On peut y lire : « Agissant à la suite
de plaintes émanant de l'attaché militaire de Madrid, le
chef de IIIb décide qu'il doit être interdit aux agents de

contacter l'attaché. Les agents ne sont autorisés à le faire
que lorsqu'ils n'ont pas la possibilité de télégraphier des
renseignements, et ce uniquement quand ceux-là sont de
la plus haute importance. »

Ces instructions du chef de IIIb confirment que Mata Hari
ne contacta von Kalle à Madrid qu'après son arrestation à
Falmouth, d'où elle fut renvoyée en Espagne — via Londres
et Liverpool — sur ordre du chef de Scotland Yard, Sir Basil
Thomson, une fois que celui-ci eut interrogé les Français à
son sujet. Si Mata Hari était entrée en contact avec von Kalle
à l'*aller*, c'est-à-dire au début de novembre 1916, nul doute
que les télégrammes auraient été envoyés en Allemagne (ou
à Amsterdam) *à ce moment-là* et non un mois plus tard lors
de la dernière semaine de décembre 1916. Apparemment,
Mata Hari a bien dit la vérité.

Pour conclure, nous pouvons dire que ces nouveaux
éléments à propos du rôle joué par Mata Hari auprès des
Allemands n'excusent pas le verdict rendu par les Français.
Cela signifie seulement que Mata Hari avait menti aux
Français lors des interrogatoires. Car elle avait effectivement décidé d'espionner pour le compte des Allemands
— ou plutôt, elle le leur avait *fait croire*. Au lieu de se
contenter d'accepter de l'argent et des flacons d'encre
invisible de Cramer en Hollande, elle se rendit en Allemagne
pour recevoir une formation d'espionne — si mauvaise
fût-elle. Mais il faut souligner que les Français n'étaient
pas au courant de ce fait, et que, par conséquent, la
position de Mata Hari par rapport au tribunal français ne
change pas, et que son exécution à Vincennes le 15 octobre
1917 peut toujours être considérée comme une condamnation sans preuves ni raisons.

Nous savons ce qu'elle déclara aux Français en acceptant
d'espionner pour leur compte — sans leur dire qu'elle
travaillait déjà pour les Allemands. Nous ignorons toujours
ce qu'elle déclara aux Allemands. Il semblerait qu'après
avoir accepté l'offre du capitaine Ladoux, elle oublia sa

promesse faite à Francfort et à Cologne. Selon Mata Hari
— et elle l'a souvent prouvé au cours de sa vie en
se comportant de façon tout aussi folle en d'autres
circonstances —, on peut facilement oublier ce genre de
choses.

Après l'interrogatoire serré qu'elle subit à Irun lors de
son passage d'Espagne en France en juin 1916 et son
arrestation par Scotland Yard cinq mois plus tard à
Falmouth, Mata Hari aurait été folle de ne pas savoir lire
le danger que représentait un retour en France dans les
regards que lui jetait la police. Même *elle* aurait dû
comprendre ce que ce retour avait de suicidaire. Cela
ne l'empêcha pas de se comporter comme si elle était
complètement innocente.

Tout cela incite à penser que les motivations de cet
être changeant, fantasque, capricieux et tourmenté, à la
personnalité pourtant fascinante, s'expliquent surtout par
un constant besoin d'argent qui la poussa à saisir n'importe
quelle occasion. On peut dire aussi — et cela résume bien
cette femme — que malgré toute sa virtuosité sexuelle,
Mata Hari avait conservé l'âme d'une ingénue — qui
creusa sa propre tombe.

Sans l'erreur commise en 1916 par un fonctionnaire de
Scotland Yard, Mata Hari, l'espionne la plus célèbre de la
Première Guerre mondiale, n'aurait peut-être jamais été
exécutée par les Français pour intelligence avec l'ennemi
et serait peut-être morte de sa belle mort dans son lit — ou
dans celui de quelqu'un d'autre.

En 1964, je découvris de nouveaux éléments permettant
de lever le voile sur un tournant tragique du destin de
l'espionne hollandaise qui fut à l'origine du renvoi de
Mata Hari, alors en mission secrète pour le deuxième
bureau français, d'Angleterre en Espagne, et ensuite, de

sa mort prématurée devant le peloton d'exécution de Vincennes le 15 octobre 1917.

L'enquête qui me mena à cette découverte réunit toutes les caractéristiques d'un roman à suspense : plus de deux années de recherche, Scotland Yard, un homme officiellement mort mais en fait bien vivant, et une lettre qui, par erreur, atterrit sur le mauvais bureau.

Tout commence vers 1962, alors que j'effectuais des recherches pour ma future biographie de Mata Hari. L'une des nombreuses pistes conduisait à Scotland Yard. Ayant trouvé (ailleurs) plusieurs lettres de Sir Basil Thomson, où le chef du contre-espionnage anglais pendant la Grande Guerre évoquait manifestement Mata Hari, je demandai par écrit à Scotland Yard l'autorisation de consulter le dossier de l'espionne. Quand, ensuite, en 1963, je me rendis au quartier général de Londres, on m'informa que, d'après les renseignements détenus par le service, les Anglais n'avaient été que fort peu impliqués dans cette affaire. En outre, s'ils y avaient effectivement joué un rôle, ce dont on doutait, celui-ci n'avait sans doute pas porté à conséquence.

C'est à ce moment-là que je montrai à mon interlocuteur — un des hauts fonctionnaires de Scotland Yard — les photocopies des lettres de Sir Basil Thomson. Comme celles-ci prouvaient de manière irréfutable que les Anglais avaient bien arrêté Mata Hari en 1916 — détail que Sir Basil lui-même mentionnait dans ses Mémoires —, cette révélation provoqua une certaine stupéfaction. Sir Basil se contentait de faire le commentaire suivant : « Mata Hari accepta mon conseil et retourna en Espagne. »

Je m'enquis ensuite de l'agent qui avait effectué cette arrestation. On me répondit que ce monsieur — du nom de George Grant — « était décédé depuis deux ans ». Je cessai donc d'explorer cette piste. Puis, revenant à la rédaction de mon ouvrage, je décrivis la détention de Mata Hari en précisant que « George Grant, agent de Scotland Yard, l'avait officiellement arrêtée ». Ce chapitre était clos.

Puis, en novembre 1964, la télévision de Stuttgart décida de tirer un documentaire de mon livre en utilisant exclusivement des photos, des lettres et quelques autres documents. (La BBC devait plus tard se lancer — fort brillamment — dans une semblable entreprise.) Pour ce faire, on se fonderait sur la masse de mes documents personnels, y compris les albums de Mata Hari, mais il fallait aussi réunir un certain nombre de photographies afin d'illustrer d'autres aspects de mon livre.

Reprenant mon enquête, je m'adressai à nouveau à Scotland Yard pour leur demander s'ils pouvaient me donner une photographie de feu l'agent Grant. Le résultat fut renversant. Je reçus une réponse fort courtoise, dans laquelle on me conseillait d'écrire à l'agent Grant aux bons soins de Scotland Yard, qui ferait suivre ma lettre. Faire suivre une lettre destinée à un homme mort ? Eh bien, non. En fait, il s'avéra que ma demande était arrivée au service *administratif* de Scotland Yard et non au service *opérationnel* — pour lequel Grant était officiellement décédé. Ce qui me valut une réponse dans le plus pur style administratif : « L'agent Grant était vivant. »

Mata Hari, avais-je écrit dans mon livre, « eut une réaction de surprise presque hystérique » lors de son arrestation à Falmouth par l'agent Grant le 12 novembre 1916. J'appris, grâce à ces nouveaux développements, que ce n'était pas sans raisons, car, à partir de ce moment-là, l'intervention anglaise dans l'affaire se mua en une véritable « tragédie des erreurs ».

Après une longue correspondance, je finis par rencontrer George Reid Grant en Forêt-Noire où il se reposait en ce mois de décembre 1964. Je me trouvai en face d'un fringant vieux monsieur de soixante-dix-huit ans. Dès qu'il commença à parler, je compris que le rôle joué par les Anglais dans cette affaire était loin d'être bénin. (La BBC,

quelque temps plus tard, emmena Grant dans le petit port
gallois de Falmouth pour qu'il donne sa version des faits
de l'endroit même où ils s'étaient produits.)

L'agent Grant n'avait rejoint les rangs de Scotland Yard
qu'en 1915, après avoir été réformé pour invalidité de
l'armée, dans laquelle il s'était engagé dès le début de la
guerre. Il fut envoyé à Falmouth en compagnie de sa
femme, Janet, qui, en tant qu'agent spécial, était chargée
des interrogatoires et des fouilles corporelles des passagères
suspectes des bateaux neutres que l'on déroutait vers ce
port britannique.

George Reid Grant connaissait déjà Mata Hari. Montant
à bord d'un bateau hollandais — qui rentrait en Hollande
via l'Espagne — à Falmouth en janvier 1916, George Grant
avait remarqué qu'une certaine Mme MacLeod figurait sur
la liste des passagers. Écossais lui-même, Grant s'était
demandé comme une Hollandaise pouvait porter un nom
aussi typiquement écossais. Il s'était donc présenté à elle
et avait découvert qu'il s'agissait de Margaretha Geertruida
Zelle, épouse MacLeod, plus connue sous le nom de Mata
Hari. Mme MacLeod regagnait la Hollande via l'Espagne
après une visite en France.

Une deuxième rencontre de routine eut lieu en mai 1916
à bord du *SS Zeelandia* qui faisait route vers l'Espagne et
l'Amérique du Sud. Le bateau hollandais avait à nouveau
été dérouté sur Falmouth. Grant et Mata Hari, maintenant
de vieilles connaissances, bavardèrent gentiment. C'était,
me dit-il, « l'un des plus charmants spécimens de la gent
féminine qui lui ait été donné de voir » ; elle avait ce qu'il
appelait « une allure imposante ».

A l'époque, Grant n'avait pas la moindre idée des
activités suspectes de Mata Hari. Mais peu après le départ
du *Zeelandia*, « un message de Scotland Yard me donnait
l'ordre d'arrêter une certaine femme si jamais elle passait
par Falmouth et de l'amener au quartier général pour
interrogatoires ». Pour faciliter l'identification, le quartier

général avait joint une photographie au message. La femme
à arrêter s'appelait Clara Benedix.

En examinant la photo, George et Janet Grant reconnu-
rent immédiatement Mata Hari — enfin, pensèrent la
reconnaître. La ressemblance était extraordinaire, me dit
Grant, « surtout avec le costume espagnol que portait cette
femme ». L'agent Grant mit la photographie de côté et
commença à ouvrir l'œil.

Tard un soir de la deuxième semaine de novembre
1916, le *Hollandia* arriva à Falmouth — un autre bateau
hollandais qui rentrait d'Amérique du Sud en Hollande
après avoir fait escale à Vigo en Espagne. Comme d'habitude à cette heure tardive, Grant fit une inspection rapide.
C'est alors qu'il découvrit que la femme à arrêter, Clara
Benedix, se trouvait à bord. Pour M. Grant, il n'y avait
pas d'erreur possible. La femme à qui il avait été présenté
des mois auparavant était peut-être Mme Margaretha
MacLeod, née Zelle, et Mata Hari, mais si l'on se référait
à la photographie, elle s'appelait aussi Clara Benedix,
espionne allemande. Ce nom était probablement un pseudonyme, ou l'*un* des noms d'emprunt de Mata Hari.

Le lendemain matin, George Reid Grant et sa femme
remontèrent à bord du *Hollandia* et, pendant que Mme
Grant « déshabillait Mata Hari pour la fouiller minutieusement », George Grant inspectait la cabine de Mata Hari
— ou Clara Benedix — avec l'aide du menuisier du bateau
qui dévissa les lambris et les miroirs à la recherche de
documents cachés. La fouille ne donna rien. « En fait, me
dit Grant, nous ne trouvâmes rien de suspect dans ses
bagages. »

Puis George Grant, assisté d'un certain capitaine Hall
du service des renseignements navals anglais et d'un
M. Adams, fils du directeur de *Mission to Seamen* avant-
guerre à Rotterdam, qui faisait office d'interprète (bien
que Mata Hari « parlât un anglais très correct », d'après
M. Grant) interrogèrent leur suspecte. Mata Hari protesta

vigoureusement, montra son passeport établi au nom de Margaretha Zelle MacLeod et fit tout pour prouver qu'elle n'était pas Clara Benedix.

Ses protestations ne servirent à rien, et George Grant l'informa « qu'on allait l'emmener à Scotland Yard à Londres pour l'interroger sur ses déplacements ». En entendant cela, Mata Hari « devint comme folle », me dit Grant lors de notre rencontre de décembre 1964 en Allemagne.

Le capitaine du bateau protesta lui aussi et, ainsi qu'il en avait le droit et le devoir en cas d'arrestation d'un passager neutre voyageant à son bord, déclara à l'agent Grant qu'il porterait l'incident à la connaissance des autorités néerlandaises. Et il ajouta : « Cette fois, vous commettez une terrible erreur, cette femme est la passagère la plus populaire à bord. »

Cependant, rien ne pouvait ébranler la décision de Grant : il fallait emmener Clara Benedix au quartier général. Si bien que, dès dix heures du matin, Mata Hari, escortée de M. et Mme Grant, descendit du bateau avec tous ses bagages et passa le reste de la journée au domicile des Grant à Falmouth jusqu'à l'heure du train du soir pour Londres.

« Comment pouvez-vous me faire cela ? répétait Mata Hari. Que voulez-vous de moi ? » En fait, les Grant *ignoraient* ce qu'ils voulaient ; ils devaient l'emmener à Londres, leurs instructions se bornaient à cela. Après tout, ils ne faisaient que leur devoir. Mata Hari pleura à plusieurs reprises cet après-midi-là, « avala une incroyable quantité de cafés et refusa toute nourriture ». Janet Grant, repensant à la fouille corporelle de Mata Hari, confia à son mari que « c'était bien la première fois qu'elle voyait une femme aussi grande avec d'aussi petits pieds ».

Ce soir-là, ils prirent tous les trois le train pour Londres, Janet Grant jouant les chaperons officiels. Pendant la nuit, Mata Hari enleva sa jupe pour couvrir une lampe qui la gênait et, le matin, après que les deux femmes furent allées se rafraîchir dans un hôtel, l'agent George Reid Grant emmena sa « prisonnière » à Scotland Yard où il la confia à l'inspecteur principal Edward Parker.

La prisonnière et ses geôliers ayant sympathisé, Mata Hari donna quelques photos d'elle à Janet Grant ainsi qu'un petit chien de verre que Janet légua à son mari. En 1964, l'agent Grant l'avait encore. Mata Hari leur remit aussi sa carte de visite où l'on pouvait lire : « *Vrouwe* Margaretha Zelle-MacLeod ». *Vrouwe* signifie *Lady* en hollandais. Une petite couronne figurait au-dessus du nom. Mata Hari n'avait droit ni au titre ni à la couronne. Mais, même en 1916, elle se souvenait encore des idées de grandeur de son père qui, quarante ans auparavant, avait été surnommé « le Baron » par les bourgeois de Leeuwarden, ville natale de Mata Hari. Adam Zelle, chapelier prospère, connu pour son arrivisme, avait toujours essayé de donner à sa famille des origines aristocratiques.

Ayant accompli leur devoir, les Grant regagnèrent Falmouth, l'esprit en paix. Mata Hari fit un tumultueux séjour de quatre jours à Scotland Yard, puis passa quelque dix jours à l'hôtel Savoy — sous surveillance policière. Le 1er décembre 1916, elle quitta Londres pour le port de Liverpool, d'où elle embarqua pour l'Espagne. On ne lui avait pas donné l'autorisation de rentrer en Hollande. Cette victime d'une erreur d'identité anglaise devait, onze mois plus tard, s'effondrer sous les balles d'un peloton d'exécution français.

1.

Les deux activités qui firent la gloire de Mata Hari
— son espionnage présumé et sa danse — n'occupèrent en
fait que douze ans et sept mois de sa vie. Lorsque son ex-
mari eut vent de sa réussite sur les planches, il se contenta
de dire : « Elle a les pieds plats et ne sait pas danser. »
Des années plus tard, lorsqu'elle donna, à l'âge de trente-
huit ans, une représentation au théâtre de la ville où il
résidait, on lui demanda s'il comptait assister au spectacle :
« Je la connais sous toutes les coutures, cela me suffit. »
Après son exécution, c'est encore lui qui eut le dernier
mot : « Quoi qu'elle ait pu faire au cours de sa vie, elle
ne méritait certainement pas cela. »

Si Mata Hari s'était contentée de danser, l'expression
« C'est une vraie Mata Hari » ne serait probablement pas
passée dans la langue anglaise.

Pourtant, quand Mata Hari naquit le 7 août 1876 dans
la ville de Leeuwarden en Frise, province septentrionale
hollandaise, aucun des 27 000 habitants n'aurait misé sur
une quelconque célébrité à venir. La future Mata Hari
n'était alors qu'une Hollandaise du nom de Margaretha
Geertruida Zelle, fille d'Adam Zelle et de son épouse Antje
van der Meulen.

Le passé de Mata Hari est resté mystérieux pendant de
nombreuses années, tant avant qu'après sa mort. Il en

existe autant de versions qu'il existe d'auteurs qui se sont
penchés sur la question, ce qui explique le doute qui plana
longtemps sur son lieu de naissance, l'identité de ses
parents, et les circonstances qui lui permirent de connaître
la gloire sur les scènes parisiennes. On a dit qu'elle était la
fille d'un prince javanais, qu'elle avait vu le jour aux Indes
néerlandaises, produit de l'union d'un officier hollandais
et d'une indigène. Mata Hari elle-même n'hésita jamais à
proposer d'autres variantes. Ses facultés d'improvisation
laissent pantois d'admiration : elles étaient infinies. Lorsqu'elle s'adressait à des journalistes, elle déployait un
sixième sens pour la « bonne histoire ». Non seulement
elle enjolivait constamment son propre passé, mais elle ne
réfutait jamais, même dans leurs détails les plus ébourif-
fants les fables que l'on brodait sur sa vie — qui devint,
ainsi un fabuleux mélange de réalité et de fiction — surtout
de fiction.

Son imagination débordante qui, durant sa vie, ajouta
au mystère et au prestige de sa réputation, aida considérablement les auteurs qui écrivirent son histoire après son
exécution. Les livres consacrés à son existence ne se
comptent plus. La plupart des biographes ont laissé libre
cours à leur fantaisie et n'ont jamais craint de reprendre
sans les remettre en doute les anecdotes concoctées par
d'autres sur sa vie privée.

L'une des premières fables qui courut à propos de Mata
Hari fut lancée par Margaretha elle-même, et cela montre
que, dès son plus jeune âge, elle avait eu l'art de mêler
réalité et fiction. Sa mère, déclara-t-elle un jour, était
baronne. Nous devons cette anecdote à Ybeltje Kerkhof-
Hoogslag, une de ses condisciples au lycée de Leeuwarden.
A l'époque, Margaretha vivait dans la ville universitaire
de Leiden où elle fréquentait l'école normale, et cette
invention fut rapportée par une autre jeune fille de
Leeuwarden qui se trouvait alors dans la même école.

Si la mère était baronne, son père, Adam Zelle, devait

donc être baron. Et il l'était. Mais seulement dans l'esprit
des bonnes gens de sa ville, qui le surnommaient le Baron
à cause de ses idées farfelues et de sa volonté de réussir.

En tant que fille de baron, Margaretha ne pouvait avoir
vu le jour ailleurs que dans un château. Elle devait
facilement remédier à cela. Son berceau aristocratique était
Caminghastate, disait-elle, vieille demeure frisonne qui
appartenait à ses illustres ancêtres. Caminghastate existe
encore. C'est un charmant édifice au centre de Leeuwarden,
baptisée maison Amelands, qui fut pendant longtemps la
propriété de la famille Camingha. Le berceau de Mata
Hari se trouvait plus prosaïquement dans une autre maison
de la même rue et, de la fenêtre de sa chambre, elle voyait
la vieille demeure. Mais le passé aristocratique, la maison, le
titre et le berceau convenaient parfaitement à l'imagination
fertile de Mata Hari — et de Margaretha.

Pourtant, le père de Mata Hari était un homme aisé.
Né en 1840, il avait passé toute sa vie à Leeuwarden. Il
habitait les Kelders, l'une des rues principales de la ville,
où il possédait une chapellerie dont les vitrines sobres
alimentaient les conversations de ses concitoyens. Imitant
les magasins chics d'Amsterdam, Papa Zelle ne montrait
que quelques rares spécimens de sa production, avec,
cependant, l'immuable trilogie haut-de-forme, melon et
képi — caractéristique de l'époque.

Les affaires étaient florissantes et, à la suite de spécula-
tions heureuses sur des actions pétrolières, il put emménager
le 1ᵉʳ janvier 1883 dans une nouvelle maison située au 28
Groote Kerkstraat, vieille demeure patricienne que l'on
considère encore aujourd'hui comme l'une des plus belles
de la ville. Margaretha avait alors six ans.

On dut engager une nouvelle servante pour ce nouveau
foyer qui abritait aussi les jeunes frères de Margaretha,
des jumeaux âgés d'un an, Ari Anne et Cornelis Coenraad,
ainsi qu'un autre garçon, Johannes Henderikus.

Mais, depuis longtemps déjà, Adam Zelle était un

homme qui comptait dans la ville. Arriviste, soit, il l'était, mais non dépourvu de charme, et l'on tolérait sa compagnie dans les cercles les plus aristocratiques de Leeuwarden.

Le jour de gloire d'Adam Zelle arriva l'année de son mariage, en 1873, quand le roi Guillaume III vint en visite officielle à Leeuwarden. Les élus locaux avaient décidé de lui offrir une garde d'honneur à cheval, et ces bourgeois aisés, qui appartenaient tous à l'élite de la ville, prièrent Adam Zelle de se joindre à eux. Adam accepta avec empressement. Cela lui fit tellement plaisir qu'il demanda à un peintre local, A. Martin, de faire un portrait de lui en grand apparat, dans toute sa splendeur de porte-étendard — barbe noire, haut-de-forme, jaquette, culotte blanche et cheval. Le tableau appartient aujourd'hui au musée frison, auquel Zelle le légua lui-même.

Un journaliste hollandais, Alexander Cohen, natif de Leeuwarden qui vécut presque centenaire, se souvenait bien de Zelle : « Je ne l'ai jamais vu sans son haut-de-forme ; il s'adossait au montant de sa porte, les pouces fièrement glissés dans les entournures de son gilet fleuri. »

Mais Adam Zelle pouvait se permettre de toiser ses concitoyens du seuil de sa boutique. En 1877, un an après la naissance de Margaretha, il gagnait 3 500 florins, soit environ 50 000 dollars de 1985, et peu d'habitants de Leeuwarden pouvaient se targuer d'avoir un revenu aussi élevé !

L'aisance de son père explique peut-être pourquoi Mata Hari fut incapable de se passer de luxe plus tard. Adam gâtait ses quatre enfants, et en particulier sa fille unique. Alors qu'elle était encore toute petite, papa Zelle lui offrit une ravissante voiture à quatre places tirées par deux chèvres qui exhibaient de superbes cornes. Le cadeau fit la joie et la fierté de l'enfant. Bien qu'elle n'eût que six ans à l'époque, elle pouvait se faire admirer, chose qui lui importait déjà.

Cette voiture fit sensation. Même les enfants des plus

riches citoyens de la ville ne possédaient pas un tel jouet. Mme Buisman-Blok Wybrandt, ancienne condisciple de Margaretha, que je rencontrai en 1963, alors qu'elle avait plus de quatre-vingts ans, se souvenait fort bien de la voiture : « C'était un trait de témérité *stupéfiant* qui isola Margaretha dans une classe à part. » C'était sans nul doute l'effet recherché par le père Zelle.

Mme Kerkhof-Hoogslag, autre contemporaine de Margaretha, me rapporta que cette voiture resta dans toutes les mémoires. Il y a quelques années, elle avait rencontré une ancienne amie de classe. Pour lui rafraîchir la mémoire à propos d'événements qui dataient de soixante-dix ans, Mme Kerkhof lui avait dit : « Rappelle-toi, c'est l'école que fréquentait Margaretha Zelle ! » La réaction de son amie ne se fit pas attendre : « Oh oui ! celle qui avait une voiture tirée par des chèvres. » Margaretha Zelle et son *bokkenwagen* était le seul souvenir précis qui leur restât de cette école.

Leeuwarden, qui est encore aujourd'hui une communauté placide où l'on ferme le centre à la circulation quand les fermiers amènent leur bétail au marché, était à la fin du siècle dernier une petite ville de province dont les habitants avaient, pour la plupart, des idées de petite ville de province. Ils vivaient — ou étaient censés vivre — selon leurs revenus et leur statut social, et le fait qu'Adam Zelle montât à cheval, prît des airs de baron et donnât une excellente éducation à ses enfants agaçait probablement les citoyens de Leeuwarden.

Margaretha était une belle enfant. Les finances d'Adam lui permirent de l'envoyer à l'école de Mlle Buys, sur le Hofplein en face de l'hôtel-de-ville, où elle retrouva les filles des notables de la ville. Mlle Buys n'enseignait qu'une langue étrangère, le français, la langue chic de l'époque. Plus tard, Margaretha continua ses études au lycée de filles de Groote Houtstraat, où l'anglais et l'allemand figuraient aussi au programme.

Mlle Buys, d'après H. W. Keikes, jusqu'à il y a quelques années rédacteur en chef du quotidien de la ville, le *Leeuwarder Courant*, était une femme remarquable, très aimée de ses élèves. Cette vieille fille qui boitait légèrement insistait sur les bonnes manières, le port de tête et un comportement de dame. Elle apprenait aussi à ses élèves à bien écrire : Mata Hari devait sa belle écriture à l'enseignement de Mlle Buys.

Écrire des vers et posséder des albums remplis de poèmes écrits par des amies étaient l'une des occupations sentimentales préférées des jeunes filles à l'époque. Lorsque je rendis visite à Mme Kerkhof-Hoogslag, celle-ci me montra son album et m'offrit le poème que Margaretha Zelle y avait écrit le 16 février 1889, quand elle avait douze ans. Il est dédié à la « Chère Ybeltje » et dit à peu près ceci :

Si tes yeux en quête de joie,
S'arrêtent sur cette page,
Les vœux de l'auteur, souviens-toi,
T'accompagnent à travers les âges.

Et, comme, il s'agissait de vers, elle signa de son nom entier : « En souvenir de Margaretha. »

« Elle préférait qu'on l'appelle ainsi, me dit Mme Kerkhof-Hoogslag, parce qu'elle pensait que cela avait plus d'allure. Nous avions l'habitude d'utiliser le diminutif *Greet* quand nous nous adressions à celles qui portaient le nom de Margaretha. Nous arrivâmes donc à un compromis : Margaretha signerait toutes ses lettres et ses poèmes de son nom entier, et nous l'appellerions M'greet. »

Mme Kerkhof-Hoogslag y était allée de son petit poème, elle aussi. Elle réussit à m'en citer les premiers vers : « Parmi des milliers de pissenlits, se dresse une magnifique orchidée... »

Elle avait toujours voué une « secrète admiration à M'greet », m'avoua-t-elle, et elle se souvenait d'elle comme d'une « fille mince avec des cheveux noirs et un regard insolent ».

« Elle se savait différente des autres, et beaucoup d'entre nous ne pouvaient la supporter, elles étaient envieuses. Elle avait une belle voix et, contrairement à nous, osait porter des vêtements extravagants. Cela éveillait évidemment bien des jalousies, mais je l'ai toujours défendue. J'expliquais qu'elle n'agissait pas ainsi pour nous écraser, mais parce qu'elle était faite comme ça. C'était dans sa nature de briller. Les autres prenaient cela pour de l'impudence — mais moi, j'y voyais quelque chose de spécial. »

Lorsque Mata Hari devint, des années plus tard, la coqueluche des salons parisiens, elle fut la dernière à s'en étonner parce que, fidèle à elle-même, elle continuait à être différente. Elle avait toujours adoré le spectaculaire. Étonner ses amis, être le point de mire, surprendre, faire parler d'elle, être considérée comme extravagante, étrange, briller — c'était là chez elle une seconde nature.

Elle était la seule fille de la ville, comme me l'avait dit Ybeltje, à aller à l'école habillée de façon extrêmement voyante. Un été, elle exhiba une robe à rayures jaunes et rouges. Une autre fois, elle arriva en robe de velours rouge et virevolta devant ses compagnes impressionnées. Car, comme Mme Kerkhof-Hoogslag me l'expliqua, « cela ne se faisait pas de venir à l'école ainsi habillée ». Cette impression avait dû singulièrement marquer ses amies pour que celles-ci s'en souviennent encore plus de soixante-dix ans plus tard.

Son goût du spectaculaire se manifesta à nouveau lors de la mort de sa mère en 1891. Margaretha avait alors quinze ans. L'après-midi de l'enterrement, on entendit du piano s'échapper des fenêtres de son appartement du Willemskade F 30. Rencontrant M'greet en ville quelques jours plus tard, Ybeltje lui demanda un peu hésitante quelle était la source de la musique.

« C'est moi qui jouait, dit M'greet avec des sanglots dans la voix, j'exprimais ma *douleur* », et ce mot *douleur* était fortement accentué. Exprimait-elle sa tristesse en jouant ainsi ? S'agissait-il d'une véritable douleur ? Ou était-ce seulement le sens du théâtre de Margaretha qui l'avait incité à donner cette réponse ?

Après de nombreuses années de prospérité, Adam Zelle connut un brusque revers de fortune et fit faillite en 1889. Ce malencontreux incident fut à l'origine de la dispersion de la famille Zelle. N'ayant plus rien à faire à Leeuwarden, Adam Zelle quitta sa ville natale pour s'installer à La Haye le 15 juillet 1889. Son épouse et ses enfants allèrent vivre dans le modeste appartement du Willemskade.

Adam Zelle n'eut pas plus de chance à La Haye et, le 31 mai 1890, il rejoignit sa famille. Mais les choses n'étaient plus ce qu'elles étaient, et ses rapports avec sa femme — et avec M'greet — empirèrent tant que, le 4 septembre 1890, une séparation légale fut prononcée. Antje mourut neuf mois plus tard, le 10 mai 1891. La rupture de la famille Zelle était consommée.

De sa mère, Margaretha hérita son album de poèmes dans lequel elle avait recopié des vers d'inspiration religieuse pour la plupart — et un poème d'amour. M'greet le conserva jusqu'au jour où elle devint Mata Hari ; elle le laissa alors à son mari.

Avant la mort de sa femme, en mars 1891, Adam Zelle avait à nouveau quitté Leeuwarden pour s'installer à Amsterdam cette fois-ci. Margaretha resta à Leeuwarden jusqu'au mois de novembre de la même année. Puis, le 12 novembre, les jumeaux partirent pour Amsterdam, et M'greet alla vivre chez son parrain, M. Visser, à Sneek, petite ville voisine de Leewarden. Quelques semaines plus tard, son troisième frère, Johannes Henderikus, s'installait à Franeker, où habitait la famille de sa mère.

A Sneek, M. Visser réfléchit à ce qu'il allait faire de sa

pupille ; comme elle avait quinze ans, il était temps de penser à son avenir — et à un métier. On décida de l'envoyer à l'unique école normale de l'époque, à Leiden, pour qu'elle reçoive une formation de jardinière d'enfants.

« On n'aurait pu plus mal choisir, me dit Mme Kerkhof-Hoogslag, car elle n'était décidèment pas faite pour ce genre de métier. » Ybeltje et ses amies de Leeuwarden s'accordèrent pour dire « que cela ne lui convenait absolument pas — Ce genre d'occupation était destinée à des filles "maternelles", et M'greet était une *personnalité*, elle ».

A Leiden, M. Wybrandus Haanstra, directeur de l'école, tomba amoureux d'elle. Que se serait-il passé si tel *n'avait pas été* le cas, nul ne peut le dire. Mais il est presque certain que Mata Hari n'aurait jamais existé et que Margaretha Geertruida Zelle aurait tranquillement fini ses jours comme jardinière d'enfants près d'un canal hollandais.

2.

Pour en finir avec l'épisode de Leiden, on envoya Margaretha vivre chez un autre de ses oncles, M. Taconis, à La Haye. A dix-sept ans, elle était romantique comme toutes les filles de son âge.

En cette fin de siècle, La Haye était le lieu de villégiature de nombreux officiers permissionnaires de l'armée coloniale des Indes orientales néerlandaises. De plus, La Haye se trouvait non loin de Scheveningen, célèbre station balnéaire des Pays-Bas, où les occasions de rencontrer des jeunes gens, surtout en uniforme, ne manquaient pas. Ce nouveau cadre de vie enchanta Margaretha. C'est là qu'elle tomba amoureuse de « l'uniforme », passion qui ne la quitta jamais — ainsi qu'elle devait le proclamer avec tant de véhémence pour se justifier à son procès des années plus tard.

Encore une fois, rien ne se serait peut-être produit si un certain officier de l'armée coloniale n'était revenu en Hollande le 14 août 1894 pour y passer deux ans de congé de maladie. Il s'appelait Rudolph MacLeod. L'orthographe de son nom varie, elle devient souvent Macleod sur les papiers officiels et même Mac-Leod. Homme robuste d'un mètre quatre-vingt, il portait de longues moustaches recourbées et un sabre de même, mais il était pratiquement chauve, ses cheveux n'ayant pas résisté à près de dix-sept ans de service ininterrompu aux colonies.

MacLeod était d'origine écossaise. L'un de ses ancêtres était arrivé en Hollande au début du XVIIIᵉ siècle. Un autre de ses aïeux, qui avait regagné l'Angleterre pour échapper à l'occupation napoléonienne, rentra s'installer définitivement aux Pays-Bas dès que l'empereur eut disparu de la scène européenne. Ce fut le premier d'une longue lignée de soldats.

L'oncle de Rudolph MacLeod avait été général et adjudant-major du roi Guillaume III et, bien que fort âgé, il vivait encore lorsque son neveu revint des Indes. Le fils du général, cousin de Rudolph, était un vice-amiral hollandais qui, d'après sa photographie, ressemblait à un autre membre de la famille MacLeod, vice-amiral lui aussi, mais écossais cette fois-ci : Angus MacLeod, commandeur de l'Ordre royal de Victoria.

Né le 1ᵉʳ mars 1856 de John von Brienen MacLeod, capitaine d'infanterie en retraite, et de Dina Louise, baronne Sweerts de Landas, aristocrate désargentée, Rudoph avait donc trente-huit ans à son retour des Indes.

Il avait fait une brillante carrière militaire. Suivant l'exemple de son père, il s'était engagé dans l'armée dès l'âge de seize ans. Il devint sergent quatre années plus tard. Puis, ayant gravi les échelons, il fut promu au grade de sous-lieutenant en 1877 avec mission de gagner les Indes orientales néerlandaises peu de temps après. Il avait alors vingt et un ans.

Ce futur départ pour les colonies scandalisa la branche maternelle de sa famille. Ces aristocrates n'aimaient pas l'armée. Il faut dire que, dans les années 1880, la perspective de servir aux colonies ne séduisait guère les Hollandais. Les simples soldats, tous volontaires, qui partaient pour les Indes comme « coloniaux » se recrutaient surtout parmi la racaille ou les garçons pauvres désireux de gagner leur vie comme mercenaires, ou encore les fils de famille qui avaient mal tourné. Si bien que lorsque le jeune Rudolph vint prendre congé des sœurs de sa mère, elles furent

horrifiées et insistèrent pour faire jouer leurs relations afin
de le tirer de cette situation « fâcheuse ». Le jeune Rudolph
mit les choses au point : il sortait d'une famille de tradition
militaire, il venait d'accéder non sans mal au grade de
sous-lieutenant et, apparemment, il avait un avenir aux
colonies. Il y partit.

Confrontés aux individus de tout poil qui composaient
l'armée coloniale, les officiers eux-mêmes ne devaient pas
avoir froid aux yeux, sinon ils n'auraient pas tenu le coup.
Rudolph MacLeod eut donc affaire, dès l'âge de vingt et
un ans et pendant dix-sept années consécutives, à de rudes
gaillards. Comme on pouvait s'y attendre, il sortit durci
de l'expérience. Il adopta le langage militaire et, si l'on en
croit sa troisième épouse avec qui je me suis longuement
entretenu en 1932 puis en 1963, il devint « un soldat
coriace mais droit, un dur à cuire au franc parler et avec
un cœur d'or ».

Sa troisième épouse ne le connaissait évidemment pas
quand il rencontra Margaretha Zelle au retour d'un service
colonial qui l'avait notamment conduit à Java, Sumatra
et Bornéo. De 1880 à 1890, il avait combattu pendant dix
ans à l'extrême nord de Sumatra où faisait rage un conflit
que les Hollandais baptisèrent la « guerre d'Atjeh ».
Jusqu'à la fin de ses jours, Rudolph devait arborer la
croix des officiers ainsi que celle de l'expédition d'Atjeh.
Il ne reçut jamais la plus haute distinction de l'armée
coloniale, à savoir le titre de commandeur de l'Ordre
militaire de Guillaume, « qu'ils s'étaient débrouillés pour
lui carotter », disait-il.

En mai 1890, on lui accorda deux ans de permission,
mais, sur sa demande, l'ordre fut annulé deux mois plus
tard. En 1894, cependant, son état de santé, que dix-sept
ans passés aux colonies avaient sérieusement ébranlé,
l'obligea à rentrer en Hollande. Au diabète dont il souffrait
depuis longtemps s'ajoutait maintenant un rhumatisme
articulaire persistant. Le 27 juin 1894, on dut le transporter

sur une civière à bord du *SS Prinses Marie* qui devait le rapatrier.

Pendant sa convalescence à Amsterdam, des émeutes éclatèrent dans l'île de Lombok, à l'est de Bali. Les nouvelles qui parvenaient en Hollande restaient vagues et étroitement contrôlées par le gouvernement. La presse hollandaise était avide d'informations plus détaillées. Un journaliste, J.T.Z. De Balbian Verster, qui collabora aux *Nieuws van den Dag* d'Amsterdam pendant les six premiers mois de 1895, avait demandé à son bureau de lui communiquer les noms de tous les officiers de retour des colonies qui, pour une raison ou pour une autre, contacteraient le journal. Comme le pensait fort justement De Balbian Verster, cela fournirait une excellente source d'informations non censurées. C'est ainsi qu'il entra en relation avec Rudolph MacLeod et que les deux hommes devinrent amis.

Un jour qu'ils prenaient un verre au *Café américain* d'Amsterdam, De Balbian Verster remarqua que son nouvel ami n'avait pas l'air bien. Ses compagnons analysèrent fort sérieusement la situation et en conclurent que MacLeod se sentait seul. Il avait besoin de compagnie féminine, et il fallait donc qu'il se marie. Pour un officier frisant la quarantaine sur le point de retourner sous les Tropiques, une épouse n'était effectivement pas une denrée superflue.

Les officiers et les civils qui se rendaient aux Indes néerlandaises y partaient généralement célibataires. C'étaient tous des jeunes gens frais émoulus du lycée ou de l'université. Les civils se mettaient fiévreusement en quête d'une femme dès qu'expirait leur premier contrat colonial de quatre ou six ans. En effet, à ce stade de leur carrière, leur salaire leur permettait ce luxe. Le temps qu'il trouvât l'âme sœur, le futur mari devait souvent regagner les colonies, et le mariage avait lieu par procuration (« avec le gant », disent les Hollandais). Le mari attendait impatiemment sa dulcinée sous le soleil des Tropiques pendant que celle-ci se morfondait sous la grisaille du ciel hollandais.

Pour les officiers de l'armée coloniale, la situation était plus difficile et financièrement bien plus précaire. S'ils prenaient femme en Hollande sans le consentement de leur supérieur hiérarchique, ils restaient célibataires aux yeux des autorités, et leur maigre solde n'augmentait pas, même lorsque la famille s'agrandissait. Le charmant visage qui les avait séduits en Hollande devenait souvent une lourde charge une fois de retour aux Indes.

A la suite du triste épisode du Café américain d'Amsterdam, De Balbian Verster prit l'initiative de faire passer une petite annonce dans son journal : « Officier permissionnaire en poste aux Indes néerlandaises aimerait rencontrer jeune femme de caractère agréable — vue mariage. » Cette petite annonce n'était qu'une farce et, d'après la plupart des témoignages, MacLeod pria De Balbian Verster de renvoyer toutes les lettres sans les ouvrir, dès qu'il eut vent de l'affaire. La troisième femme de MacLeod, quant à elle, m'affirma qu'il les avait lues. Beaucoup émanaient de jeunes filles qui offraient de confortables dots, et l'une d'elles venait de la fille d'un pasteur. « Il aurait pu faire un beau mariage, me dit-elle. Malheureusement, il jeta son dévolu sur la pire des candidates. » La plaisanterie de De Balbian Verster devait avoir de lourdes conséquences.

Environ deux semaines après la parution de l'annonce, deux nouvelles réponses arrivèrent. Comme De Balbian Verster était absent, le journal transmit directement les lettres à MacLeod. L'une d'elles provenait de Margaretha Geertruida Zelle qui, seule à La Haye, avait tout le loisir de parcourir les petites annonces en ce frileux mois de mars de 1895.

La curiosité de MacLeod fut piquée au vif. M'greet, qui était maintenant fort belle, avait eu l'intelligence de glisser une photographie dans l'enveloppe. MacLeod ne parla pas tout de suite de sa découverte. Puis, un jour, il avoua à

De Balbian Verster qu'il entretenait une correspondance avec l'auteur d'une des lettres « qui semblait être une sacrée fille ». Je tiens cette citation de De Balbian Verster, que je rencontrai en 1932.

MacLeod ne s'était pas mis en rapport avec son ami uniquement pour lui faire part de cette nouvelle, mais aussi parce qu'il avait besoin d'aide — ou du moins d'un conseil. Sa correspondance avec la charmante jeune personne avait atteint le point où une rencontre paraissait indiquée. Comme MacLeod vivait à Amsterdam et Margaretha à La Haye, il voulait savoir où ils pourraient se retrouver.

De Balbian Verster suggéra le Rijksmuseum d'Amsterdam. Mais, à la date prévue, MacLeod, victime d'une crise de rhumatismes, dut annuler le rendez-vous. Rudolph — ou John, comme l'appelaient sa famille et tous ses amis — continua d'échanger des lettres avec sa petite amie — qu'il ne connaissait toujours pas.

Le jour de la rencontre fut décisif pour Margaretha et MacLeod. Au lieu d'admirer les tableaux, ils se regardèrent et apprécièrent beaucoup ce qu'ils voyaient. MacLeod était bel homme, surtout en uniforme. Et Margaretha, brune aux yeux noirs, était une charmante jeune femme très gaie qui paraissait plusieurs années de plus que son âge. Elle détestait qu'on l'appelle M'greet, et à partir de ce jour, elle fut pour John toujours et tout simplement « Griet ». L'amour ou l'attirance physique naquit de cette rencontre et, six jours plus tard, le 30 mars 1895, ils se fiançaient.

Les premiers mois, Griet, qui habitait toujours chez son oncle à La Haye, vint souvent voir son fiancé à Amsterdam. Pendant cette période, John eut une nouvelle crise de rhumatismes qui les obligea à reporter plusieurs rendez-vous. La crise était si grave que John ne pouvait pas écrire, et il demanda à sa sœur qui vivait avec lui de s'en charger. Griet, apparemment très amoureuse, lui envoya des lettres enflammées.

« Mon très cher *Johnie*, lui écrivait-elle un mercredi soir de cette année 1895, mon chéri, je te plains tant. Je suis désolée qu'une fois de plus notre projet échoue. Un malheur n'arrive jamais seul, n'est-ce pas ? Ne sois pas triste, *tootie*. J'espère que tes douleurs auront disparu quand je viendrai te voir dimanche.

« Est-ce que tu souffrais trop pour m'écrire toi-même ? Ce doit être ça, sinon je pense que tu l'aurais fait. Penses-tu que tu pourras marcher dimanche ? Je l'espère, mon chéri, mais ménage-toi. C'est vrai que cela m'a contrariée, mais j'ai décidé de prendre cette mauvaise nouvelle du bon côté, car cela n'arrangerait rien, n'est-ce pas, que je me laisse aller à la mélancolie ?

« Louise m'écrit : " J'espère pour vous deux que dans quelques semaines, tout se passera pour le mieux à l'hôtel de ville ". Moi aussi, je l'espère. Pas toi, John ? Sois gai et courageux, c'est ainsi que l'on obtient les meilleurs résultats. Ta petite femme réagit toujours comme ça, et c'est heureux. Sinon, ma gaieté se serait évanouie depuis longtemps. M'attends-tu dimanche ?

« Écris-moi dès que tu le pourras pour me donner de tes nouvelles. Envoie-moi un merveilleux baiser et imagine comme moi que je suis avec toi.

« Eh bien, *Johnie*, je te quitte avec un délicieux baiser ; ta femme qui t'aime tant — Greta. »

Ils ne perdirent pas de temps entre les fiançailles et le mariage. Le 11 juillet 1895, trois mois et demi après leur première rencontre, Margaretha Geetruida Zelle devenait Mme MacLeod. Son mari avait trente-neuf ans ; elle, à peine dix-huit. Une cérémonie civile toute simple eut lieu à l'hôtel de ville d'Amsterdam en présence de quelques amis et de papa Zelle, qu'on présenta au dernier moment. Les témoins étaient deux camarades officiers pour MacLeod, et De Balbian Verster et l'éditeur H.J.W. Becht pour Margaretha.

Or, les jours précédant le mariage avaient été riches en

incidents. La fiancée avait subi une inspection en règle, on avait essayé de rompre le mariage et une rencontre inattendue avait sérieusement menacé d'annuler, ou du moins de retarder, la joyeuse cérémonie.

D'abord, aucun des membres de la famille à tradition militaire de John ne pouvait se marier sans la bénédiction officielle de son oncle, le général en retraite. Malgré ses nombreuses années de service dans l'armée, John devait se conformer à l'habitude familiale. Il présenta donc sa jeune fiancée au doyen du clan hollandais des MacLeod avec l'espoir qu'elle passerait brillamment le cap de l'inspection.

L'oncle Norman regarda sans rien dire la nouvelle recrue de la famille. Il marmonna quelques mots et, pendant plusieurs minutes, l'atmosphère fut tendue. Mais cet examen détaillé convainquit le vieux soldat du bon choix de son neveu. « Jeune mais jolie, répéta-t-il, sacrément jolie. » Griet avait passé l'épreuve avec succès, faisant ainsi tomber le premier obstacle à son mariage.

Une surprise de taille attendait John. En effet, certains membres de la famille Zelle n'allaient pas tarder à sortir de l'ombre.

Griet apprit un jour à John qu'elle avait un père et, d'après la troisième Mme MacLeod, il lui aurait répondu que cela « se produisait dans les meilleures familles ». Griet avait alors ajouté d'un ton pathétique : « Oui, mais le mien est *vivant* ! »

Griet avait déclaré à son fiancé qu'elle était orpheline. Mais maintenant que le jour du mariage approchait, elle avait besoin d'un père — tout au moins de son consentement. Encore mineure, elle ne pouvait guère s'en passer, car il lui eût été difficile de produire un certificat de décès. Et le père Zelle, toujours bien vivant, habitait avec sa seconde femme l'un des quartiers les plus pauvres d'Amsterdam, au 148 de la Lange Leidschedwarsstraat.

John n'avait aucune envie de rencontrer ce beau-père

inattendu. Il était officier et d'excellente famille. M. Zelle n'était qu'un représentant de commerce ruiné qui vivait dans un faubourg minable. John épousait la fille, soit, mais pas la famille, et il ne s'intéressait guère aux parents de Griet.

Mais John était amoureux et impatient de se marier. Cet homme de trente-neuf ans qui avait passé la plus grande partie de sa vie d'adulte sous les tropiques n'avait guère connu que des indigènes. Sa belle jeune femme allait faire sensation dans les clubs de garnison aux Indes, et la différence d'âge de vingt ans ne le préoccupait pas encore.

La décision de John de se marier n'a pas été provoquée par la grossesse de Griet, comme plusieurs biographes l'ont prétendu. D'après l'écrivain hollandais Charles S. Heymans [1], Norman, le fils de Mata Hari, serait né le 30 janvier 1896, soit à peine six mois après le mariage. Cette hypothèse fut reprise par tous (Baumgarthen, Newman). Comme le dit Newman, leur union « n'était pas fondée sur un amour sacré mais profane — elle était déjà enceinte le jour de ses noces [2]. »

J'ai longtemps admis l'affirmation de M. Heymans, jusqu'au jour où je reçus une copie de l'extrait de naissance de l'enfant que m'envoyait le bureau de l'état civil de la ville d'Amsterdam. L'enfant était né en 1897 et non en 1896. Surpris, je demandai confirmation à Amsterdam. La réponse me parvint dans la semaine : « La date de naissance de Norman John, fils de Rudolph MacLeod et de son épouse Margaretha Zelle, est le 30 janvier mille huit cent quatre-vingt dix sept (1897). »

Je vérifiai encore auprès de l'archiviste de La Haye, ancien directeur des archives de Leeuwarden. M. Mensonides, qui consulta les fichiers du bureau central de généologie des Pays-Bas, arriva aux mêmes conclusions.

---

1. *La Vraie Mata Hari*, Éditions Prométhée, 1930. (N.d.A.)
2. *Inquest on Mata Hari*, Robert Hale Ltd., Londres, 1956. (N.d.A.)

« Il ne fait donc aucun doute, écrivait M. Mensonides, que la légende tenace de la grossesse de Margaretha Zelle à son mariage relève du domaine de la pure invention et doit être considérée comme l'une des fables qui n'ont cessé de courir sur son compte. »

Néanmoins, il est facile de déduire de la correspondance de John et Griet qu'ils entretenaient des rapports intimes. Deux expressions comme « ta petite femme qui t'aime », que l'on trouve dans la lettre citée plus haut le laissent supposer. D'après M. Heymans, cette jeune fille de dix-huit ans écrivait à son bien-aimé de trente-neuf : « Tu me demandes si j'aimerais faire des bêtises ? Plutôt dix fois qu'une ! Tu peux faire ce que tu veux, car, de toute façon, dans quelques semaines je serai ta femme. N'est-ce pas merveilleux que nous ayons tous les deux ce tempérament passionné ? » Et plus loin : « Ne crains pas de me trouver indisposée. C'est arrivé à la date prévue, il y a quelques jours de cela, et demain tu pourras me demander tout ce que tu voudras. »

Si, comme le prétend Heymans, MacLeod lui a remis ces lettres de son plein gré, on ne peut plus guère avoir d'illusions sur la délicatesse d'un homme de soixante-dix ans passés qui confie à un parfait inconnu de telles confidences, écrites trente ans plus tôt, de sa fiancée. Mais il faut, comme m'a dit sa femme, lui pardonner si, « las de l'insistance de Heymans », MacLeod lui a donné les lettres sans se souvenir de leur contenu et sans les avoir relues.

Étant donné les circonstances, Margaretha avait fait des ouvertures à son père pour savoir à quelles conditions il consentirait à son mariage. La première exigence du père Zelle avait été une visite du jeune couple : après tout, il avait bien le droit de rencontrer son futur gendre.

La visite des fiancés en son humble demeure fut un jour de gloire pour ce père âgé de cinquante-cinq ans. Il avait

insisté qu'ils viennent le voir dans une grande voiture
plutôt qu'en fiacre, et la voiture à quatre chevaux fit
sensation dans la rue étroite. Adam Zelle ayant accordé sa
bénédiction, on lui demanda de venir à l'hôtel-de-ville le
lendemain, car sa présence était indispensable, au moins
sur le plan légal.

Le matin de la cérémonie, la sœur de John, Frida,
que la famille surnommait Tante Lavies, prononciation
familière de son prénom Louise, fit une dernière tentative
pour détourner John de son fatal projet. « Johnny, lui
dit-elle, Johnny, ne le fais pas ! » C'est Grietje Meijers-
MacLeod qui me rapporta cette anecdote.

Mais Johnny ne lui obéit pas et quitta l'appartement de
sa sœur en compagnie de sa radieuse fiancée. Si la
cérémonie à l'hôtel-de-ville se passa dans le calme, la sortie
en fut quelque peu bruyante. Les voisins du papa s'étaient
massés sur les trottoirs le long du canal et acclamaient les
mariés, qui se rendaient au Café américain pour le repas
de noces. Le père de la mariée n'y assista pas. De mauvaises
langues prétendent que John avait donné l'ordre au cocher
de la voiture de son beau-père de l'emmener à l'autre bout
de la ville.

Pour son voyage de noces, le jeune couple se rendit à
Wiesbaden, ville d'eau aussi courue alors que maintenant,
qui devait constamment apparaître dans les récits imaginaires de Mata Hari sur sa jeunesse. Ce séjour à Wiesbaden
donna à John un aperçu de ce qui l'attendait en épousant
une très jeune et très jolie femme. La ville fourmillait de
jeunes officiers arrogants qui ne se gênèrent pas pour faire
des avances et lancer des compliments à la ravissante
Hollandaise. John perdit vite patience et, s'approchant de
ceux qu'il considérait comme de jeunes freluquets, il leur
dit : « Messieurs, cette dame est ma femme », avant de
s'éloigner bras dessus bras dessous avec Griet.

A leur retour en Hollande, John commit sa première
erreur matrimoniale : il accepta l'hospitalité de sa sœur et

s'installa avec sa femme au 79, Leidschekade, à deux pas
du Café américain. Tante Lavies était la veuve du *notaire*[1]
Wolsink de la petite ville de Loppersum. Elle et son frère
étaient restés très liés, même s'ils ne s'étaient pas vus
pendant des années. Les deux femmes se détestèrent dès
leur première rencontre.

Vivre chez des parents revenait moins cher aux MacLeod
que de prendre un appartement. Mais les rapports tendus
entre les deux femmes et la prolongation du congé de
MacLeod les incitèrent bientôt à déménager.

La décision d'aller vivre chez Tante Lavies avait grande-
ment été influencée par les finances peu brillantes de
John à l'époque. La solde octroyée par l'armée coloniale
hollandaise était maigre même pour les officiers, et le
revenu de John ne lui permettait pas de mener grand train.
Sa cour à Margaretha, les frais occasionnés par le mariage
et la lune de miel à Wiesbaden avaient sérieusement entamé
ses réserves d'argent liquide. La situation n'était pas
désespérée, mais ces difficultés financières ne présageaient
rien de bon pour la vie du couple aux Indes, et elles
jouèrent un rôle indéniable dans sa dégradation.

Le grand événement des mois que Margaretha passa en
Hollande en tant que femme mariée fut une réception
donnée par la reine régente Emma, mère de la reine
Wilhelmine, au Palais royal. La jeune épousée porta sa
longue robe de mariée jaune pour l'occasion, et sa beauté,
son teint mat et ses cheveux noirs firent sensation — à la
grande fierté de son mari.

Pour les quelques intimes du couple, le bonheur conjugal
commença à se lézarder peu après le mariage. Mme V.,
femme de médecin, avait rencontré John à son retour des
Indes en 1894 lorsqu'il lui avait apporté des nouvelles de
son fils lui aussi en poste en Orient. Mme V. le trouva
assez grossier et, plus tard, quand elle fit la connaissance

---

1. En français dans le texte. (N.d.T.)

de Margaretha peu après ses fiançailles, elle se demanda si
le mariage tiendrait.

Margaretha lui avait fait l'impression « d'être une
jeune femme animée des meilleures intentions et souffrant
beaucoup des mauvaises manières et du manque d'égards
de son mari qui étaient déjà visibles à leur retour de voyage
de noces ».

Les premières impressions de Mme V. semblent fondées.
John MacLeod, qui devait s'adoucir considérablement plus
tard, lorsqu'il eut épousé Grietje Meijer, se comportait
comme un officier colonial mal dégrossi dans les années
1890. Son premier mariage ne changea rien à ses mauvaises
manières et ne mit pas non plus de frein à son attirance
pour le sexe opposé. De Balbian Verster me confirma ce
fait.

Quelques semaines à peine après son mariage, John
demanda à son ami de venir tenir compagnie à sa femme
un soir. Il avait rendez-vous avec deux filles, expliqua-t-il,
et pensait rentrer tard. De Balbian Verster se rendit donc
au domicile des MacLeod, où il trouva Griet au piano.
Plus tard, ce soir-là, John rentra, fut charmant comme à
son habitude, et s'excusa pour l'heure tardive : il « avait
été retenu ».

En mars puis en septembre 1896, le congé de John fut
prolongé, de six mois chaque fois, pour des raisons de
santé, mais aussi parce que sa femme était maintenant
effectivement enceinte. Le 30 janvier 1897, naquit le fils
de Margaretha. Il reçut le nom de Norman John, en
l'honneur de son grand-père paternel John van Brienen
MacLeod et de son grand-oncle Norman, le général en
retraite.

Quelques mois plus tard, le 1er mai, les MacLeod
embarquèrent sur le SS *Prinses Amalia* pour rejoindre les
Indes néerlandaises. Margaretha était d'excellente humeur,
ce voyage avait tout d'une véritable aventure pour elle.
Elle se rendait dans un pays inconnu, allait faire de

nouvelles connaissances, et mourait d'impatience de découvrir ces fameux Tropiques. Elle avait maintenant vingt ans et son mari quarante et un — différence d'âge énorme pour un couple partant s'installer dans un pays où les femmes blanches étaient rares — et les belles femmes blanches fort prisées.

Les MacLeod vécurent quelque temps à Ambarawa, village situé au sud de Semarang au centre de Java. Puis John fut transféré à Toempoeng, près de Malang, sur la côte ouest de la grande île. Cette nouvelle affectation représentait une nette amélioration dans la mesure où Malang était une ville où l'on trouvait beaucoup d'Européens et, plus important encore, les distractions qui plaisent aux Européens.

Les MacLeod restèrent un an à Toempoeng, année pendant laquelle naquit un deuxième enfant, une fille cette fois, le 2 mai 1898, que l'on prénomma Jeanne-Louise en l'honneur de Tante Lavies. Les MacLeod la surnommèrent immédiatement « Non » (elle devait garder ce surnom jusqu'à sa mort), abréviation courante du mot malais *nonah*, qui signifie tout simplement jeune fille [1].

Ce ne fut pas une période heureuse. Les dissensions conjugales qui étaient apparues si vite en Hollande s'aggravèrent sous le brûlant soleil tropical. Griet fut donc fort soulagée quand, le 21 décembre 1898, son mari reçut son ordre de transfert pour la ville de Medan située sur la côte est de Sumatra, en face de la Malaisie, sur le détroit de Malacca. Cette séparation lui permettrait de respirer un peu loin des querelles et des échanges désagréables. MacLeod devait en effet partir sur-le-champ, sa famille le rejoindrait plus tard.

Avec sa rudesse habituelle, MacLeod trouva un arrange-

---

1. Dans son livre *Mata Hari*, Th. Baumgarthen appelle Louise Giovanna, et Rudolf, Renato — copiant manifestement un écrivain italien. (N.d.A.)

ment simple pour le séjour de sa famille à Toempoeng
pendant son absence. Un matin, il se rendit au domicile
de l'administrateur de la reine, M. van Rheede, et, sans
même descendre de son cheval (c'est Mme van Rheede qui
m'a rapporté l'histoire), lui fit part de son départ imminent.
La petite communauté hollandaise était d'ailleurs déjà au
courant.

« Ma femme et mes enfants vont venir s'installer chez
vous dans quelques heures et y resteront jusqu'à ce que je
les fasse venir à Medan. Vous n'y voyez pas d'inconvénient,
n'est-ce pas ? »

Comme l'hospitalité était de règle aux Indes néerlandaises, où les transferts étaient monnaie courante, M. van
Rheede « n'y vit pas d'inconvénient », et ce soir-là,
Griet et ses enfants s'installèrent dans la maison amie.
Margaretha devait aussi rester à Toempoeng pour s'occuper
de la vente de ses meubles. Le gouvernement ne rembour-
sant pas les déménagements, il fallait vendre les meubles
aux enchères, ce qui revenait moins cher que de payer un
transport par bateau. MacLeod, qui changea fréquemment
de poste quand il se trouvait aux Indes, eut constamment
des problèmes d'argent à cause de cela.

Après son installation chez les van Rheede, Margaretha
et ses enfants restèrent sans nouvelles de John MacLeod,
qui ne leur envoya pas non plus de chèque couvrant le
voyage de Java à Sumatra. La situation, me dit Mme van
Rheede, devenait fort embarrassante. Mme van Rheede se
trompait en partie comme je devais le découvrir plus tard.
S'il est vrai que John n'envoya pas d'argent pendant
quelque temps, il écrivit à sa femme. En fait, John était
un épistolier prolixe qui recopiait chaque lettre envoyée à
la main, quelque que fût sa longueur.

Le 28 mars, John écrivit à sa femme une lettre où il lui
décrivait la ville de Medan et les événements de la
communauté. Avec ce talent journalistique qu'il devait
mettre à profit plus tard pour arrondir sa maigre retraite,

il noircissait des pages pour donner à Griet une idée de la ville qu'elle allait habiter :

« Cette ville est étrange avec ses maisons à étages et ses belles rues : éclairage électrique, superbes magasins qui surpassent de loin ceux de Batavia, merveilleux équipages. Ils ont dû tuer 739 chiens en deux jours à cause de la rage mais, rassure-toi, Blackie [leur chien] se porte bien. Et maintenant, Griet, à bientôt. Transmets mon meilleur souvenir aux van Rheede — ton mari, John. »

Un mois plus tard, comme des lettres de Margaretha n'étaient pas arrivées à destination, John tenta d'expliquer à sa femme la complexité de la transmission du courrier entre les différentes îles d'un archipel qui s'étend sur des milliers de kilomètres. « Tu me dis que, "m'ayant écrit deux lettres, tu attends une réponse de Medan". Allons, Griet ! Réfléchis un peu. Je parie que tu ris déjà de ta stupidité. "Attendre une lettre de Médan" — enfin, Griet, cela prend seize jours ! Est-ce à dire que tu n'as pas l'intention d'écrire une ligne dans l'intervalle ? C'est bien de toi ! »

Le séjour de Margaretha chez les van Rheede (où elle avait adopté, à l'instar de beaucoup de Hollandaises aux Indes à l'époque, le *sarong* et le *kabaja*, jupe et blouse indigènes) permit à son hôtesse de mieux la connaître. Margaretha se révèla charmante et intelligente. « Peut-être était-elle un peu frivole, me dit Mme van Rheede, mais cela n'avait rien d'extraordinaire chez une femme aussi jeune. »

L'argent fut l'une des préoccupations constantes de John ces années-là. Les problèmes financiers l'obsédaient littéralement. Il en parle à sa femme dans sa lettre datée du 24 avril 1899, où il se moque de son silence. « Ce qui m'irrite, c'est notre manque de chance sur le plan financier — et que ces problèmes nous obligent à faire des choses idiotes et désagréables. »

John évoquait ensuite un autre souci né d'un détail

donné par sa femme. « Qui est donc ce lieutenant de
vaisseau dont tu parles qui a photographié les enfants ?
Pourquoi se trouvait-il à Toempoeng ? C'est drôle tout de
même ! Tu passes sans transition du costume marin de
Jan Pik et du caractère affectueux de Fluit [surnoms des
enfants] à ce lieutenant, puis tu n'en reparles plus une
seule fois ! Alors Pik est amoureux de sa petite sœur ?
C'est de toi qu'il tient ce perpétuel besoin d'embrasser. »

Puis il abordait un sujet qui avait fait l'objet de maintes
discussions entre les époux : « Griet, essaye de comprendre
que lorsque je m'emporte et que je jure, c'est surtout
parce que j'ai peur pour les enfants, car souviens-toi que
nos caractères sont complètement différents. »

Les questions de John à propos du lieutenant montrent
qu'il était à la fois jaloux et soupçonneux depuis longtemps
— sentiments courants dans un ménage où le mari pourrait
être le père de sa femme. Peut-être la jalousie de John
était-elle fondée ; il faut dire que Margaretha embellissait.
Le samedi soir, au club local — la seule distraction
qu'offraient les Indes — Margaretha était toujours entourée d'une douzaine de jeunes officiers et de planteurs
célibataires que la belle Mme MacLeod ne laissait pas
indifférents. Même les hommes mariés qui avaient souvent
trouvé leur épouse par petites annonces ne dédaignaient
pas de flirter avec la belle Margaretha.

John finit par prendre les dispositions financières nécessaires pour faire venir sa famille à Medan : dans sa
lettre du 14 mai, il faisait à sa femme les dernières
recommandations pour le voyage et lui disait qu'il l'atten-
drait au port.

« J'ai bien reçu ta lettre du 25 avril où tu me parles de
la maladie des enfants. Beaucoup de travail t'attend ici,
Griet, car ces maisons deviennent dangereuses si l'on n'est
pas d'une propreté méticuleuse. Il faut constamment
balayer, changer les pots de fleurs de place, bitumer
alentour, sinon la vermine envahit tout. Ainsi, la nuit

dernière, j'ai vu un énorme scorpion. Même si la morsure de ces bestioles n'est pas immédiatement mortelle, elle provoque une grosse fièvre et c'est très dangereux pour les enfants en bas âge. Il faudra donc que tu inspectes toi-même chaque jour toutes les pièces, que tu laves les literies des enfants et que tu changes les pots de fleurs de place. Je suis heureux de voir dans ta lettre que tu es consciente de tes lourdes responsabilités à l'égard des petits et que tu prends merveilleusement soin d'eux. »

A Medan, John fut promu commandant de la garnison. Poste important dans la communauté hollandaise où, en tant qu'officier militaire principal des Pays-Bas, il devait jouer les hôtes aux réceptions officielles. Griet, bien sûr, adora ces fêtes où sa position de femme du commandant lui permettait de briller. D'après la troisième épouse de MacLeod, cela donna bien des problèmes à John. MacLeod avait commandé des toilettes à Amsterdam pour sa femme, et Margaretha avait l'impression d'être une reine et agissait comme telle. Lorsque des femmes d'officiers plus âgées qu'elle venaient les saluer, Griet refusait de s'avancer vers elles. Elle pensait que c'était à l'autre de venir à elle et que l'âge n'avait rien à voir là-dedans. Les jalousies mesquines étant courantes dans les petites garnisons colo-niales, la conduite de Griet mit vite le capitaine dans une situation embarrassante.

L'entente conjugale n'avait pas attendu ces incidents pour se dégrader. Puis, soudain, un événement tragique rapprocha les deux époux, temporairement du moins. Le 27 juin 1899, leur fils Norman, âgé de deux ans et demi, mourut. Sa petite sœur et lui avaient été empoisonnés, et seule Non put être sauvée grâce au dévouement du médecin hollandais de la garnison.

Deux interprétations de l'affaire circulèrent à Medan. On disait que MacLeod avait battu un soldat indigène amoureux de la nurse des enfants et que celui-ci avait empoisonné les petits pour se venger.

L'autre version concernait l'intimité du couple : le bruit courait que John avait fait des avances non repoussées à la nurse, dont l'amant indigène avait empoisonné les enfants.

Quelle que fût la cause de ce drame, on put penser un temps que la mort de l'enfant avait réconcilié les époux. Mais cette amélioration ne dura pas. MacLeod avait adoré son fils et sa mort l'avait choqué. Son caractère emporté reprit vite le dessus. Il reprocha à sa femme la mort de leur fils et leurs rapports redevinrent tendus. C'est à ce moment-là que John fut retransféré à Java, affectation dont il rendit responsable le général Biesz, son supérieur, qu'il accusait de mettre des obstacles à sa promotion au grade de lieutenant-colonel par antipathie pure.

Cette fois-ci, les MacLeod s'installèrent dans le village de Banjoe Biroe, et il apparut bientôt qu'une séparation légale était souhaitable. Seulement, tant qu'ils se trouvaient sous les Tropiques, cette solution soulevait certains problèmes, en particulier sur le plan financier. En outre, vers la mi-mars 1900, Griet eut un accès de fièvre typhoïde. Pendant sa convalescence, John envoya une lettre de quarante-huit pages à un cousin de La Haye, qu'il recopia intégralement. Il y évoquait la situation militaire et politique aux colonies ainsi que ses ennuis multiples, et consacrait aussi plusieurs pages à sa femme et à sa fille.

« Il y a deux mois et demi, Griet a eu la typhoïde, et son état a rapidement empiré, écrivait-il le 31 mai. J'ai dû m'occuper de ma fille. Il y a dix jours, Griet a été suffisamment bien pour se déplacer, et elle est maintenant en convalescence dans la plantation de café Kroewoek près d'Ulingie. Pas la peine de t'expliquer plus avant ce que cette maladie a représenté comme frais quand je t'aurai dit que nous avions besoin de cinq bouteilles de lait par jour à 30 cents pièce... Et maintenant, il faut rajouter ce séjour à Ulingie ! J'ai gardé la petite avec moi. C'est une enfant adorable, mais sa présence me rappelle constamment la mort de mon petit chéri.

« Mon cher cousin, la disparition de ce merveilleux petit garçon a irrémédiablement brisé quelque chose en moi. Il aimait la musique militaire, en particulier la marche de Monte Carlo, et chaque fois que je l'entends maintenant, j'ai mal aux yeux et dans mon cœur. »

Banjoe Biroe n'avait rien d'un paradis tropical, et la situation dans les *kampongs* (villages indigènes) autour de la base militaire Guillaume 1er, où beaucoup de simples soldats hollandais vivaient avec leurs femmes ou maîtresses javanaises, créait une atmosphère malsaine. John en donnait une excellente description à son cousin : « A part les montagnes, il n'y a rien à voir. La nuit, règne un calme impressionnant. On aperçoit çà et là la faible lueur d'une lanterne à un carrefour. Un écrivain de talent donnerait de la situation des *kampongs* voisins une description de la *bête humaine* [1] totalement différente de celle que nous offre Zola. Ce soir, nous avons une nouvelle invasion de papillons, de fourmis volantes et de termites, et de millions de petits insectes qui rendent fou. »

Cette atmosphère ne risquait pas de rendre une jeune femme heureuse. Selon John, un de ses lieutenants « avait, en l'espace de deux ans, pris un terrible coup de vieux à cause de la monotonie ambiante ». Il ajoutait : « Sans calendrier, on perdrait toute notion du temps. Les dimanches sont sinistres, et ceux qui ont des tendances suicidaires ont du mal à résister ces jours-là. »

Il n'est donc pas étonnant que MacLeod lui-même ait fini par se lasser de l'armée et commencé à penser à rentrer en Hollande, comme il l'avait dit un an et demi auparavant à sa femme avant que celle-ci ne vienne le rejoindre à Medan : « J'aimerais rentrer au pays, j'attends ce moment avec impatience. Je préférerais n'importe quoi à la vie

---

1. En français dans le texte. (N.d.T.)

d'ici maintenant que je sais que je n'obtiendrai jamais
cette promotion au grade de lieutenant-colonel. »

Le 2 octobre 1900, à quarante-quatre ans seulement et
avec le grade de commandant depuis 1897, John décida
de quitter l'armée, ces longues et dures années sous les
Tropiques ayant eu raison de sa résistance. Ses vingt-huit
ans de service lui donnaient droit à une retraite de 2 800
florins. Le couple désuni alla s'installer à Sindanglaja,
petit village situé entre Buitenzorg (aujourd'hui Bogor) et
Bandung. Le climat montagnard était sain et la vie peu
chère — certainement bien meilleur marché qu'en Hollande
— ce qui explique pourquoi John préféra rester sous les
Tropiques. Mais ni la qualité du climat ni la retraite de
son époux ne pouvaient faire oublier à Margaretha son
désir de rentrer en Hollande. En fait, la retraite ne faisait
que l'encourager dans son projet. Il faut dire que la
situation — de son point de vue à elle — était loin
d'être satisfaisante. Âgée d'une vingtaine d'années, elle se
retrouvait dans un minuscule village colonial avec à peine
assez d'argent pour vivre et encombrée d'un mari beaucoup
plus âgé qu'elle et qu'elle n'aimait pas.

Les proches des MacLeod pouvaient difficilement ne pas
se rendre compte de la dégradation du couple. Il ne se
passait pas un jour sans qu'éclatât une querelle.

Le docteur Roelfsema, qui de mars 1900 à juin 1902 fut
médecin militaire dans cette région de la province du
Preanger, avait une opinion bien arrêtée quant à la
responsabilité des disputes qui déchiraient continuellement
le couple.

« J'étais complètement impartial dans cette affaire, me
dit-il. Et je dois souligner que la conduite de Mme MacLeod
fut toujours irréprochable, malgré les nombreuses insultes
dont son mari l'accablait.

« Je me suis souvent demandé si Maragaretha Zelle ne
serait pas devenue une bonne épouse et une bonne mère
avec un mari intelligent et d'humeur égale. Le caractère

irrîtable et soupe au lait de MacLeod vouait leur union à l'échec. »

Le docteur envoya cette déclaration au rédacteur d'un des principaux journaux hollandais (*l'Algemeen Handelsblad*) peu après la parution du livre de Heymans sur Mata Hari, qui rejetait toute la responsabilité de la mésentente sur *elle*, disculpant complètement son mari. Quelques jours plus tard, il reçut une lettre de Mme V., de La Haye, qui avait rencontré John à son retour des Indes en 1895.

« Ma mère et moi avons eu la même impression que vous, écrivait-elle, et cette jeune fille de dix-neuf ans nous faisait beaucoup de peine. Et quand, plus tard, tout s'est terminé si tragiquement, nous nous sommes dit qu'elle aurait certainement fait une excellente épouse et mère si elle s'était marié avec un autre. »

John MacLeod, quant à lui, tira des conclusions analogues des années plus tard. Il répéta souvent à sa troisième femme : « Quel dommage que je ne t'aie pas connue plus tôt ! Cela m'aurait évité bien des misères. » Mais à l'époque où il fit cette réflexion, il vivait depuis presque vingt ans en Hollande, pays dont le climat tempéré avait peut-être modifié sa vision des choses.

Lorsque je m'entretins avec le docteur Roelfsema en 1932, celui-ci me raconta certaines des scènes pénibles dont il avait été le témoin au foyer des MacLeod à Sindanglaja. Une fois, me dit-il, Griet se mit à parler de l'Europe, de Paris. La conversation devint générale, et MacLeod commença à s'énerver. Finalement, incapable de se maîtriser davantage, il hurla à sa femme : « Et alors ? Si tu as tellement envie d'aller à Paris, vas-y et fiche-moi la paix ! »

Margaretha devait souvent penser à Paris. Des années plus tard, lors d'un interview à Vienne, on demanda à cette femme célèbre pourquoi elle avait choisi Paris.

Mata Hari leva innocemment les sourcils : « Je ne sais pas. Je pensais que toutes les femmes qui quittaient leur mari allaient à Paris. »

Une autre fois, me dit le docteur, au cours d'une soirée chez des amis communs, Margaretha dansait pendant que son mari discutait près de la piste. Passant près de lui avec son partenaire, Griet lui glissa : « Coucou, chéri ! » La réponse fusa : « Va te faire fiche, sale garce ! »

John et Griet n'hésitaient plus maintenant à énumérer leurs qualités respectives. John accusait sa femme de négliger sa fille, et dans une lettre adressée à sa sœur que cite Heymans, il traitait sa femme de « salope », de « bête immonde » qui avait la nature « dépravée d'une crapule ». Il ne souhaitait plus qu'une chose : « Si seulement je pouvais me débarrasser de cette sangsue ! Quelquefois, je me tords de rire à la pensée qu'un autre pourrait l'épouser pour découvrir trop tard qu'il a fait une mauvaise affaire comme moi. »

Dans une lettre à son père, où elle accusait son mari de la maltraiter, Griet utilisait des termes sans équivoque — « avare », « adultère », « brute », « cruauté » — et concluait en disant que lors d'une scène John l'avait menacée avec un revolver.

Apparemment, même MacLeod était conscient qu'étant donné les circonstances, ils ne pouvaient plus vivre aux colonies. Finalement, en mars 1902, il céda à la requête de sa femme et décida de regagner la Hollande sur un bateau de la marine nationale. John devait faire des économies et s'installa donc à nouveau chez sa sœur, Tante Lavies. Mais les deux femmes s'entendirent aussi mal que la première fois, si bien que les MacLeod prirent un appartement au 188 van Breestraat dans un quartier agréable d'Amsterdam.

Le ménage ne tenait plus, et ils envisagèrent donc sérieusement une séparation. C'est MacLeod qui, dans une certaine mesure, précipita le mouvement, parce qu'il ne pouvait plus supporter la présence de sa femme.

En rentrant chez elle un après-midi, Griet trouva l'appartement vide. John était parti s'installer dans la maison d'un ami à Velp près d'Arnhem, emmenant avec lui sa fille de quatre ans et demi. Margaretha ne perdit pas une seconde. Elle alla droit chez un cousin de John à Arnhem. Puis, le 27 août 1902, choisissant comme domicile l'étude de son avocat, Ed. Philips, elle demanda une séparation. Elle joignait à sa demande un document destiné au tribunal dans lequel elle ne mâchait pas ses mots concernant les mauvais traitements que lui infligeait son mari.

Elle l'accusait entre autres d'avoir des « rapports sexuels avec une autre femme », de l'avoir « battue presque tous les jours, surtout ces dernières années », de lui avoir « craché au visage », de l'avoir « horriblement insultée, surtout ces dernières semaines, en parlant de ''sa garce d'épouse'' à la bonne en présence de Griet » ; « à la fin du corso fleuri des étudiants en juin, il lui avait hurlé, complètement ivre : ''Je vais te rendre la vie tellement impossible que tu n'auras bientôt qu'une envie : foutre le camp.'' » Le traitement qu'il lui avait fait subir ces deux derniers mois défiait toute description et il ne lui avait pas adressé la parole pendant des jours entiers. Il lui avait « parlé de façon insultante en présence de son propre avocat, M. van Gigh, et ce dernier avait dit que jamais il n'avait entendu pareil langage » ; « en juin ou juillet 1902, il lui avait couru après en brandissant une canne jusqu'à ce que la bonne l'arrête » ; « En août 1902, il l'avait pourchassée avec une pantoufle pour la frapper, la bonne était intervenue, et il avait craché au visage de Margaretha. » Mais le plaidoyer continuait. Margaretha racontait ensuite que Rudolph l'avait « battue si fort qu'elle était sortie en hurlant de la chambre et s'était évanouie dans le couloir ». Elle ajoutait que, depuis plusieurs mois, Rudolph ne lui avait pas donné d'argent pour acheter de la nourriture et des vêtements, et qu'il avait dit à un de leurs amis que Margaretha « avait empoisonné leur enfant avec des pommes encore vertes ». Margaretha concluait ainsi : elle considérait que ce traitement lui semblait justifier une

demande de séparation « de table et de lit », selon
l'expression hollandaise légale.

Le juge d'Amsterdam convoqua le couple désuni deux
jours plus tard, le 29 août, pour une tentative de concilia-
tion. Mais comme MacLeod devait déclarer « qu'il ne
voulait pas entendre parler de réconciliation », le juge
prononça la séparation légale le 1er septembre 1902 en
faveur de Margaretha. On lui confiait la garde de sa fille
et l'on condamnait MacLeod à lui verser une pension
mensuelle de 100 florins. Lorsque la première échéance
tomba, le 10 septembre, il prétendit ne pas avoir l'argent
et ne donna rien à sa femme... ni ce jour-là ni jamais.

Rudolph n'accepta pas le jugement du tribunal sans
broncher, loin de là. Deux semaines et demi plus tard, le
16 septembre, il contre-attaquait par l'intermédiaire de son
avocat, M. van Gigh. Si Margaretha avait accusé son mari
de maintes vilenies — de l'avoir atrocement maltraitée,
d'avoir eu des rapports sexuels avec d'autres femmes —,
il avait lui aussi des choses désagréables à dire. « Leur
mariage avait été très malheureux, déclara-t-il au juge ;
Margaretha était frivole et volage, ne s'occupait pas de
son intérieur et négligeait leur fille ». Il ajouta aussi que
« sa femme avait eu, déjà en Hollande puis aux Indes,
des rapports sexuels avec d'autres hommes », qu'elle l'avait
insulté en présence de tiers, — le traitant de « salaud, de
gredin, de goujat » etc. —, et d'ivrogne, « alors qu'il ne
buvait jamais une goutte d'alcool ». Elle avait déclaré à
plusieurs personnes oralement et par écrit qu'elle « espérait
qu'il mourrait bientôt » et, enfin, qu'en parlant à leur
fille, elle avait eu l'audace de dire : « Mon enfant, ton
père est un infâme scélérat, il est ivre une fois de plus. »

Après avoir ainsi vidé son sac et conclu en disant au
juge qu'il avait supporté « l'insupportable avec patience
pour ne pas faire de scandale », MacLeod demanda une
séparation — mais en sa faveur.

Une fois la séparation prononcée, et après que John eut

fait paraître dans la presse l'annonce habituelle « demandant à tous de ne rien vendre à son ex-femme, Margaretha MacLeod Zelle », il y eut une brève réconciliation au cours de laquelle John écrivit à sa femme plusieurs lettres tendres. Cela n'arrangea rien. Margaretha était jeune et foncièrement « théâtrale » et John d'âge mûr et foncièrement méfiant. Et ils en avaient tous deux assez l'un de l'autre.

Margaretha resta quelque temps à Amsterdam, puis repartit chez son oncle Taconis à La Haye. Mais en Hollande, un sombre avenir l'attendait. Elle n'avait jamais travaillé, et trouver un emploi intéressant n'avait rien d'aisé. En outre, elle n'avait pas d'argent. Sa fille Non était retournée chez son père pour quelques jours... et MacLeod, mauvais époux mais excellent père, ne la lui rendit jamais. Cette solution convenait à Margaretha, car elle lui donnait plus de liberté de mouvements et diminuait ses dépenses.

Elle chercha sans succès du travail à Amsterdam et à La Haye. Elle pensait toujours à Paris. A part son court séjour à Wiesbaden et son voyage aux Indes, elle n'était jamais allée à l'étranger. Sur la route des Indes, elle avait fait escale à Tanger, Gènes et Port Saïd. Elle n'avait jamais *vécu* dans un pays étranger, à l'exception de ces années aux colonies — où elle n'avait jamais rencontré que des compatriotes. Alors... Paris semblait tout indiqué.

Le départ de Margaretha pour la Ville Lumière excita l'imagination de nombreux auteurs. H.R. Berndorff, qui parle de Mata Hari dans son livre *Le Grande Spie* (*Grandes Espionnes* [1]), raconte qu'elle avait passé des heures à méditer dans des temples aux Indes avant sa venue à Paris. Puis, à son retour en Hollande, écrit Berndorff, « elle

---

1. Édition italienne (Mondadori). Titre original allemand : *Spionage*. (N.d.A.)

s'installa chez ses parents, vendit des chapeaux et s'occupa de la maison ».

Le chanteur populaire hollandais, Koos Speenhoff, aussi célèbre pour ses chansons que pour ses dons de conteur, avait une version encore meilleure qu'il rapporte avec délectation dans un de ses livres [1]. A l'en croire, Margaretha arriva chez lui au milieu de la nuit. En se débarrassant de son manteau, elle lui dit qu'elle aimerait danser dans sa troupe, puis se mit en devoir de faire une démonstration de ses talents en tenue d'Ève, Speenhoff l'accompagnant à la guitare sous l'œil endormi de sa maîtresse. Le dimanche suivant, affirme Speenhoff, Mata Hari se produisait pour la première fois avec sa troupe. « Il y avait du champagne, des fleurs... et un monsieur », nous précise le barde hollandais, « et quelques mois plus tard, elle dansait à Paris ».

---

1. Titre hollandais : *Daar komen de schutters.* (N.d.A.)

3.

Le premier séjour de Margaretha à Paris fut, pire qu'une source de désillusions, une véritable catastrophe. Elle arriva en France sans un sou en poche et décida, pour gagner sa vie, de poser comme modèle, occupation sans avenir, loin d'être drôle et fort mal rémunérée. Finalement, comme Paris ne semblait pas être la solution idéale, Margaretha MacLeod se résolut à rentrer chez elle.

Elle passa une semaine chez l'un des oncles de son mari à Nimègue. John intervint dès qu'il l'apprit, et l'oncle demanda à la jeune femme de partir. N'ayant pas d'amis vers qui se tourner, pas d'argent pour vivre et aucune aide financière de son mari, elle se remit à songer à la capitale française.

L'entêtement des Frisons est légendaire en Hollande, et Margaretha ne faillait pas à cette réputation. A Paris, elle avait certes perdu une bataille mais pas la guerre. Et il est indéniable que ce second voyage lui fut plus profitable que le premier.

Margaretha retrouva donc Paris en 1904. Elle n'avait, comme elle devait le confier un an plus tard à un journaliste, « qu'un demi-franc en poche, mais elle alla droit au Grand Hôtel ».

Que faire ? A un autre journaliste, elle déclara qu'« elle n'avait personne au monde ». Essayer de poser à nouveau ? Les ateliers des peintres n'avaient rien donné la première fois. Tenter sa chance dans des nigtht-clubs ou aux Folies-Bergère où l'on était friand de jolies femmes ? Il lui faudrait danser, et elle ne connaissait rien à la danse professionnelle. Pourtant, c'est bien vers la danse qu'elle se tourna sur la suggestion de M. Molier, propriétaire d'un célèbre manège de la rue Bénouville à Paris et cavalier émérite lui-même. Margaretha, qui avait appris à monter aux Indes, avait trouvé un premier engagement grâce à M. Molier. Ce dernier pensait qu'avec une plastique pareille, elle aurait encore plus de succès en dansant qu'en jouant les écuyères.

Danser, oui. Mais comment ? Son expérience en ce domaine se limitait aux valses et aux quadrilles dansés dans les clubs des Indes et aux leçons prises jeune fille à Leeuwarden. Des années plus tard, pendant la première guerre mondiale, à La Haye, elle dit à un de ses amis, le peintre hollandais Piet van der Hem, qui me rapporta l'histoire : « Je n'ai jamais été capable de danser correctement. Les gens venaient me voir parce que j'étais la première à oser me montrer nue en public. »

Cependant Margaretha savait maintenant parfaitement qu'elle était belle, ou du moins très séduisante. Elle savait par expérience qu'elle plaisait aux hommes et elle savait faire du charme. Bien des artistes femmes ont débuté avec moins d'atouts qu'elle. Elle se débrouillait en malais et elle avait eu l'occasion de voir des danses indigènes à Java et Sumatra. Mais cela s'arrêtait là. Les histoires d'initiation aux danses sacrées dans les temples bouddhistes qu'elle lança et que les autres s'empressèrent de reprendre ne sont que pures inventions. Mais comme Margaretha était une inconnue non dénuée d'intelligence, elle misa gros et gagna.

Bien sûr, la future Mata Hari n'aurait pu choisir meilleur moment pour arriver à Paris et surprendre cette haute société avide de sensations nouvelles. 1905 était l'âge d'or de *la belle époque*[1]. Cette année-là, Paris avait soif d'excès et menait joyeuse vie. Les hommes complimentaient leurs femmes étroitement corsetées et faisaient la cour à celles des autres. Et parce qu'on était riche et vivant, on courait de dîners en soupers et d'un lit à l'autre. Margaretha s'épanouit dans cette atmosphère comme fleur au soleil.

Elle fit ses débuts de danseuse orientale dans le salon de Mme Kiréevsky, cantatrice connue dans la société parisienne pour organiser des spectacles de charité. Elle remporta un succès immédiat et, dès le 4 février 1905, *The King*, hebdomadaire anglais, lui consacrait un article enthousiaste. L'auteur expliquait qu'« il avait vaguement entendu parler d'une femme originaire d'Extrême-Orient, venue en Europe couverte de parfums et de bijoux afin d'initier la haute société blasée aux richesses de la vie et de la couleur orientales ». D'après la rumeur, « elle faisait virevolter et tomber des voiles » et il qualifiait de « coquin » un tel spectacle dans un salon.

Après plusieurs apparitions dans d'autres salons parisiens, Margaretha dansa, début février, au quarante-cinquième « Dîner de faveur[1] », où on la présenta sous le nom de Lady MacLeod. Mata Hari n'était pas encore née, mais déjà le *Courrier français* pensait que « si cette danseuse inconnue qui vient de pays lointains est déjà étrange quand elle ne bouge pas, elle l'est plus encore quand elle bouge ».

A la soirée de Mme Kiréevsky, l'un des invités s'intéressa de près à Margaretha. M. Guimet était un industriel doublé d'un grand collectionneur. Pour abriter sa collection privée, il avait fait construire le musée d'Art oriental place d'Iéna, et on le considérait comme un expert de tout ce qui touchait à l'Orient. Mais cette réputation était-elle méritée ? Toujours est-il qu'il fut, ainsi que M. Milloué, son direc-

---

1. En français dans le texte. (N.d.T.)

teur, littéralement conquis par notre danseuse hollandaise.
M. Guimet conçut immédiatement le projet d'offrir à
ses amis une démonstration de son art authentiquement
oriental. Une fois de plus, une rencontre due au hasard
allait changer la vie de Margaretha.

Mais M. Guimet pouvait-il vraiment présenter une danseuse orientale affublée d'un nom pareil ? Margaretha
Geertruida Zelle, même prononcé *à la française*[1] risquait
de paraître bizarre et Lady MacLeod ne faisait pas
non plus très couleur locale. Personne n'allait croire à
l'authenticité de son initiative. Il fallait inventer un nom
et, après des heures de conciliabules, Margaretha Zelle
disparut pour faire place à Mata Hari.

Toutes les sources attribuent cette découverte à M. Guimet. Mes propres recherches me portent à croire que c'était
là une idée que Margaretha caressait depuis longtemps.
Selon certaines rumeurs, M'greet avait, dans une lettre
envoyée de Java qui avait fait le tour de Leeuwarden,
prétendu qu'elle dansait sous le nom de Mata Hari. Cette
histoire me fut confirmée en Hollande par Mme Ybeltje
Kerkhof-Hoogslag. Celle-ci se promenait un jour à Leeuwarden (cela devait se situer avant 1898, l'année où elle
quitta elle-même la ville) quand une amie lui apprit qu'elle
avait reçu une lettre de M'greet où celle-ci disait qu'« elle
avait adopté le nom de Mata Hari ». Ybeltje, ardent
défenseur de M'greet, voulut lire la lettre sur le champ.
Les deux jeunes filles furent bientôt entourées d'autres
amies de classe que cette dernière trouvaille de M'greet
rendait hilares. Cela correspondait bien à sa fantaisie
naturelle et aux idées farfelues de son père, le Baron. Elles
s'accordèrent pour dire que « cette idée était digne de
M'greet — encore une de ses folles inventions ».

Néanmoins, ce nom de Mata Hari semblait bien étrange
pour une danseuse venant des Indes, comme le prétendait

---

1. En français dans le texte. (N.d.T.)

M. Guimet. Le directeur-propriétaire du musée de l'Art oriental était loin d'être le grand expert que l'on croyait. D'un voyage au Japon, il avait rapporté les premières gravures sur bois. Ses séjours en Égypte et dans d'autres pays du Moyen-Orient lui avaient permis de rassembler une imposante collection. Mais sa connaissance des langues orientales devait laisser à désirer sinon il aurait su que le nom Mata Hari venait du malais et non de l'hindou. Mais personne ne le savait ni s'en souciait à Paris. Les gens ne faisaient pas grande différence entre l'Inde et les Indes orientales néerlandaises — pour eux c'était quelque part en Orient. Mata Hari elle-même s'en moquait. Qu'elle passe pour Indienne, Siamoise, Chinoise ou Laotienne, peu lui importait, pourvu que ce soit oriental. Mata Hari, cela faisait mystérieux, et rien d'autre ne comptait. Elle seule savait que *Mata* signifiait œil et *Hari* jour et qu'en malais, *Mata Hari* était la manière prosaïque d'évoquer l'Œil du Jour : Le Soleil.

Ce nom lui resta, et la soirée du 13 mars 1905 fut un tournant décisif pour Margaretha. Avant d'arriver à Paris, elle n'était montée qu'une fois sur scène. Elle avait tenu le rôle de la reine dans une adaptation musicale des *Croisés* qu'avait monté à Malang, à Java, le *Societeit* ou club local. Même à l'époque « il aurait été difficile pour le public de ne pas tomber sous le charme de cette élégante actrice amateur », avait écrit le correspondant du *Weekblad voor Indië*. Mais en 1899, ce succès n'avait pas duré. Maintenant, à Paris, l'inconnue de Leeuwarden se métamorphosait définitivement en danseuse orientale, et elle devint en l'espace d'un soir la coqueluche du tout Paris. La belle Hollandaise avait réussi là où son baron de père avait échoué. Elle devenait le point de mire d'un monde nouveau — un monde qui allait l'adorer, l'admirer, l'envier, et finalement la tuer.

M. Guimet avait bien fait les choses pour sa protégée. Il avait transformé la rotonde du musée qui abritait la bibliothèque du deuxième étage en temple indien. Les huit colonnes décorées de guirlandes de fleurs étaient surmontées de statues de femmes aux seins nus qui allaient contempler la plastique de Mata Hari avec envie. L'éclairage aux chandelles accentuait encore l'impression de mystère. L'une des plus précieuses statuettes de bronze du onzième siècle de M. Guimet se détachait au fond de la pièce, à la lueur de lumignons. C'était une Siva Nataraja du sud de l'Inde, déesse à quatre bras haute de trois pieds qui, encerclée de flammes, écrasait un nain d'un de ses pieds de bronze. Le petit groupe d'invités triés sur le volet (la bibliothèque ne mesurait que huit à neuf mètres de diamètre) ne perdrait rien de l'anatomie de la danseuse orientale. En attendant, un orchestre caché jouait de la musique « inspirée de mélodies hindoues et javanaises ».

Mata Hari, nouvelle bayadère, était revêtue de ce qui pouvait passer pour un authentique costume oriental que M. Guimet avait choisi lui-même dans sa riche collection personnelle. Entourée de quatre suivantes en toges noires, elle portait un soutien-gorge de coton blanc dont les bonnets disparaissaient sous des plaques ornées de pierreries à l'indienne. Des bracelets de même facture entouraient ses poignets et le haut de ses bras, et sa chevelure noire, nouée *à l'espagnol* [1], était surmontée d'un diadème indien. Un sarong noué à la taille par des rubans ornés de bijoux descendait du creux des reins jusqu'au-dessous du nombril, lui moulant les hanches. Le reste était nu. Ce costume extraordinaire impressionna les invités aristocratiques de M. Guimet, qui regroupaient la crème de la gent féminine parisienne resplendissante de bijoux, de grâce et de séduction, et parmi lesquels l'on reconnaissait les ambassadeurs japonais et allemand.

Les journalistes se surpassèrent pour louer ce spectacle. Ils glorifièrent la « femme orientale ». Ils firent l'éloge de

---

1. En français dans le texte. (N.d.T.)

sa connaissance des danses sacrées et de son talent à les exécuter. Paris se jeta à ses pieds, emplit sa loge de fleurs et déposa des bijoux dans ses mains. Et Mata Hari ouvrit ses bras à la ville et à certains de ses habitants.

Au début de sa lucrative carrière, Mata Hari, tout en étant flattée de ce qui lui arrivait, devait aussi s'étonner de sa propre audace qui lui permettait de conquérir Paris avec des parodies de danses orientales. Elle colla soigneusement dans ses albums, qui sont un témoignage unique de sa vie d'artiste, toutes les lettres, tous les articles élogieux des journalistes subjugués, ainsi que toutes ses photographies. Ces albums renferment les lettres et les cartes de visite de Puccini et de Massenet déjà mentionnées, des photographies d'elle prises aux courses, et des témoignages d'admiration des membres les plus célèbres de la société parisienne. Elle connut grâce à la profusion de ses admirateurs, dont beaucoup devaient devenir ses amants, le luxe et la richesse.

On comprendra peut-être mieux la fascination qu'elle exerçait sur le public en lisant ce poème que lui envoya l'un de ses nombreux adorateurs :

A Siva

> *Quand devant ton autel elle a jeté ses voiles*
> *Et prosterné sa jeune et svelte nudité,*
> *Siva, dieu mort, sens-tu bouillonner dans tes moelles*
> *Le tout-puissant Désir qu'érige sa beauté ?*
> *Cours-tu sur cette bouche en fleur coller ta bouche ?*
> *Prends-tu ce corps lascif contre ton corps brutal*
> *Pour qu'il râle d'amour ?*

C'est là que réside le secret des premiers triomphes de Mata Hari — elle jouait sous prétexte d'art sur la fibre érotique du public. C'était un exploit plein de hardiesse, et l'on comprend qu'elle n'ait cessé de recevoir des invitations. Elle savait aussi se comporter en société, ce qui explique son succès mondain. Elle était plus qu'une vulgaire danseuse de vaudeville que l'on abandonne à son triste sort après le spectacle. Une fois rhabillée, elle pouvait se mêler avec grâce et naturel à ses hôtes et à leurs invités.

La première coupure de presse que Mata Hari colla dans ses albums après ses débuts est extraite de *La Vie Parisienne* et parle de : « Lady MacLeod, c'est-à-dire Mata Hari, la danseuse indienne voluptueuse et tragique, qui danse nue dans les derniers salons où l'on cause. Elle porte le costume des bayadères, aussi simplifié que possible, et à la fin, elle le simplifie tout à fait. »

Mais *comment* dansait-elle ? Le numéro du 18 mars 1905 de *La Presse* nous éclaire là-dessus : elle dansait « avec des écharpes, une plaque pour les seins, et c'est presque tout ». Le journal écrivait que Mme MacLeod, jeune femme élancée, portait le costume de bayadère avec une grâce incomparable. « Elle est née à Java, continuait l'article, a poussé sur cette terre de feu, lui empruntant une invraisemblable souplesse et un charme magique, mais c'est bien à la Hollande qu'elle doit son torse puissant.

« Aucune n'avait osé, après des frémissements d'extase, rester ainsi sans voiles sous le regard du dieu — et avec quels beaux gestes, à la fois osés et chastes ! Elles est bien l'Absaras, sœur des nymphes, des Ondines, des Walkyries et des Naïades, créées par Indra pour la perdition des hommes et des sages.

« Mata Hari ne joue pas seulement avec ses pieds, ses yeux, ses bras, sa bouche, ses ongles carminés ; Mata Hari que nul lien gênant ne comprime, joue avec ses muscles, avec son corps tout entier.

« Mais le dieu interrogé reste sourd devant l'offre de sa beauté et de sa jeunesse, et elle offre plus : son amour, sa chasteté — et une à une ses écharpes, symboles de l'honneur féminin, tombent aux pieds du dieu. Mais Siva est inflexible, il veut davantage. Alors la Devidasha se rapproche — un voile encore, un rien — et, debout, dans sa fière et victorieuse nudité, elle offre au dieu la passion qui lui brûle.

« Et, accroupies, les Nautsch, sauvages dans leurs vêtements sombres, l'excitent en proférant de terribles "Stâ ! Stâ ! Stâ !", tandis que la prêtresse, haletante, éperdue, tombe aux pieds du dieu et que ses compagnes la recouvrent d'un drap d'or. Alors Mata Hari, sans gêne aucune, s'est gracieusement relevée, s'est drapée du voile sacré, et remerciant Siva et les Parisiens, s'est éloignée dans une tempête de bravos !

« Ensuite Mata Hari, maintenant revêtue d'une élégante robe du soir, se mêla au public et, jouant avec une marionnette javanaise *wajong*, nous narra gaiement l'histoire du drame préhistorique d'Adjurnah. »

Mata Hari avait-elle précisé que l'histoire était préhistorique ou doit-on ce détail au journaliste innocent désireux de donner ainsi un peu plus de piment à son article ? Toujours est-il que l'histoire d'Adjurnah ne remonte pas aussi loin. Ce personnage appartient à un ancien conte javanais vieux de quelques siècles de la religion hindoue. Encore très populaire de nos jours, on le raconte souvent à la veillée dans les villages indonésiens à l'aide de marionnettes *wajong* dont les ombres se détachent sur un écran blanc. C'est sans aucun doute dans ces pièces *wajong* appréciées autant des Indonésiens que des Occidentaux que Mata Hari puisa son renseignement « préhistorique ».

Frances Keyzer, correspondante anglaise à Paris, raconte ainsi ce que ses yeux ont admiré :

« La porte s'ouvrit. Une silhouette sombre se glissa à l'intérieur de la pièce, les bras croisés sur la poitrine couverte de fleurs. Elle resta quelques instants immobile, les yeux fixés sur la statuette de Siva de l'autre côté de la rotonde. Son teint bistré luisait sous les curieux bijoux enchâssés dans l'or mat. Sa chevelure noire surmontée d'un casque d'or travaillé, elle était enveloppée de plusieurs voiles de teintes délicates qui symbolisaient la chasteté, la beauté, la jeunesse, l'amour, la volupté et la passion. »

Enchantée par la danse des voiles, la journaliste poursuit : « La danse suivante fut tout aussi impressionnante. Elle se présente à nous, jeune fille gracieuse, un *slendang* (le voile que portent les jeunes femmes javanaises) drapé autour de la taille. Dans la main, elle tient une fleur de la Passion à laquelle elle offre une danse joyeuse. Mais la fleur est enchantée, et sous son charme, elle perd contrôle d'elle-même et dénoue lentement le *slendang*. Lorsque le voile tombe à terre, elle reprend conscience et, honteuse, se masque le visage de ses mains.

« Rien ne saurait décrire l'émotion qu'elle éveille en nous, ni la couleur et les gestes harmonieux de cette Orientale. Elle est pareille à une plante tropicale dans toute sa fraîcheur transplantée dans un sol nordique. Les Parisiens qui ont assisté à ce spectacle furent frappés par l'art inconscient de la danseuse ainsi que par le raffinement et l'intelligence de ses mouvements. »

Telles sont les impressions d'une flegmatique correspondante anglaise qui fut non seulement fascinée par les danses de Mata Hari mais aussi par « sa silhouette sombre » et « sa chevelure noire ». On peut d'ailleurs se demander d'où cette fille de Frise, province dont les habitants sont en majorité blonds, tirait son teint mat.

Selon un expert frison, elle le tenait peut-être de la branche maternelle de la famille van der Meulen qui descendait des « Woudkers », tribu qui vécut jadis dans les forêts frisonnes et dont tous les membres avaient ce teint sombre. Elle ne l'héritait certes pas de la famille de son père, puisque l'ancêtre des Zelle, Herman Otto, tisserand de la ville de Rheda dans la province allemande de Wesphalie, était arrivé vers 1770 à Leeuwarden où il reçut le titre de *burgher* (citoyen) le 24 mars 1780.

Mata Hari pouvait être reconnaissante à ses ancêtres *Woudkers* de lui avoir donné un tel teint, car il y a fort à parier qu'une danseuse hindoue blonde n'aurait pas rencontré le même succès auprès des Parisiens.

Peu d'artistes modernes peuvent se vanter d'avoir connu des débuts aussi chaleureusement accueillis. Les Parisiens adoptèrent Mata Hari parce qu'elle leur apportait du neuf et peut-être aussi parce qu'elle se couvrait chastement le visage après avoir laissé choir son *slendang*. Ils continuèrent à l'appeler *Lady MacLeod*, et Mata Hari eut la présence d'esprit de ne pas révéler qu'elle n'avait aucun droit à un titre.

A la suite de son second spectacle au musée Guimet, le 14 mars, *Le Matin*, influent quotidien parisien, écrivait que la veille « l'Inde mystérieuse et sacrée, l'Inde des Brahmanes et des bayadères nous a été révélée par madame MacLeod, danseuse orientale ». Il ajoutait : « Mata Hari a su évoquer d'admirable manière les cérémonies chères à Vishnou, dieu de la nature ; à Indra, dieu des batailles ; à Siva, dieu des fureurs, ressuscitant le "Poème de la Princesse et de la Fleur", "la danse guerrière de Soubramaya" et cette merveilleuse "Invocation à Siva" que les explorateurs de l'Inde ont si souvent décrite. »

Un autre critique parisien, Edouard Lepage, nous donne plus de détails sur cette fabuleuse apparition au musée. « Tout à coup surgit Mata Hari, écrit-il, l'Œil du Jour, le Soleil Glorieux, la Bayadère Sacrée que les prêtres et les dieux seuls peuvent se vanter d'avoir vue. Elle est longue et mince et souple, comme les serpents déroulés que balance en mesure la flûte des charmeurs ; son corps flexible épouse parfois les ondulations de la flamme, et parfois se fige en ses contorsions, comme la lame flamboyante d'un criss.

« Alors Mata Hari, d'un geste brutal, arrache à la fois ses ornements, déchire ensemble tous ses voiles. Elle jette au loin les ornements qui cachent ses seins. Puis, nue, démesurément grandie et blanche, elle s'allonge immensément, toute droite dans les ténèbres ! Ses bras tendus la soulèvent sur la pointe crispée de ses pieds : elle chancelle, tournoie, bat le vide de ses bras désemparés, fouette l'impassible nuit de ses longs cheveux lourds... et tombe. »

Cette pose dut surprendre et exciter l'appétit artistique — et sensuel — des Parisiens. Quoi de plus extravagant qu'une femme originaire d'Orient, épouse présumée d'un noble écossais, qui osait se montrer en public dans une nudité avancée que l'on appelait Art ?

Le *Gaulois*, autre journal, écrivait le 17 mars 1905 que de la voir « tour à tour féline, féminine à l'excès, puis majestueusement tragique, en détaillant les mille inflexions de son corps, les mille rythmes de sa démarche, les mille expressions de son visage, comme on se sent loin de nos conventionnels entrechats de nos rois classiques de la danse ».

Mata Hari dansait, continuait ce chroniqueur enthousiaste, « telle David devant l'arche sainte, telle Salammbô devant Tanit, Salomé devant Hérode ! » Il devient plus lyrique encore en quittant l'enceinte du musée en cette soirée de mars légèrement embrumée. Perdu dans ses pensées, il traverse la place d'Iéna et nous livre le fruit de ses réflexions :

> *Parmi tout son cortège aux pompes légendaires,*
> *Je n'ai pas regardé l'orgueilleux Pharaon,*
> *J'ai contemplé le corps ambré des bayadères.*

Le soir suivant, le 15 mars, Mata Hari continuait sa conquête de la société française lors d'un concert, organisé lui aussi par Mme Kiréevsky, en faveur des ambulances russes. La guerre russo-japonaise faisait rage, et les Russes venaient d'essuyer une terrible défaite à Mukden. On remarquait parmi l'assistance beaucoup de représentants de la noblesse parisienne, des princes, des comtes, des ducs et des duchesses français et russes.

Au cours de cette année 1905, Mata Hari dansa environ trente fois dans les salons les plus fermés de Paris, six fois

au théâtre du Trocadéro, où l'on avait tenté de reconstituer
le décor et l'atmosphère du musée Guimet. Elle se produisit
trois fois chez le baron Henri de Rothschild, chez Cécile
Sorel, illustre actrice de la Comédie française, au Grand
Cercle où elle partageait l'affiche avec la célèbre soprano
Lina Cavalieri, au Cercle Royal et ailleurs — toujours au
milieu de tapis orientaux, de palmiers, de fleurs et de
brûleurs d'encens.

Cécile Sorel, qui devait plus tard épouser le comte de
Ségur, tomba elle aussi sous le charme de Mata Hari. En
cette soirée du 14 mai, M. Gaston Menier, roi du chocolat
français, se trouvait parmi les invités. Cécile Sorel envoya
une lettre à Mata Hari que celle-ci s'empressa de coller
dans ses albums :

Mademoiselle,

Vos belles danses ont enchanté mes invités, et Monsieur
Menier désire les revoir vendredi 19 chez lui. Êtes-vous
libre ? Vous danseriez dans un cadre digne de votre
grand art : une serre magnifique avec les plantes et les
fleurs les plus rares.

Répondez-lui directement ou à moi si vous préférez.
Mon plus artistique souvenir,

C. Sorel

Mata Hari était libre, elle dansa donc le vendredi suivant,
19, chez les Menier. Le maître de maison, enthousiaste,
prit quelques clichés de l'artiste. Il joignit certaines de ses
minuscules photographies montrant Mata Hari tout à fait
nue à la lettre qu'il lui fit porter quelques jours plus tard :

Chère Madame,

Je n'ai pas oublié, croyez-le bien, la promesse que je
vous ai faite de vous envoyer la photographie de la serre
où vous avez si délicieusement dansé chez moi l'autre

soir : j'en attends une épreuve que je vous enverrai. Elle vous rappellera une de vos soirées mais pour mes invités et pour moi elle sera le souvenir d'une fête d'art idéale dans laquelle vous avez figuré la véritable beauté antique, et les petites photographies collées ci-contre décrivent mieux que les paroles l'impression qu'a laissée votre belle apparition semblable à un songe d'orient.

Je suis enchanté pour ma part d'avoir contribué à vous mettre dans le cadre de lumière et d'objets qui, m'a-t-on dit, accompagnaient comme elles le méritent les lignes de votre corps admirable.

Il n'y a qu'une note discordante dans ce concert de louanges. Lorsqu'elle dansa chez Emma Calvé, la soprano française qui était célèbre au Metropolitan Opera de New York pour son interprétation de Carmen, *L'Écho de Paris* écrivit : « Ses danses ne sont pas d'un intérêt ni d'une perfection bien émouvante. » Le journal reconnaît tout de même qu'il s'agit d'art pur, car « Mata Hari danse nue. Mais qu'on n'aille pas imaginer que ses poses soient indécentes ni que la vue de la belle Indienne puisse évoquer des pensées incongrues ! Mata Hari est nue, des pieds à la tête, mais casquée de pierreries, alourdie de bracelets et de ceintures de gemmes. Elle a des grands yeux, une bouche souriante, comme une fente dans la pulpe d'un fruit mûr ».

Certains à Paris étaient choqués qu'une « Lady » se montre nue en public. Si, au domicile de la comtesse de Loynes, elle avait mis un *soupçon*[1] de vêtements (elle dansait devant un groupe de vénérables membres de l'Académie française, ce qui fit dire au *Journal Amusant* qu'elle s'était produite « nue comme un discours d'académicien »), elle dansa sans rien au Cercle Artistique et Littéraire. Comme le public était exclusivement composé d'artistes, elle se montra « nue des pieds à la tête, nue

---

1. En français dans le texte. (N.d.T.)

comme Hassan de Musset, nue comme Ève à son premier
péché, sans autre feuille de vigne qu'un illusoire bijou
d'or ».

Elle apparut tout aussi nue chez Emma Calvé où
elle fut accompagnée au violon par Georges Enesco, le
compositeur déjà célèbre des deux Rhapsodies roumaines
qui devait plus tard être le professeur de Yehudi Ménuhin.

Colette se trouvait dans l'assistance ce soir-là. Elle décrit
ses impressions dans un article publié dans le *Figaro* en
décembre 1923 : « Je l'ai vue à Paris, lorsqu'elle dansait
chez Emma Calvé. Elle ne dansait guère, mais elle savait
se dévêtir progressivement et mouvoir un long corps
bistre, mince et fier. Elle arrivait presque nue, dansait
"vaguement" les yeux baissés, puis disparaissait enveloppée
de ses voiles. » Colette écrivait à propos d'un spectacle vu
ailleurs : « Une fête hindoue la montra un peu plus tard
montée sur un cheval blanc. »

Cet étrange spectacle eut lieu le 5 mai 1905 chez Mlle
Nathalie Clifford Barney, poétesse américaine expatriée
plus connue comme « l'Amazone des lettres ». Mlle Barney
habitait Neuilly, puis plus tard rue Jacob à Paris. Son
salon était fréquenté par Gertrude Stein, Ezra Pound,
Colette, André Gide et Rilke, ce qui permettait aux
écrivains américains en visite de rencontrer certains des
poètes les plus célèbres du temps.

Au printemps 1965, Mlle Barney, qui malgré ses quatre-
vingt-huit ans avait gardé tout son esprit, me raconta
qu'elle avait invité Mata Hari à danser dans le jardin de
sa maison de Neuilly à la suite de la soirée donnée chez
Emma Calvé. C'est là que Mata Hari avait fait son entrée
« assise sur un cheval blanc », et Mlle Barney, cavalière
émérite elle-même, « lui avait prêté pour la circonstance
l'une de ses brides incrustées de turquoises ».

« Ce qui me frappa le plus lorsqu'elle fit son entrée,
me dit Mlle Barney, c'est que, contrairement à ce que
j'imaginais, la peau de Mata Hari n'était pas sombre mais

presque mauve. » Nathalie Barney m'expliqua qu'« il faisait très froid ce soir-là, et Mata Hari nue sur son cheval blanc était littéralement transie ».

Le deuxième spectacle de Mata Hari chez Nathalie Barney eut lieu à l'intérieur, éliminant ainsi les risques des caprices du climat parisien. Cette fois, elle avait accepté de paraître entièrement nue (à l'exception de son inséparable soutien-gorge), mais à la condition que « seules des femmes y assistent ». Mlle Barney avait invité une douzaine d'amies à ce numéro intime de mouvements pseudo-javanais. Dorothy Rockhill, qui venait de se marier à Arthur Larkin, jeune violoniste anglais, était présente. Désolée que son nouveau mari rate la nudité de Mata Hari, Mlle Rockhill avait menacé de ne pas venir si son mari n'était pas de la fête. Pour résoudre ce délicat problème, on avait décidé d'habiller l'Anglais de vêtements féminins. Mais Mata Hari, qui en savait certainement plus sur le corps masculin que toutes les femmes de l'assistance, repéra immédiatement le spectateur mâle, fonça sur lui en brandissant une lance (qui était le seul accessoire de sa danse guerrière) et, terrorisant le pauvre garçon, hurla : « Il y a un intrus dans cette maison ! »

A dix heures du soir, le 1er avril 1905, Mata Hari dansa à la salle Mors, rue des Maronniers, à Passy « en présence de 326 personnes » comme elle ne manqua pas de le noter dans son album. Selon la *Revue Musicale*, le programme de la soirée, organisée par la Société des photographes amateurs, comportait diverses autres attractions. Avant que « Lady MacLeod Mata Hari » ne s'exhibe — ce qui attira le commentaire suivant du magazine : « Les Dieux de l'Inde ont évidemment un esprit et des usages très particuliers » —, le public put voir « les projections cinématographiques de Monsieur Gaumont » qui connut l'avenir que l'on sait.

Paris avait accepté, admiré, encensé Mata Hari, mais maintenant qu'elle était passée au rang d'artiste établie et

que la nouveauté de ses danses nues avaient été décrites
en détail, il fallait trouver autre chose. Les Parisiens se
mirent à comparer leur audacieuse artiste à ses prédéces-
seurs dans le domaine de la danse. Le premier nom qui
venait à l'esprit était celui d'Isadora Duncan. Celle-ci était
arrivée d'Amérique en 1899 pour danser revêtue de larges
robes grecques sur un accompagnement de musique classique. Isadora Duncan, dont la vie privée était aussi agitée
que celle de Mata Hari, avait quitté Paris pour la scène
berlinoise où elle devait ouvrir une école de danse en 1904.
Mais Mata Hari fit vite figure de gagnante dans cette
controverse sur les mérites respectifs des deux danseuses.
« Isadora Duncan est une vestale, trancha Frances Keyzer,
Mata Hari, elle, est une Vénus. »

La Vie Parisienne, hebdomadaire humoristique passionné
par le nu, alla plus loin dans son analyse. « Miss Duncan
réincarnait la Grèce... sur les motifs de Beethoven ou de
Schumann, de Gluck ou de Mozart, elle restaurait la grâce
des danseuses païennes. Tous les salons voulurent offrir
Miss Duncan à leurs soirées. Puis Miss Duncan passa,
puisque tout passe. Elle, sa maman, son frère chevelu qui
l'accompagnait au violon, disparurent pour aller conquérir
Berlin.

« Nous avons, cette saison, Mlle Mata Hari. Elle est
indienne, avec une mère anglaise, un père hollandais, cela
est assez compliqué. Elle est indienne pourtant. Miss
Duncan n'avait d'apparemment nu que les pieds et les
bras, tandis que Mata Hari est nue complètement, avec le
seul vêtement de ses colliers, de ses ceintures de pierreries
et d'une draperie qui lui ceint les reins et les jambes. Elle
est charmante ; la bouche un peu grande, et avec une
poitrine qui fait soupirer de regrets bien des spectatrices
trop... confortablement pourvues. »

Bien des gens se sont penchés sur les seins de Mata
Hari, qui ont donné naissance à de nombreux commentaires. Selon la plupart des témoins, elle ne les montra jamais

en public. Lorsque Édouard Lepage écrivait qu'à ses débuts au musée Guimet, « elle se débarrasse des ornements qui couvrent ses seins », il ajoutait qu'elle était « nue ». Pourtant, on ne dit nulle part qu'elle enlevait le soutien-gorge de coton qu'elle portait sous ses plaques. Mata Hari semble avoir fait un complexe à propos de ses seins.

Gomez Carrillo raconte dans son livre[1] que John MacLeod, dans une crise de jalousie, déchira de ses dents l'un des tétons de sa femme, ce qui expliquerait pourquoi elle se refusait à les montrer au public. Faux, dit Léon Bizard, qui fut son médecin à la prison Saint-Lazare, dans son propre ouvrage intitulé *Souvenirs d'un médecin*. « La vérité était beaucoup plus simple que ça : Mata Hari avait une petite poitrine avec des mamelons pigmentés et trop développés, et elle ne se souciait guère de les montrer. »

---

1. E. Gomez Carrillo : *Le Mystère de la vie et de la mort de Mata Hari*, Eugène Fasquelle, Paris 1925. (N.d.A)

4.

Mata Hari connaissait maintenant la portée de la publicité et se gardait bien de raconter deux fois la même histoire. Intarissable sur sa vie et son art, elle passait avec aisance de l'un à l'autre, transformait les faits, parvenant ainsi à désorienter tout le monde.

Après un gala de charité au Trocadéro pour « Les yeux du soldat », elle narra une charmante fable à Paul Hervier venu l'interviewer : « Je suis née aux Indes et j'y ai vécu jusqu'à l'âge de douze ans. Mes souvenirs d'enfance sont très précis. Je me souviens des moindres actes de mes premières années au milieu de cette civilisation si différente de la vôtre. A douze ans, je viens à Wiesbaden. Je me marie. Avec mon mari, officier hollandais, je retourne vivre dans mon pays natal. Je suis femme alors, et mes yeux retrouvent avec joie les visions de jadis. »

Elle n'allait pas tarder à aborder le chapitre de son art.

« Voulez-vous que je vous dise comment je comprends mon art ? Ma foi, très simplement, le plus naturel du monde, car la nature est simple, et c'est l'homme qui la complique. Il n'y a pas besoin de choses qui ne sont pas complexes d'exubérances ridicules ; les danses sacrées brahmaniques sont des symboles, et tous les gestes répondent à une pensée. La danse est un poème et chaque mouvement un mot. »

Cette dernière phrase, de Mata Hari elle-même ou empruntée à un autre, avait dû beaucoup lui plaire, car on la retrouve en lettres capitales sous une photographie de l'un de ses albums.

Faisant son chemin dans le monde, elle ne pouvait plus se permettre d'être l'épouse d'un simple commandant. Elle promut donc son mari au rang de colonel, ce grade qu'il avait si longtemps convoité. Au journaliste, envoyé par le magazine anglais *Gentlewoman*, qui devait publier ses impressions sur « Mata Hari » le 25 mars 1905, elle expliquait qu'elle était arrivée à peine un mois plus tôt (trois ans en réalité, en mars 1902) de Java où, « née de parents européens, elle avait épousé Sir MacLeod, un Écossais, colonel de l'armée coloniale hollandaise ».

L'édition parisienne du *New York Herald* se joignit au concert de louanges grotesques des presses française et anglaise en écrivant dans ses colonnes le 11 mai de cette année-là, en français : « Il est impossible de faire revivre d'une façon plus chaste les mystères des religions indiennes. » Et les journalistes hollandais de la capitale française me direz-vous ? Ils dressaient bien sûr l'oreille en entendant parler de leur célèbre compatriote.

A l'époque, la Hollande était encore un pays plutôt chaste. A Zandvoort, la superbe plage d'Amsterdam, la bienséance exigeait que l'on utilise des cabines de bain hippomobiles pour mener les passionnées de la baignade au bord de l'eau, et les deux sexes bronzaient séparément. Il n'est donc pas étonnant que ce bruit qui courait à propos d'une femme ayant la témérité de se présenter nue au public fit figure de nouvelle sensationnelle.

Le *Nieuws van den Dag* fut le premier journal à attirer l'attention de ses lecteurs sur leur célèbre compatriote — ou prétendue telle — qui remportait un immense succès auprès des Français. Citant l'un de ses confrères français,

le correspondant concluait son article par cette question :
« Qui est donc Mata Hari ? »

La réponse ne fut pas longue à venir, épaississant encore
le mystère qui entourait le passé de Mata Hari. Le
lendemain de la parution de l'article, « une source amicale » faisait parvenir une lettre explicative au rédacteur
en chef :

« Le véritable nom de Mata Hari est Mme MacLeod.
Elle naquit à Java et épousa un officier anglais. Passionnée
de danse, elle en étudia les mouvements avec une patience
infinie. Grâce à une audace qui aurait pu lui coûter la vie,
elle réussit à s'introduire dans les temples secrets de l'Inde
où, loin des regards profanes, les bayadères, les nautches
et les vadashis dansent devant l'autel de Vishnu. Ses gestes
et ses attitudes étaient tellement naturels que même les
prêtres fanatiques, gardiens de l'autel d'or, la considéraient
comme une danseuse sacrée. »

Mata Hari n'aurait pu mieux faire et, n'eut-elle été à
Paris à ce moment-là, on aurait pu se demander si elle
n'était pas l'auteur de cette prose.

S'il paraît normal que les journalistes français, dont la
connaissance de l'Orient pouvait être qualifiée d'embryon-
naire, se soient laissés prendre par ces inepties, on s'étonne
en revanche que les Hollandais n'aient pas su faire la part
de la réalité et de la fiction. Et pourtant !

Un autre correspondant hollandais approcha Mata Hari,
et ce qu'il écrivit dans le *Nieuwe Rotterdamsche Courant*,
l'un des plus sérieux journaux de son pays, le 31 mai 1905,
dépasse le mythe :

« Mata Hari ! Ce nom étrange et modulé qui retentit
soudain dans Paris, le Paris de l'élégance et de la politique,
ce nom qui flotte sur toutes les lèvres, secret, incroyable,
inaccessible.

« Prêtresse, danseuse, *lady* ? Les gens se posent la
question — et se livrent à des conjectures. On dit que

quatre ministres d'État l'invitèrent à souper et que dans l'intimité de leur salle à manger elle les régala de son art. »

Le journaliste raconte ensuite la visite qu'il rendit à cette femme mystérieuse dans sa pension située près des Champs-Élysées. On l'introduit dans une pièce remplie de fleurs. « Il y en avait partout, c'était une forêt d'immenses bouquets de prix. »

Entre enfin la personne qu'il est venu voir, « une jeune femme grande et mince, très chic, belle, au teint sombre, gaie, revêtue d'un élégant costume, avec un chapeau de paille ornée de fleurs rouge foncé, qui sourit, parle, se meut avec grâce — Mata Hari ! »

« Oui, dit-elle, elle est hollandaise, elle est bien Mme MacLeod. » Mais elle est aussi orientale, « parce qu'elle a vu le jour aux Indes ; elle connaît le Gange, Bénarès, et du sang hindou coule dans ses veines. On a l'impression que ces faits n'ont aucune importance pour elle, que cette connaissance des coutumes et de l'art de ces mystérieuses contrées n'a rien d'extraordinaire ».

Le doute effleure un instant le journaliste qui aussitôt le chasse, après tout M. Guimet n'est pas né de la dernière pluie.

Il lui demande s'il est exact qu'elle a aidé Guimet à rédiger la conférence qui précéda son apparition au musée. Mata Hari « se résout à l'admettre, » dit-il. « Oui, elle a étudié l'orientalisme, a vécu avec, y a réfléchi ; elle connaît la musique de ces pays, indique les variations au harpiste qui accompagne ses danses, et elle compose. »

Il veut ensuite savoir la raison de sa venue à Paris et de son aussi rapide succès.

Elle répond qu'elle est arrivée à Paris il y a seulement six mois et « que c'est toute une histoire, loin d'être agréable ».

Mata Hari lui raconte ses difficultés qu'il rapporte fidèlement : « Elle posa comme modèle et fut écuyère dans un cirque. Mais elle sentait qu'elle pouvait mieux faire, qu'elle portait en elle l'ardeur et l'art de ces pays sacrés.

« Soudain elle n'a plus rien d'une jeune femme ordinaire, soudain elle se transforme en un être humain étrange, énergique, fier — oui, fier, trop fier pour accepter la défaite, trop fier pour être laid, petit ou faible, trop fier pour être dénué de talent. Elle rit d'elle-même et parle d'un millier de choses, des gens qu'elle a rencontrés dans la haute société, ce cercle brillant qui fait Paris. »

A cet instant survient une prosaïque interruption qui tire l'interviewer de son séjour rêveur au milieu des danseuses des temples et de la haute société, une cloche a sonné. Même les prêtresses doivent se sustenter, et celle-ci ne possède pas encore sa propre villa, elle habite toujours la modeste pension près des Champs-Élysées où tout le monde dîne autour d'une table d'hôte. Le Hollandais désire poser quelques dernières questions, à propos de ses projets, du théâtre.

« Des projets ? Oh ! elle en a tant. Elle veut avoir un appartement bien à elle, avec des meubles à elle, elle veut fuir la triste atmosphère de cette pension. Et elle veut travailler — travailler et étudier.

« Le théâtre ? Elle ne sait pas encore — et d'un geste moqueur, elle repousse les lettres et les propositions des imprésarios, ces longues listes de chiffres qui dépassent des livres empilés sur son bureau. »

Nouvelle interruption, plus persistante cette fois ; la bonne passe la tête à la porte — le dîner est servi.

« Mata Hari tente de faire passer les sujets graves et importants à l'arrière plan, elle redevient enjouée, gaie, elle plaisante. Elle me donne une poignée de main — ferme, fière et très amicale — et le visiteur repart lentement vers les bruits de la ville, perdu dans ses pensées. Mais l'image de cette jeune femme le hante, celle pour qui Paris n'a su trouver d'autre nom que Lady Mata Hari. »

Ces articles de la presse hollandaise durent éveiller

d'étranges impressions chez John et le père Zelle. La petite fille qui se promenait dans Leeuwarden à bord de sa voiture tirée par des chèvres, une danseuse célèbre ! La jeune femme qui avait répondu à une petite annonce — acclamée à Paris, cette ville dont elle parlait tant ! Comme les plaines frisonnes et les collines javanaises semblaient lointaines ! Quelque chose avait dû échapper au père et à l'époux.

La notoriété de Mata Hari commençait à s'étendre. L'apparition de cette mystérieuse danseuse hindoue était une aubaine pour les journalistes étrangers à Paris en quête d'un bon sujet porteur de ce soupçon de romantisme qui puisse captiver les lecteurs.

Le correspondant de *L'Indépendance Belge* dut remonter jusqu'au Concile œcuménique de Trente au seizième siècle pour retrouver une fête « mi-profane, mi-religieuse » qui pût être comparée aux danses pseudo-religieuses de Mata Hari. Il rappelait à ses lecteurs que presque quatre siècles auparavant, le cardinal Pallavicini, historien du concile, avait mêlé religion et plaisir. Il avait convié « toutes les dames de Trente et des environs à un grand bal, et tout le monde y dansa, cardinaux, prélats, et docteurs en théologie ». Un autre journaliste belge avouait « que lui et les spectateurs ont éprouvé une sensation d'art d'une acuité particulière, ont ressenti une émotion inconnue qui défie l'analyse et qui laisse l'impression d'un rêve ».

Un autre chroniqueur, Italien cette fois, de *La Patria*, recourut lui aussi à une comparaison religieuse, préférant, pour sa part, Brahma à l'Église de Rome. « Mata Hari combine la science théologique d'un brahmane avec son charme de danseuse. » Un autre encore pensait que « personne avant elle n'avait su donner une impression aussi totale d'art sacré ».

Un correspondant roumain à Paris offrit une vision beaucoup plus romantique. Mêlant les sons de l'Orient à la musique tzigane de son pays d'origine et, comme tout

Roumain, toujours prêt à s'extasier devant une jolie femme, il trouvait chez Mata Hari « toute une philosophie dans ses souplesses du corps, dans ses rythmes pyrryques, dans ses flexions indolentes et lascives, dans ses menaces tragiques des regards et des bras, dans ses caresses imagées, ses fuites provoquantes, cet abandon pervers, ce triomphe ingénu de l'instinct et de la sensualité ».

« Ce fut comme une évocation, poursuivait le Roumain, et il sembla que les murs du musée s'effondraient, et que par delà ce n'était pas l'avenue d'Iéna, mais un lointain et mouvant horizon, la forêt frémissante des baisers de feu d'un éternel été, la pagoda sculptée et pyramidale au fond des larges avenues toutes rosées de fleurs, et entre les nuages odorants des brûle-parfums, dans la brise agitées par les grandes plumes des flabellifères, cette femme si belle, si souple, si éloquente dans son silence étudié et sa pantomime hurlante, symbolisait la nature naïve avec toutes ses séductions, toutes ses faiblesses, et toutes ses jouissances. »

Même pour un critique romantique de Bucarest, c'était un spectacle enthousiasmant. Mais il avait eu moins de chance que son confrère du *Journal* de Saint-Pétersbourg qui, lui, avait rencontré personnellement cette femme mystique. Le Russe « avait eu le bonheur de parler à cette jeune Hindoue » et Mata Hari s'était montrée des plus inventives.

Le journaliste lui demanda ce qu'elle pensait de la société européenne et de la société parisienne en particulier. Ses impressions, écrivait-il, « n'étaient pas très flatteuses ». Il citait ensuite les dires d'une Mata Hari toujours avide de nouveauté.

« Restée très près de la nature naïve et simple, elle regarde notre vie mondaine comme une scène de théâtre où tout est faux et en surface. Les femmes fardées, les cheveux postiches, les compliments menteurs, lui inspirent un étonnement voisin de l'hilarité. Elle s'étonne que les femmes d'ici n'aient pas les coutumes de son pays, où la femme a certaines infériorités, comme d'être traitée durement et à coups de cravache, mais où elles sont supérieures aussi par une éducation plus virile et plus complète, qui ne les laisse pas indifférentes à rien, puisqu'elles savent coudre, faire les vêtements et la cuisine, faire mouche au révolver, monter à cheval, traiter des logarithmes et raisonner de philosophie. »

L'imagination de Mata Hari ne connaissait décidément pas de bornes ; plus gros était le mensonge, plus les interviewers étaient impressionnés. Elle confia des détails de son initiation aux danses du temple à Paul-Louis Garnier du *Courrier de la Plata* de Buenos Aires : « A Batavia, ma situation me mit à plusieurs reprises en contact avec des princes et de riches seigneurs qui voulurent bien nous admettre, mon mari et moi, dans leur intimité. Ces hommes-là respectent infiniment les vieilles traditions religieuses, et ils ont des danseuses très renommées qu'ils ne montrent presque jamais. Elles connaissent les plus anciennes danses de Brahma, celles qu'on danse autour de l'autel ; moi j'ai appris avec elles très longtemps, et je sais ce que veut dire chaque geste qu'on fait. »

On ne peut qu'imaginer ce qui passait par la tête de Mata Hari lorsqu'elle racontait ces surprenantes histoires. Elle n'avait jamais mis les pieds en Inde, n'avait jamais été fouettée — à moins que ses accusations à l'encontre de son époux ne fussent fondées — et n'avait jamais été initiée aux danses sacrées ni aux mathématiques. Cela ne l'empêchait pas de débiter ces fables avec l'aisance et l'assurance d'un conteur oriental expérimenté.

Son succès était tel qu'un Anglais de Saint Petersbourg repoussa de quelques jours son retour en Russie simplement pour la voir danser. Le dénommé Harold Hartley envoya la lettre suivante avec en-tête de l'hôtel Meurice à Mata Hari qui la conserva précieusement :

« Un grand admirateur timide qui, afin de vous voir, a

prolongé son séjour à Paris se permet de vous prier respectueusement d'accepter ces fleurs, en gage de son admiration. »

Cette année 1905, il n'y eut qu'un homme à Paris pour rester perplexe devant Mata Hari et son art. François de Nion, qui écrivait pour *la Prensa*, journal influent de Buenos Aires et le *Diaro* de Cadiz, s'entretint avec une personne qui avait passé des années aux Indes, un « véritable orientaliste », selon son expression.

Cet homme lui expliqua qu'en Orient les danseuses, au lieu de se montrer nues, étaient toujours revêtues de blanc et que leur chasteté était proverbiale au pays des Brahmanes.

Cela fit réfléchir M. de Nion qui se demanda si Paris n'était pas victime d'une imposture. « Sommes-nous revenus à l'époque de Louis XVI qui organisa une réception majestueuse et enthousiaste en l'honneur d'un ambassadeur étranger qui n'était autre qu'un commerçant de Marseille ? »

Pendant que M. de Nion s'interrogeait, Mata Hari prenait des mesures que l'on pourrait considérer comme une réponse partielle à cette question. Malgré le dédain montré par Mata Hari à l'égard d'engagements de théâtre lors de son entretien avec son compatriote de Rotterdam, elle ne devait pas tarder à changer d'avis. Elle voulait aller plus loin. A l'instar de son père, elle avait besoin d'agrandir le cercle de ses admirateurs, et sa rencontre avec un homme plus âgé lui permit de faire un pas dans cette direction. Cet avocat spécialiste de droit civil, Maître Clunet, devait dès lors jouer un grand rôle dans la vie de Mata Hari et ce jusqu'au jour de son exécution.

Mata Hari fit part de ses aspirations à Maître Clunet qui l'envoya munie d'une chaleureuse lettre de recommandation auprès d'un de ses amis, Gabriel Astruc, l'un des imprésarios les plus connus de la place de Paris. Celui-ci, qui devait quelques années plus tard faire venir les Ballets

Russes de Diaghilev et Chaliapine en France et qui décrivait Clunet dans ses mémoires comme « un ami fidèle et confiant » de Mata Hari, se mit immédiatement à l'ouvrage et resta l'imprésario et l'agent de la danseuse jusqu'à la fin. Ne résistant point aux chiffres qu'Astruc lui avait montrés, elle accepta un engagement à l'Olympia. Elle allait s'offrir au grand public. Paul Ruez, directeur du théâtre, s'arrangea pour présenter son attraction vedette au milieu des meilleurs numéros de variété internationaux parmi lesquels figurait Fred Karno, l'un des plus grands mimes de l'époque, qui devait cinq ans plus tard permettre à Charlie Chaplin de faire ses débuts dans *A Night in an English Music Hall*. Le programme comprenait, outre des danseurs arabes, un jongleur, « Léo et son violon infernal », quelques acrobates, et les « projections cinématographiques » dont la popularité ne cessait de croître. Mata Hari reçut pour la circonstance un énorme cachet de 10 000 francs.

Le résultat fut stupéfiant. L'apparition de Mata Hari dans *Le Rêve* de MM. Ryan et Howden sur une musique de George W. Bing créa une véritable sensation. Les Parisiens, dont la curiosité avait été éveillée par les articles dithyrambiques de la presse, découvraient enfin la merveille orientale.

Le 18 août 1905, Mata Hari fit sa première apparition à l'Olympia lors d'une « avant-première »[1]. Le 20, eut lieu le premier spectacle public. Le résultat justifia pleinement l'investissement financier de M. Ruez. Ce fut un triomphe.

La Presse, qui n'avait jamais caché son enthousiasme, écrivait le 21 : « Il faudrait vraiment des mots spéciaux, des mots inédits, pour exprimer l'art subtil et charmant de Mata Hari. Peut-être pourrait-on simplement dire que cette femme est *rhythme* [*sic*], et indiquer ainsi, dans la mesure du possible, la poésie qui se dégage de ce corps

---

1. En français dans le texte. (N.d.T.)

merveilleusement souple et fin. » D'autres journaux abon-
dèrent dans ce sens. Jacques Vanzay, dans la *République
française,* mentionnait : « C'est une véritable artiste. » De
son côté, *Le Journal,* quotidien du matin très influent,
disait : « Mata Hari est toute la poésie de l'Inde, son
mysticisme, sa volupté, sa langueur, son charme d'ensorcel-
lement. Voir Mata Hari à l'Olympia évoluer selon le
rhythme et des attitudes qui sont des poèmes de grâce
farouche et lascive, dans un décor de rêve... C'est un
spectacle inoubliable, un songe vraiment paradisiaque ! »

Le Figaro exprimait son admiration de façon plus
directe : « Si l'Inde possède de si imprévues merveilles,
écrivait le critique d'art, alors tous les Français vont
émigrer sur les bords du Gange. Mata Hari a obtenu un
succès prodigieux. »

Alors que les spectacles s'enchaînaient, remportant un
incroyable succès, on commençait à comprendre pourquoi
Mata Hari avait accepté de se produire dans un music-
hall. D'abord, l'Olympia était la meilleure salle de Paris,
M. Ruez l'avait fait entièrement redécorer lorsqu'il avait
pris la succession des frères Isola. Mais surtout, et cela
avait été l'argument décisif, l'argent ne manquait pas.

En digne fille de son père, Mata Hari avait, dans l'ivresse
de ses premiers succès, dépensé beaucoup plus que ce
qu'elle avait gagné pendant ces six premiers mois de gloire
parisienne. Maintenant qu'elle recevait un salaire régulier
et confortable, un bijoutier parisien vint lui présenter une
note impayée de 12 000 francs or.

Lorsque l'affaire passa en jugement, Mata Hari se
rappela soudain l'existence de son mari qui vivait tout seul
en Hollande avec sa petite fille. L'accord avec le bijoutier
était intervenu, dit-elle au juge, « sans le consentement de
mon mari, officier hollandais ».

Le jugement contenta les deux parties : il autorisa Mata
Hari à conserver ses bijoux et déclara au bijoutier qu'il

recevrait une somme de 2 000 francs mensuels prélevés sur le salaire de sa cliente.

Puis un compatriote de Mata Hari se demanda si elle avait choisi la carrière qui lui convenait. Ce correspondant parisien du *Nieuwe Courant* lui rendit visite fin septembre alors qu'elle dansait encore à l'Olympia. Mata Hari avait tenu sa promesse de quitter la modeste pension et avait loué un appartement non meublé dans le même quartier au numéro 3 de la rue Balzac.

Situé à l'entresol, l'appartement comprenait un grand salon où trônait un piano couvert de partitions. S'exprimant en hollandais et en français (langue « que Mme MacLeod parlait très bien »), Mata Hari expliqua au journaliste « qu'elle avait la danse dans le sang ».

Cette déclaration impressionna son interlocuteur qui lui demanda néanmoins ce qu'elle aurait fait si elle n'avait pas réussi. La réponse fusa, typiquement mataharienne : « J'avais un révolver chargé et ma décision était prise. » Elle ajouta qu'elle était d'un caractère toujours prompt à « suivre une impulsion soudaine ».

Elle avait plusieurs propositions de l'étranger, dont Londres et Saint Petersbourg, et elle préparait trois nouvelles danses brahmanes. Elle différait des autres artistes dans la mesure où elle faisait un avec son public, elle appartenait au même milieu social. Elle ne se contentait pas de *danser* dans les salons parisiens, elle y était aussi reçue comme une égale, et il lui arrivait quelquefois de recevoir ses hôtes.

Très impressionné par le côté mystique de Mata Hari, le journaliste voulait maintenant savoir si elle n'était pas en quête d'un idéal qui dépassait largement ses apparitions en public. Il devait penser à une retraite méditative dans un monastère bouddhiste — en Inde, au Tibet ou quelque part par là.

Mata Hari acquiesça. Elle avait effectivement un idéal, mais il se révéla fort différent de celui auquel s'attendait le journaliste. Mata Hari avoua qu'elle allait peut-être bientôt abandonner sa carrière de danseuse, car de meilleures perspectives d'avenir se dessinaient. Elle avait été demandée en mariage par le Comte T... y, officier russe attaché à la personne du Grand Duc Michel.

« *A la bonne heure*[1], se dit le laconique Hollandais en prenant congé, la Salomé néerlandaise n'est pas encore née ».

Mais que devenait donc John pendant ce temps-là ? Toujours installé en Hollande, il désirait maintenant obtenir le divorce. Pour ce faire, il avait besoin du consentement de Mata Hari qui n'était pour l'instant pas disposée à l'accorder — en effet, le comte russe n'avait apparemment pas donné suite à sa proposition. Seulement, aucun tribunal hollandais ne pouvait prononcer le divorce sans l'assentiment de l'épouse.

John finit par se décider à envoyer son avocat, M. Heijmans, pour tenter de convaincre l'épouse récalcitrante. Agé maintenant de cinquante ans, John désirait surtout se remarier pour donner une deuxième mère à sa fille Non. Si John était loin d'être un époux irréprochable, il faisait un excellent père.

L'avocat eut un entretien avec Mata Hari et profita pleinement de son séjour dans la capitale française. Il vint la voir presque tous les jours pour discuter de choses et d'autres. Et Mata Hari, toujours très hollandaise de cœur, appréciait ses visites. Mais chaque fois que l'on abordait le sujet du divorce, elle faisait remarquer à M. Heijmans que la seule évocation de ce problème lui gâchait sa joie de reparler sa langue natale.

L'avocat, convaincu qu'il n'arriverait pas à ses fins par le seul art de la conversation et très conscient qu'il n'était pas venu à Paris aux frais de son client pour prendre du bon temps se résolut à sortir son atout de sa serviette, à

---

1. En français dans le texte. (N.d.T.)

savoir une photographie de Mata Harie nue. Celle-ci avait été envoyée à son mari par un ami qui l'avait trouvée à Paris.

Mata Hari fut stupéfaite et furieuse. Cette photographie avait été prise par un de ses amis à elle, dans un but privé, et n'aurait pas dû être vendue. Peut-être, répliqua M. Heijmans, mais un juge hollandais sévère pourrait très bien penser qu'une épouse et mère honorable « n'aurait pas dû se faire photographier nue par un ami ». Mata Hari, connaissant bien la justice de son pays, comprit qu'elle n'avait plus le choix. Elle ne voulait pas être mêlée à un scandale, vis-à-vis de sa fille surtout, et finit par accepter le divorce. Celui-ci fut prononcé à Arnhem le 26 avril 1906.

Si Mata Hari avait été furieuse contre M. Heijmans, elle le fut plus encore contre le photographe qui avait en quelque sorte entraîné la ruine de son mariage. Elle décida donc de poursuivre en justice M. Paul Boyer, 38, boulevard des Capucines, pour « avoir vendu sans autorisation des photographies d'elle de nature artistique et "sportive" » et demanda que les négatifs fussent détruits.

Le juge parisien était tout à fait disposé à satisfaire à cette requête légitime, mais, selon la loi française, « étant une femme mariée (dont l'adresse était 3, rue Balzac, à Paris, mais qui résidait pour l'instant à l'Hôtel Bristol, à Vienne), Mata Hari devait obtenir de son mari la permission d'intenter une action en justice ».

Rudolph MacLeod fut dûment informé de la décision du juge par M. Lemazurier, huissier au Palais de Justice, mais il ne donna évidemment jamais son accord.

La deuxième aventure matrimoniale de John MacLeod ne fut pas plus heureuse que la première. Le 22 novembre 1907, il épousait Elisabeth Martina Christina van der Mast, de vingt-huit ans sa cadette, qui lui donna une fille, Norma.

MacLeod, qui arrondissait sa maigre retraite de soldat

en écrivant des chroniques judiciaires pour le compte du quotidien d'Arnhem, avait envoyer Non vivre dans une autre famille. Elle venait prendre ses repas avec son père et la deuxième femme de ce dernier tous les week-ends. Comme celle-ci n'avait rien d'une belle-mère aimante, les résultats ne se firent pas attendre. MacLeod et Elisabeth se séparèrent en 1912 pour finalement divorcer en 1917.

5.

Après le triomphe remporté à l'Olympia, Gabriel Astruc
continua à s'occuper activement de la promotion de la
carrière de sa cliente. En janvier 1906, soit quatre mois
avant son divorce, Mata Hari se rendait à Madrid pour
un contrat de deux semaines au Central Kursaal. C'était
sa première apparition à l'étranger. La presse espagnole
trouva ses danses « discrètement voluptueuses » tout en
regrettant que Mata Hari ait ajouté des collants, « de
proportions minimum certes », sous ses voiles. Cela ne
l'empêcha pas d'être « sensationnellement acclamée ».

Elle n'était pas partie pour Madrid sans se munir des
introductions nécessaires. Maître Clunet lui avait donné
une lettre pour un de ses amis dans la capitale espagnole,
qui n'était autre que l'ambassadeur de France, Jules
Cambon, qui devait lui aussi, jouer un grand rôle dans la
vie de Mata Hari pendant les douze ans à venir.

Pendant son séjour à Madrid, elle reçut d'Astruc une
lettre surprise qui lui causa certainement l'un des plus
grands chocs artistiques de son existence. Jusque-là, elle
avait dû se contenter d'apparaître dans des danses orientales
de sa propre invention, même après son passage de
l'intimité des salons à une scène de music hall. Et voilà

que Gabriel Astruc lui annonçait qu'il avait signé un contrat avec son ami Raoul Gunsbourg, directeur de l'Opéra de Monte Carlo. Mata Hari allait faire partie du ballet du *Roi de Lahore* de Massenet. Elle répondit sur le champ à Astruc en le priant de lui envoyer la partition.

Fils d'un rabbin roumain, M. Gunsbourg était passé par les théâtres de Moscou et de Saint-Pétersbourg avant de venir à Monte Carlo où il devait régner en maître incontesté sur la vie artistique pendant cinquante-neuf ans, jusqu'en 1951.

Avec cette mise en scène du *Roi de Lahore* sous l'actif patronage du prince Albert 1er de Monaco, la saison promettait d'être exceptionnelle. L'Opéra de Monte Carlo était à l'époque le plus grand théâtre lyrique de France, après celui de Paris. Chaliapine figurait aussi au programme de la saison, mais il n'était pas sûr que la célèbre basse russe puisse se déplacer. En juin 1905, les marins du cuirassé *Potemkine* s'étaient mutinés à Odessa et, dans la grande révolte d'octobre qui s'en était suivie — comme Mata Hari nous en informe gentiment dans ses albums — Chaliapine « avait été blessé sur les barricades de la Tverskaïa à Moscou et la police du tsar l'avait arrêté ».

La représentation du *Roi de Lahore* le 17 février 1906, en présence du compositeur dans la loge princière, fut un immense succès. Mata Hari, « dont l'apparition à Monte-Carlo faisait beaucoup de bruit » selon un journal, dansait dans le ballet du troisième acte aux côtés de l'illustre Mademoiselle Zambelli. Sita n'était autre que Geraldine Ferrar, l'une des plus grandes voix américaines.

Mata Hari avait franchi un nouveau degré. Elle avait fait son entrée dans le théâtre sérieux. Les danses nues appartenaient au passé — du moins pour le moment. Cette fois, on ne l'acclamait pas parce qu'elle se débarrassait de ses voiles en se masquant le visage — première version de ce que l'on appellerait aujourd'hui un strip-tease artistique — mais parce qu'elle dansait, vraiment, elle ne se contentait pas de bouger et de prendre des poses.

La presse dit que « cette séduisante vedette » avait apporté au ballet « le charme troublant de ses danses étranges » et signalait aussi qu'elle s'était montrée sous le costume de Vénus au Carnaval de Nice.

Elle continuait de nouer des amitiés avec des personnages. Puccini, qui se trouvait à Monte Carlo, lui envoya des fleurs accompagnées d'une carte où il transmettait son meilleur souvenir à la « *charmante artiste*[1] », et Massenet lui-même fut conquis. « C'était un charme, un bonheur de vous voir. Respectueuses salutations », écrivait le compositeur de soixante-quatre ans du *Roi de Lahore* qui avait déjà à son actif des opéras tels que *Manon, Thaïs* et *Werther*.

L'amitié de Mata Hari et de Massenet grandit avec les années comme le montre une lettre du compositeur dans laquelle il dit : « Je suis très fier de votre proposition et si malheureux d'être en pleine fièvre de travail depuis tant de mois. » (Mata Hari lui avait probablement demandé de composer un ballet exclusivement pour elle, projet qu'elle poursuivra pendant de nombreuses années.) Plus tard encore, lorsqu'elle vivait à Berlin, Massenet lui envoya un mot exubérant juste avant son retour à Paris. C'est l'un des messages les plus impressionnants des albums de Mata Hari. En réalité, il ne faisait pas partie des albums mais des quelques documents qu'Anna Lintjens m'avait transmis séparément en 1932. Mata Hari avait peut-être jugé ce mot trop intime pour figurer avec des coupures de journaux et des lettres. Le contenu de ce mot est effectivement révélateur des sentiments de Massenet à son égard. Bien qu'il fût connu comme un être très chaleureux et très expansif (ce qui faisait dire à l'un de ses proches amis du monde musical : « Chaque fois qu'il m'embrassait, j'avais

---

1. En français dans le texte. (N.d.T)

envie d'aller me laver la figure. »), il rédige ce mot en des
termes qui laissent penser que leurs relations dépassaient
la simple amitié. Le compositeur français fit porter à Mata
Hari ce message écrit avec la fougue d'un jeune amant :
« Que j'ai été heureux de votre souvenir ! Mata, Mata, je
pars dans un instant pour Paris ! Merci, merci, et ma
fervente admiration. »

Écrite en 1906 sur un papier bleu aux bords perforés et
gommés en cours à l'époque, cette lettre fut adressée à
« Madame Mata Hari — Berlin ». Né en 1842, Massenet
avait alors près de soixante-cinq ans. Il n'est nulle part
fait mention d'un voyage qu'aurait effectué le compositeur
à Berlin. Dans son livre *Mes Souvenirs* qui fut publié en
1912, année de sa mort, Massenet se souvient du seul
voyage officiel qu'il ait fait en Allemagne, celui de
Bayreuth. Mais l'intérêt du compositeur pour le sexe faible
n'était un secret pour personne, et il est fort possible que
Mata Hari lui ait suffisamment plu pour l'inciter à faire
un court détour par le nord.

A Berlin, Mata Hari était devenue la maîtresse de Herr
Kiepert, riche propriétaire terrien dont le domaine se
trouvait à la lisière de la ville. Lieutenant dans la seconde
compagnie du onzième régiment des hussards de Westphalie
et mari d'une beauté hongroise, il avait installé Mata Hari
dans un appartement au numéro 39 de la Nachodstrasse,
à deux pas du Kurfuerstendamm, avenue principale de
(l'actuel) Berlin Ouest. Du 9 au 12 septembre 1906, elle
assista en compagnie de son lieutenant aux manœuvres de
l'armée impériale à Jauer-Streigau en Silésie, événement
qui fut sérieusement considéré comme un maillon de sa
carrière d'espionne présumée lors de son procès à Paris
onze ans plus tard.

Le 29 août 1906, Mata Hari annonça à Astruc, resté à
Paris, qu'on lui avait proposé de paraître dans une
pantomime « qui lui plaît énormément » à Londres. Mais
elle préférerait la jouer à Monte Carlo « où j'ai remporté

un si vif succès ». Faisant ensuite allusion à la visite de Massenet, elle ajoutait que le compositeur « lui avait remis une lettre d'introduction pour l'opéra de Vienne ».

Si elle ne dansa jamais à l'opéra de Vienne, elle se rendit néanmoins dans cette ville où elle entreprit - vers la fin de 1906 — sa conquête de l'empire austro-hongrois. Son arrivée déclencha presque immédiatement la guerre du « tricot ». Elle parut nue à la Salle d'Art dissident, puis elle enfila un collant pour danser sur la scène de l'Apollo. Cet événement lança une polémique dans la presse à propos des mérites respectifs du collant et du nu. Vienne renfermait alors suffisamment de corps dévêtus et vêtus pour alimenter les controverses.

En effet, l'hôtel Bristol abritait Mata Hari, l'hôtel National la danseuse américaine Maud Allan, et Isadora Duncan elle-même était descendue non loin de là. Maud Allan ne portait « que de l'or » sur scène. Une autre danseuse était apparue vêtue d'un seul mouchoir « qu'elle tenait à la main ». Les Viennois, pourtant frivoles de nature, en furent interloqués et, dès que Mata Hari se montra, la « guerre du collant » fit rage sur tous les fronts journalistiques. Mais Mata Hari gagna. Malgré les cris indignés de certaines douairières qui trouvaient que « les choses allaient un peu loin », quelques représentations suffirent à satisfaire tout le monde.

Fin décembre, Mata Hari était impatiemment attendue au Bazar de Noël viennois où elle devait vendre des photos dédicacées. Les jeunes gens viennois avaient ardemment espéré qu'elle viendrait en costume javanais, en collant, ou même — pourquoi pas — vêtue d'un seul mouchoir. Ils furent fort déçus de la voir arriver habillée de pied en cap — comme tout le monde. Mata Hari n'en séduisit pas moins l'assistance conquise par « son avenante silhouette », qui trouva que « même habillée, elle était adorable ».

Mata Hari jugea que son entrée dans le monde de la culture germanique méritait bien qu'elle retouche un peu son autobiographie déjà riche en rebondissements. « Mes parents étaient hollandais, déclara-t-elle, mais ma grand-mère était la fille d'un prince javanais, ce qui fait que du sang indien coule dans mes veines. » La grand-mère de Mata Hari, qui n'avait bien sûr jamais mis les pieds aux Indes, avait vu le jour comme tous les membres de la famille dans l'austère province de Frise.

Le journaliste du *Fremdenblatt* donna une excellente description de la danseuse telle qu'elle lui était apparue à l'hôtel Bristol.

« Grande et mince, elle possède la grâce féline d'un animal sauvage. Sa masse de cheveux noirs aux reflets bleus encadre un visage petit qui donne une impression d'exotisme. Son front et son nez sont d'une forme classique qui rappelle l'antiquité. De longs cils noirs bordent son regard, et ses sourcils sont si joliment arqués qu'on les croirait peints par un artiste. »

Elle s'adressa à lui d'abord en français puis continua sa fable dans « un délicieux mélange d'anglais et d'allemand ». Son père ne vendait plus de chapeaux à Leeuwarden, il devenait officier hollandais. Selon la nouvelle version, elle était née à Java, avait passé deux ans dans une pension de jeunes filles à Wiesbaden (son voyage de noces servait enfin à quelque chose) et avait épousé, à l'âge de seize ans, un officier. En 1904 — deux ans après que son mari et elle furent rentrés en Hollande — elle « vit toujours à Deli sur l'île de Sumatra ». L'élimination de ces deux années d'épreuves et d'erreurs rendait plus proche son passage des temples hindous à la civilisation occidentale, ce qui, dans l'esprit de Mata Hari, devait donner plus de sel à son apparition sur une scène européenne.

Le lendemain, elle s'entretint avec un autre journaliste viennois. Cette fois son mari « qui descendait d'une vieille famille hollandaise avait été naturalisé aux Indes ». On peut se demander par quel prodige un Hollandais était parvenu à se faire naturaliser dans les propres colonies de son pays d'origine, mais ce détail avait dû échapper à la peu perspicace Mata Hari.

Le critique tomba lui aussi sous le charme. Il vit en elle « une beauté saisissante avec un doux visage de jeune fille ». Elle lui rappela ces vers de Baudelaire : « Bizarre déité, brune comme la nuit » et « Même quand elle marche, on croirait qu'elle danse ».

Puis, pour être bien sûre que personne ne s'y retrouve plus, elle démentit les histoires colportées par la presse parisienne qui la faisaient passer pour une ancienne prêtresse hindoue, veuve d'un colonel. « Mon mari vit toujours à Malang, » ajouta-t-elle.

Elle accorda encore quelques interviews avant de paraître devant l'impatient public viennois, consciente qu'elle était de l'impact de la publicité sur sa carrière. Avec le correspondant du *Deutsches Volksblatt,* elle s'exprima en un « allemand parfait » qui s'échappait d'une bouche pareille à « une rose épanouie ».

« Quand je danse, la femme qui est en moi s'estompe, expliqua-t-elle, si bien que lorsque je m'offre au dieu — offrande que je symbolise en dénouant lentement l'étoffe qui me ceint les reins, le dernier voile qui me couvre — (Mata Hari était certes passée maître dans l'art de parsemer ses interviews de détails alléchants) — et que je me montre entièrement nue l'espace d'une seconde, je n'ai jamais fait appel à des sentiments autres que ceux qu'éveillent ma danse. » La modeste Mata Hari devait se faire une idée bien naïve de son public viennois, ou souhaitait tout simplement lui donner un avant-goût de ce qui l'attendait.

Nous sommes en 1906, et la Première Guerre mondiale est encore loin. Il est donc intéressant de relever ce que répondit Mata Hari au journaliste quand celui-ci lui demanda si elle avait l'intention de danser à Berlin. Il est possible que son amant, Kiepert, ne voulait pas qu'elle se produise en public dans une ville où il avait femme et maîtresse. Ou peut-être Mata Hari n'aimait-elle pas particulièrement les Allemands à cette époque, même si elle devait changer d'avis quelques années plus tard — du moins sur le plan artistique.

« Berlin ? Je ne danserais à Berlin pour *rien* au monde ! » (Pourtant, Mata Hari y dansa au moins une fois dans un salon comme le montre une carte de visite soigneusement conservée dans ses albums. Cette carte venait de *la Princesse Léopold de Croÿ née Comtesse de Sternberg* qui lui écrivait en anglais : « Chère Lady MacLeod — si ce n'est pas trop indiscret, je vous serais très reconnaissante de bien vouloir envoyer deux autres cartons d'invitation pour samedi à la comtesse Andrassy, 6, Wallnerstrasse. » Le comte Julius Andrassy, mari de la comtesse, devait plus tard occuper le poste de ministre austro-hongrois de l'Intérieur. En 1915, alors que la Première Guerre mondiale faisait rage, il pressa le gouvernement de l'empire austro-hongrois de dénoncer le traité avec l'Allemagne et de signer une paix séparée avec les Alliés.)

Puis Mata Hari fit enfin son apparition — nue — à la Salle d'Art dissident. (Les invitations conviaient les gens au spectacle de « Mata Hari, Lady MacLeod ».) Et du 15 décembre 1906 au 16 janvier 1907, elle se produisit à l'Apollo. Était-ce pour plonger le public dans une ambiance religieuse ? Toujours est-il que le chef d'orchestre eut l'idée saugrenue de jouer « Notre Seigneur est une puissante forteresse » de Luther en guise d'introduction musicale !

Les critiques furent très divisées. *Die Zeit* publia un article sévère dans lequel le journaliste émettait des doutes quant à l'authenticité des danses. Cela n'empêcha pas Mata Hari de coller cette coupure dans ses albums.

Même si « ces danses n'avaient pas grand-chose d'hindou » elles suscitaient l'admiration. En effet, « ce corps, bâti comme une œuvre d'art, qui bouge avec une grâce caressante et néanmoins sacrée, est très provocant ». Puis

se reprenant un peu, l'auteur de ces lignes ajoutait :
« Quant à savoir si c'est provocant au sens artistique du
terme, c'est une affaire de goût. »

Que s'était-il donc passé ? Les Viennois avaient-ils espéré
voir plus de nudité exposée ? Mata Hari ne se formalisa
apparemment pas de ces critiques ; en effet, elle n'hésita
pas à conserver le commentaire bref et négatif du *Wiener
Deutsches Tageblatt* : « Ce serait mentir que de dire que
ce spectacle dépasse le niveau de l'amateurisme. »

Peut-être que l'auteur de ces lignes n'avait jamais vu de
danses orientales, qu'elles fussent indiennes, javanaises ou
balinaises. Mata Hari se fondait probablement sur ce
qu'elle avait découvert au centre de Java où les danses de
Jogjacarta sont relativement lentes et stylisées contrairement à celles de Bali — où Margaretha Zelle ne s'était
jamais rendue — qui ne sont que mouvement.

L'*Arbeiter Zeitung* et le *Deutsche Zeitung* faisaient partie
du clan négatif. Le premier pensait que « le nouvel Art de
la danse, que pour l'instant Mata Hari sent plus qu'elle
ne l'exprime, attend encore son interprète ». Quant au
second, il était d'avis que « sans l'apport de la publicité
autour de sa nudité, elle n'aurait pas rencontré de succès ».

Ces échos négatifs ne consternèrent pas Mata Hari, et
elle avait raison, à en juger par le nombre de gens qui
venaient prendre des billets à la caisse du théâtre Apollo.

« Isadora Duncan est morte ! proclamait le *Neue Wiener
Journal*. Vive Mata Hari ! »

« Le public est un peu surpris, écrivait un autre journaliste, il s'attendait à autre chose. » Mais le public fut
bientôt satisfait. Dès la deuxième danse, Mata Hari laissa
tomber son voile. Dans la troisième, elle dénoua les sept,
et « les aristocrates comme les représentants choisis des
Beaux Arts firent une ovation à la danseuse exotique ».

Heureuse Mata Hari. Après les Français et les Espagnols
voilà qu'elle faisait aussi la conquête des Autrichiens. Les
applaudissements frénétiques des Viennois couvrirent les

voix discordantes. Si l'on mesure sa popularité au nombre d'articles qui lui furent consacrés, alors on peut affirmer qu'elle fit un triomphe. Le *Deutsches Volksblatt* lui dédia un petit poème amusant qui disait en substance :

... Et là, rassemblés devant ce saint lieu,
Où des dieux entouraient un autre dieu,
Les spectateurs attendaient sans trembler
De voir une femme à l'autel se pâmer.
Le rituel, un lent et long safari,
Serait dansé par l'Indienne Mata Hari,
Laquelle survint bientôt dans ses voiles légers,
Au son de chants indiens, de mélopées
Scandés par un violon à charmer les serpents
Et un piano de café-chantant.
C'était, depuis Duncan, notre unique chance
De contempler pareille danse.
De ses jambes elle montra l'avantage,
Et même quelque peu davantage.
Et nos yeux furent émerveillés,
Par le cou de son joli pied
Par son visage aussi ouvert
Ornant un corps si peu couvert.
Jouant de cet accoutrement Mata Hari
Perdit un voile, puis deux, puis dix
Jusqu'à ce qu'enfin, sans plus rien,
Elle fut digne de Shiva l'Indien.
Alors, telle une vierge effarouchée,
Elle s'enfuit pour aller se cacher.
Chacun de Mata Hari s'était amouraché
Lorsque survint un homme tout habillé
Qui dit : « C'est fini pour ce soir.
Mata Hari ne nous laissera plus rien voir. »

La presse hollandaise, après avoir fait part du succès que remportait la fille d'Adam Zelle à Paris, parlait maintenant de son triomphe à Vienne. Cela fit réfléchir Papa Zelle. Il n'avait jamais aimé Rudolph MacLeod, avait toujours adoré la belle vie et se retrouvait maintenant, sans y être pour quelque chose, père d'une femme célèbre, une « lady » à la renommée internationale. Son travail de représentant de commerce était loin d'être lucratif, et il vivait avec son maigre salaire au 65, Da Costakade à Amsterdam. Et s'il était possible de tirer un peu d'argent d'une telle aubaine ? Comment ? En écrivant un livre ? Cela valait le coup d'essayer.

En automne 1906, peu après le divorce de sa fille, Adam Zelle apporta des lettres et des papiers à un éditeur d'Amsterdam et lui demanda d'en faire une biographie de Mata Hari. Le sujet paraissait digne d'intérêt, mais quand l'éditeur rendit visite à John MacLeod pour mettre certains détails au point, celui-ci donna une version toute différente de celle de son beau-père. Ce petit contretemps ne découragea pas M. Zelle qui alla trouver un autre éditeur. De cette entreprise naquit une incroyable mixture de 266 pages qui sortit en décembre 1906 sous un titre plein de concision : *La vie de Mata Hari, une biographie de ma fille et un récit de mes griefs à l'encontre de son ex-mari.* De nos jours, un tel ouvrage constituerait un cas de diffamation.

La lecture de cet ouvrage permet de comprendre d'où Mata Hari avait tiré son goût pour les fables. Dans la biographie du père, Mata Hari descendait de ducs, de rois et d'aristocrates. Dans l'avant-propos, Adam Zelle décida d'élargir le champ d'investigation de sa fille. Il prétendait que la première moitié de ce livre était l'œuvre de Mata Hari « qui la lui avait envoyée des États-Unis ». L'imagination Zelle ne connaissait décidément pas de frontières.

Un autre Hollandais, M. G. H. Priem (avocat), qui prenait le parti du mari, répliqua en publiant un court exposé intitulé « Toute la vérité à propos de Mata Hari ». Adam Zelle profita de la publication de sa biographie pour reprendre son délire à propos de ses origines aristocratiques en y rajoutant des ducs et des rois. Et bien sûr, il n'y avait pas un mot de vrai dans tout cela.

Le nom de Zelle est fort connu en Frise et, selon l'un des oncles d'Adam Zelle, il est possible qu'un de ses ancêtres ait vécu non loin d'un Château Celle ou « Celle Burght » près de Hanovre en Allemagne, qui devint plus tard la ville de Celle, encore debout aujourd'hui. Mais de là à en déduire que les membres de la famille Zelle étaient les maîtres incontestés de Celle, c'est comme si on affirmait que les aïeux de Jack London régnèrent un jour sur la capitale anglaise. Quant aux ducs et aux rois, ils sortaient en droite ligne de l'imagination du père Zelle.

Les livres d'Adam Zelle et de M. Priem ne retinrent pas longtemps l'attention du public. Les fruits financiers de cette controverse furent récoltés par un fabricant de cigarettes hollandais qui profita de la célébrité de Mata Hari. Il lança une cigarette « Mata Hari » avec forte publicité dans la presse néerlandaise. Mata Hari ne manqua pas de remarquer cette nouvelle preuve de sa renommée et, comme d'habitude, s'empressa de coller une de ces publicités dans ses albums. Celle-ci vante « la nouvelle cigarette indienne qui satisfera les goûts les plus raffinés, faite des meilleurs tabacs de Turquie et de Sumatra ». La « Mata Hari » que l'on trouvait exclusivement en modèle russe, alors très à la mode, existait en jaune et en blanc, et la boîte de cent coûtait un florin, vingt-cinq cents.

6.

Sa série de spectacles viennois ayant pris fin à la mi-janvier 1907, Mata Hari passa les deux mois et demi suivants à voyager, très probablement en compagnie de Herr Kiepert. Passant par Paris, elle rejoignit rapidement Marseille où elle embarqua à bord du *Schleswig*, paquebot de luxe allemand qui, depuis deux ans, faisait la ligne Marseille-Alexandrie avec le *Hohenzollern*. Le bateau quitta le port à trois heures de l'après-midi par un froid et pluvieux mercredi. La traversée allait durer cinq jours. Deux fanfares italiennes rivales jouaient en même temps la *Marseillaise* et *Santa Lucia* sur le quai battu par le vent.

Fin mars, Mata Hari était de retour à Rome d'où elle envoya, le 30, une longue lettre à Gabriel Astruc resté, lui, à Paris. Elle lui apprenait qu'elle avait fait « un grand voyage en Égypte jusqu'à Assouan » et ajoutait qu'elle avait espéré « retrouver des danses classiques, mais malheureusement tout ce qui est joli a disparu et il n'y a rien que des danses insignifiantes et mal gracieuses ».

Puis elle en venait au fait. Elle avait entendu dire qu'Astruc organisait la première représentation du *Salomé* de Richard Strauss qui devait avoir lieu le 10 mai au Châtelet. Elle adorerait exécuter « La danse des sept voiles », précisait-elle. « La musique de Strauss est puissante et j'ai envie de créer et d'interpréter cette pensée de la danse qui est le point faible de l'opéra. La danse mal dansée, ça coupe tout effet. »

Dans sa lettre à en-tête du vieil hôtel Bristol de la Piazza Barberini (aujourd'hui le Bernini-Bristol), elle expliquait à Astruc qu'elle regagnerait « dans quelques jours » son appartement du 39, Nachodstrasse à Berlin et le priait de lui faire connaître sa décision. Elle confiait aussi à son imprésario une missive à faire porter à Strauss. Astruc, qui devait déjà avoir sa petite idée sur la façon de monter *Salomé*, jugea apparemment inutile de transmettre la lettre puisque je devais la retrouver dans ses papiers des années plus tard. Dans son message à Strauss, Mata Hari sollicitait un rendez-vous à Berlin. « Je désire créer "la danse" et surtout je veux la danser à Paris où je suis très connue, et il n'y a que moi qui danserai la pensée de Salomé. » Et pour convaincre Richard Strauss, elle ajoutait : « A Monte-Carlo, j'ai interprété l'Air Hindou de Massenet. Massenet vous parlera de moi. » Mata Hari avait rédigé sa lettre en français, bien qu'à ce moment-là son allemand fût sans aucun doute parfait.

Cette envie de danser *Salomé* tourna bientôt à l'obsession chez Mata Hari qui, pendant des années, devait harceler Astruc à ce sujet. Mais lorsque, plus tard, elle interpréta « les vraies pensées » de Salomé, Gabriel Astruc n'y était pour rien.

Ce n'est qu'à la fin de 1907 que Mata Hari rentra définitivement à Paris, après sa rupture avec Kiepert. Elle s'installa au coûteux hôtel Meurice, ainsi que nous l'apprend une interview parue dans l'édition française du *New York Herald* du 23 décembre. Elle y expliquait que « pendant deux ans, elle avait voyagé pour le plaisir », bien que son absence ait duré moins d'un an. « Elle avait visité l'Égypte et l'Inde en quête d'idées », prolongeant ainsi son périple jusqu'à l'autre rivage de l'océan indien, alors qu'en fait elle n'était jamais allée dans le pays dont elle prétendait connaître l'art. Elle en revenait avec trois nouvelles danses, la meilleure étant « La légende de la Rose », et elle pensait reprendre ses activités le 1er février 1908 à la Salle Fémina sur les Champs Élysées.

Elle donna un aperçu de cette nouvelle danse lors de la soirée du premier de l'an d'Arlette Dorgère qui jouait *l'Ingénu Libertin* au théâtre des Bouffes-Parisiens. Peu après, elle montrait ses charmes à un gala de charité organisé au théâtre du Trocadéro par Léon Bailby. Ce dernier deviendrait plus tard le propriétaire du *Jour* (quotidien du matin) et le maître d'œuvre du *Bal des Petits Lits Blancs* à l'opéra de Paris.

Mata Hari était en excellente compagnie au Trocadéro, puisqu'elle partageait l'affiche ce soir-là avec Sacha Guitry, Cécile Sorel et Mary Garden, la fameuse soprano écossaise qui avait fait des débuts fort remarqués en 1900 dans *Louise*, opéra de Charpentier.

Pourtant, son retour à Paris l'avait déçue. Pendant son séjour à l'étranger, les imitations s'étaient multipliées sur les scènes parisiennes. On voyait des danseuses nues dans les théâtres et les cabarets. Beaucoup de femmes avaient découvert qu'un corps bien fait attirait sans peine des admirateurs si on le montrait relativement dénudé.

Cette situation posa un sérieux problème à Mata Hari. Devait-elle continuer à danser en laissant choir ses voiles comme avant ? Son corps séduisait sur scène ou ailleurs, ce qui lui avait permis de collectionner les capes d'ermine. Un auteur allemand prétendit aussi que Herr Kiepert lui avait offert le château d'Etiolles, qui avait appartenu à Madame de Pompadour, comme cadeau de rupture. (On peut en douter dans la mesure où le bureau des Monuments Historiques m'apprit que ce château n'existait plus. Il avait été détruit pendant la révolution française et, à l'époque de Mata Hari, on ne trouvait guère plus qu'une église à cet emplacement.)

Mata Hari, qui avait maintenant dépassé la trentaine, commença à se demander si son corps pouvait encore plaire sur scène. Elle pensait sérieusement à tirer un trait sur son passé et à danser revêtue d'une robe à traîne.

En fait, Mata Hari n'appréciait guère qu'on l'imite ainsi dans tous les music-halls de la capitale. Elle laissa libre cours à son indignation dans un discours prononcé lors d'un gala de bienfaisance à Pont aux Dames, maison de retraite des vieux acteurs, le 20 septembre 1908. Cette soirée avait été organisée par Benoit Constant Coquelin, acteur célèbre pour son interprétation de Cyrano qui joua aussi dans *l'Aiglon* aux côtés de Sarah Bernhardt. Le discours de Mata Hari fut reproduit dans une revue anglaise, *The Era* :

« Voici deux ans et demi que j'ai donné mon premier spectacle au Musée Guimet. Depuis cette date mémorable, certaines dames, s'arrogeant le titre de "Danseuses orientales", m'honorent de leurs imitations. Je m'estimerais flattée de cette marque d'attention si les exhibitions de ces dames possédaient une certaine valeur scientifique ou esthétique, mais il n'en est rien. »

Mata Hari, recourant à son imagination débordante, continue. « Née à Java, au milieu d'une merveilleuse végétation tropicale, j'ai appris dès l'enfance la signification profonde de ces danses qui sont un culte, une religion. Seuls ceux qui ont vu le jour et ont été élevés là-bas peuvent s'imprégner de leur caractère religieux et sont à même de leur donner la dimension sacrée qu'elles appellent. J'ai parcouru l'Orient dans son entier, ce qui me permet d'affirmer que jamais je n'ai vu de femmes dansant avec un serpent ou tout autre objet dans la main. C'est en Europe que j'ai découvert ce genre de spectacles avec une stupéfaction indéniable. Les danses orientales que j'ai observées et apprises à Java, mon pays natal, tirent leur inspiration des fleurs. » [Excellente publicité pour sa « Légende de la Rose ».] « L'an dernier, en Russie,

j'ai rencontré une dame — une autre danseuse pseudo-
orientale — qui s'arrogeait modestement le titre de perle
orientale. Je ne pus m'empêcher de lui faire remarquer
que s'il existe effectivement de vraies perles, les imitations
ne manquent pas. »

La mention d'un voyage possible en Russie n'apparaît
que dans ce discours. Mais Mata Hari avait aussi prétendu
qu'elle s'était rendue en Égypte *et en Inde*. La réalité et la
fiction s'enchevêtraient tellement dans l'esprit de Mata
Hari que personne ne pervenait plus à faire la part du vrai
et du faux dans son autobiographie.

On ne s'étonnera donc pas de trouver une autre version
de son passé dans ses albums. Si elle réaffirmait être née à
Java — Leeuwarden était maintenant complètement tombé
dans l'oubli —, elle ajoutait cependant qu'elle avait été
« envoyée en Hollande à l'âge de douze ans en compagnie
d'un officier et d'une vieille Indienne. [Elle avait déjà]
perdu ses parents à l'époque ». Après son mariage à seize
ans, elle était repartie à Atjeh dans l'île de Sumatra avec
son époux officier, où elle avait passé son temps « à
cheval, une arme à la main, risquant [sa] vie à tout
instant ».

C'est à Édouard Beaudu qu'elle expliqua pourquoi elle
ne pouvait danser tout le temps. On peut se demander si
elle pensait à son fils disparu lorsqu'elle inventa cette
superbe histoire ou si seul le nom du magazine pour lequel
ce journaliste travaillait, *Fantasio*, l'avait inspirée.

« Là-bas, écrivait Beaudu, au pays où l'on se battait, se
place dans la jolie clarté de cette vie une large tache
sombre, un drame, un drame violent. Alors elle revient
vers l'Europe, très triste, très sombre, et, dans la détresse
de son âme meurtrie, elle trouve comme consolation la
danse, vertige du corps. Et elle dansa, beaucoup, au gré
de sa fantaisie, au gré de sa mélancolie. Voilà pourquoi
cette artiste danse quand il lui plaît, quand ses nerfs, peut-
être, sont exaspérés, quand elle souffre trop. »

Mata Hari était maintenant une femme bien entretenue qui ne connaissait plus de problèmes financiers. Le 4 octobre 1908, elle apparut au Grand Prix d'Automne de Longchamp dans une magnifique robe de velours, les mains protégés par un immense manchon, et fit les délices des Parisiens et des photographes. Peu après, on la vit, à nouveau à Longchamp, « moulée dans une extraordinaire robe de velours bleu garnie de chinchilla ».

Gabriel Astruc n'eut pas à se démener ces années-là pour lui trouver des engagements lucratifs, car Mata Hari n'avait plus besoin de danser pour vivre. Elle multiplia donc les galas de charité : elle se produisit au Gala des Pupilles, spectacle donné au domicile de M. et Mme Guimet en l'honneur du Baron Kurino, l'ambassadeur du Japon. En août, elle dansa pour les pauvres d'Houlgate. Puis, vers la fin de l'année, elle déclara avoir fait un second voyage en Égypte, totalement imaginaire cette fois. La presse s'empressa de publier la nouvelle — fausse — peu avant qu'elle n'apparaisse sur la scène du théâtre Fémina le 6 février 1909 dans un gala de charité organisé au bénéfice de l'hôpital Clémentin de Sofia. Le programme offrait de la musique bulgare, des danses bulgares, des étudiants bulgares en costume national, une rhapsodie bulgare, et même quelques vues cinématographiques de Bulgarie. Le seul numéro non bulgare de la soirée était une danse intitulée « L'Orchidée » interprétée par la célèbre danseuse Mata Hari dans les veines de qui coulait peut-être du sang hollandais, javanais, maduran, balinais et indien, mais sûrement pas du sang bulgare.

Grâce à tout cela, Mata Hari avait gagné ses galons de Vedette de la Danse, ce qui lui permettait de figurer (comme en témoigne une page de la revue d'art *Musica* soigneusement collée dans ses albums) aux côtés de noms illustres : Cléo de Mérode (maîtresse « officielle » du roi Léopold II de Belgique), Isadora Duncan, Loïe Fuller, Lola Montez (la danseuse d'origine irlandaise, maîtresse

du roi Louis 1er de Bavière, qui causa sa perte) et la Belle
Otéro. Elle avait ajouté une nouvelle danse à son répertoire,
la « Ketjoeboeng ». D'après le *Daily Mail*, il s'agissait
d'une fleur « qui fleurit et meurt en une nuit » et qui se
transformait en « superbe illusion » grâce à l'interprétation
de Mata Hari.

Comment Mata Hari passa-t-elle le reste de l'année
1909 ? Elle ne fit pas grand-chose apparemment. Ses
albums nous apprennent cependant qu'elle posa pour le
peintre Paul Frantz-Namur. Elle avait dû se lasser des
galas de bienfaisance, des fleurs qui meurent en une nuit
et des interminables soupers quotidiens. Elle était en
quête de choses plus importantes, elle attendait un grand
changement.

Celui-ci survint en 1910, quand son métier l'appela à
Monte-Carlo. M. Antoine, directeur du théâtre de l'Odéon
à Paris, montait une pièce de Chekri-Ganem, auteur
franco-algérien, *Antar*, dont l'action se déroulait « en
Arabie ». Dans le troisième acte figurait un ballet dansé
en solo par Cléopâtre. M. Antoine pensa sans doute que
rien ne pouvait mieux convenir à Mata Hari.

La première, qui eut lieu le 7 janvier, obtint un immense
succès — comme d'habitude — grâce à la musique de
Rimsky-Korsakov. La « Danse du feu » de Mata Hari fit
écrire au *Matin* : « Elle donne un spectacle d'une beauté
successivement souriante, mystique et redoutable. »

Comme *Comoedia* s'était joint au concert de louanges
en la baptisant « la Reine incontestée des danses du lointain
passée » après son apparition au gala de bienfaisance du
jour de l'an à l'Apollo, personne ne pouvait plus mettre
en doute le talent de la danseuse.

Et pourtant, il restait un sceptique : M. Antoine lui-
même. Il avait amené Mata Hari à Monte-Carlo en janvier
et s'apprêtait maintenant à monter *Antar* à l'Odéon. Dès
le début des répétitions, Antoine déclara que Mata Hari
posait des problèmes. Elle était souvent en retard et son

« orgueilleux caractère » rendait la vie impossible au metteur en scène de la pièce. M. Antoine renvoya Mata Hari qui l'attaqua aussitôt en justice pour rupture de contrat, réclamant le règlement de 3 000 francs de salaire et 5 000 de dommages et intérêts.

Le tribunal mit deux ans à rendre son verdict — en faveur de Mata Hari. M. Antoine, en accusant Mata Hari d'être rebelle, avait commis l'erreur d'ajouter qu'elle avait fait un four à Monte-Carlo. L'avocat de la plaignante, Jules Jung, produisit les coupures de presse qu'elle avait collées dans ses albums et qui saluaient le succès de sa cliente, et Mata Hari obtint son argent, 200 francs par jour pour quinze représentations. Le 23 décembre 1911, Jung lui envoya un télégramme (qui figure bien sûr dans les albums) au Grand Hôtel de Milan pour lui annoncer qu'elle avait gagné son procès. (L'historien André Castelot, dans une série d'articles publiées en 1964 quand sa dramatique sur Mata Hari passa à la télévision, déclare que Mata Hari avait été engagée par Antoine dès le début de sa carrière, en 1905. En fait, elle ne devait danser pour lui que cinq ans plus tard.)

M. Antoine était un très mauvais perdant. Quelque huit ans plus tard, après l'exécution de Mata Hari, la légation des Pays-Bas à Paris reçut une lettre de son avocat, André Regnier, datée du 14 août 1919. Agissant au nom de M. Antoine, il demandait des renseignements sur les biens qu'aurait pu laisser Mata Hari. Après tout, elle avait été condamnée pour espionnage, et une femme capable de tels actes avait fort bien pu tromper le juge qui lui avait donné raison lors du procès de 1911. Si biens il y avait, M. Antoine pourrait convaincre le tribunal de Paris de lui rembourser ses 3 000 francs.

Cette parenthèse refermée, il faut dire que tout n'était pas gagné. Malgré l'éloquence de Mata Hari, les 5 000 francs de dommages et intérêts réclamés ne quittèrent jamais la bourse de M. Antoine.

« *Monsieur le juge*[1], avait déclaré son avocat, ma cliente est née à Bornéo, dans ces mystérieuses Indes néerlandaises orientales. » Et pendant que Maître Weyl tentait de placer un mot en faveur de son client, Mata Hari expliquait pourquoi elle était en droit de réclamer ces 5 000 francs :

« Monsieur Antoine n'a pas voulu seulement s'assurer le concours d'une danseuse de renom, mais il a voulu donner à son public une danse hindoue originale, dont le secret n'a été transmis par aucune prescription écrite. Je détiens donc, en effet, un véritable secret de danse, et cette connaissance des antiques danses hindoues constitue pour moi une propriété précieuse. »

Elle se plaignait en outre que M. Antoine avait essayé « de modifier ses danses », et qu'il avait eu l'audace de lui demander de répéter devant une autre danseuse, Madame Mariquita, qui avait donc pu étudier les détails de son Art.

Ceci n'impressionna pas le juge, peut-être — comme le suggère un journal — « parce qu'il avait irrévérencieusement estimé que le secret d'une danseuse qui expose généralement au public sa splendide nudité, n'avait peut-être pas assez de consistance juridique ».

---

1. En français dans le texte. (N.d.T.)

7.

Nous arrivons maintenant à l'un des épisodes les plus surprenants de la vie de Margaretha Geertruida Zelle Mata Hari Lady MacLeod, célèbre danseuse hindoue. Soudain, Mata Hari disparaît. On perd complètement sa trace et, apparemment, les nombreux écrivains qui ont tenté de faire la lumière sur son mystérieux passé sont incapables d'expliquer ce silence qui dura plus d'un an. Mata Hari était-elle partie pour l'étranger ? Était-elle malade ? Où donc se trouvait-elle ?

Dans son *Enquête sur Mata Hari*, Bernard Newman, écrivain anglais, commit involontairement l'une des plus graves erreurs de sa carrière de spécialiste des mystères et des voyages. A la dernière page de son livre, il commente un entretien qui eut lieu en 1933 entre le journaliste français Paul Allard et le capitaine Bouchardon, *rapporteur militaire* [1] au procès de 1917. M. Newman conclut ainsi :

« Voici maintenant la *déclaration certainement la plus fantastique* [2] d'une affaire déjà riche en questions extraordinaires et non résolues. Lors de cette entrevue, Bouchardon éluda une question embarrassante en suggérant que feue

---

1. En français dans le texte. (N.d.T.)
2. Italique de l'auteur. (N.d.A.)

Mata Hari n'était pas la Hollandaise Marguereth [sic] Gertruida MacLeod, née Zelle mais une Française du nom de Mme Rousseau de Buzançais (Indre) ! »

Visiblement, ni Allard ni Newman ne prirent les dires de Bouchardon au sérieux. Pourtant, Mata Hari passa bien la majeure partie de ces mois « mystérieux » de 1910 et 1911 sous le nom de Mme Rousseau. La véritable Mme Rousseau avait épousé M. Rousseau le 14 octobre 1903, et Mata Hari n'était donc que la maîtresse.

Les Rousseau venaient effectivement de Buzançais dans le département de l'Indre. Mme Rousseau mère, la presque belle-mère de Mata Hari, y résidait encore à l'époque. Elle avait soixante-cinq ans.

Pendant des années, j'avais été intrigué par une page de photographies de l'un des albums, dont la légende disait : « *Mon château de la Dorée* ». En outre, Anna Lintjens m'avait remis une carte postale représentant ce même château le jour où elle m'avait confié les albums.

Quand, en 1962, j'entrepris d'étudier sérieusement les papiers de Mata Hari, j'écrivis au maire d'Esvres, village du département de l'Indre-et-Loire, pour lui demander si le château existait toujours et à qui il appartenait en 1911. Le maire, M. Germain, me répondit par retour du courrier. « De 1910 à 1911, la propriétaire du château était Mme MATA-HARY. » Et celui-ci, ajoutait-il, existait *toujours*[1].

Fin 1962, je décidai, un jour que je me rendais de Rome à Paris, de faire un crochet par Esvres, au sud de Tours. Le château s'y trouvait bien, ravissante demeure du XVIIIe siècle qui se dressait au bout d'une majestueuse avenue bordée d'arbres longue de cinq cents mètres.

M. Germain, maire du village, était un aimable fermier qui, sans avoir personnellement connu Mata Hari, avait beaucoup entendu parler d'elle. Je découvris qu'il s'était trompé dans sa lettre. Mata Hari n'avait jamais été

---

1. En français dans le texte. (N.d.T.)

propriétaire du château et n'avait vécu à Esvres que du milieu de l'année 1910 à fin 1911, et non jusqu'en 1914, comme il me l'avait affirmé.

Nous discutâmes un moment dans la modeste salle à manger de sa ferme. J'en vins à lui demander s'il restait au village quelqu'un qui eut connu Mata Hari. Sa femme mentionna un nom. « Mais oui, reprit le maire, c'est vrai. Pauline a travaillé pour Mata Hari au château. »

Ce soir-là et le matin suivant, je m'entretins longuement avec Pauline Bessy, devenue par la suite Veuve Piedbout, qui, à l'âge de vingt-trois ans, avait été la servante de Mata Hari.

Pauline avait servi à la table de Mata Hari, lui avait apporté ses petits déjeuners, avait astiqué son argenterie et préparé son café du matin. Engagée par Mata Hari aux alentours du mois de juin 1910, elle était restée à son service jusqu'au jour où celle-ci lui avait dit vers la fin de l'année suivante : « Je reviens dans deux semaines. » Mais Mata Hari n'était pas revenue. Elle avait demandé à Pauline de venir la rejoindre à Paris, mais celle-ci avait préféré rester à Esvres — et, en 1962, elle ne connaissait toujours pas la capitale.

Bien que les photographies que je connais de Mata Hari montrent toujours une belle femme, plusieurs personnes contestent cette beauté. Newman, par exemple : « Mata Hari n'était pas belle, les photos sont trompeuses. » Je consultai Pauline. Après tout, elle l'avait vue avec ou sans maquillage chaque jour pendant des mois. Elle n'hésita pas une seconde : « *C'était une belle femme, vous savez !* [1] »

Le château de la Dorée appartenait à la comtesse de la Taille-Tétrinville qui, en 1910, l'avait loué à un certain M. Rousseau, banquier parisien (*coulissier* [1], en réalité). Peu de temps après, M. Rousseau y avait amené Mme Rousseau. Seulement, on devait bientôt découvrir que cette Mme

---

1. En français dans le texte. (N.d.T.)

Rousseau n'était autre que la célèbre danseuse Mata Hari ;
l'épouse légitime était restée à Paris.

Rousseau avait rencontré Mata Hari au cours d'une
soirée où son fils musicien avait joué. Cette histoire
d'amour a dû être l'une des grandes passions de la vie de
la danseuse. Comment expliquer, sinon, que cette femme,
fêtée pendant tant d'années par diverses capitales européennes, ait décidé de venir s'enterrer dans la province française ? Bien sûr, les environs du château ne manquaient
pas de charme. Mata Hari montait chaque jour « l'un des
quatre superbes chevaux de son écurie, me dit Pauline,
dont les murs étaient de velours rouge — *un vrai bijou*[1].»

A part cet exercice quotidien, il n'y avait pas grand-
chose à faire. Mata Hari passait la semaine seule en
compagnie d'Anna Lintjens, qui l'avait suivie à Esvres.
Son amant, de trois ans son aîné, ne la rejoignait que le
week-end. Chaque vendredi soir le banquier arrivait en
gare de Tours, où il prenait un taxi pour rentrer au
château, et, tôt le lundi matin, le cocher du château le
reconduisait à Tours. Mata Hari tuait le temps en parcourant la campagne sur Radjah, son cheval préféré.

On a souvent nié les dons de Mata Hari pour l'équitation
que prouve pourtant son passage au Cirque Molier. Un
jour, elle eut l'occasion de montrer son talent. Un garçon
de seize ans, parent du proriétaire du château, était venu
de Paris lui apporter une lettre. A Tours, il avait enfourché
un cheval. Tout fier de son exploit, il en parla à Mata
Hari qui sauta soudain en selle, monta et descendit l'escalier
du château, puis tendit les rênes au garçon stupéfait en lui
disant : « Quant vous serez capable de faire *cela*, vous
pourrez vous vanter de savoir monter. »

Pauline, parlant de la liaison de Rousseau et de Mata
Hari, me déclara : « Ils semblaient s'entendre à merveille.
Ils ne se querellaient jamais et allaient souvent faire du

---

1. En français dans le texte. (N.d.T.)

cheval ensemble. » Et sans que je lui demande rien, elle ajouta : « Bien sûr, ils avaient des chambres séparées, mais cela ne devait pas les empêcher de se retrouver. »

La chambre de Mata Hari était grande, me dit Pauline, cinq mètres sur six environ, « avec un lit à baldaquin mauve placé sur une estrade au centre de la pièce. Il fallait monter quelques marches pour y entrer. »

Mata Hari, pourtant habituée au luxe, resta dans un château qui n'avait ni salle de bains, ni eau courante, ni électricité — pas même d'éclairage au gaz. M. Rousseau devait avoir une grande emprise sur sa maîtresse, dont l'existence était connue de sa mère et même de sa femme. Mme Rousseau mère, qui vivait à Buzançais, rendit un jour visite à la maîtresse de son fils pour tenter de la convaincre de le quitter.

D'après Pauline, « elle n'avait aucune chance d'arriver à ses fins. Dès qu'elle vit Mata Hari, elle se prit d'amitié pour elle et passa six mois avec nous. Lorqu'elle partit, Mata Hari resta — *Madame*[1], c'était elle. »

Rousseau avait déclaré, en louant la demeure, que Mata Hari était sa femme, comme le prouve une lettre du fils de la propriétaire à sa mère où il lui donne des références sur Rousseau, qu'il a rencontré à Paris : un homme « honnête, sérieux, qui avait de bons commanditaires ». Directeur général de sa banque privée depuis 1908 et propriétaire de 125 000 francs du capital, Rousseau avait déclaré « qu'il avait épousé en seconde noce une van Zellen, veuve elle-même d'un Anglais, Lord Mac Donald (je crois), ancien gouverneur des Indes ».

Mata Hari était *très gentille*[1], « très bonne avec nous », c'est-à-dire, Pauline, la cuisinière, le jardinier, le cocher et le valet d'écurie. Et, bien sûr, avec Anna Lintjens que tout le monde au château appelait « Anna ». Mais si elle s'entendait bien avec ces domestiques-là, elle eut quelques

---

1. En français dans le texte. (N.d.T.)

problèmes avec ceux qu'elle trouva à son arrivée. L'un d'eux, un certain Delacôte, écrivait à la propriétaire le 31 juillet 1910 : « Nous sommes très contents de quitter Monsieur Rousseau, ainsi que sa maîtresse, et nous ne sommes pas les seuls à partir, car c'est une vraie misère à la Dorée en ce moment. »

Guy d'Aulby, qui vivait en 1964 à New York, était un jeune homme de quinze ans à l'époque. Fils d'Edward Maryon, qui devait plus tard composer un ballet pour Mata Hari, il vint passer un mois de ses vacances d'été à Esvres. Elle l'avait certainement invité pour rompre un peu sa solitude. Mais il y a fort à parier que M. Rousseau ne permettait pas à sa maîtresse d'avoir des invités plus mûrs.

Il est possible que seul son amour pour Rousseau ait aidé Mata Hari à supporter cet isolement. Elle prenait ses repas seule. Elle avait perdu la vieille habitude hollandaise d'avaler un solide petit déjeuner et commençait ses journées avec une tasse de café. Elle avait d'ailleurs des idées bien arrêtées à propos de l'usage du café dans la maison. Le personnel n'avait droit à son café du matin qu'après qu'elle eût pris le sien, entre neuf et dix heures.

« Je faisais le café quand même, me raconta Pauline, et je criais à tous le monde : « *Le jus est prêt !* [1] » Je suis sûre qu'elle m'entendait, mais elle n'a jamais rien dit. » Ce fut la seule révolte que connut le château pendant le séjour de Mata Hari.

Je demandai s'il lui arrivait de parler de sa fille.

« Une fois, dit Pauline. Elle avait acheté une montre en or et avait demandé à Anna de l'expédier en Hollande, mais son mari la renvoya.

— Et M. Rousseau ?

— Il mourut pendant la guerre de 14. »

Ce dernier renseignement me lança sur une mauvaise

---

1. En français dans le texte. (N.d.T.)

piste. Quelques jours après ma conversation avec Pauline, je me rendis à la Bourse de Paris où je remarquai les plaques de marbre commémoratives qui portent les noms de tous les banquiers et coulissiers morts pendant la Première Guerre mondiale. A la lettre R, je trouvai un *Rousseau, Auguste, mort pour la patrie* [1].

Ce n'est que six mois plus tard, après une interminable correspondance avec d'innombrables maires de villes et villages français que je découvris que le prénom de l'amant de Mata Hari n'était pas Auguste, mais Xavier, et qu'il était mort paisiblement dans son lit en 1946. Enregistré sous le prénom de Félix à l'état civil de Buzançais, il s'était toujours fait appeler Xavier, et la plaque qu'il avait accrochée au 41, rue Vivienne disait : *Xavier Rousseau & Cie*. Plus tard, en 1963, sa femme me confirma sa liaison avec Mata Hari. « C'était un coureur de jupons, me dit-elle, très beau. Ils finirent par se quereller et, quand enfin il revint à moi, il était complètement ruiné. » Il devint alors représentant pour les champagnes Heidsieck et, à sa mort, ne laissa pas un sou à sa femme.

Ce fut néanmoins l'épisode grandiose de la vie de Mata Hari. En 1911, elle fit quelques apparitions à Paris, et les journaux et magazines ne manquèrent pas de publier des photographies d'elle prises aux principales courses de chevaux. En août 1911, en cure à Vittel, elle assista au concours hippique. Six ans plus tard, le nom de cette ville devait être souvent prononcé quand Mata Hari pour la troisième et dernière fois comparut devant un tribunal parisien — pour espionnage, cette fois.

Elle habitait maintenant une maison sans prétention mais néanmoins charmante au 11, rue Windsor, à Neuilly-sur-Seine. C'est Xavier Rousseau qui l'installa, mais il ne

1. En français dans le texte. (N.d.T.)

put jamais régler la facture des meubles — que l'on finit
par envoyer à Mata Hari qui ne l'honora pas pour autant.

Cette maison n'a jamais été rasée pour faire place à un
immeuble moderne, comme d'aucuns l'ont prétendu, elle
est toujours telle qu'elle a été construite en 1860. Elle est
de style normand avec des colombages, et sa grille à deux
battants s'ouvre sur une petite cour. Le rez-de-chaussée se
compose de deux pièces assez vastes, avec cheminée dans
l'une, et les deux donnent sur le jardin. On voit aussi le
jardin des différentes chambres du premier étage où, il y
a quelques années encore, le locataire faisait ses ablutions
matinales dans « la baignoire de Mata Hari ».

Ce grand jardin d'environ dix-huit mètres sur trente
permettait à Mata Hari de danser — nue s'il le fallait
— pour des invités loin des regards indiscrets.

Maintenant que Mata Hari vivait dans le luxe, ses
pensées revinrent à sa fille restée en Hollande. On lui avait
certes renvoyé la montre en or, mais il n'était pas interdit
de faire une nouvelle tentative. Non avait à présent treize
ans, et Mata Hari ne l'avait revue qu'une fois depuis son
enfance. Peu après ses premiers triomphes à Paris, Mata
Hari avait fait une visite rapide en Hollande où elle était
convenu d'un étrange lieu de rendez-vous avec John — la
gare d'Arnhem. Si Mata Hari était accompagnée d'un
valet en livrée, son mari se présenta lui dans un vieux
costume usagé. L'entretien ne dura pas longtemps. Mata
Hari demanda à la petite fille, qui n'avait aucune idée de
l'identité de cette élégante jeune femme, si elle voulait
venir avec elle. « Si Papa me le permet », fut la réponse
de la petit fille bien élevée. Papa refusa, et cela régla la
question.

Mais maintenant l'ex-mari de Mata Hari vivait séparé
de sa seconde épouse et Norma, l'enfant née de cette union
malheureuse, était restée avec sa mère. Il n'y avait donc
aucune raison pour que la propre fille de Mata Hari ne
vécut pas avec *sa* mère à Paris.

Toujours prompte à faire suivre ses impulsions de mesures énergiques, Mata Hari envoya Anna en Hollande avec la mission de ramener Non sans regarder à la dépense. C'était tout simplement une tentative de kidnapping de l'enfant sous le nez du père.

John MacLeod vivait à Velp, petite ville proche d'Arnhem non loin de la frontière allemande. Mlle Lintjens était censée emmener Non en voiture jusqu'à Anvers, où elles prendraient ensuite le train pour Paris.

Anna, qui avait alors la cinquantaine, me confia que cette mission ne lui plaisait guère et qu'elle ne savait pas très bien comment la mener à bien. C'était la première tentative de kidnapping de sa vie et, jusque-là, elle n'avait jamais eu affaire à la police.

En arrivant à Velp, Mlle Lintjens se posta non loin de l'école de Non après avoir placé un acolyte devant la sortie. Ce complice devait la prévenir de l'arrivée de Non et la lui désigner du doigt. C'était déjà un bon début, même si l'étape suivante était encore vague dans l'esprit d'Anna. Elle avait apporté des bonbons pour attirer la petite fille.

Mais la chance ne lui sourit pas. Son informateur vint lui dire que le commandant MacLeod était venu chercher sa fille. Comme dit le proverbe hollandais : « La Hollande — Anna, plutôt — avait un problème. »

Elle n'aurait pu prendre pire initiative. Elle s'approcha de MacLeod et lui expliqua qu'une « dame » lui avait remis un cadeau pour sa fille. MacLeod devint immédiatement soupçonneux et répondit avec une rudesse toute militaire : « Les cadeaux, c'est mon domaine ». Là-dessus, il s'éloigna, tenant fermement sa fille par la main. Anna, rouge de confusion, réfléchit à toute vitesse. Il ne lui restait qu'une solution pour se tirer de cette mauvaise posture : quitter Velp et vite. Ce qu'elle fit — et elle sauta dans le premier train pour Paris.

8.

Nous arrivons maintenant à l'événement qui flatta certainement le plus l'amour-propre de Mata Hari. Gabriel Astruc venait de lui décrocher un contrat à la Scala de Milan et se démenait pour la faire entrer aux Ballets russes. La compagnie qui se produisait pour la première fois à Monte-Carlo avait été amenée en France grâce aux efforts conjugués d'Astruc et de Raoul Gunsbourg. Léon Bakst, peintre, décorateur de la troupe et bras droit de Serge de Diaghilev, avait apparemment proposé de créer les costumes de Mata Hari pour le spectacle de Milan. Mais, comme la débâcle financière de Rousseau avait sérieusement réduit ses liquidités, Mata Hari demanda à son impresario, dans une lettre adressée de sa maison de Neuilly, de décliner l'offre : « Nous n'avons pas besoin de Bakst. » Mue par son sens de la publicité, elle ajoutait qu'avant de quitter Milan, elle avait l'intention de se faire prendre en photo dans le costume de Vénus, le rôle qu'elle devait interpréter à la Scala. Astruc pourrait ainsi envoyer les clichés à la « presse internationale ». Forte de son engagement au plus grand opéra du monde, Mata Hari ne doutait pas qu'elle puisse en obtenir d'aussi prestigieux ailleurs.

Elle avait l'impression d'avoir atteint les sommets sur le

plan artistique. L'invitation de Milan était une consécra-
tion. Elle était effectivement « arrivée ». En 1905, elle
avait fait des débuts d'amateur sans expérience particulière.
Ses sept ans et demi d'apparitions remarquées dans les
salons parisiens et sur les scènes de divers music-halls se
terminaient en apothéose à Milan. Elle accédait enfin au
rang de danseuse professionnelle : le temps était loin où
elle faisait passer un frisson d'érotisme dans son public.

Pendant cette saison 1911-1912, Mata Hari apparut dans
deux ballets à la Scala, où elle rencontra Preobrajenska,
l'une des plus célèbres ballerines de l'époque, qui, comme
elle devait en informer Astruc, « me donna de précieux
conseils ». Lors de la première, elle dansa son fameux
numéro de « La Princesse et la fleur magique » dans le
cinquième acte d'*Armide*, opéra composé par Gluck en
1777. Le 4 janvier 1912, elle tenait le rôle de Vénus dans
Bacchus et Gambrinus, ballet moderne sur une musique de
Marenco. Mata Hari fut très satisfaite de sa performance, et
les plus belles photos de ses albums datent de cette période.
Les légendes sont rédigées à la troisième personne : *Mata
Hari comme Vénus à la Scala de Milan*[1].

Si elle est déjà venue en Italie, c'est la première fois
qu'elle s'y produit sur scène. Cela mérite bien que l'on
ajoute un nouveau chapitre à sa biographie. Elle vient
maintenant d'une vieille famille de soldats : sa grand-mère,
fille du régent de l'île de Madura aux Indes néerlandaises,
a épousé un officier ; sa mère aussi, et elle-même n'a pas
failli à la tradition. C'est bien le seul élément de vérité de
cette fable. Née à Java, raconte-t-elle à la presse milanaise,
elle a perdu ses parents à douze ans. On décida alors de
lui donner une éducation internationale, ce qui l'amena à
passer quelques années en Angleterre, en Allemagne et en
France.

Dans l'interview qu'elle accorda au *Corriere della Sera*,

---

1. En français dans le texte. (N.d.T.)

elle montra que ce séjour en France lui avait été profitable.
Elle parle un « harmonieux et excellent français », note le
journaliste. L'entretien a lieu en plein hiver juste après
son arrivée à Milan, ce qui permet à ce monsieur d'assurer
à ses lecteurs que « Vénus » sera digne de leurs attentes.
« On voit immédiatement, écrit-il, malgré le manteau de
fourrure dont est emmitouflée Mata Hari, que le rôle de
Vénus lui siéra à merveille. »

Comme il a affaire à une danseuse indienne, l'interviewer
parle ensuite de la couleur de sa peau. « Est-elle jaune ?
Pas du tout. Cela s'explique parce qu'elle descend en fait
d'Européens. »

Mata Hari se livre ensuite à une digression philosophi-
que : « Il existe un proverbe hindou qui dit : ''Quand une
danse est bien exécutée, elle éteint chez ceux qui la
regardent les désirs mêmes qu'ils aimeraient voir stimu-
lés.'' »

L'Italien à qui elle confia cette sage vérité commente :
« En Inde, peut-être ! »

C'est Tullio Serafin, déjà célèbre à trente-trois ans, qui
dirigea l'orchestre à la première de la Scala. Je le rencontrai
en 1963. Alors âgé de quatre-vingt-quatre ans, il était
encore considéré comme l'un des meilleurs chefs d'orchestre
pour l'opéra en Italie. Il se souvenait bien de Mata Hari.
C'était « *una creatura adorabile*, me dit-il, très cultivée,
avec un sens artistique inné. On avait l'impression de se
retrouver devant une aristocrate qui avait su rester simple. »
C'était, en outre, « une artiste sérieuse, *una personalità* ».

La presse milanaise, un peu prise au dépourvu, ne sut
que penser du numéro de Mata Hari, qui différait fort du
genre de ballets auxquels elle était habituée. Le *Corriere
della Sera* jugea sa danse un peu lente, mais apprécia
néanmoins ces « mouvements plastiques ». L'article disait
aussi : « C'est une artiste choréographique, une mime de
talent qui fait preuve d'une intelligence inventive et d'une
force d'expression unique. » La *Lombardia* du 5 janvier

1912 trouvait que ces mouvements lents « étaient exécutés avec une harmonie parfaite, digne de notre admiration ».

Mata Hari ne tarda pas à informer Astruc de son succès. « Tous les journaux s'accordent pour dire que je suis la Vénus idéale. » Si l'on en juge par les articles publiés dans la presse, cette déclaration péremptoire semble un peu exagérée, mais l'exagération était l'un des points faibles ou forts peut-être de Mata Hari. Elle racontait ensuite à Astruc comment elle avait dansé et l'impression que cela avait fait sur le public milanais et le maître de ballet de la Scala. « Je joue Vénus sans perruque, donc en cheveux bruns. Ils étaient étonnés, mais je leur expliquai que Vénus est une abstraction, l'hyperbole de la beauté, et qu'elle peut être brune, rousse ou blonde. Ils ont admis que j'avais raison. »

Le *Uomo di Pietra*, hebdomadaire plutôt humoristique milanais, vit la question sous un tout autre angle : « Attendu que tous les mimes sont des danseurs, la Scala a jugé opportun d'importer une danseuse qui sait aussi mimer. » Le journal soupçonnait la direction de la Scala du sinistre projet de gaver Mata Hari, afin de pouvoir monter une opéra dans lequel elle exécuterait une *danse du ventre* [1].

Mata Hari a peut-être raté la chance de sa vie à Milan. En effet, si elle avait eu l'idée de confier son envie de danser *Salomé* au directeur de la Scala, celui-ci l'aurait peut-être engagée. Quoi qu'il en soit, elle était maintenant plus convaincue que jamais qu'elle pouvait encore mieux faire, et son projet d'avoir un ballet spécialement composé pour elle à partir d'un de ses propres contes hindous l'obsédait toujours. Après Massenet, elle s'attaqua à Umberto Giordano, compositeur d'*André Chénier* entre autres. Mais Giordano était lui aussi très occupé. Il promit

_____

1. En français dans le texte. (N.d.T.)

néanmoins, comme elle l'écrivait à Astruc, « de lui donner une lettre d'introduction pour Saint-Saëns ».

Gabriel Astruc n'était pas resté les bras croisés dans l'intervalle. Comme il avait réussi à faire accepter sa protégée à la Scala, il fallait exploiter la situation. Les pourparler à propos de l'intégration de Mata Hari dans les ballets russes de Diaghilev qui avaient été entamés avant son départ en Italie continuaient toujours. Mata Hari jugea qu'il était temps de passer à la rédaction d'un contrat dont elle envoya une copie à son impresario. Elle avait déjà signé son exemplaire, et il ne restait plus à Astruc qu'à convaincre Diaghilev de signer lui aussi.

Astruc avait également contacté des impresarios à Berlin, et il écrivit à Mata Hari pour la mettre au courant de la tournure des événements. Mais ne connaissant que trop bien la situation à Berlin, elle resta sceptique. « En ce qui concerne Berlin, répondait-elle à Astruc, je suis tout à fait prête à y présenter une de mes danses classiques, mais je doute que j'obtiendrais le décor de plantes et de clair de lune indispensables à ma danse. »

On abandonna donc le projet berlinois. A la place, Mata Hari se rendit à Rome où elle finit par danser son *Salomé* en privé. Elle remporta un succès indéniable.

Le spectacle eut lieu au domicile du prince di San Faustino. Le prince habitait le magnifique Palazzo Barberini aujourd'hui transformé en musée, sur la Via delle Quattro Fontane. Ainsi, contrairement aux attentes de ce journaliste hollandais qui écrivait, en 1905, « *à la bonne heure* [1], la Salomé hollandaise n'est pas encore née », Mata Hari réussit sa tentative. Ce n'était pas, bien sûr, ce qu'elle avait espéré. Son interprétation de « cette pensée de la danse » ne fut pas applaudie par des milliers de spectateurs. Toutefois, elle dansa bien sur la « puissante musique » de Strauss, et le livret s'inspirait bien de la pièce d'Oscar

---

1. En français dans le texte. (N.d.T.)

Wilde qui, écrite en français et interdite par la censure anglaise, avait été créée, en première mondiale, par Sarah Bernhardt à Paris.

Mata Hari profita de ce qu'elle dansait en privé pour cacher le moins de peau possible. Le prince de San Faustino fut tellement séduit qu'il la fit immortaliser par un peintre. Comme on peut le voir en couleur dans ses albums, ce tableau révèle une Salomé hollandaise légèrement courbée, un voile transparent accroché à la taille qui couvre à peine le bas du corps, et un gros plan de ses seins et de son *ventre*[1].

Rousseau étant sorti définitivement de sa vie, Mata Hari se trouva fort dépourvue à son retour à Paris et, le 8 février 1912, elle demanda une aide financière à Astruc. Écrite à Neuilly, cette lettre est un document très révélateur sur les soudains problèmes financiers de la danseuse. Comme d'habitude, elle ne se contente pas de peu, elle réclame carrément une énorme somme d'argent, et elle offre sa maison comme garantie.

« Avez-vous autour de vous un ami riche qui s'intéresse à la protection d'artistes, comme un capitaliste qui voudrait faire une affaire. Je suis très éprouvée et il me faut tout de suite une trentaine de mille francs pour me tirer d'embarras et me donner la tranquillité de tête nécessaire à mon art. Ce serait vraiment dommage de briser ainsi un tel avenir. En garantie de ce prêt, je donnerais tous ce que j'ai dans mon hôtel, y compris chevaux et voitures. »

Elle écrivait ensuite qu'elle rembourserait l'intégralité de la somme en deux ou trois ans avec les cachets qu'Astruc pourrait lui trouver. Et pour qu'Astruc n'en pâtisse pas, elle suggérait que le contrat spécifie que l'on déduise d'abord la commission de l'impresario des sommes remboursées.

---

1. En français dans le texte. (N.d.T.)

Rien n'indique qu'Astruc ait découvert un mécène, même si apparemment Mata Hari ne manqua de rien en cette année 1912. Les écuries de sa villa de Neuilly abritait les pur-sang qu'elle avait ramenés du château de la Dorée, offerts comme garanties à quiconque lui fournirait cette trentaine de mille francs. Elle continuait à monter au Bois de Boulogne, habillée de façon impeccable, ainsi qu'il sied à une Européenne qui descend du régent de Madura.

Elle avait fière allure en parcourant les allées du Bois, en amazone sur sa monture, sa lourde chevelure couverte d'un *chapeau melon* [1] ou d'un haut-de-forme, revêtue soit de sombre soit de blanc. Selon un journal, « ceux qui la voient passer tous les jours sur l'un de ses splendides pur-sang et qui sont impressionnés par la grâce, la noblesse et la beauté de cette aristocratique cavalière, seraient fort surpris d'apprendre que cette admirable amazone n'est autre que Mata Hari, la danseuse sacrée ».

Les pourparlers avec Diaghilev avaient atteint le stade où un voyage à Monte-Carlo s'imposait. Mata Hari s'y rendit en mars et y rencontra non seulement Diaghilev mais aussi Fokine et Nijinsky. Mais les choses se présentaient mal, et l'on s'étonne que Mata Hari, dans son innocence, ait pu croire que Diaghilev se déciderait un jour à signer un contrat avec elle, sur simple description. Ses danses ou mimes ne s'accordaient guère au style des productions des Ballets russes, à l'exception peut-être de *Schéhérazade* et de *Cléopâtre*. Diaghilev souhaitait juger sur pièce, et c'était bien la première fois que Mata Hari devait subir pareille épreuve. Une artiste accomplie n'a pas à faire la preuve de ce qu'elle sait faire. Mata Hari fit part de son ahurissement et de sa déception dans une lettre à Astruc, où elle expliquait que Diaghilev ne prendrait le contrat en considération que si elle commençait par

---

1. En français dans le texte. (N.d.T.)

travailler. Elle avait l'impression qu'on « l'avait fait venir pour rien ».

Mata Hari rédigea sa missive après que le maître russe eût annulé un rendez-vous avec elle. Il lui avait fait porter un mot à l'hôtel. Les répétitions avaient duré fort tard et « il regrette qu'il n'a pas pu travailler à la danse de la Déesse ».

C'est alors que Bakst intervient à nouveau, et de bien étrange façon. Qu'on en juge : le rôle de la Déesse exigeait apparemment que Mata Hari se montrât nue ou à moitié nue, et Bakst voulait peut-être mieux connaître le corps qu'il devait vêtir ou dévêtir. Quoi qu'il en soit, le 2 avril, Mata Hari écrivait à Astruc, qu'elle tenait au courant des moindres détails de la transaction : « Je me suis déshabillée *entièrement* devant Bakst, ce qui est suffisant. Et je trouve qu'il est inutile de recommencer sur la scène de Beausoleil où les employés ont leur passage libre. »

Cette exhibition fut la seule chose que fit jamais Mata Hari pour les Ballets russes, et c'est une déesse déçue qui regagna Paris. La perspective de danser avec le ballet le plus prestigieux d'Europe à l'époque avait délié la langue de Mata Hari, et elle subissait maintenant le contrecoup de ses déclarations intempestives. Dans une lettre adressée à Astruc le 30 avril, elle disait : « Je dois avouer que cette histoire des Ballets russes m'a mise dans une situation des plus inconfortables, j'en ai trop parlé. »

La vie continuait, et Mata Hari reprit les choses là où elle les avait laissées à son départ pour Monte-Carlo. A Pâques, on la vit aux courses à Auteuil à l'occasion du Grand Prix du Président de la République et, en mai, elle collait dans ses albums une photographie d'elle à cheval « Montant Cacatoès, le 3 mai 1912, au Bois. » Cacatoès (« fils d'Upas » comme elle le précisait dans une autre légende) et le beau Radjah étaient encore ses chevaux préférés. En juin, elle ajoutait une autre photographie d'elle à cheval au Bois et, peu de temps après, elle fit une apparition au Grand Steeple Chase d'Auteuil.

Tout cet étalage de luxe et d'opulence était surtout destiné à la galerie. A l'instar de son père, qui ne cessa de jouer les grands seigneurs qu'une fois ruiné, elle continuait à présenter un visage souriant au monde et à se comporter avec la bravade de la grande artiste. Cependant, elle ne cessait de harceler Astruc pour qu'il lui trouve d'autres engagements, maintenant que le contrat avec les Ballets russes était tombé à l'eau. Vienne l'attirait, mais si cela ne marchait pas non plus, elle était disposée à aller ailleurs comme elle en informait son impresario dans sa lettre du 16 mai : « Voulez-vous bien vous occuper de Londres et les États-Unis si Vienne ne réussit pas ? Ça m'étonnerait beaucoup, car c'est là que j'ai été le plus fêtée. »

Mais étant donné qu'Astruc, qui s'occupait aussi d'autres artistes, ne pouvait pas se consacrer exclusivement à elle, Mata Hari s'énerva et finit par lui reprocher que chaque fois qu'elle venait le voir, il se levait de sa chaise comme pour mettre fin à l'entretien (c'était ainsi qu'elle l'interprétait). Les choses s'aggravèrent à tel point que le 21 juin, elle demanda à Astruc de considérer comme nul le contrat signé tant d'années auparavant, quand il était devenu son impresario.

Gabriel Astruc pensa qu'il était peut-être allé trop loin, et l'on se réconcilia, sans que cela apportât plus de contrats pour autant.

Son apparition à la Scala hantait encore Mata Hari. Si Vienne n'avait rien donné et les Ballets russes non plus, et si Londres et les États-Unis avaient capoté, pourquoi ne pas essayer Berlin ? Pas n'importe quel théâtre berlinois, bien sûr, mais l'Opéra de Berlin tout simplement !

En 1917, le tribunal militaire français soutint que Mata Hari avait des relations influentes à Berlin depuis 1906. Pourtant, en 1912, elle avait tellement perdu le contact avec les Allemands qu'elle dut s'adresser à un vieil ami français de Berlin pour essayer de décrocher un contrat à l'opéra. Elle écrivit à Jules Cambon, alors ambassadeur de France à la cour de Guillaume II.

Ils s'étaient connus à Madrid six ans auparavant et, apparemment, le diplomate français n'avait aucune envie de s'engager par écrit. Il recourut donc à une phraséologie prudente pour répondre à Mata Hari le 26 juin sur une lettre à en-tête officielle.

« Je me souviens de votre passage à Madrid, où vous étiez venue avec recommandation de Maître Clunet. Vous voulez maintenant entrer à l'Opéra de Berlin. L'Opéra est le théâtre de la Cour et dépend entièrement de la Maison de Sa Majesté. » Le moment est mal choisi, rappelle Cambon à son amie, car en plein été, la famille impériale ne se trouve pas à Berlin. Mais si elle insiste, dit-il, il parlera au directeur de l'Opéra pour voir ce qu'il peut faire.

Ne voulant rien laisser échapper, Mata Hari transmit la lettre de Cambon à Astruc, lui demandant : « Voulez-vous écrire pour moi à son Excellence von Hülsen [le comte George von Hülsen était le directeur du théâtre de la Cour de Prusse] à Berlin en vous appuyant de la lettre de Monsieur Cambon ? J'ai le profond désir de changer de résidence et je souhaite que cela me réussisse. »

Elle continua à donner des fêtes royales en son domicile de Neuilly, dans la mesure où sa tentative berlinoise avait échoué. Le 9 octobre, elle organisa une somptueuse garden-party en l'honneur d'un petit groupe d'amis, où elle les régala d'une superbe interprétation de sa Danse de la Fleur magique, ses cheveux noués en trois longues tresses — « la fameuse coiffure des plus belles femmes du sud de l'Inde, les Dravidiennes, accompagnée par mon orchestre dirigé par Inayat Khan[1] ». Une douzaine de photos de ses albums

---

1. L'association d'Inayat Khan et de Mata Hari ne manque pas de piquant. En effet, la fille de Khan, Noor Inayat Khan, fut un agent

montrent une ravissante personne qui pirouette avec grâce, drapée dans deux longs voiles de tulle blanc attachés au centre même de son célèbre *ventre* — légèrement rebondi. Cette soirée fut un tel succès qu'un an plus tard, en septembre 1913, le *Tatler* de Londres y consacra deux pleines pages de photos ainsi qu'un article intitulé « Lady MacLeod danse pour ses amis au clair de lune ». Et afin de donner une idée précise des danses aux lecteurs, les légendes disaient : « dignes d'un rêve », ou encore : « un souffle, des fils de la Vierge ».

En décembre — plus exactement le 14 — l'Université des Annales avait demandé à Paul Olivier, critique musical au *Matin*, de venir donner une conférence sur les cérémonies sacrées au Japon, en Inde et à Java. Paul Olivier convia donc celle qui paraissait toute désignée pour illustrer ses dires. C'est ainsi que Mata Hari et son orchestre dirigé par Inayat Khan, présenté comme le maître de musique du maharajah d'Hyderabad, participèrent à la soirée. Mata Hari interpréta sa danse de la Princesse et la Fleur magique — son vieux numéro —, mais aussi une nouvelle danse qu'elle appela « Chundra » — à exécuter au clair de lune.

Pendant sa conférence, Paul Olivier apprit à son public que Mata Hari n'était pas la première bayadère (du portugais *bailadeira* : danseuse) à venir à Paris. En 1768, la belle Babaiourn l'y avait précédée. Babaiourn était devenue l'amie et la confidente de Marie-Antoinette et aurait pu épouser un aristocrate parisien — ce qui l'aurait

britannique pendant la Seconde Guerre mondiale. Officier chez les W.A.A.F. (auxiliaires de l'armée de l'air), elle travailla ensuite comme opératrice radio clandestine en France, pour finir tuée par les Allemands à Dachau. Mieux encore, Jean Overton Fuller, auteur anglais, amie et biographe de Noor, m'écrivit pour me demander, après avoir vu une photo de Mata Hari dansant avec l'orchestre d'Inayat Khan, si j'étais sûr qu'il ne s'agissait pas d'un portrait de Noor, la ressemblance entre les deux femmes étant si frappante qu'on aurait pu les confondre. (N.d.A.)

probablement conduite droit à l'échafaud. Elle préféra donc troquer ce voile contre un autre et devint carmélite.

En présentant Mata Hari, que l'histoire de la religieuse n'avait pas dû séduire, Olivier rappela à l'assistance les origines nobles de la dame et précisa que son nom n'était qu'un pseudonyme. Née sur les rives du Gange, elle partageait maintenant son temps entre sa terre natale sous les Tropiques et sa petite maison de Neuilly, où elle s'isolait, dans la plus pure tradition brahmane, parmi ses plantes et ses animaux.

L'orateur expliqua ensuite l'histoire de la Fleur magique, d'après lui l'une des plus poétiques et populaires en Inde : « Une princesse se promène au printemps de son âge, dans son jardin plein de fleurs. "Je me promène, chante-t-elle, dans le jardin de la vie." Soudain surgit une fleur merveilleuse. C'est l'amour. Doit-elle ou non la cueillir ? Le voile qui flotte à ses mains vous traduira ses combats. A la fin, tomberont ses hésitations... et la princesse cueillera la fleur magique. Cela est infiniment décent et délicat. » (Vifs applaudissements.)

La soirée fut marquée par un incident amusant. Mme - Brisson, directrice de l'Université des Annales, comprit à la toute dernière seconde que cette chute de voiles risquait de révéler un peu trop de peau nue, ce qui pourrait choquer certaines des *mères de famille*[1] présentes. Mata Hari attendait d'entrer en scène dans les coulisses, et Inayat Khan jouait déjà la musique d'ouverture. Mme Brisson se mit à fouiller frénétiquement les loges en quête d'un bout de tissu. Ayant trouvé ce qu'elle cherchait, elle se précipita sur Mata Hari avec un long morceau de flanelle rouge dont elle « langea » la danseuse. Cette flanelle, dit-on, avait appartenu au père de la dame, Francisque Sarcey, le fameux critique d'art et de théâtre du *Temps*. Sarcey, qui reposait en paix, dut apprécier l'usage que l'on fit de sa

---

1. En français dans le texte. (N.d.T.)

flanelle ; il était en effet connu pour détester l'étalage des charmes féminins.

Paul Olivier, qui avait dû s'éclipser dès la fin de la conférence, envoya le lendemain une lettre élogieuse à Mata Hari. Il lui assurait qu'elle avait été, « la fête inoubliablement radieuse et vivante de cette trop brève heure de fête, une fête d'art exquise et unique, dont nous, et en particulier votre conférencier, garderons un éblouissant souvenir ».

La dernière ligne de ce mot est un chef-d'œuvre de *politesse* [1] française : « Je mets à vos pieds, chère Madame, mes très empressés, très reconnaissants hommages, et vous prie de daigner agréer l'expression de mon profond et absolu dévouement. »

---

1. En français dans le texte. (N.d.T.)

9.

Moins d'une semaine après son apparition à l'Université des Annales, Mata Hari ressentit le besoin de danser à nouveau — à n'importe quel prix. Le 20 février, elle envoya une lettre à son impresario où elle lui faisait part de son espoir de trouver des engagements dans des soirées privées. Astruc avait dû lui dire qu'il lui serait impossible d'obtenir le cachet fort élevé auquel elle était habituée, car elle précise : « Faites des prix comme vous le voulez. Si vous trouvez 1 000 francs de trop, demandez partout 600 [1]. »

Si Astruc ne réussit pas à combler toutes ses espérances, il parvint néanmoins à dénicher un emploi dans un secteur qu'elle n'avait pas encore abordé : la comédie musicale. Le Théâtre de la Renaissance donnait *Le Minaret* de Jacques Richepin, pièce dans laquelle Harry Baur tenait le

---

1. J'ai pu copier cette lettre, comme d'ailleurs toutes celles que Mata Hari adressa à Astruc, dans le dossier complet de la correspondance échangée entre l'impresario et sa cliente que la fille d'Astruc mit à ma disposition à Paris. Bien que Gabriel Astruc ait cité quelques passages des lettres de Mata Hari dans ses mémoires (*Le Pavillon des fantômes*), la majeure partie de cette correspondance reste inédite. La lettre citée ci-dessus, qui fait état de la précarité de la situation financière de Mata Hari, n'avait jamais été publiée avant aujourd'hui. (N.d.A.)

rôle de Mustapha. Pour la cinquantième représentation, Mme Cora Laparcérie, productrice du spectacle, voulait offrir quelque chose de spécial au public et, grâce à Astruc, elle engagea Mata Hari pour égayer la scène de la noce du troisième acte.

On fit un triomphe à « sa grâce irrésistible, sa beauté et ses gestes harmonieux ». Leo Maretis, critique d'art à *l'Événement*, lui envoya ce mot dithyrambique : « Brava, bravissima, amiga ! Votre danse est une admirable vision d'art. »

Le succès fut tel que Mme Laparcérie [1] décida de garder Mata Hari un mois de plus dans son spectacle, du 18 avril au 18 mai 1913.

Au mois de juin de cette même année, Mata Hari déclara qu'elle était lasse d'apparaître en public. Elle en expliqua les raisons à Eugène d'Aubigny du *Moniteur théâtral* lors d'un entretien qui eut lieu dans sa loge de la Comédie des Champs-Élysées. (A l'époque, la Comédie était dirigée par Léon Poirier et le théâtre du même nom par Gabriel Astruc.) Si elle avait accepté d'aller à la conférence d'Hugues Le Roux ce jour-là, c'était parce qu'elle ne voulait pas décevoir l'orateur.

« On ne comprend pas, disait-elle de sa voix grave et vibrante qui module un français correct, lent, imagé. Le public ne voit que les gestes, mais ne saisit pas le sens. Pour danser nos danses, il faut notre éducation, il faut notre formation de trois mille ans. Puis c'est autre chose de danser dans un salon, devant un décor de théâtre. Rien ne remplace le palmier, le clair de lune. »

Elle laissait ensuite libre cours à son imagination pour

---

1. Le 3 décembre 1921, à ce même théâtre de la Renaissance, eut lieu la première de *La Danseuse rouge*, de Charles-Henri Hirsch. Tirée de son livre *La Chèvre aux pieds d'or* (1920), la pièce racontait l'histoire d'une espionne en qui l'on pouvait reconnaître Mata Hari, même si elle portait un autre nom. C'est Cora Laparcérie qui jouait le rôle. (N.d.A.)

décrire les habitudes et désirs sexuels de ses compatriotes d'adoption sous les palmiers. « Nous aussi nous avons des danseuses dont on s'amuse. Mais les vraies danseuses, les danseuses sacrées, on les respecte, on n'y touche pas. Si la danse fait éprouver à un Hindou quelque émotion sensuelle, alors c'est pour la femme qui est près de lui, mais pas pour la danseuse. »

M. d'Aubigny qui était tout à fait sûr de ne trouver ni palmiers ni clair de lune sur la scène de la Comédie des Champs-Élysées se demanda après cette conversation si cela valait vraiment la peine d'assister à la représentation, mais la curiosité eut raison de son hésitation. Il ne fut pas déçu. Il vit cette « fleur magique » que Mata Hari lui avait expliquée comme étant « l'une des premières danses que les Espagnols aient admirées en arrivant aux Indes ». Son esprit « sous le charme » suivit « le déroulement de ce poème symbolique et idéal » que Mata Hari dansait « avec des gestes expressifs ».

On assiste ensuite à un brusque revirement de situation. Elle abandonne soudain sa décision de quitter les planches. On la retrouve en effet à l'affiche de la nouvelle revue des Folies-Bergère le 28 juin « pour toute la saison d'été ».

Le spectacle s'appelait « La Revue en chemise » et, cette fois, la chemise de Mata Hari avait considérablement rallongé. Finies les danses orientales. Oubliés les temples des Indes et de Java. Mata Hari passait à l'Espagne. Le public de la première — très chic où l'on remarquait la présence de l'ambassadeur du Brésil entouré de princes, de comtes et d'acteurs célèbres, toute l'intelligentsia était là — la découvrit dans une Habanera, dansée devant un décor représentant un tableau de Goya. Mais les mouvements restaient lents, rappelant ainsi ses danses des temples à ses admirateurs. Son corps était emprisonné dans un corset, et une large jupe espagnole cachait ses jambes, mais heureusement, comme l'écrivait un journaliste, « ses bras souples comme des lianes nous sont laissés, ainsi que

le visage aux longs yeux, aux lèvres félines ». L'assistance
apprécia tellement que Mata Hari dut bisser.

« C'est de l'Art, disait la presse, de l'Art pur et beau,
de l'Art avec un grand A, et ce tableau à lui seul, cette
merveilleuse « nature vivante » d'après Goya, mérite qu'on
aille aux Folies-Bergère. » Des Indes à l'Espagne, il n'y
avait apparemment qu'un pas, et Mata Hari ne pouvait
pas se tromper.

Le pas qu'elle devait franchir ensuite est plus surprenant.
Elle se produisit pendant deux semaines, jusqu'au 15
septembre au Trianon-Palace à Palerme en Sicile. Elle
se retrouvait là dans un endroit géographiquement et
artistiquement à l'opposé de la Scala de Milan, car le
Trianon était un « Café-Chantant-Cinéma », genre de
théâtre de plus en plus populaire à l'époque. Mata Hari
passait deux fois par jour, tête d'affiche d'un programme
qui comprenait aussi les éternelles « projections cinématographiques » et un chien savant.

Pourquoi avait-elle échoué au fin fond de la province
italienne ? Par manque d'argent, probablement. Un ami
influent avait dû lui trouver cet engagement par l'intermédiaire du bureau d'Astruc.

Avant la Première Guerre mondiale, c'est la femme de
Signor Florio, riche armateur et l'une des plus grosses
fortunes italiennes, qui présidait aux destinées de la vie
mondaine de Palerme. La signora Florio, née princesse
Jacona di San Giuliano, vieille famille aristocratique
sicilienne, était très belle, et la crème de la société
internationale se pressait à ses soirées. Son mari, Ignacio
Florio comme par hasard, était aussi propriétaire du
Trianon — et quels qu'aient été les devoirs de Mata Hari,
elle s'en acquitta fort bien.

A la fin de ce contrat sicilien, Mata Hari regagna Paris.
Elle commença à mettre au point trois danses javanaises
qu'elle pensait offrir au public en janvier ou février 1914
au musée Galliera.

Vogue l'interviewa et intitula son article : « A propos de Lady MacLeod, la Mata Hari, qui apporta les danses sacrées à l'occident profane. »

L'innocent journaliste reprit l'histoire de l'enfance passée dans la demeure du grand-père, régent de l'île de Madura. Grâce à lui, « elle put pénétrer dans les temples les plus sacrés et observer les rites secrets. Telle une enfant du peuple, elle alla de temple en temple jusqu'à ce que les différents dieux et leurs merveilleuses fêtes n'aient plus de secret pour elle. Petit à petit, sans jamais penser à une carrière possible, mais pour le seul amour de la beauté, elle s'initia à leurs coutumes et finit par acquérir une compréhension du sens caché et de l'influence des religions bouddhistes.

« Puis, à dix-sept ans à peine, elle épousa Lord MacLeod et quitta sa terre natale pour le suivre en Écosse. » Mais son mariage se dégrada — à un détail près, cela ne se produisit pas en Écosse — « et lorsque l'heure sonna pour elle de subvenir à ses propres besoins, sa formation inconsciente lui rendit grand service ».

Mata Hari racontait aussi ses expériences imaginaires en Espagne où « on la considérait comme une déesse ». Cela donnait une excellente histoire à la Sir Walter Raleigh, car, « lorsqu'elle apparaissait dans la rue, tous les hommes, retrouvant leur instinct de chevaliers, couvraient le sol de leur manteau devant ses pas. Si bien que, continuait Mata Hari, pendant mon séjour à Madrid, jamais mes pieds n'effleurèrent le pavé ».

En ces premiers jours de 1914, le pavé devenait dangereusement chaud. Mata Hari partit pour Berlin où on la retrouve fin février.

La tête pleine de nouveaux projets, elle voulait monter un ballet égyptien. Ne sachant pas très bien comment s'y prendre, elle demanda conseil à son premier parrain, M. Guimet, qui lui répondit le 9 mars.

« Chère Madame, lui écrivait le directeur — maintenant

âgé de soixante-quatorze ans — de la salle où elle avait débuté neuf années auparavant, faire un ballet égyptien, c'est une excellente idée, à la condition qu'il soit vraiment égyptien. Si vous étiez à Paris, vous trouveriez au musée tous les renseignements. Vous êtes à Berlin. Voyez au Musée Égyptien le professeur Erman. »

Mata Hari chercha immédiatement l'adresse du professeur, qu'elle nota au bas de la lettre de M. Guimet. Celle-ci figure dans les albums : « *Geh. Regierungsrath Prof. Erman, Peter Lennestrasse 72, Dahlem.* »

On ignore si Mata Hari rencontra effectivement le directeur du musée de Berlin, mais il est sûr qu'elle ne dansa jamais ce ballet égyptien, pas plus d'ailleurs que celui dont elle écrivit elle-même, comme d'habitude ou presque, le scénario et qu'elle intitula « *Chimère ou Vision profane*[1] ». Il peignait l'angoisse d'un jeune prêtre hindou hanté par la vision d'une femme. Ces projets capotèrent à cause des événements extérieurs — événements qui allaient donner une tournure tragique au destin de Mata Hari.

Mais en ce printemps 1914, la vie paraissait encore facile. Mata Hari s'apprêtait à danser dans la capitale allemande où elle s'était pourtant jurée, quelques années plus tôt, de ne jamais se produire. Elle avait aussi retrouvé son vieil ami Kiepert.

La presse berlinoise rapportait qu'on les avait vus « plongés dans une discussion animée dans un restaurant chic de la ville ». On se demandait si Mata Hari « était revenue à son ami, poussée par la perte des centaines de milliers de marks qu'il lui avait jadis donnés en guise de cadeau d'adieu ou par amour ».

L'identité de cet ami que le journaliste appelait simplement M. K. fit réfléchir bien des biographes. Certains pensèrent qu'il s'agissait du Kronprinz qui habitait au

---

1. En français dans le texte. (N.d.T.)

Caecilienhof à Postdam et dont on a prétendu, faussement, qu'il avait été son amant.

Le 23 mai 1914, Mata Hari signa un contrat avec Schulz, directeur du théâtre Métropole sur la Behrenstrasse où elle devait commencer le 1ᵉʳ septembre. Mata Hari nota immédiatement ce fait dans ses albums : *Métropole Théâtre, Berlin, Allemagne, Direction Schulz* [1]. La pièce s'appelait *Der Millionendieb.*

Mata Hari, installée à l'hôtel Cumberland, avait déjà lancé sa campagne de presse. Un magazine donna une version fort amusante de son passé :

« Mata Hari se trouve-t-elle déjà à Berlin ?

— Oui... Elle m'a l'air d'une femme remarquable... C'est la nouvelle danseuse du Métropole.

— Quel est son vrai nom ?

— Lady MacLeod. Son mari descend d'un vieux clan écossais.

— Encore mariée ?

— Que nenni. On dit qu'il lui est arrivé quelque chose de fâcheux à Java. Personne ne sait vraiment ce qui s'est passé. On sait seulement que son mari a tué l'un de ses amis à elle, et que cet incident fut suivi d'un divorce.

— Dans un duel ?

— Non. Il l'aurait tué devant elle. Elle-même a reçu une balle dans l'épaule, il paraît. Mais elle n'a pas été gravement blessée, elle peut encore danser. »

Effectivement. Mais elle ne put jamais danser à Berlin. Quatre semaines avant le début de son engagement au Métropole, la guerre éclatait [2].

---

1. En français dans le texte. (N.d.T.)

2. André Castelot se trompe quand il affirme que Mata Hari dansait à Berlin au moment de la déclaration de guerre en 1914. C'est faux, pour la bonne raison que le théâtre ferma avant qu'elle ait eu une chance de monter sur les planches. (N.d.A.)

10.

Pour décrire la vie de Mata Hari au début de la Première
Guerre mondiale, bien des auteurs se sont laissés aller aux
délices de leur imagination. Rien ne pouvait les arrêter.
Comme beaucoup ne savaient pas grand-chose, ils inventè-
rent. D'autres, moins doués, se contentèrent de copier.
C'est ainsi que naquit une longue série de « Récits de
Mata Hari », tous plus faux les uns que les autres.

Bien entendu, il était plus facile de broder autour du
faux que du vrai. Comme personne ne pouvait faire la
part des choses, personne ne pouvait critiquer. Et puis, le
matériau se faisait rare.

Le commandant Thomas Coulson, dont le livre *Mata
Hari — Courtesan and Spy* servit de bible à de nombreux
autres biographes, annonce solennellement qu'elle « devait
sa peau ambrée non pas à des parents hindous mais
juifs ». Il avait dû découvrir ce renseignement bizarre dans
l'ouvrage du commandant français Émile Massard, *Les
Espionnes à Paris*, où l'on avançait l'idée qu'elle était
d'origine juive et s'était convertie au protestantisme. Le
commandant Coulson affirmait ensuite que la mère de
Mata Hari, la protestante Antje van der Meulen, envoya

sa fille « dans un couvent catholique » où « elle resta jusqu'à l'âge de dix-huit ans ».

Passant au plan artistique, le commandant Coulson raconte comment « son prospère et fort respecté bourgeois de père (qui était ruiné à l'époque) finança son premier voyage à Paris » et que plus tard, elle dansa à Londres « où elle rencontra autant de succès que dans la capitale française ». Malheureusement pour Coulson, il n'y a pas un mot de vrai là-dedans. Mata Hari ne séjourna qu'une fois à Londres — en prison. Et elle ne mit jamais les pieds sur une scène britannique.

Le commandant Coulson donne ensuite le ton : « Presque toutes les capitales européennes ont subi son influence néfaste. Tel un serpent, son animal préféré, elle a déversé sa bave en contortionnant son corps d'une ville à l'autre, laissant derrière elle débauche et trahison. »

Ce flot d'inventions s'arrêta-t-il avec la Seconde Guerre mondiale ? Que nenni. En 1959, une femme qui écrivait sous le pseudonyme de Monique Saint-Servan nous apprend, dans son livre publié par Gallimard (*Mata Hari — Espionne et danseuse*) que « Margarithe passe ses vacances chez sa tante Astrid, sœur de sa mère, au château de Camingha-State près d'Arnhem ». Elle y attendait « ses parents, Anton Zelle, riche marchand de fourrures de Leeuwarden, et sa mère, la très belle et très fortunée Gertrud, fille du baron et de la baronne Winjebergen ». Comme l'histoire a lieu en Hollande, Monique Saint-Servan ajoute un petit détail pour faire couleur locale : les Zelle habitaient « rue Tulipe, près du canal ». Et après le mariage, MacLeod « joua tous les soirs aux cartes avec son beau-père à Leeuwarden ».

Comme si cela ne suffisait pas, le jeune couple part pour les Indes orientales néerlandaises à bord du paquebot *SS Gravenhage* (nom « officiel » de La Haye, mais mauvais bateau, malheureusement) — et le navire quitte « Het ei ». Pour les lecteurs français qui ne connaissent pas le

hollandais, l'auteur traduit : « Het ei » signifie « l'œuf ».
Comme dit le proverbe hollandais, elle avait bien entendu
le son d'une cloche, seulement elle ne savait pas de
quelle église cela venait. On appelle effectivement le port
d'Amsterdam le « Y », que l'on prononce « Aï » comme
le mot « ei », œuf en hollandais. Hélas, « Y » n'a rien à
voir avec le « ei ».

Ayant découvert le véritable nom de Mlle Saint-Servan,
je lui écrivis pour lui demander certains éclaircissements à
propos de quelques-uns des surprenants détails de son
livre. Sa réponse — fort drôle — montre comment l'histoire
de Mata Hari s'est faite : « J'ai rédigé ce livre comme une
fiction, parce que j'avais besoin d'argent pour financer de
longues études... et je me suis amusée à réunir les détails
les plus bizarres — faux pour la plupart. »

Le mérite de la plus belle invention mataharienne revient
à Kurt Singer. Dans *Les plus grandes espionnes du monde*[1],
il fait grandir la fille de Mata Hari à Batavia (aujourd'hùi
Djakarta) dans l'île de Java. Cette pure enfant des
Tropiques ne s'appelle plus Non, mais Banda.

Un jour de novembre 1917, nous raconte Singer, cette
pauvre Banda apprend par la dernière lettre de sa mère
qu'elle est maintenant orpheline. Banda, « les yeux secs...
partit pour l'église ». Ce qui ne nous surprend guère quand
on lit le contenu de cette stupide lettre que Singer nous
livre.

Banda devient alors une espionne japonaise avant la
Seconde Guerre mondiale et, pendant la guerre, se transforme en patriote indonésienne pour finir sous les balles
de communistes chinois en Corée. « A 5 h 45, l'heure
exacte de l'exécution de sa mère. » Évidemment, Singer se
trompe — même en ce qui concerne l'heure.

Bien que convaincu de l'invraisemblance de cette fable,
je me demandai toutefois si une Banda, espionne indoné-

---

1. Éditions Gallimard, 1952. (N.d.T.)

sienne, avait existé. Je vérifiai auprès de l'ambassade indonésienne à Rome et de quelques amis nés en Indonésie — mais personne n'avait entendu ce nom.

Cette fiction pure de Singer eut deux conséquences qui n'eurent rien de fictif cette fois. En 1954, une compagnie cinématographique italienne produisit un film authentiquement grotesque intitulé *La Fille de Mata Hari*, et Grietje MacLeod-Meijer intenta un procès à l'éditeur hollandais de Singer. Comme la traduction hollandaise traitait Rudolph MacLeod de « débauché » et de « crapule de la pire espèce », il est normal que Mme MacLeod ait objecté. Le tribunal d'Utrecht qui devait se prononcer était aussi de son avis. Réservant son jugement, le magistrat pensait néanmoins que l'histoire « n'avait pas grande valeur intellectuelle ».

Nous en arrivons maintenant à Peter Brandes. Pendant que j'effectuais des recherches pour ma biographie, je lus la traduction hollandaise de *La Vraie Mata Hari* de Heymans, dont la version française m'était connue depuis longtemps. Dans son édition de poche, M. Nijpels, l'éditeur hollandais, avait ajouté de nombreuses notes concernant des faits qui n'étaient pas encore connus à la rédaction du livre en 1929. Je remarquai le nom de Peter Brandes, « expert » de l'affaire Mata Hari, dont on citait des articles parus dans un journal allemand en 1951. A ma grande surprise, M. Brandes se faisait passer pour l'homme qui, envoyé en 1932 en Europe par la Metro-Goldwyn-Mayer pour trouver des éléments destinés au film de Greta Garbo, avait découvert par hasard les albums de Mata Hari. Cette nouvelle me laissa songeur.

Puis je compris ce qui s'était produit. En 1950, j'avais mis certains faits authentiques concernant Mata Hari à la disposition d'un vieil ami à moi, Curt Riess, qui devait rédiger une série d'articles pour un journal allemand. Sur ces entrefaites, j'étais parti six mois en Afrique, et les articles avaient été publiés en mon absence. Curt Riess, qui signait Peter Brandes, avait dû produire plus que prévu et, à court de matériaux, il s'était tourné vers d'autres livres sur Mata Hari, dont l'authenticité laissait à désirer.

M. Nijpels avait alors repris les informations de l'expert fictif et offert à ses lecteurs des faits « véridiques » tirés d'articles où réalité et mythe se mêlaient largement. Mata Hari ne l'aurait pas désavoué.

Mais revenons à l'été 1914. Mata Hari se trouvait à Berlin et, pour la première fois de sa vie, ne savait pas très bien comment les choses allaient tourner. La guerre l'avait prise de court.

Le commentaire le plus dramatique des albums de Mata Hari fut noté le jour où les troupes allemandes pénétraient en Belgique. Jusque-là, elle avait rédigé ses notes à l'encre de son écriture appuyée et sereine, fruit de l'enseignement de Mlle Buys. Ce jour-là, elle dut se jeter sur un crayon pour écrire, visiblement nerveuse, à côté d'une coupure de presse qui nous informe que « Fräulein Mata Hari, première danseuse de caractère de la Scala de Milan, fera ses débuts le 1er septembre au théâtre Métropole » : « *La guerre — partie de Berlin — Théâtre fermé*[1]. »

La plupart des biographes de Mata Hari ont déclaré qu'elle travaillait déjà pour les Allemands à la déclaration de guerre — et ce, depuis fort longtemps. Mes renseignements me permettent d'affirmer qu'il n'en est rien.

Le jour de la déclaration de guerre, Mata Hari est censée avoir déjeuné à Berlin avec Traugott von Jagow qui, depuis 1909, occupait les fonctions de chef de la police de la capitale allemande. Von Jagow était un homme intelligent qui prenait des décisions rapides. L'une de ses expressions préférées était : « Les rues sont faites pour circuler, pas pour stationner. »

En 1914, von Jagow avait quarante-neuf ans et apparte-

---

1. En français dans le texte. (N.d.T.)

nait à l'administration depuis 1895. Il avait occupé des postes de responsabilités avant d'être nommé préfet de police. Lors du procès de 1917, le tribunal considéra ce déjeuner de Mata Hari avec cet Allemand comme une circonstance aggravante.

Tous les auteurs qui se sont penchés sur l'histoire de l'espionne ont utilisé cette affaire Mata Hari-von Jagow, et je crois bien que le menu de ce fameux déjeuner reste le seul détail qui leur ait échappé. Bernard Newman, qui ponctue son récit de commentaires du style « cela relève de la légende » et « ceci est l'exacte vérité », dit à propos de cet incident : « Il est vrai qu'elle déjeuna avec Herr von Jagow, préfet de police de Berlin. » Il ajoute plus loin : « Elle l'a avoué. »

Malheureusement pour ces experts de tout poil, Mata Hari n'a jamais rien avoué de la sorte. Elle a effectivement admis avoir mangé à Berlin, mais ne parla pas d'un déjeuner, pour la bonne raison qu'il s'agissait d'un dîner. Et elle a admis avoir partagé ce repas avec un membre de la police, seulement elle n'a jamais dit que c'était le préfet de police. Elle n'a pas non plus cité von Jagow, parce que l'homme en question *n'était pas von Jagow*. Ce policier s'appelait Griebel et il n'était ni chef de la police ni préfet de police mais « un *officier* [1] de police ».

Cette confusion à propos de von Jagow qui a duré plus d'un demi-siècle s'explique fort bien. Quelqu'un a dû entendre parler d'un « *chef de police* [1] », confondre avec « *préfet de police* [1] », vérifier qui occupait ce poste à Berlin en 1914 et trouver le nom de von Jagow — qui n'avait rien à voir là-dedans.

Mata Hari trouva ridicule que l'on mêle l'espionnage à ce repas. Griebel faisait seulement partie de la série d'hommes qui avaient partagé ses déjeuners, ses dîners et quelquefois ses petits déjeuners. La plupart des auteurs

---

1. En français dans le texte. (N.d.T.)

affirment qu'elle avait rencontré le « chef » de police quand celui-ci était venu s'assurer de la décence de ses costumes. Cela relève de l'invention pure, car Mata Hari ne devait commencer à danser qu'un mois plus tard et, le jour du fameux repas, elle connaissait Griebel, qui était l'un de ses amants, depuis fort longtemps. (Mata Hari le précisa elle-même.)

Voici ce qu'elle déclara à propos de ce dîner lors du premier interrogatoire mené par le capitaine Bouchardon après son arrestation à Paris :

« Fin juillet 1914, je dînais un soir en cabinet particulier avec l'un de mes amants, le chef de Police Griebel, quand nous entendîmes le bruit d'une manifestation. Griebel, qui n'était pas au courant de cette manifestation, m'emmena sur les lieux. Une foule immense se livrait à des démonstrations frénétiques devant le palais de l'Empereur en criant : *"Deutschland über Alles"*.

(Le cabinet du préfet de police de Berlin m'écrivit en juin 1963 que « les fichiers des fonctionnaires de police avaient été en grande partie détruits pendant la guerre et que, dans ce qui restait, on ne trouvait mention nulle part d'un dénommé Griebel ». Il devait être officier de police de quartier.)

Quoi qu'il en soit, si Griebel s'était occupé d'espionnage, il n'aurait certainement pas pris le risque de se montrer en public avec l'une de ses recrues après avoir pris la peine de dîner en cabinet particulier.

Singer ajouta à la confusion en ouvrant son encyclopédie à la mauvaise page quand il chercha le nom de von Jagow, ignorant bien sûr qu'il ne s'agissait pas de l'homme en question. Il en fait le ministre des Affaires étrangères allemand qui, lui aussi, s'appelait von Jagow. Seulement, son prénom était Gottlieb et non Traugott.

Mata Hari ne semble pas avoir gardé un bon souvenir des Allemands, contrecoup peut-être de son aventure berlinoise. Les gens qui l'ont côtoyée l'année d'après en

Hollande se souviennent que chaque fois que l'on parlait d'eux, elle s'exclamait : « *Ah ! ces sales Boches !*[1] »

Mais que s'est-il vraiment passé à Berlin ces jours qui ont suivi la déclaration de guerre ? Mata Hari voulait fuir l'hystérie qui régnait à Berlin et regagner Paris. Elle quitta la capitale allemande avec armes et bagages le 6 août pour la Suisse, ignorant que, dans l'intervalle, les Suisses avaient changé la réglementation en cours aux frontières. Comme elle devait l'expliquer lors des interrogatoires de Paris, ses bagages — qui voyageaient séparément — traversèrent la frontière, mais elle fut refoulée parce qu'elle ne possédait pas les papiers nécessaires. C'est ainsi que le 7 août au soir, Mata Hari se retrouvait à Berlin — sans ses affaires.

(Selon la police fédérale suisse, la nouvelle loi à propos des réglementations de frontière ne fut promulguée que le 21 novembre 1917 mais, dès la déclaration de guerre, il fallait être en possession de papiers d'identité officiels pour pénétrer en territoire helvétique.)

Mata Hari était au fond du désespoir. C'est alors que M. K., Hollandais en voyage d'affaires à Berlin dont le retour avait été retardé par la déclaration de guerre, la rencontra dans le hall de l'hôtel. Je tiens cette histoire de la femme de M. K., dame charmante aux cheveux gris que je rencontrais des années plus tard à Amsterdam.

Mata Hari, dans un état d'agitation indescriptible, arpentait le hall de l'hôtel. M. K. la remarqua à cause de sa beauté et de son air exotique. Il lui demanda s'il pouvait lui être d'une quelconque assistance. Elle lui expliqua que, comme elle était une danseuse hollandaise et qu'on savait qu'elle avait vécu des années en France, elle avait peur que la police allemande ne la fasse suivre, la soupçonnant de nourrir des sentiments hostiles pour leur pays. Elle fit ensuite part à M. K. de la perte de ses bagages. Et comme si cela ne suffisait pas, son impresario s'était enfui avec

---

1. En français dans le texte. (N.d.T.)

son argent, et une maison de couture lui avait volé ses fourrures. Il ne lui restait plus que ce qu'elle avait sur le dos.

Avait-on demandé à Griebel, qui, sinon, l'aurait protégée, de faire attention à cette résidente parisienne de longue date ? Quoi qu'il en soit, Mata Hari en avait assez des Allemands et de Berlin et voulait rentrer en Hollande — seulement, elle n'avait même pas l'argent du voyage !

M. K., qui avait expliqué qu'il était lui aussi hollandais, déclara qu'il serait heureux de l'aider et qu'il déposerait un billet pour le train de cette nuit à la réception de l'hôtel. Ce jour-là, il s'en voulut un peu, trouvant guère raisonnable de voyager en compagnie d'une femme que les Allemands soupçonnaient peut-être et qui pourrait être arrêtée pendant le voyage ou au moment de monter dans le train. Il pensa aussi que sa femme n'apprécierait peut-être pas qu'il voyage avec une aussi belle femme. Tout bien considéré, il décida de laisser le billet de Mata Hari avec un mot à la réception et prit un train plus tôt.

Mata Hari déclara plus tard, lors des interrogatoires de Paris, qu'elle était restée à Berlin jusqu'au 17 août. Elle confondait les dates, cela lui arriva souvent pendant ces interrogatoires. Elle dut quitter Berlin le 14, parce que, le lendemain, elle se trouvait à Francfort, en train de demander un laissez-passer au consulat hollandais de cette ville.

Les passeports que nous connaissons aujourd'hui n'étaient alors pas encore utilisés partout, mais Mata Hari avait besoin d'un papier officiel pour traverser plus facilement la frontière. Ce document, daté du 15 août, était composé d'une feuille unique. C'est une pièce d'identité sans photographie. Cette exigence n'apparut que plus tard. Sur le formulaire imprimé où il suffisait de rajouter le nom et quelques détails, « le consul général des Pays-Bas à Francfort demande à tous les gouvernements amis, au nom de sa Majesté la Reine, non seulement de laisser passer — avec *ses* bagages — *Madame Margaretha Geertruida Zelle, épouse divorcée de MacLeod, née à Leeuwarden et vivant à Berlin*, mais aussi, si nécessaire, de *lui* prêter assistance » — signé H.H.F. van Panhuys. Le mot *ses* (ainsi que tous les mots en italique) étaient écrits à la main. C'était la seule chose dont Mata Hari n'avait absolument aucun besoin — elle n'avait plus de bagages.

Ce document, valable un an, (le six-cent-quarantième délivré par le consulat) mentionne deux détails curieux. L'un d'eux concerne l'âge de Mata Hari. On avait d'abord écrit trente-huit ans. Née le 7 août 1876, elle avait fêté ses trente-huit ans une semaine avant d'aller au consulat. Puis le huit fut transformé en zéro, ce qui devait lui sembler plus flatteur.

Elle dit être protestante, et mesurer un mètre soixante-dix-huit, avec un nez fort et des yeux bruns. Puis la description physique nous apprend qu'elle avait des sourcils et des cheveux blonds. En fait, Mata Hari devint à nouveau blonde à Paris en 1916. Elle ne s'était pas teint les cheveux pour ne pas être reconnue, car elle conservait son nom de Mata Hari et restait Margaretha Geertruida Zelle. Peut-être que l'eau oxygénée — et quelques cheveux blancs — avaient traversé sa route. Néanmoins, un de ses pseudo-biographes devait offrir une autre explication. Elle était née en Frise, après tout, et en Frise, devait penser l'auteur, toutes les filles sont blondes. Il en vint donc à une fausse conclusion logique : de blonde et non de brune au départ (en fait, très brune — « d'un noir aux reflets bleus », selon l'une de ses camarades de classe), elle était devenue brune, et non le contraire. D'après cet auteur, elle avait donc retrouvé sa couleur naturelle.

11.

Enfin armée de ses papiers d'identité, Mata Hari arriva peu après à Amsterdam et se précipita chez M. et Mme K. Adam Zelle était mort en 1910, et Mata Hari avait coupé les ponts avec ses frères. Elle ne connaissait personne en ville, se retrouvait sans un sou, et fut donc ravie de passer plusieurs soirées chez les K. Elle fit à Mme K. l'impression d'être très malheureuse et très seule. Le monde s'était effectivement écroulé autour d'elle. Paris était, du moins pour le moment, hors d'atteinte, ses riches relations aussi, et il n'y avait pas l'ombre d'un contrat en vue.

Quand Mme K. connut un peu mieux Mata Hari, elle lui demanda pourquoi elle n'avait pas essayé de séduire son mari le jour de leur rencontre à Berlin. La réponse fusa, délicieusement directe et fort instructive : « Il ne me restait qu'une chemise, puisque je n'avais plus mes bagages, et franchement je ne me sentais pas assez propre. »

A Amsterdam, elle s'était installée à l'hôtel Victoria malgré l'état catastrophique de ses finances. Et comme d'habitude, un homme vint à sa rescousse. Je tiens cette histoire de Mme K. Marchant en ville un jour, Mata Hari remarqua — ou crut — qu'on la suivait. Pour en avoir le cœur net, elle pénétra dans une église, et lorsqu'elle en ressortit, l'homme l'attendait. Il s'approcha d'elle et s'adressa à elle en français. Pouvait-il faire quelque chose pour elle ? Jamais Mata Hari n'avait eu autant besoin d'aide et elle comprit immédiatement la situation. Si elle répondait en hollandais, elle romprait le charme. Elle expliqua donc en français que, touriste russe, elle visitait cette ville étrangère que son tsar, Pierre le Grand, avait parcourue des années auparavant. Oh oui ! dit le galant Hollandais, un banquier du nom de Van der Schalk — *tous* les Hollandais connaissaient l'histoire de Pierre le Grand. Celui-ci était venu en Hollande peu avant 1700 pour s'initier à la construction navale. Mata Hari acquiesça. Il avait vécu à Zaandam, non loin de la capitale hollandaise, où l'on pouvait encore voir son petit logis connu de tous comme La Maison du Tsar Pierre. Mata Hari hocha à nouveau la tête. Aimerait-elle visiter Zaandam ? Il serait heureux de l'y conduire. Un autre jour, peut-être, suggéra Mata Hari.

Cette relation dura quelques semaines, jusqu'au jour où un ami du banquier, le rencontrant en compagnie de sa maîtresse, lui révéla son identité. Ce fut un choc terrible pour M. van der Schalk. Pour un Hollandais, entretenir une liaison avec une Russe avait un petit parfum d'aventure, mais avec une compatriote, cela perdait tout son attrait. Il se comporta en gentleman, me dit Mme K., puisqu'il régla la note d'hôtel et toutes les autres factures de Mata Hari. Cela permit à celle-ci de retomber sur ses pieds, du moins pour un temps.

Se retrouvant dans le pays où vivait sa fille, Mata Hari succomba à un accès d'amour maternel. Huit années étaient passées depuis son divorce et presque autant depuis qu'elle avait vu Non quelques minutes à la gare d'Arnhem.

Non, maintenant âgée de seize ans, ne savait pas grand-chose de sa mère, et le peu qu'on lui en avait dit n'avait rien de flatteur. On comprend donc mal pourquoi son père conserva toujours dans la maison un objet qui lui rappelât sa mère. Après les cigarettes Mata Hari, un fabricant de biscuits hollandais avait lancé sur le marché une luxueuse boîte de biscuits couverte de photographies de la danseuse. Non, à sa sortie de l'école normale de La Haye, enseigna un an à Velp. Habitant à l'époque avec son père près de De Steeg, elle se rendait à l'école en tramway et emportait ses sandwiches dans la fameuse boîte de biscuits. La belle-mère de Non, Grietje MacLeod, possède encore cette boîte. Mata Hari demanda conseil à un ami. Quelle était la meilleure façon d'entrer en contact avec sa fille ? L'ami lui suggéra d'écrire à son ex-mari. Comme elle ne supportait pas l'idée d'avoir affaire à lui, elle s'adressa directement à sa fille. Elle supposait, disait-elle, que Non avait entendu toute sorte de choses sur son compte mais que maintenant elle était assez grande pour écouter *sa* version des faits.

Comme on devait s'y attendre, Non donna la lettre à son père qui la transmit à son avocat, le dénommé Heijmans qui était allé voir Mata Hari à Paris au moment du divorce. MacLeod avait ajouté un post-scriptum : « Quelle salope ! »

John MacLeod répondit lui-même à la lettre de sa fille en disant que, si Griet désirait la voir, elle pourrait au moins prendre la peine d'en demander l'autorisation à lui, le père. Ce qu'elle fit, en français. Le mot, daté du 18 septembre 1914, sur un papier à en-tête de l'hôtel Victoria d'Amsterdam, était à la fois tragique et pathétique :

Mon cher ami,

Puisque vous le désirez, je vous prie personnellement d'avoir la bonté de me laisser voir ma fille.

Je suis trop Parisienne pour manquer de tact, en quoi que ce soit.

Dites-moi comment il faut que je fasse, et je vous

remercie d'avance de m'avoir accordé ce que je désire tant.

Recevez mes compliments les meilleurs.

Marguerite

Un post-scriptum précisait : « Écrivez-moi Mata Hari. »

Dans sa réponse, John s'étonnait qu'elle ait oublié sa langue natale, qu'elle avait pourtant utilisée dans sa lettre à Non. Il acceptait cette rencontre qui, pensait-il, ne serait pas chargée de haine, car le vieux sentiment d'amertume s'était évanoui depuis longtemps. A son avis, l'entrevue devait avoir lieu à Rotterdam et non à Amsterdam ou La Haye.

D'après la troisième Mme MacLeod, John estimait que Mata Hari voulait revoir Non surtout parce qu'elle avait entendu dire que sa fille était jolie— élancée, celle-ci avait la même couleur de peau que sa mère et sa chevelure noire. Il était sûr qu'elle voulait l'exhiber à Amsterdam ou à La Haye où on la connaissait. A Rotterdam, personne ne la reconnaîtrait.

Mata Hari émit l'idée, dans une correspondance ultérieure, de prendre en charge l'éducation de sa fille — elle pourrait l'emmener en Suisse pendant quelque temps. MacLeod refusa : si Mata Hari voulait dépenser de l'argent, qu'elle dépose 5 000 florins sur un compte bancaire, ce qui permettrait à Non de prendre des leçons de chant et de piano — des luxes qu'il ne pouvait guère lui offrir avec sa maigre retraite de militaire qu'arrondissait à peine son salaire de journaliste. Un de ses amis de l'hôtel de ville d'Arnhem l'avait poussé à proposer cette solution en lui disant qu'« il y avait de l'argent ». Mais MacLeod ne se faisait plus guère d'illusions à ce sujet : « Je sais à quoi m'en tenir à propos de la fortune des Zelle. »

Cet échange de lettres continua jusqu'au jour où John informa son ex-épouse qu'il ne pouvait pas payer le voyage à Rotterdam parce qu'il n'avait pas encore reçu son chèque mensuel de l'État. Mata Hari abandonna. Elle ne devait jamais revoir sa fille.

John MacLeod ne voyait peut-être pas d'inconvénient à ce que sa fille aille à l'école avec les photographies de sa mère sous le bras, mais il refusait d'en parler. Un jour, pendant la Première Guerre mondiale, une amie de Non, qui fréquentait à ce moment-là l'école normale de La Haye, lui demanda ce qu'elle pensait de sa mère. « Je ne peux pas parler de ma mère comme je le voudrais, dit-elle. J'ai entendu beaucoup d'histoires à propos de sa vie à Paris, mais chaque fois que j'essaye d'évoquer ce sujet, mon père devient évasif. »

Pourtant, la présence de sa mère à La Haye, où celle-ci s'était installée en 1915, l'intriguait. D'après Grietje MacLeod-Meijer, Non lâchait certaines réflexions dans les lettres qu'elle envoyait à son père : « Je suis passée devant la maison hier — je n'y ai pas vu d'hommes mais de très jolis rideaux aux fenêtres. » Néanmoins, elle ne semble pas avoir essayé d'entrer en contact avec sa mère. Et de son côté, Mata Hari, qui savait que sa fille se trouvait à La Haye, ne fit aucune tentative pour la rencontrer.

En cet automne 1914, Mata Hari trouva bien difficile de se ré-adapter à la vie avec ses compatriotes. Le pays qu'elle retrouvait était fort différent de celui qu'elle avait quitté dix ans auparavant. La déclaration de guerre avait jeté la Hollande, pourtant neutre, dans un état proche de la panique. Les Allemands avaient voulu traverser le Limbourg, cette province hollandaise qui s'encastre dans le territoire belge. Le gouvernement hollandais leur avait refusé le passage et avait pu faire respecter sa décision. Les Allemands envahirent donc la Belgique en contournant la Hollande et, immédiatement, les réfugiés belges, par centaines de milliers, se mirent à affluer aux Pays-Bas où on leur réserva un accueil chaleureux.

Des soldats anglais étaient internés en Hollande, des

soldats allemands aussi. Les camps de réfugiés semblaient jaillir du sol hollandais comme des crocus. On avait fermé les écoles, à la grande joie des élèves, et les soldats hollandais, mobilisés en hâte, dormaient là où les enfants auraient dû être initiés à des principes pacifiques au lieu d'admirer les cuisines roulantes installées dans les cours de récréation.

La Hollande entière fut prise d'une frénésie d'achats à la déclaration de guerre. Du jour au lendemain, des communiqués de guerre et des cartes apparurent dans tous les bureaux de tabac qui foisonnent aux Pays-Bas. Le ministre hollandais Postuma lança bientôt son programme d'austérité, et tout le pays se mit à chanter avec une ironie désabusée : « Le jeudi, nous mangeons du porridge, le vendredi, du porridge, le samedi du porridge, et le dimanche, nous mangeons encore du porridge, oh ! Postuma, je te hais ! »

Il régnait une atmosphère que, même en temps de paix, Mata Hari aurait eu du mal à accepter. Elle était devenue très française pendant ses années d'absence. Elle n'avait guère connu que deux époques en Hollande, celle de sa jeunesse et celle de femme malheureuse en ménage. Elle continuait à écrire en français, même à ses plus proches amis hollandais et n'utilisait sa langue natale que dans les lettres d'affaire.

Comme elle était danseuse, elle contacta des producteurs de spectacles et signa un contrat avec M. Roosen, un Hollandais, directeur de « l'Opéra français », compagnie composée de chanteurs hollandais et français qui était très populaire aux Pays-Bas. Roosen l'engagea pour danser dans un ballet donné au « Koninklijke Schouwburg » — le Théâtre Royal — à La Haye le 14 décembre. Mata Hari rapporta immédiatement ce fait dans ses albums en francisant le nom du théâtre qui devint sous sa plume le « Théâtre Royal Français ».

Cet événement éveilla la curiosité des Hollandais, surtout

ceux qui avaient passé une partie de leur vie aux colonies et qui profitaient maintenant de leur retraite à La Haye. Ils vinrent en foule au théâtre, ce qui fit dire à la presse « que c'était la première fois de la saison que l'on faisait salle aussi comble ». Le ballet que dansait Mata Hari à la suite d'une représentation de *Lucia di Lammermoor* de Donizetti était un « tableau vivant » qui s'inspirait de « La Camargo » de Lancret. L'original, qui se trouvait à l'époque dans la collection privée de l'empereur Guillaume, appartient aujourd'hui à la Mellon Collection à Washington, D. C. Le ballet s'appelait « Les Folies Françaises », sur une musique de François Couperin.

Mata Hari dansa et mima une série de huit « humeurs » parmi lesquelles on retrouvait ses préférées, la virginité, la passion, la chasteté et la fidélité. Cela ressemblait étrangement à la danse des sept voiles du début de sa carrière, seulement cette fois, elle ne les laissait pas choir. Pour son apparition à La Haye, elle porta un costume jaunâtre d'époque, orné de voiles blancs et rouge foncé « qui flottaient, transparents, autour d'elle ».

La presse de La Haye compara sa danse à « un idyllique flirt pastoral » et, bien que Mata Hari « ait trébuché sur scène, devant un public qui retenait son souffle », le *Telegraaf* d'Amsterdam assurait ses lecteurs que le spectacle était une « véritable caresse pour les yeux et dénotait un goût très sûr ».

Quelques jours plus tard, le 18 décembre, on reprit ce ballet au théâtre municipal d'Arnhem, cette fois après *Le Barbier de Séville*. John MacLeod, qui habitait la proche banlieue d'Arnhem et qui, comme il l'avait déclaré, « la connaissait sous toutes les coutures » n'assista pas à la représentation. Cela dut lui faire tout de même un drôle d'effet de savoir que son ex-femme dansait dans sa ville.

Mata Hari colla dans ses albums une reproduction du tableau de Lancret, que le décorateur Manceau avait utilisé comme toile de fond, et ajouta le commentaire suivant :

« *Ballet des Folies Françaises, dansé par Mata Hari, Théâtre Royal Français*[1]. »

C'était l'avant dernière fois qu'elle utilisait ses albums. Sur la dernière page, elle colla la couverture d'un magazine hollandais ou s'étalait sa photographie. On voit une Mata Hari belle et mûre avec de longues boucles d'oreille et un rang de perles. Elle portait un élégant chapeau à large bord et une robe décolletée blanche. Le magazine était daté du 13 mars 1915. Mata Hari avait dû la contempler longtemps avant de s'emparer de sa plume pour écrire en travers de la photo : « 13 mars 1905 — 13 mars 1915 ». Dix ans jour pour jour s'étaient écoulés depuis ses débuts au musée Guimet à Paris.

Mais en ce mois de décembre 1914, le mercredi qui suivit la représentation du lundi à La Haye, Mata Hari révélait un certain sens de l'humour et des affaires dans la lettre qu'elle adressait à son ami peintre Piet van der Hem :

« Mon cher Piet, écrivait-elle en français, Je regrette que tu n'y étais pas. J'ai eu beaucoup de succès et beaucoup de fleurs. On commence à comprendre que c'est plus fin que Max Linder[2] au cinéma. Toutes les places étaient prises. Roosen content, le caissier aussi, donc tout pour le mieux. »

En septembre 1914, peu de temps avant d'avoir renoué des relations avec un de ses amants hollandais, Mata Hari avait décidé d'aller vivre à La Haye où elle avait loué une petite maison au 16 Nieuwe Uitleg, près d'un calme canal. Mais il fallut faire pas mal de travaux avant qu'elle ne puisse aménager. En attendant, elle quitta Amsterdam début 1915 pour s'installer à l'hôtel Paulez. (Cet hôtel fut bombardé pendant la Seconde Guerre mondiale et, depuis

---

1. En français dans le texte. (N.d.T.)
2. Max Linder, comédien français, était, en ces débuts du cinéma, aussi populaire que Charlie Chaplin sur les écrans européens. (N.d.A.)

1959, la nouvelle ambassade américaine, conçue par l'architecte Breuer, s'élève à cet emplacement.)

Cette maison de la Nieuwe Uitleg [1] était fort ancienne, et l'installation d'une salle de bains et la mise en place des meubles prit plus de temps que Mata Hari n'avait prévu. Ces travaux de redécoration auraient été plus rapides si Mata Hari avait pu payer comptant. Mais ses ressources étaient très faibles à l'époque. Elle venait de comprendre qu'elle n'avait aucun avenir comme danseuse en Hollande. « L'Opéra français » changeait de programme tout les jours et ne présentait que rarement des ballets.

L'armée d'écrivains qui ont noirci des pages à propos de Mata Hari affirment qu'à l'époque elle était déjà espionne — fort bien payée. C'est faux. Mata Hari manqua terriblement d'argent pendant ces huit premiers mois passés à La Haye. L'entrepreneur, un certain M. Soet, qui s'occupait aussi de l'ameublement, essayait de gagner du temps, n'étant pas sûr d'être payé.

En septembre de l'année précédente, Mata Hari avait conclu un accord verbal avec lui. Il avait promis de terminer le travail entrepris, et elle lui réglerait la somme due sur deux ans, à dater du jour où elle s'installerait dans la maison. Elle doutait tellement de l'avenir qu'elle avait posé une condition. Elle paierait ce qu'elle pourrait quand elle le pourrait — elle choisirait elle-même les dates de ces versements. Maintenant, l'entrepreneur lui demandait de signer une lettre où elle confirmait qu'elle lui devait de l'argent. Mais avant même d'entrer en possession de ce papier, il tenta d'obtenir que ses amis contre-signent ce document, ce qui lui aurait permis de

---

1. La maison appartenait aux sœurs Van de Veen. Quand Mata Hari venait leur payer le loyer, elle en profitait pour leur parler de Paris où « elle connaissait l'existence de bon nombre d'armes cachées qui appartenaient à des Français préparant une révolution ». (N.d.A.)

s'en servir comme billet à ordre à la banque — c'est-à-
dire de recevoir du liquide en échange.

Mata Hari se mit en colère quand elle l'apprit et, le
8 août 1915, elle envoya une lettre de huit pages — en
hollandais, cette fois — à son avocat, un autre M. Hijmans,
dont les bureaux se trouvaient à quelques pas de là dans
Nieuwe Uitleg.

« Cher M. Hijmans, commençait-elle sur un papier à
en-tête de l'hôtel Paulez, je vous prie de trouver ci-joint
une facture du charpentier, destiné à M. Soet, que j'ai
reçue. Je n'apprécie pas que ces gens viennent m'ennuyer
avec ça à l'hôtel Paulez. Après tout, je ne les connais pas.
J'espère que cette affaire sera bientôt réglée. Si M. Soet
ne veut pas tenir sa promesse, j'aimerais autant qu'il
reprenne tout ce qu'il a apporté dans la maison. Ses frais
supplémentaires s'élèvent peut-être à 400 florins, mais les
miens montent à 4 000. Je peux lui montrer les notes de
l'hôtel Victoria et de l'hôtel Paulez, s'il le souhaite. Ces
gens-là sont dangereux, et je ne suis pas venue ici pour
avoir des procès. Il m'a fait confiance quand il a commencé
et, maintenant, un an après, il ne devrait pas essayer
d'obtenir ma signature comme garantie. Il a tenté de se
procurer un prêt avec ce papier avant même de l'avoir en
main, et aucun de mes amis ne souhaite voir utiliser son
nom pour un tel objet. Maintenant, bien sûr, aucun d'eux
ne le signera parce qu'ils sont prévenus.

« M. Soet n'a pas à s'inquiéter. On lui réglera sa facture
honnête et approuvée s'il tient parole — sur deux ans à
dater du jour où j'emménagerai dans la maison et où il
aura terminé ce qui lui reste à faire.

« Je veux être libre de payer les sommes dont je dispose
qu'elles soient importantes ou non. C'est à *ces conditions*
que j'ai accepté sa proposition à Amsterdam, en présence
de Mme K. Et il ferait bien de tenir sa promesse, sinon il
peut tout reprendre, mais — je me réserve le droit de le
poursuivre pour préjudice,

et ! pour m'avoir insultée dans le bureau de Wurfbain,

et ! pour ses manœuvres avec la facture

et ! pour le long séjour à l'hôtel.

J'ai le gaz depuis hier — et Vanburgh a installé la baignoire. La compagnie du gaz a posé le compteur — mais je ne m'installerai pas avant de savoir où j'en suis avec Soet. Faites-lui remarquer, je vous prie, combien il est injuste de se comporter ainsi.

Sincèrement,

Mata Hari. »

M. E. Hijmans dut pouvoir l'aider car, trois jours après, le 11 août 1915, Mata Hari était enregistrée comme résidant à La Haye au bureau des Statistiques, et on peut encore en voir la trace aujourd'hui. Une fois de plus, elle avait une maison à elle [1]. (Mata Hari n'a jamais été propriétaire des maisons qu'elle a habitées, même si l'on prétend l'inverse. Comme pour sa maison de La Haye, elle louait celle de Neuilly à son propriétaire M. Maget. Quant au château de La Dorée, elle le partageait avec M. Rousseau qui l'avait loué à son nom, à la comtesse de la Taille-Tétrinville.)

Ce différend entre Mata Hari et l'entrepreneur atteignit son point culminant pendant les trois jours qui s'écoulèrent entre la rédaction de la lettre et l'emménagement dans la maison. Cet incident illustre bien ce que Mata Hari avait déclaré quelques années plus tôt à un journaliste hollandais en poste à Paris, à savoir qu'elle « était femme à suivre ses impulsions ». Anna Lintjens, qui avait rejoint Mata Hari à La Haye, me raconta l'histoire en 1932.

Alors qu'elle faisait un dernier tour d'inspection de la

---

1. La maison du 16 Nieuwe Uitleg a été occupée à partir de 1923 par l'actrice Fie Carelsen qui, à l'occasion de son jubilée en 1932, joua le rôle principal dans une pièce hollandaise intitulée... *Mata Hari*. (N.d.A.)

maison, Mata Hari remarqua soudain le lit. Ce n'était
pas, dit-elle à M. Soet, le genre de lit auquel elle était
habituée. L'entrepreneur avait une opinion bien arrêtée
sur le lit en question qui, répliqua-t-il, était rempli du
meilleur crin qu'il ait pu trouver en Hollande. Mata Hari
riposta qu'il n'en était rien. La discussion s'envenima et,
quand elle s'aperçut que M. Soet ne voulait pas démordre
de son avis, Mata Hari se mit en colère, se précipita dans
la cuisine, en ressortit avec un grand couteau et éventra le
matelas. Puis, collant une poignée de crin sous le nez de
l'entrepreneur, elle lui dit : « C'est *ça* que vous appelez
de la bonne qualité ? »

Le fils d'Anna Lintjens, que je rencontrai en 1963 (il
était alors âgé de soixante-dix-sept ans), me raconta une
autre colère de Mata Hari datant de la même époque. Il
tenait l'anecdote de sa mère. Les employés de l'entrepreneur
venaient juste de monter une armoire en haut des marches,
quand Mata Hari lui demanda de la mettre dans une
certaine pièce.

M. Soet regarda la porte et dit : « Cela ne passera pas,
Madame. » Mata Hari assura que si et, une fois de plus,
l'entrepreneur resta sur ses positions. La conversation
continua sur ce ton et, soudain, la rage monta en Mata
Hari. Elle poussa violemment l'armoire qui dégringola les
marches. Puis, se tournant vers l'entrepreneur sidéré, elle
lui dit : « Ah ! cela ne passera pas, n'est-ce pas ? Eh
bien ! *C'est* passé ! »

On arrive ensuite à une période peu claire pendant les
mois qui suivirent. Tous les livres sur Mata Hari confondent
les dates et les événements. On savait qu'elle avait fait un
voyage de Hollande en France pendant la guerre, celui qui
se solda par son arrestation. Pourtant, elle s'était rendue
en France avant — vers la fin de 1915, en décembre. On
ignora longtemps comment elle avait fait ce deuxième

voyage (le premier en fait) et à quelle date elle avait quitté
La Haye. Même Mata Hari ne le savait plus très bien
lorsque ce voyage fut évoqué pendant les interrogatoires
avec Bouchardon. Elle déclara qu'elle était revenue en
France en mai 1915 et qu'elle y était restée trois mois. Elle
était passée par l'Angleterre et avait débarqué à Dieppe.
(Elle ne pouvait pas traverser la Belgique qui était occupée
par les Allemands depuis août 1914.) Elle se trompait, et
ce n'est que plus tard qu'elle plaça ce voyage en décembre
1915, ce qui est exact. C'était la première fois qu'elle
retournait en France depuis le printemps 1914, quand elle
avait quitté Paris pour Berlin.

Mais les Français n'attachaient pas d'importance à la
date exacte de ce premier voyage en France en temps de
guerre. Le jugement prononcé le 26 juillet 1917 mentionne
simplement qu'elle y était en décembre 1915. La première
question à laquelle les membres du tribunal de guerre
devait répondre par *oui* ou par *non* était celle-ci : Mata
Hari « était-elle coupable, en décembre 1915, d'être entrée
dans le camp retranché de Paris ? » La réponse fut *oui*.

Si ce premier voyage à Paris en temps de guerre ne
présentait pas grand intérêt pour les Français, il en avait
pour les Anglais, car c'est à ce moment-là que Scotland
Yard commença à soupçonner Mata Hari.

D'après les documents anglais dont j'ai pris connaissance
récemment, Mata Hari arriva par bateau le 30 novembre
1915 à Tilbury, en provenance de Hollande. Le 3 décembre,
elle prit le train de Londres à Folkstone où elle voulait
embarquer pour Dieppe. Mais avant de recevoir l'autorisation de monter à bord, Mata Hari « fut interrogée par la
police, les autorités militaires et le service des étrangers à
qui elle déclara qu'elle se rendait à son domicile situé au
11 rue Windsor, St James, à Neuilly, France, pour
vendre ses biens et pour signer des contrats professionnels,
probablement en Amérique du Sud ».

Mata Hari dit ensuite à ceux qui l'interrogeaient « qu'elle

vivait à La Haye depuis la déclaration de guerre, après avoir quitté Milan où elle habitait alors et traversé l'Allemagne pour rejoindre la Hollande ». C'était faux, bien sûr. A moins que les gens de Scotland Yard ne l'aient mal comprise, ce qui paraît fort improbable quand on sait que ce rapport porte la signature de trois agents, dont celle du superintendant Quinn. Mata Hari n'avait pas vécu à Milan avant la guerre, mais avait passé quelque temps à Berlin avec son ami Kiepert.

Lors d'un interrogatoire ultérieur mené par un certain capitaine Dillon, Mata Hari « revint sur sa déclaration concernant les raisons de son voyage à Paris et avoua qu'elle avait en fait l'intention de vendre sa maison » — qui ne lui avait jamais appartenu puisqu'elle la *louait* ! — « et en avait trouvé une autre à La Haye parce que son amant, le baron van der Capellen, colonel du deuxième régiment des hussards à Eindhoven, était mobilisé et, par conséquent, ne pouvait lui rendre visite que si elle résidait là-bas ».

Dans leur rapport daté du 4 décembre 1915 qu'ils envoyèrent au quartier général de Scotland Yard, les trois signataires mentionnaient que « bien qu'elle ait été minutieusement fouillée sans que l'on n'ait rien trouvé de compromettant, la police et les autorités militaires ne la considèrent pas au-dessus de tout soupçon, et il faudra surveiller ses mouvements à venir ». Mata Hari fut ensuite « autorisée à continuer et monta à bord du *SS Arundel* à 14 h 30, qui devait la mener à Dieppe, où *elle avait été signalée aux autorités militaires* ».

Cinq jours plus tard, le 9 décembre, le quartier général de la police de Londres envoya une lettre confidentielle à tous les ports britanniques, au bureau de l'enregistrement des Étrangers du ministère de la Guerre et à d'autres services de police, où l'on faisait état des renseignements reçus de Folkestone. On transmit aussi une copie aux autorités françaises du Havre.

Ce rapport était plus détaillé que le précédent. On

mentionnait la date à laquelle Mata Hari était repartie en France — le 3 décembre — et le fait qu'elle était la maîtresse du baron van der Capellen — orthographié *Capellan* — et « qu'elle était descendue à l'hôtel Savoy de Londres pendant son séjour en Angleterre ».

On note une confusion à propos de Milan. Le rapport de Folkstone disait qu'elle y avait *vécu* (en 1914 !), et Londres mentionnait dans sa lettre confidentielle qu'à l'époque « elle jouait à la Scala de Milan ». A son retour en Angleterre, précise cette lettre, « elle espère trouver des contrats à Londres et en province ».

On trouve ensuite la phrase qui sera la cause de tous les ennuis futurs de Mata Hari : « Elle est apparue très insatisfaisante et on doit donc lui interdire de revenir au Royaume Uni. »

Suivait une description très détaillée de Mata Hari : « Taille : 5 pieds, 5 pouces ; carrure : moyenne ; cheveux : bruns ; visage : ovale ; teint : olive ; front : bas ; yeux : gris-brun ; sourcils : sombres ; nez : droit ; bouche : petite ; âge : 39. Parle français, anglais, italien, hollandais et probablement allemand. Femme belle et effrontée. Élégamment habillée d'un costume marron bordé de raton-laveur et chapeau assorti. »

Un seul écrivain, le docteur Léon Bizard, qui pendant le séjour de Mata Hari à St Lazare était le médecin de la prison, évoque cette période de 1915 dans ses *Souvenirs d'un médecin*. (Le docteur Bizard écrit aussi qu'il avait rencontré Mata Hari avant la guerre dans une maison close parisienne, sans indiquer si elle faisait partie des visiteurs ou de l'établissement. Cela paraît improbable, car Mata Hari était loin d'être démunie à l'époque, bien que toujours en quête d'argent — et si elle « recevait », elle le faisait certainement chez elle.)

Lorsqu'elle arriva dans la capitale française en 1915, nous dit M. Bizard, la police possédait une fiche qui précisait qu'elle était née en Belgique (faux), et qu'il

fallait la surveiller. La police suivit ses instructions, mais
— toujours d'après Bizard — ne trouva rien de suspect.
« Elle faisait beaucoup de courses et achetait de nombreuses
paires de chaussures [1] et, au bout de quelque temps, la
police mit fin à la filature. »

Il est fort possible que les dires du médecin soient exacts.
Seulement, je citerai maintenant un fait mentionné à
l'origine par un journal qui illustre bien comment des
affirmations — imaginaires — concernant toute cette année
1915 et considérées comme exactes ont donné naissance à
de fausses rumeurs. Cet épisode fut cité par Gomez
Carrillo, repris en français par Alfred Morain dans *La
Pègre de Paris* et traduit ensuite en anglais par Richard
Wilmer Rowan en 1938 dans *The Story of the Secret
Service*. On le voit ensuite réapparaître dans le *Mata Hari*
de Edmond Locard en 1954, à qui Kurt Singer, créateur
de Banda, emboîta le pas en le citant en capitales dans
son livre afin d'en souligner l'importance.

En juillet 1915, Mata Hari essayait toujours de meubler
sa maison de La Haye. Pourtant, elle était censée se
trouver au même moment à Naples. Car, en juillet de cette
année-là, le service du contre-espionnage italien envoya,
d'après ces écrivains, le message secret suivant à Paris :
« En examinant la liste des passagers d'un bateau japonais
en escale à Naples, nous avons reconnu le nom d'une
célébrité du théâtre de Marseille, appelée Mata Hari — la

---

1. Mata Hari faisait confectionner ses chaussures chez Smart, magasin
tenu par un étudiant en Art, Lucien Grangérard qui, des années plus
tard, se fit une réputation grâce à sa qualité de *bottier attitré* de Mata
Hari. En 1965, monsieur Grandgérard, qui avait pris de l'âge mais était
un portraitiste en pleine activité, était toujours en possession d'une
carte de visite de l'amant de Mata Hari, Xavier Rousseau. Xavier
Rousseau y informait le bottier qu'« il allait parler à *Lady* MacLeod
au sujet de ses factures », révélant par ces mots d'une part le respect
qu'il portait au faux titre de sa maîtresse, d'autre part la répugnance
de Mata Hari à régler ses dettes. (N.d.A.)

fameuse danseuse hindoue qui prétend révéler le secret
des danses secrètes hindoues qui réclament la nudité. »
[Commentaire digne de figurer dans un message secret].
« Elle a, semble-t-il, renoncé à se faire passer pour
Indienne. Elle est maintenant Berlinoise. Elle parle alle-
mand avec un léger accent oriental. »

Je demandai au ministère de la Guerre à Rome de bien
vouloir chercher ce télégramme dans leurs fichiers. Le
colonel Broggi, chef du service historique du ministère,
m'informa que, malgré tous leurs efforts, ils n'avaient pas
réussi à trouver le télégramme en question. Et pour la
bonne raison que cette histoire est une pure invention,
comme je devais le découvrir peu de temps après.

René Puaux, correspondant du *Temps*, qui s'était rendu
en Égypte début 1907 à bord du *SS Schleswig* parti de
Marseille, avait signalé la présence de Mata Hari à bord
du paquebot à Naples. Son article [1], publié dans le
supplément du *Temps* du 21 mars 1907, est rédigé dans
les mêmes termes que le télégramme cité plus haut.

Les auteurs avides de mystère s'en emparèrent donc,
ajoutèrent, pour faire bonne mesure, le service du contre-
espionnage italien, changèrent la nationalité du paquebot
qui d'allemand devint japonais, et apportèrent en outre
deux petites modifications au texte : l'année de l'événement
et une erreur due certainement à une mauvaise compréhension du français. 1907 se transforma en 1915 et la
phrase originale du texte français qui disait : « Elle parle
l'allemand avec un accent aussi peu oriental que possible »,
devint tout simplement : « Elle parle allemand avec un

---

1. Cet article était rédigé ainsi : « Nous n'avons reçu qu'aujourd'hui,
au départ de Naples, la liste complète des passagers. Mais les Parisiens
qui sont à bord ont reconnu dès Marseille une célébrité : Mata Hari, la
fameuse danseuse hindoue qui nous révéla les danses sacrées exigeant
la nudité. Elle a renoncé à Siva et à son culte. Elle est devenue
Berlinoise, parle allemand avec un accent aussi peu oriental que possible
et compte bien finir ses jours sur les bords de la Spree. » (N.d.A.)

léger accent oriental. » De ce jour, il fut établi que Mata
Hari avait été vue à Naples en 1915 à bord d'un paquebot
japonais et qu'elle s'exprimait avec un accent germano-
oriental.

(Pour donner un peu plus de piquant à cette histoire,
un autre biographe de Mata Hari, Mme Lael Tucker
Wertembaker, dans son livre publié début 1964 aux États-
Unis (*The Eye of the lion,* Little Brown & Co.), intègre
cet épisode de Naples au procès de Mata Hari. Elle
emprunte aussi à Kurt Singer son invention de la fameuse
Banda, fille inexistante de Mata Hari. Mais la verve
imaginative de Mme Wertembaker ne s'arrête pas là. Car,
bien qu'ayant précisé que son ouvrage était un *roman
inspiré* de la vie de Mata Hari, l'auteur n'en parsème pas
moins son livre de noms de gens qui ont effectivement
appartenu à l'entourage et à la famille de Mata Hari.
Malheureusement, elle confond tout. Pour aggraver son
cas, elle introduit des personnages à mauvais escient. Par
exemple, Mata Hari parle du *Claudine* de Colette quelque
dix ans avant la parution du roman ! Et Emma, la bonne
des Zelle à Leeuwarden, née en 1871, est ainsi baptisée en
l'honneur de la reine Emma. Seulement cette dernière
n'épousa le roi hollandais Guillaume III qu'en 1879, année
où elle arriva d'Allemagne. Et la liste est longue...)

Si elle ne se trouvait pas à Naples en juillet, Mata Hari
arriva bien à Paris en décembre. Ce voyage ne dura pas
longtemps, car elle était de retour en Hollande dès le début
de l'année suivante[1]. Comme elle devait le déclarer plus
tard : « Je revins à Paris pour y récupérer mes affaires
déposées en garde chez Maple, 29 rue de la Jonquière. Je
rentrai en Hollande par l'Espagne avec mes dix caisses, la
frontière par l'Angleterre était fermée alors à cause de

---

1. Peu de temps après, Mata Hari posa pour le célèbre peintre
hollandais Isaac Israël. Le tableau, qui la représente en pied, appartient
aujourd'hui au musée Kröller-Müller (Van Gogh) en Hollande. (N.d.A.)

mouvements de troupes. » Elle indiqua ensuite que ses biens, qu'elle avait laissés en dépôt après avoir fermé sa maison de Neuilly-sur-Seine, se composaient surtout d'argenterie et de linge.

Si l'idée initiale de Mata Hari en allant à Paris était de récupérer ses objets dont elle avait besoin pour sa maison de La Haye sans se préoccuper du conflit qui secouait l'Europe, elle devait vite découvrir une occasion de prolonger son séjour et d'apparaître une nouvelle fois sur une scène parisienne. Elle entendit dire que Diaghilev se trouvait à Paris et pensa qu'elle avait peut-être une chance d'obtenir un contrat. Elle aurait dû savoir, forte de sa malheureuse expérience qui remontait maintenant à trois ans, que sa danse n'avait rien à voir avec les Ballets russes.

Du Grand Hôtel, Mata Hari envoya le 24 décembre 1915 une lettre à son vieil ami et impresario Gabriel Astruc. Elle pensait qu'elle avait quelque chose de neuf à proposer, son « tableau vivant » peut-être, et faisait prudemment remarquer qu'elle ne souhaitait pas remonter sur scène par manque d'argent, car elle était richement entretenue en Hollande. Elle demandait, un peu puérilement, à Astruc de bien dire à Diaghilev de ne pas s'inquiéter — il pouvait trouver une *utilisation* à quelqu'un comme elle.

« Je suis de passage à Paris, et je retournerai dans quelques jours en Hollande. Je vois que Diaghilev existe toujours. Puisque j'ai quelques nouveautés assez étranges, ne pourriez-vous pas faire un engagement chez lui ?

« C'est moi, vous savez, qui invente tout cela moi-même. Ce n'est pas pour l'argent, car je suis très bien entretenue chez nous par un des officiers d'ordonnance de la Reine, mais c'est pour l'intérêt et le pouvoir. Il ne se plaindra pas, car je crois que je suis intéressante pour lui. »

Elle précisait à Astruc qu'il devait lui adresser sa réponse au Grand Hôtel au nom de MacLeod-Zelle, parce qu'elle voyageait incognito en utilisant le nom qui figurait sur son passeport.

Bien entendu, le projet Diaghilev ne donna rien, et Mata Hari repartit vers son amant fortuné à La Haye via l'Espagne et le Portugal. Il s'agissait de l'ami occasionnel mentionné plus haut, devait-elle révéler pendant les interrogatoires, un membre distingué de l'aristocratie hollandaise, le baron Edouard Willem van der Capellen. Né en 1863, il avait sept ans de moins que John MacLeod, ce qui lui faisait cinquante-deux ans lorsqu'il rencontra Mata Hari pour la deuxième fois. C'est une fois de plus l'uniforme qui le rendit séduisant — outre sa fortune —, car le baron van der Capellen était à l'époque de la Première Guerre mondiale un colonel de cavalerie dans l'armée hollandaise, unité à laquelle il appartenait depuis son engagement en 1879.

Chef du Corps des Hussards depuis mai 1914, le baron Edouard, qui devait terminer sa carrière militaire en 1923 avec le rang de général de division, venait souvent voir sa maîtresse dans la Nieuwe Uitleg. Le fils d'Anna Lintjens, lui-même soldat stationné à La Haye en 1916, se le rappelait fort bien et gardait aussi un souvenir net de Mata Hari qui « avait des cheveux blonds, blond foncé ». Selon M. Lintjens, Mata Hari passait son temps à se plaindre au baron qu'il n'y eût pas plus de théâtres en Hollande.

La Hollande commençait à taper sur les nerfs de notre danseuse. Elle détestait son calme. En effet, malgré la guerre, il ne se passait pas grand-chose dans cette ville à l'atmosphère provinciale. Elle avait besoin de l'agitation des grandes villes et regrettait Paris de même qu'un certain marquis de Beaufort qu'elle avait rencontré au Grand Hôtel en décembre 15 et dont le souvenir l'obsédait. C'était d'ailleurs réciproque.

Elle déposa une demande de passeport auprès du gouvernement hollandais, qu'elle obtint le 15 mai 1916. Celui-ci figure toujours dans le dossier secret français du ministère

de la Guerre où j'ai pu le voir. Une feuille de papier blanc
avec une photographie cette fois, la même photographie,
mais plus petite, que celle collée sur la dernière page de
ses albums : grand chapeau orné de plumes blanches,
boucles d'oreilles et perles.

12.

Si Mata Hari n'eut aucune difficulté à obtenir son visa d'entrée en France, le visa anglais qu'elle réclamait pour une possible escale en Angleterre lui fut refusé par le consul anglais de Rotterdam.

Elle ne comprit pas l'attitude du consul et, avant même d'avoir reçu son passeport le 15 mai, elle se précipita au ministère des Affaires étrangères à La Haye pour demander de l'aide. Le 27 avril 1916, un télégramme signé du ministre concerné, *Jonkheer* Loudon, fut envoyé à la légation des Pays-Bas à Londres. Ceci ne signifie pas que le ministre soit intervenu personnellement pour Mata Hari. Tous les télégrammes du ministère des Affaires étrangères portaient soit la signature de Loudon soit celle du secrétaire général, M. Hannema.

Adressé à Jonkheer De Marees van Swinderen, chef de la légation hollandaise à Londres, ce télégramme disait : « La célèbre artiste hollandaise Mata Hari, ressortissante néerlandaise dont le vrai nom est MacLeod-Zelle veut se rendre pour raisons personnelles à Paris où elle résidait avant la guerre. Le consul britannique à Rotterdam refuse d'ajouter son visa au passeport quoique le consul français ait lui, accepté. Priez s'il vous plaît le gouvernement anglais de donner l'ordre à son représentant à Rotterdam d'accorder ce visa. Télégraphiez. » Ce télégramme portait le numéro 74.

Bien que ce télégramme fût arrivé à Londres le lendemain, 28, la personne qui s'en occupa n'alla au ministère de l'Intérieur — si l'on se réfère à la mention « H.O. » (Home Office) notée à la main sur l'original du télégramme — que six jours après, le 3 mai. Les Anglais mirent vingt-quatre heures à donner leur réponse qui est le premier signe de problèmes à venir pour Mata Hari — même si elle ne le sut pas. Le gouvernement hollandais qui, lui, prit connaissance du contenu de la réponse, dut être surpris.

Les Anglais, disait le télégramme envoyé le 4 mai à 18 h par la légation de Londres, refusaient le visa. « Les autorités ont de bonnes raisons d'interdire à la dame mentionnée sur le télégramme n° 74 de pénétrer sur le territoire britannique. »

Ce refus anglais joue un rôle important dans tout ce qui se passe ultérieurement, mais aucun de ceux qui se sont intéressés à Mata Hari ne semble s'en être rendu compte. Cela signifie que les Anglais ont soupçonné Mata Hari bien avant les Français. Il est vrai que le capitaine Ladoux, chef du Deuxième Bureau, le service du contre-espionnage, raconta plus tard que ses collègues de Londres lui avaient envoyé des rapports « pendant plus d'un an », mais cela s'arrête là. Les Anglais ne devaient pas détenir de renseignements spécifiques sinon ils en auraient informé Ladoux. Quoi qu'il en soit, jusqu'au mois d'août 1916, Ladoux ne disposa d'aucun élément compromettant pour Mata Hari, comme il le déclara plus tard. Il régnait une atmosphère lourde de soupçons des deux côtés de la Manche — et c'était Londres qui avait commencé à se méfier de Paris.

En juin 1963, après avoir échangé quelques lettres avec Scotland Yard et le ministère des Affaires étrangères britannique, je me rendis sur place mais je ne reçus que des réponses négatives. Personne ne savait, pas même le ministère de l'Intérieur, si les Anglais avaient été impliqués dans l'affaire Mata Hari.

A Scotland Yard, on m'expliqua que s'ils s'étaient effectivement occupés du service de renseignements anglais pendant la Première Guerre mondiale, un *nouveau* bureau créé à cet effet avait pris le relais depuis. Les dossiers qui pourraient concerner Mata Hari y avaient été transférés. Cependant cinquante ans devaient s'écouler avant que l'on puisse consulter aux Archives nationales les documents appartenant aux ministères anglais, « mais pour certains documents se rapportant à la sécurité de l'État ou jugés impubliables, le délai risquait d'être plus long ». En outre, on pensait que si les Britanniques avaient été impliqués dans l'affaire Mata Hari, ce genre de renseignements seraient certainement considérés comme impubliables. Mais, en ce qui les concernait, ajouta mon interlocuteur à Scotland Yard (plus tard, le porte-parole du ministère des Affaires étrangères devait exprimer la même opinion), ils pensaient que les Britanniques n'avaient joué aucun rôle dans cette affaire.

C'est alors que je montrai à mes interlocuteurs des photocopies de lettres écrites sur du papier à en-tête de Scotland Yard. Ces lettres parlaient sans aucun doute possible de Mata Hari. Les hommes de Scotland Yard furent surpris mais certifièrent que leur quartier général ne savait rien de ces documents. On me fit la même déclaration au ministère des Affaires étrangères.

Les soupçons des Anglais à propos de Mata Hari se fondaient vraisemblablement sur des rapports envoyés par leurs agents en Hollande qui avaient informé leurs supérieurs à Londres de la visite que celle-ci avait reçue du consul allemand Cramer, à La Haye, au retour de son premier voyage en France.

Mata Hari ne sut rien des raisons du refus du visa

anglais, car le ministère des Affaires étrangères de La Haye ne révéla pas le contenu du télégramme de Londres. Et c'est sereine qu'elle partit pour la France. Comment ? Ce point d'interrogation demeura longtemps. C'est Mata Hari elle-même qui parla du paquebot hollandais *Zeelandia* lors d'un entretien avec le capitaine Ladoux en août 1916, mais je n'en eus la confirmation qu'en consultant le témoignage de Mata Hari dans le dossier secret.

Selon les renseignements que me communiqua le bureau central de la Lloyd à Amsterdam, le *Zeelandia* quitta les Pays-Bas le 24 mai 1916, ce qui doit par conséquent être la date de départ de Mata Hari pour ce voyage fatidique. Cela concorde avec les dates qui figurent sur son nouveau passeport qui, comme nous l'avons vu, fut délivré le 15 mai 1916. Ce simple document porte une demi-douzaine de tampons qui indiquent des passages de frontières, des arrêts dans des consulats et un visa pour l'Espagne. La première date prouve sa présence à Madrid le 12 juin 1916, presque trois semaines après le départ du *Zeelandia* d'Amsterdam. Il n'y a pas de tampon attestant son entrée en Espagne par Vigo. On était encore loin du temps où chaque fois qu'on traverse une frontière, un douanier colle un tampon sur le passeport.

Le 14 juin, d'après un autre cachet, Mata Hari quitta Madrid pour Paris, où son passeport fut tamponné le 16 — après une mésaventure à Hendaye où on l'arrêta.

Le service de renseignements de Paris, poussé par les Anglais, essayait de garder un œil sur leur suspecte et avait donné l'ordre de ne pas la laisser rentrer dans le pays. Pourquoi ? s'enquit Mata Hari indignée. Le Français à qui elle eut affaire à la frontière répondit qu'il ne savait pas et lui conseilla d'aller demander assistance au consul hollandais à San Sebastian. Mata Hari était furieuse. Selon ses déclarations, elle écrivit une lettre à son vieil ami intime M. Jules Cambon, ancien gouverneur général d'Algérie, ancien ambassadeur de France à Washington, ancien ambassadeur de France à Madrid, ancien ambassadeur de France à Berlin (jusqu'à ce que la guerre éclate en 1914), frère de l'ambassadeur de France à Londres, et maintenant secrétaire général du Quai d'Orsay. Elle lui faisait part de son indignation d'avoir ainsi été refoulée à la frontière française et priait M. Cambon de l'aider.

Si elle avait été espionne, cette interdiction de pénétrer sur le territoire français l'aurait fait réfléchir. Mais non. Elle ne pensa pas une seule seconde qu'aux yeux des Français, ses contacts avec des Allemands pouvaient paraître suspects. C'était son affaire. Peut-être était-ce une réaction incongrue en temps de guerre, mais elle était citoyenne d'un pays neutre et c'était sa façon d'être. Son comportement capricieux aurait dû dissuader le chef de tout service de renseignements — français ou allemand — de penser à faire d'elle une espionne. Elle avait du charme, certes, elle avait le don des langues et connaissait pas mal de gens haut placés des deux côtés du Rhin. Mais elle ne possédait pas l'intelligence nécessaire.

Un vieil ami à moi, Léo Faust, qui avait été correspondant d'un journal hollandais à Paris dès 1912 et pendant toute la durée de la guerre, avait rencontré Mata Hari à plusieurs reprises, partageait mon point de vue — comme il me l'apprit en 1959 et après. Il se souvenait très bien de l'avoir rencontrée tard un soir au Pré-Catelan, restaurant du Bois de Boulogne qui avait été transformé en hôpital de la Croix rouge hollandaise (« c'était l'hiver, mais il ne neigeait pas et il ne faisait pas très froid »). La dernière fois que sa femme et lui l'avaient vue, c'était dans une loge des Folies-Bergère, « quelques jours à peine avant son arrestation en 1917. Elle était accompagnée d'un officier polonais en uniforme ».

« Avec les années, j'ai acquis la conviction qu'elle n'était pas une espionne, me dit Léo Faust. Elle n'en avait pas besoin, elle pouvait gagner beaucoup d'argent de bien d'autres manières. En outre, elle était bien trop stupide

pour être considéré comme "adéquate" par quiconque
aurait formé le projet de la recruter comme espionne. On
aurait eu peur de se mettre en danger soi-même en lui
confiant un secret. »

Quand elle revint au poste-frontière d'Hendaye, l'homme
qui l'avait refoulée avait dû être relevé. Ou alors il avait
oublié ses instructions. On la laissa passer, sans qu'elle ait
à envoyer sa lettre à Cambon, et elle continua son voyage
vers Paris, la conscience tranquille.

Mata Hari était maintenant d'une immoralité inflexible,
mais avec une certaine distinction. Elle aimait sincèrement
certains de ses amants. Quant aux autres, ils étaient là
pour l'entretenir. En Hollande, elle avait encore le baron
van der Capellen, mais il était loin. Il continuait néanmoins
à lui envoyer des chèques de La Haye. Dans l'intervalle,
en France, elle avait rencontré un officier russe, Vadime
de Massloff, dont elle se croyait vraiment amoureuse. Mais
il n'était pas à Paris, et elle se consola brièvement avec un
homme qu'elle avait connu avant la guerre, Jean Hallaure,
qui portait maintenant l'uniforme — comme la plupart de
ses compatriotes. Griet Zelle avait toujours été fascinée
par l'uniforme.

Vadime de Massloff (qui devient Marrow, Marlow ou
Marzow sous la plume de certains) était capitaine dans le
Premier Régiment impérial russe spécial. Mata Hari l'aimait, déclara même qu'elle l'aimait plus que tous les
autres. Quand, six mois plus tard, elle fut arrêtée à Paris,
on trouva dans sa chambre plusieurs photographies de
Massloff ainsi que sa carte de visite (Mata Hari adorait
conserver ces cartes comme souvenirs). Sur l'une de ses
photographies qui figure dans le dossier secret, on peut
lire, écrit au dos : « Vittel — 1916 — Souvenir de quelques
jours les plus beaux de ma vie avec mon Vadime que
j'aime au-dessus de tout. » Elle ne l'avait jamais envoyée.
L'avait-elle gardée dans l'espoir de la remettre plus tard
elle-même à Vadime ? Avait-elle l'intention de la coller

ultérieurement dans la partie toujours vierge de son deuxième album ? Nul ne le saura jamais. Quoi qu'il en soit, Mata Hari avait pris soin d'actualiser le portrait. Vadime portait un bandeau sur l'œil, et Mata Hari avait consciencieusement noirci l'œil gauche à l'encre sur la photographie.

Vers la mi-août, Mata Hari commença à projeter de se rendre à Vittel. Ce voyage l'attirait pour deux raisons : sa santé et la possibilité de passer quelque temps avec Massloff. Elle connaissait déjà cette station thermale dont elle avait bu l'eau, célèbre pour soigner l'arthrite et autres maladies de ce genre et que les Français affectionnaient pour leur foie. Pendant son séjour à Vittel en 1911, Mata Hari avait été photographiée en ravissante robe longue en dentelle, portant une ombrelle, des gants montant jusqu'au coude, et un immense chapeau avec des plumes d'autruche.

Mata Hari, qui exploitait les hommes quand cela l'arrangeait, décida de se servir d'un amant pour en rejoindre un autre, ce qui lui permettrait de prendre soin et de son cœur et de ses problèmes hépatiques. Jean Hallaure, son compagnon du moment à Paris, lieutenant de cavalerie, gardait, depuis qu'il avait été blessé à Guise au début de la guerre, une légère claudication qui l'empêchait de reprendre le service actif. Un de ses amis, le capitaine de vaisseau Léon Corblet qui, malgré son rang dans la marine, servait d'expert des renseignements dans l'armée française, lui avait trouvé un poste au service secret du ministère de la Guerre qui venait d'être créé. Si l'on en croit M. Corblet, Jean Hallaure, ce grand et beau fils d'un *notaire* [1] éminent du Havre, n'avait jamais rien fait de ses dix doigts avant de s'engager dans l'armée. Agé de vingt-cinq ans en 1914, Hallaure épousa une Américaine à New York à la fin du conflit, puis rentra en France où il vécut jusqu'à sa mort

---

1. En français dans le texte. (N.d.T.)

au début des années soixante dans le village de Sainte-Marine (Finistère).

Hallaure expliqua à Mata Hari que Vittel était situé dans la zone des armées, et qu'il fallait un permis spécial pour y aller. Il lui conseilla de voir un ami à lui au bureau militaire pour les étrangers, boulevard Saint-Germain. Était-ce le but d'Hallaure ou une erreur de Mata Hari ? Toujours est-il qu'elle frappa à la mauvaise porte et se retrouva dans le mauvais bureau — celui du capitaine Ladoux, chef du service de renseignements français. Cet officier de carrière avait été nommé à ce poste par le général Joffre, commandant suprême des forces françaises.

Ladoux raconte l'entrevue dans ses livres, *Mes Souvenirs* et *Les Chasseurs d'espions*. Pendant cette agréable conversation, Ladoux révéla à Mata Hari qu'il était au courant de son amitié avec Hallaure. Lorsqu'il parla d'Hallaure comme d'un *grand blessé*[1], cela fit sourire Mata Hari. Elle connaissait ses blessures sur le bout des doigts.

L'entretien glissa ensuite vers un terrain beaucoup plus dangereux. Ladoux lui apprit qu'il connaisait aussi l'existance de Vadime de Massloff (que Ladoux appelle Marow, Malsoff et Malzov dans ses écrits). Mata Hari surprise, s'exclama : « Vous avez donc fouillé dans mes papiers ? » Ladoux lui aurait alors dit sans détours qu'il « ne prenait pas l'accusation d'espionnage des Anglais au sérieux ». Et il accepta de lui obtenir un laissez-passer pour Vittel.

Puis Ladoux passa à un autre registre. Il demanda à Mata Hari quels étaient ses sentiments à l'égard de la France et si elle consentirait à aider ce pays qu'elle prétendait tant aimer. Mata Hari resta évasive, mais quand Ladoux s'enquit de la somme qu'elle réclamerait pour ses services, elle lui répliqua qu'elle lui répondrait une fois la décision prise. Cette remarque mit fin à la conversation.

---

1. En français dans le texte. (N.d.T.)

La démarche suivante de Mata Hari ne fait que confirmer l'impression de Léon Faust : « Trop stupide pour être espionne. » Après avoir revu Ladoux deux jours plus tard pour récupérer son laissez-passer, elle alla rendre visite à l'un de ses amis. Il s'agissait de Henri de Marguerie qui, de 1901 à 1904, avait été attaché à l'ambassade de France aux Pays-Bas, à l'époque où Margaretha était venue chercher fortune à Paris. De Marguerie, diplomate accompli, occupait maintenant un poste important au Quai d'Orsay. Et Mata Hari, au lieu de garder pour elle cette invitation à rejoindre les rangs du service de renseignements français, s'empressa de demander conseil à de Marguerie.

Mata Hari raconte elle-même quelle fut la réaction de son ami après cette étonnante révélation qu'elle aurait dû taire. « Monsieur de Marguerie, confia-t-elle à celui qui l'interrogeait en février 1917, me dit qu'il était très dangereux d'accepter des missions de la nature de celles qu'on venait de me confier. Mais il ajouta qu'en tant que Français, il estimait que si quelqu'un pouvait rendre service à son pays, c'était moi. »

Mata Hari passa un séjour agréable à Vittel, où elle vit beaucoup son bien-aimé Vadime — comme le rapportèrent conciencieusement les agents de Ladoux. Mata Hari avait pris sa cure comme prétexte pour obtenir l'aide de Ladoux et d'Hallaure, car elle aurait difficilement pu avouer à ces deux hommes que son véritable dessein était de rejoindre son amant Vadime de Massloff.

(Bernard Newman écrit que Mata Hari resta deux mois à Vittel, alors qu'en réalité, ce fut deux semaines. Il ajoute ensuite en italique : « *Et le capitaine Marov n'y était pas.* » Le capitaine *Marov* probablement pas, mais le capitaine *de Massloff,* oui.)

Ladoux avait certainement une idée derrière la tête en autorisant Mata Hari à aller à Vittel. Il devait se demander si, à supposer qu'elle fût *vraiment* une espionne, elle essaierait d'obtenir des renseignements sur l'aéroport mili-

taire que l'on construisait alors à Contrexéville, à un jet
de pierre de Vittel. Cet aéroport, de par la présence de
Mata Hari dans le voisinage, a pris une dimension exagérée
— comme le montre le vieux film avec Greta Garbo. Les
aéroports et les avions de la Première Guerre mondiale
n'avait rien à voir avec ceux de la Seconde. Il n'y avait
pas de pistes, que de l'herbe et de la boue. Et les avions
étaient faits de fils métalliques et de toile. S'ils étaient
excellents pour les vols de reconnaissance, il était hors de
question de les utiliser pour des sorties plus longues. Ils
lâchaient les bombes avec un manque de précision indéniable et ils combattaient surtout en vol notamment après
l'invention qui permit de synchroniser les tirs des mitrailleu-
ses avec le mouvement de l'hélice. Mais les pilotes étaient
de superbes jeunes gens en uniforme, ce qui ne pouvait
que séduire Mata Hari.

Néanmoins, malgré leurs efforts, les agents de Ladoux
furent incapables — selon les dires de Ladoux lui-même
— de trouver la moindre indication d'un comportement
suspect de Mata Hari pendant cette cure, que ce soit à
Vittel ou à Contrexéville. Elle se conduisit de manière
exemplaire. Son courrier — qui fut constamment ouvert
— n'était pas rédigé à l'encre secrète et ne renfermait pas
de détails compromettants. Et, lorsqu'elle rentra à Paris
où elle avait loué un appartement non meublé avenue
Henri-Martin, Ladoux n'en savait pas plus qu'avant
— c'est-à-dire rien, à part ses soupçons.

Ladoux avait commencé sa surveillance de Mata Hari
en 1915, à la demande de Scotland Yard, et le dossier
présenté au procès contient des copies des rapports quotidiens que lui apportaient ses agents. Ces rapports ne
recèlent rien de suspect pour ce qui concerne les activités
de Mata Hari : elle faisait des courses, prenait le thé,
voyait des amis, rendit visite une fois à une diseuse de
bonne aventure — mais comme c'est souvent le cas avec

la mémoire et les conclusions de Ladoux, ces rapports font plutôt peser de lourds soupçons sur leurs auteurs.

Ils prétendent, par exemple, que, lors de son séjour à Paris en décembre 1915, Mata Hari avait pris à deux reprises des dispositions pour partir et avait dû chaque fois annuler son départ. D'après les agents de Ladoux, les bateaux qu'elle aurait dû prendre furent torpillés et coulés et, lors des interrogatoires, on accusa Mata Hari d'avoir été la cause de ces torpillages. Elle nia farouchement ; comme nous allons le voir, tout montre que les allégations des agents étaient fabriquées de toute pièce.

« Je n'ai nul souvenir d'avoir retardé mon départ de Paris en janvier 1916, déclara Mata Hari, ou d'avoir modifié ce départ après avoir fait descendre mes bagages. D'ailleurs, j'ai fait viser mon passeport à Paris le 4 janvier et je suis passée à Hendaye le 11. Il se peut toutefois que j'aie été obligée de partir quelques jours plus tard que je ne l'aurais voulu, Madame Breton m'ayant livré mes robes en retard. J'ignore si le bateau qui a précédé celui que j'ai pris à Vigo a été torpillé. Je n'ai pas peur de ce genre d'accidents. Je n'y pense même jamais. »

Alain Presles et François Brigneau qui, en mars 1962, écrivirent une série de quatre articles sur Mata Hari pour *Le Nouveau Candide*, mentionnent aussi ces rapports : « Les deux fois, les bateaux dont les dates de départ coïncidaient avec celles de ses fausses sorties, avaient été torpillés. »

En étudiant le dossier de Mata Hari, les jurés qui la condamnèrent à mort durent être fort impressionnés par les rapports du service de renseignements de Ladoux. Mais il est évident qu'ils ne sont pas fondés et qu'ils n'ont fait que jeter des soupçons là où il n'y en avait pas. Tout montre, en effet, que ces coïncidences relèvent de la fiction pure.

A Paris, Mata Hari vivait au Grand Hôtel. A cause de la guerre, les paquebots des pays neutres n'avaient pas

l'autorisation de partir des ports français sur la Manche.
Si bien qu'en quittant son hôtel, Mata Hari ne pouvait
prendre un train qui l'aurait menée en quelques heures au
Havre, à Cherbourg, ou même à Bordeaux, pour embarquer
ensuite. Pour prendre le bateau, elle devait aller de Paris
à Madrid en train, voyage de vingt-six heures au minimum,
puis changer de train pour gagner Vigo ou Lisbonne, c'est-
à-dire une bonne nuit de plus. Il lui fallait donc au moins
quarante-huit heures pour se rendre au port d'embarque-
ment, et plus encore si elle s'arrêtait à Madrid.

Un dernier élément prouve le caractère fictif de ces
accusations : ressortissante d'un pays neutre, Mata Hari
devait voyager à bord d'un bateau hollandais, et il n'y
avait pas de départs quotidiens dans la mesure où ces
paquebots venaient d'Amérique du Sud. Il est vrai que
de nombreux bateaux hollandais ont été coulés par les
Allemands. Mais on imagine mal Mata Hari se précipitant
sur un téléphone, après avoir envoyé ses bagages, pour
passer un rapide coup de fil à un agent secret à Paris qui
lui aurait dit : « Ne prenez pas ce bateau — nous allons
le torpiller. »

On peut s'étonner que le capitaine Ladoux n'ait pas
découvert ces contradictions dans les rapports de ses
espions. On s'étonne plus encore qu'il mélange tout,
comme le montre les faits qu'il relate et les conclusions
qu'il en tire dans ses écrits. Dans *Mes Souvenirs,* il dit
que « depuis janvier 1915, elle attirait l'attention de mes
services par ses nombreux voyages hors de France ».
Pourtant, en janvier 1915, Mata Hari ne se trouvait pas
en France, n'y était pas venue depuis début 1914 et n'y
reviendrait pas avant décembre 1915 ! En janvier 1915,
Mata Hari était toujours en Hollande.

13.

A son retour de Vittel, les entretiens de Mata Hari et de Ladoux reprirent sur un ton courtois et quelquefois même badin. Mata Hari lui dit qu'on l'avait filée jusqu'à son bureau, et le chef du service de renseignements avoua que cela faisait partie de ses méthodes de travail. Sa suspecte pensait que l'homme qui l'avait suivie devait être fatigué et suggéra qu'on l'autorise à aller prendre un verre dans un café voisin. Ladoux abonda dans son sens, ce qui dut réconforter le pauvre agent épuisé.

La conversation prit alors un tour plus sérieux. Mata Hari informa Ladoux qu'elle était disposée à aider la France — à la condition qu'on la paie convenablement. Lorsqu'elle proposa un prix pour sa coopération, un million de francs, Ladoux resta pantois. Mais Mata Hari, que toute timidité quittait quand elle abordait les questions d'argent, lui expliqua qu'elle avait besoin de cette somme pour pouvoir épouser Vadime de Massloff. En effet, la famille et les relations de celui-ci ne l'accepteraient que si elle apportait une dot confortable. Ladoux ne fut pas immédiatement conquis par cette idée, mais Mata Hari lui certifia que ses services vaudraient ce montant ; après tout, elle connaissait beaucoup de monde — Wurfbain, par exemple.

Mata Hari avait dû longtemps garder ce nom en mémoire dans l'attente d'un moment propice pour l'utiliser. Wurfbain était l'homme dans le bureau duquel l'entrepreneur de La Haye l'avait insultée, comme elle l'expliquait dans sa lettre à M. Hijmans, son avocat. Il habitait maintenant Bruxelles, précisa-t-elle, et pourrait lui être d'une grande aide. (La Chambre de Commerce de Bruxelles m'informa qu'en raison de l'incendie qui avait ravagé le Palais de Justice en 44, elle n'était pas en mesure de vérifier l'adresse des bureaux de Wurfbain en 1917.) L'imagination débordante de Mata Hari faisait jaillir des idées à volonté dans son esprit au moment même où elles pouvaient passer pour vraies, mais elle ne se doutait pas qu'un jour elle finirait par tomber dans la toile qu'elle tissait.

Ladoux, cependant, trouva la suggestion excellente. Des images de paix sur la côte hollandaise et dans sa maison de La Haye durent surgir immédiatement devant les yeux de Mata Hari. Selon la version du Français, Ladoux lui dit de demander un passeport pour se rendre en Hollande *via* l'Espagne.

Mata Hari utilisa aussi fréquemment ce mot « passeport » lors des interrogatoires, mais à l'évidence, ils voulaient tous les deux dire « visa ». Comme elle n'était pas une diplomate, elle n'avait pas à aller au ministère des Affaires étrangères pour réclamer un passeport, mais en revanche elle avait besoin d'un laissez-passer sous forme de visa pour traverser la frontière. Mata Hari avait déjà un passeport, celui qu'on lui avait délivré à La Haye. Il n'était pas nécessaire qu'on lui procure un passeport français. D'ailleurs, elle se servit bien de son propre passeport pour quitter le pays — ainsi qu'en témoignent les tampons qui figurent dessus.

La plus grande confusion règne en ce qui concerne la

suite des événements. On a donné plusieurs versions du plan qui avait germé dans l'esprit de Ladoux pour appâter sa victime : celle de Ladoux, celle du commandant Massard qu'il expose dans son livre *Les Espionnes à Paris*, une troisième à propos d'un rendez-vous à La Haye (celle de Ladoux encore) et une quatrième impliquant un agent britannique. Les Français ignoraient tout de ce fameux agent anglais jusqu'à ce que Mata Hari y fasse allusion en passant, sans penser une seconde que les Français utiliseraient ensuite son propre témoignage pour l'envoyer à la mort.

L'agent anglais était un citoyen belge du nom d'Allard. Lorsqu'on l'interrogea plus tard, Mata Hari devait dire à Bouchardon qu'elle les avait rencontrés, lui et sa femme, à bord du paquebot hollandais *Hollandia* à son retour de France en Hollande en novembre 1916. Le capitaine du bateau avait déclaré qu'Allard était un agent anglais et que sa femme travaillait pour les Allemands. En arrivant en Espagne, Mata Hari avait raconté cette histoire au secrétaire du consul hollandais à Vigo, qui se trouvait être français. C'est tout ce que Mata Hari savait de cet agent et elle en informa les Français *sans en être priée*. On allait intégrer cet agent anglais au procès. Le jury dut répondre à la question suivante : oui ou non, Mata Hari « avait-elle divulgué le nom d'un agent au service de l'Angleterre » ?

La plupart des biographes s'attardèrent surtout sur la version de Massard, la plus alléchante, puisqu'elle impliquait six espions qui auraient travaillé en Belgique et à qui Mata Hari était censée livrer certains messages — sur les instructions de Ladoux. Cinq d'entre eux étaient des agents doubles qui espionnaient à la fois pour la France et l'Allemagne, et donc connus de l'ennemi. Le sixième travaillait exclusivement pour la France, et on dit que les Allemands le fusillèrent plusieurs semaines plus tard. Mata Hari fut donc soupçonnée d'avoir livré les six noms au service de renseignements allemand qui fit fusiller ensuite le seul agent dont le nom leur était inconnu. On ne dit nulle part — ni dans la version de Ladoux ni dans celle de Massard, les plus exactes — que l'agent exécuté travaillait pour les Anglais, et l'on ne parla même pas de cette affaire des espions belges au procès.

Le rendez-vous de La Haye était une invention de Ladoux, ce qui rend les événements des semaines suivant le départ de Mata Hari de Paris encore plus compliqués, plus fabriqués et suspects.

Le commandant Coulson, lui, va plus loin. Il rend Mata Hari responsable des batailles du Chemin des Dames et d'Artois qui, dit-il, eurent lieu « peu après son départ de Vittel ». Comme Mata Hari se trouvait à Vittel en septembre 1916, il paraît hautement improbable qu'elle ait été à l'origine de la capture du Chemin des Dames par les Allemands en 1914, de la libération du Chemin des Dames par les Français en octobre 1917 et de l'échec de la contre-offensive allemande au printemps 1918. En ce qui concerne l'Artois, la bataille y fit rage en mai et juin 1915 — plus d'un an avant le voyage de Mata Hari à Vittel.

Puis le commandant continue en essayant de prouver la vraie culpabilité de Mata Hari. Avant qu'elle ne parte en Espagne, il la fait aller à la légation des Pays-Bas à Paris, où elle demande qu'on transmette une lettre à sa *fille* (!) en Hollande.

Selon le commandant Coulson, l'homme à qui elle parla était un agent français qui ouvrit la lettre et qui, après l'avoir décodée, découvrit qu'elle contenait « des informations de la première importance concernant les opérations d'espionnage qui devaient aider les Français à réparer les dégâts causés par le coup frappé par leurs ennemis ». Bien sûr, cette lettre et les informations qu'elle était censée contenir n'ont jamais existé que dans l'imagination du commandant.

On a aussi accusé Mata Hari d'avoir renseigné les Français à propos de la base allemande de ravitaillement des sous-marins à Mehidiya ou Mehdya au Maroc. Comme cela se situe à environ dix kilomètres au nord de Kenitra (ancien Port-Lyautey) on doute que les Allemands aient choisi cette emplacement pour leur base secrète. Quand les Français apprirent que Mata Hari avait été capable de leur fournir ce renseignement, ils en conclurent que ce fait prouvait qu'elle travaillait bien pour les Allemands, « puisque ce genre de renseignements ne peut être obtenu que chez les Allemands ». Cette déduction était à la portée du dernier agent secret — bien sûr que *toutes* les informations devaient venir des Allemands, c'était pour cela que le deuxième bureau français utilisait des espions, français et étrangers.

Dans *Inquest*, Bernard Newman ne saisit pas plus cette histoire de sous-marins marocains que ses collègues. Il se pose la question de savoir si les Allemands se seraient servis de Mehidiya et, comme cela paraît illogique, il abandonne cette hypothèse — à l'instar de la plupart des biographes de Mata Hari. L'important n'est pas de savoir si les Allemands ont effectivement utilisé Mehidiya ou s'ils ont eu une base au Maroc, mais si Mata Hari en informa les Français. Ce qu'elle a fait ! Elle l'a fait parce qu'elle espionnait *pour les Français* et *sur la demande de ces derniers*, même si le Français impliqué dans l'affaire le nie dans la déclaration douteuse qu'il fit lors des interrogatoires. Cet homme était le colonel Danvignes, chef du service français à Madrid. Toutefois, quand Mata Hari donna son renseignement à propos des sous-marins allemands au capitaine Ladoux à Paris, ce dernier fut si surpris qu'il s'exclama : « *Les bras m'en tombent !*[1] » Le capitaine Ladoux ne contesta jamais la déclaration de Mata Hari au tribunal, contredisant ainsi toutes les opinions des experts.

---

1. En français dans le texte. (N.d.T.)

Ayant accepté la proposition de Ladoux de retourner en Hollande et d'espionner pour les Français, Mata Hari lui demanda, et cela est confirmé par Ladoux lui-même dans ses *Souvenirs*, s'il l'autorisait à prévenir la légation des Pays-Bas à Paris de son retour imminent dans son pays. Ladoux n'y vit pas d'objections, mais en tira d'étranges conclusions qui sont bien dans la lignée de toutes les autres conclusions illogiques auxquelles il était parvenu plus tôt.

Ladoux écrit qu'il « était maintenant convaincu » de sa culpabilité. On se demande pourquoi. Est-ce que le fait que Mata Hari veuille prévenir la légation de son propre pays de son retour imminent prouve qu'elle était une espionne ? Ladoux en était persuadé, pour quelque mysté-rieuse raison. On a l'impression que, pour le chef du Deuxième Bureau, *tous* les actes de Mata Hari prouvaient qu'elle était une espionne allemande.

Sans même avoir reçu le million de Ladoux, en fait sans rien avoir reçu, Mata Hari finit par quitter Paris pour Madrid et Vigo ; elle devait embarquer sur le *Hollandia* où, lui dit le capitaine Ladoux, on lui avait réservé une cabine. Cela ne se passa pas début ou fin octobre, comme on l'a raconté. Elle traversa la frontière franco-espagnole le 6 novembre 1916, ainsi que l'indique clairement le quatrième des six tampons apposés sur son passeport hollandais délivré à La Haye et que l'on trouve dans le dossier secret français.

Le capitaine Ladoux avait renforcé la filature. Mata Hari, qui devait prendre le train de 8 h 13 à Madrid pour Vigo, arriva dans le hall de l'hôtel à 7 h 05. L'un des deux agents secrets qui l'avaient filée de la frontière espagnole à Madrid ne devait pas être aussi malin qu'il le croyait, car Mata Hari s'approcha de lui et lui révéla qu'elle l'avait reconnu à Irun. Elle allait rester un jour de plus à Madrid et lui demandait de ne pas la suivre cet après-midi-là, parce qu'« elle devait rencontrer un de ses compatriotes entre deux heures et quatre heures ». L'agent, homme discret, lui promit de la laisser tranquille mais envoya son collègue à sa place. D'après le rapport de celui-ci, que reprend Ladoux, elle prit une voiture, pendant que l'agent (âgé de trente-six ans, mais grimé en homme de soixante) la suivait à bicyclette ! Il rapporta qu'elle se rendit au Café Palmario où elle passa deux coups de téléphone, à la banque allemande de Madrid et au consul allemand à Vigo, selon lui.

Quand on pense à l'histoire des bateaux torpillés, on peut se demander quel crédit accorder à ce rapport sur les coups de téléphone — même si ces derniers n'ont, a priori, rien de compromettants. On se pose d'autant plus la question lorsqu'on voit à quel point le capitaine Ladoux devait se contredire lui-même plus tard.

(La compagnie espagnole du téléphone m'informa que tous les bottins des compagnies qui existaient alors ont été détruits, mais personne au bureau central ne se souvient d'un café Palmario. Le quotidien *ABC* de Madrid me confirma aussi ce renseignement : aucun des journalistes ne se souvenait d'un café de ce nom, bien que la plus grande partie de la presse espagnole passe sa vie dans les cafés.)

Dans son livre *Chasseurs d'espions*, le capitaine Ladoux affirme, et c'est exact, que Mata Hari prit le *Hollandia*. Pourtant, dans *Mes souvenirs*, où il raconte la même histoire, il explique que Mata Hari était *censée* prendre le *Hollandia*, mais que les Anglais lui demandèrent de monter à bord d'un de leurs bateaux. Ladoux est en colère contre les Anglais : « Le capitaine Paul, chef du service de renseignements à Hendaye [...] fit part de son sentiment à l'Amirauté anglaise qui, froidement, sans nous consulter, une fois la danseuse montée à Vigo sur le transport néerlandais qui devait la débarquer à Rotterdam, [...] la fit passer à bord du bâtiment britannique *The Marvellous*. » Et, ajoute le capitaine un peu perdu : « Elle continua ensuite de Liverpool en Hollande. » Comme nous allons

le voir, Mata Hari ne monta jamais à bord du *Marvellous*,
ne revit jamais la Hollande, et ne se rendit à Liverpool
que pour prendre un bateau à destination de l'Espagne
— car l'un des épisodes les plus étranges de la vie de l'ex-
danseuse va se dérouler maintenant.

En faisant abstraction de tous les récits imaginaires,
nous découvrons que, même dans les rapports officiels, il
n'y a que des contradictions, à la fois de la part des
Français *et* de la part des Anglais. Si l'on en croit les
rapports de Scotland Yard — et il n'y a aucune raison de
les mettre en doute —, soit les Français et les Anglais ont
tendu ensemble un piège à Mata Hari, soit le service
de renseignements anglais avait les idées embrouillées à
l'époque, soit encore les deux.

14

En 1916, si la flotte britannique n'était pas le maître incontesté sur toutes les mers du globe, elle l'était sur la Manche. C'est ainsi que l'on déroutait constamment des bateaux neutres vers les ports anglais afin d'en fouiller les cargaisons et les passagers. C'est le sort qui fut réservé au *Hollandia*, paquebot à bord duquel Mata Hari espérait rallier la Hollande, pensant peut-être même continuer ensuite jusqu'à Bruxelles pour s'acquitter de la mission qu'elle avait promis à Ladoux d'accomplir. Il ne se passa rien d'extraordinaire avant que le paquebot n'accoste à Falmouth en Cornouailles. Pour apprécier ce qui suit, il faut se souvenir que les Anglais avaient commencé à soupçonner Mata Hari bien avant les Français ; qu'ils l'avaient interrogée à Folkestone ; qu'ils lui avaient refusé un visa en avril 1916 ; et qu'en fait, les Français ne s'étaient mis à la filer qu'après avoir reçu un message de leurs collègues anglais. Par conséquent, les agents du service de renseignements qui montèrent à bord du *Hollandia* à Falmouth devaient avoir en poche une liste de suspects sur laquelle figurait déjà le nom de Mata Hari. Il est même peut-être possible qu'un de leurs agents les ait prévenus de

Vigo qu'elle se trouvait à bord. Apparemment, Ladoux ne leur avait rien dit.

Pourtant, aucun des agents du service des renseignements britannique, comme on l'a expliqué au début de ce livre, ne reconnut Mata Hari. Ils lurent le nom de Margaretha Zelle-MacLeod sur son passeport, mais, affirment-ils, ce nom ne leur dit rien — bien que l'on puisse raisonnablement imaginer qu'ils n'ignoraient pas que ce fût là le véritable patronyme de Mata Hari. Et, plus étrange encore, ils accusèrent Mata Hari d'être Clara Benedix, originaire de Hambourg, présumée espionne allemande que les Anglais rêvaient de capturer.

De surprise, Mata Hari devint presque hystérique, on s'en doute. Les choses s'aggravèrent quand, après une fouille en règle, l'agent de Scotland Yard, G. Grant, l'arrêta officiellement. Les agents du service de renseignements la firent débarquer et l'envoyèrent à Londres, voyage qui, encore aujourd'hui, prend six heures et demie au mieux. De là, ils l'emmenèrent tout droit à Scotland Yard et la mirent en prison, le matin du 15 novembre.

George Reid Grant était absolument sûr que sa prisonnière était bien la très recherchée espionne allemande connue sous le nom de Clara Benedix. Après avoir fait débarquer Mata Hari au matin du 14 novembre, il envoya une lettre au quartier général de Scotland Yard à Londres — certainement par courrier spécial — informant ses supérieurs « qu'une dénommée Margaretha Zelle MacLeod est arrivée ici aujourd'hui à bord du *SS Hollandia*, voyageant avec un passeport hollandais n° 2 603, délivré à La Haye le 12 mai 1916 ».

L'inspecteur Grant disait ensuite que « cette femme a fait de fréquents voyages entre l'Espagne et la Hollande, et on pense qu'il s'agit de Clara Benedix, espionne allemande dont le bureau d'espionnage et de contre-espionnage connu sous le nom de M.I.5 a fait circuler un signalement ». Il ajoutait que « quand on l'interrogea sur le but de son voyage, Mme MacLeod fit plusieurs déclarations contradictoires ».

Mata Hari, comme s'il était normal d'informer les Anglais de ses entretiens avec le capitaine Ladoux, dit en passant à l'inspecteur Grant qu'à son arrivée en Hollande, « elle accomplirait certainement une mission secrète pour le compte des autorités françaises ». Lorsqu'on lui annonça qu'on la soupçonnait d'avoir voyagé à d'autres occasions sous le nom de Benedix, Mata Hari se souvint soudain — et on se demande bien pourquoi elle jugea bon de donner ce petit détail — « qu'elle avait rencontré une dame du nom de Clara Benedix au début de cette année lors d'un trajet de Madrid à Lisbonne et qu'elle avait dîné à la même table qu'elle en compagnie d'un consul allemand ». Éléments que Grant transmit à Londres.

L'inspecteur concluait sa lettre d'informations en déclarant que, « comme l'histoire de Mme MacLeod paraissait fort étrange, il a été décidé de la faire débarquer et de l'envoyer à Londres pour de nouveaux interrogatoires. On l'y envoie ce soir sous escorte ». Dans le même temps, Grant télégraphia à Londres : « Suspecte débarquée du *Hollandia* arrive Paddington 6 h 45 sous escorte — dépêchez agent arrivée train. » Un autre message, téléphoné de l'Amirauté, confirmait l'arrivée à 6 h 45 et ajoutait que la prisonnière et l'escorte seraient au quartier général vers 7 h 30.

(Sir) Basil Thomson était, à l'époque, préfet adjoint et chef de la branche spéciale de la police, mieux connue sous l'appellation de Scotland Yard. Sortant d'Eton et du New College d'Oxford, Sir Basil était haut fonctionnaire depuis pas mal d'années et avait même été premier ministre des îles Fidji. Inscrit au barreau en 1896, il avait dirigé plusieurs grandes prisons britanniques jusqu'en 1913, pour finir Secrétaire aux Prisons. Né en 1861, il était donc âgé de cinquante-cinq ans quand Mata Hari arriva à Scotland Yard, et si l'on en juge par son palmarès, ce devait être un homme brillant, avec un sens poussé de l'organisation. Pourtant, le 16 novembre, il signa deux lettres contradictoires, adressées toutes les deux à l'ambassadeur des Pays-Bas à Londres. La première avait été dictée par une personne dont les initiales étaient E.R., alors que sur l'autre figuraient les initiales K.P. Mais ces deux missives portaient le paraphe de Sir Basil.

On serait tenté de croire que soit les agents qui ramenèrent Mata Hari à Londres soit ceux qui l'interrogèrent à Scotland Yard — y compris Sir Basil lui-même — n'avaient pas le don des langues ou n'étaient pas très judicieux, soupçon grave quand il s'agit d'agents de Scotland Yard. Voici pourquoi. Dans la première lettre, on dit qu'une certaine Margaretha Zelle MacLeod est porteuse d'un passeport *français* délivré à *La Haye*, et ce n'est que dans la seconde lettre que l'on découvre que le passeport de Mme Zelle-MacLeod est en fait hollandais. L'orthographe de son nom diffère dans les deux messages : MacLeod, dans le premier, devient McLeod dans l'autre — c'est ainsi que Mata Hari signait.

L'enquête ou interrogatoire que dirigea Sir Basil Thomson commença dès l'arrivée de Mata Hari à Scotland Yard. La « prisonnière » déclara s'appeler Margaretha Zelle MacLeod et précisa qu'elle était divorcée. On lui montra alors une photographie de Clara Benedix, à propos de laquelle George Reid Grant me dit en 1964 « que la ressemblance était frappante, surtout avec ce costume ibéro-oriental que la femme photographiée portait ».

Mata Hari nia être cette femme et, quand on lui dit que son « vrai nom était Clara Benedix », elle nia aussi. Elle nia encore lorsqu'on suggéra que son passeport était faux, que quelqu'un avait ajouté sa photographie, parce que le bord de tampon ne coïncidait pas avec le reste du tampon qui figurait *en dessous*. Il y avait aussi une inscription *sous* la photographie, mais Mata Hari continua d'affirmer : « c'est mon passeport. »

Les enquêteurs passèrent ensuite à son passé, ses parents, son lieu de naissance, son âge — elle confirma avoir quarante ans — et la date de son départ de chez elle. Elle déclara que son père s'appelait Adam Zelle — qui devint *Ardum Zella* sous la plume du greffier. Elle avait eu deux enfants de John MacLeod, et l'un d'eux était mort « en Inde[1] », avait quitté son mari en 1903 et s'était ensuite rendue à Paris.

Lorsqu'on évoqua à nouveau le nom de Clara Benedix, Mata Hari répéta ce qu'elle avait déjà dit à George Grant — elle avait partagé son compartiment « dans un train entre Madrid et Lisbonne ». Scotland Yard disposait apparemment de beaucoup de détails sur les mouvements de Mata Hari, leurs agents avaient fait correctement leur travail, car on lui demanda si cette rencontre dans le train « s'était produite le 24 janvier de cette année » (1916), à quoi Mata Hari répondit que ce devait être ça.

Puis on lui demanda si elle était déjà allée à Séville. « Jamais », dit Mata Hari, ajoutant qu'elle ne connaissait que « Barcelone, San Sebastian et Madrid ». Essayant une fois de plus de l'assimiler à Clara Benedix, à propos de qui Scotland Yard était très bien informé, on lui demanda si elle avait travaillé à Malaga. « Je n'ai jamais mis les pieds à Malaga », répliqua-t-elle. Quant on en vint à sa situation au début de la guerre, Mata Hari sauta quelques années en affirmant qu'à l'époque, elle se trouvait « en Italie. Je dansais à la Scala de Milan ». En fait, elle y avait dansé presque trois ans auparavant, en 1911-1912. « Puis, j'eus un engagement au Théâtre Métropole de Berlin. La guerre éclata et je suis rentrée en Hollande.

Basil Thomson. — Où habitiez-vous en Hollande ?
Mata Hari. — Chez moi.

---

1. Les Hollandais appelaient les Indes orientales néerlandaises, « Indië » (prononcé India), d'où la confusion du greffier. (N.d.A.)

B.T. — Parlez-vous anglais ?

M.H. — Oui.

B.T. — Quand avez-vous quitté la Hollande ?

M.H. — Je suis partie de Hollande pour aller à Paris. Vous avez mon passeport français. Je suis passée par Londres, Folkestone, puis Paris.

B.T. — Vous trouviez-vous en Hollande en 1914 ?

M.H. — Oui. En Hollande, j'ai un ami qui appartient au deuxième régiment des fusiliers et je vis avec lui.

B.T. — En novembre 1915, vous avez obtenu un visa pour Londres. Ce passeport n° 312 fut délivré le 27 novembre 1915. Étiez-vous à Paris le 4 janvier 1916 ?

M.H. — Oui.

Les agents de Scotland Yard tentèrent à nouveau de faire avouer à Mata Hari qu'elle était Clara Benedix. On lui demanda si « elle avait jamais eu une inflammation à l'œil droit ». Mata Hari, qui n'avait jamais eu de problèmes avec ses yeux, fut étonnée de la question et répondit sans hésiter qu'elle « n'avait jamais rien eu aux yeux ». Dans le descriptif détaillé que Scotland Yard avait fait circuler dans divers bureaux environ un an auparavant, lorsque Mata Hari avait été interrogée lors de son voyage à Dieppe par Folkestone, on disait de ses yeux qu'ils étaient « gris-brun ». Cette fois, Basil Thomson lui demanda, après l'avoir regardée de près, si elle savait « que l'un de vos yeux est plus fermé que l'autre » ? Mata Hari, qui connaissait parfaitement cette petite particularité physique, répondit que « cela avait toujours été comme ça ».

La photographie de Clara Benedix, dit l'agent, présentait la même particularité. Mata Hari acquiesça, mais maintint qu'il ne s'agissait pas d'une photo d'elle. On lui montra alors un portrait d'elle, pris — dit-elle — cette même année à Madrid. Basil Thomson trouva qu'il y avait « d'autres similitudes », puis passa au sujet de la date du départ de

Mata Hari pour Paris. Elle ne savait plus très bien, mais cela se situait en « 1916 ».

La journée allait être longue, car, si l'on s'en réfère à la transcription de l'interrogatoire, celui-ci dura plusieurs heures.

Pourquoi, lors de ce premier voyage en 1915 au cours duquel elle ramena ses biens de sa maison parisienne, son visa pour la Hollande portait-il la mention *via* l'Espagne et le Portugal ? Parce que, répondit Mata Hari, le consul hollandais (à Paris) lui avait signalé qu'avec tous ses bagages, elle trouverait de meilleurs bateaux en partance du Portugal, trajet plus pratique que celui qui passait par Folkestone et Dieppe. (En plus, elle aurait risqué de subir de nouveaux interrogatoires en Angleterre.)

On passa ensuite à la loupe son voyage en Espagne, car les agents de Scotland Yard voulaient savoir ce qu'elle y avait vraiment fait : « Avez-vous traversé l'Espagne sans arrêt pour rejoindre le Portugal ? »

M.H. — J'ai quitté Paris dimanche soir, 5 février, je suis arrivée à Madrid le mercredi et à Vigo le samedi. Puis je suis allée voir un Français à Barcelone, Juan Caris Januona. [Le greffier ajouta un point d'interrogation, probablement à propos de l'orthographe. L'*Espagnol* était le sénateur Junoy, dont on entendra parler plus longuement lors des interrogatoires avec Bouchardon.]

B.T. — Pourquoi vous êtes-vous arrêtée quinze jours à Barcelone alors que vous rentriez en Hollande ?

M.H. — Pour voir l'endroit.

B.T. — Où se trouvaient vos bagages pendant ce temps-là ?

M.H. — Avec mon impresario.

B.T. — Vous avez une fiche ?

M.H. — Oui, chez moi à La Haye.

B.T. — Portez-vous un bracelet ?

M.H. — Oui. [Elle le montra.]

On demanda alors à un des inspecteurs de s'adresser à Mata Hari en hollandais. Il déclara qu'elle parlait bien cette langue, mais avec un accent du nord (Frison).

B.T. — Vous avez passé deux semaines à Barcelone en février. Et de là à Madrid et à Lisbonne ?

M.H. — Cela ne figure pas sur ce passeport, mais sur celui qui est resté en Hollande.

B.T. — Avez-vous d'autres preuves que ce passeport de vos mouvements en Espagne ?

M.H. — Non. L'autre passeport est à La Haye au bureau des passeports.

B.T. — Nous avons l'intention de faire venir quelqu'un de Barcelone qui vous a connue sous votre autre nom.

M.H. — Vous ne pouvez pas faire cela.

B.T. — Si l'on vous juge pour espionnage, vous pourrez faire venir tous les témoins que vous voudrez de Hollande, mais dans l'intervalle nous allons vous garder à vue pour espionnage présumé et pour détention de faux passeports.

M.H. — J'espère que j'aurai l'occasion de prouver mon identité.

B.T. — Oh ! certainement. Si vous souhaitez faire venir quelqu'un qui puisse témoigner de votre identité, nous serons heureux de le voir.

Mata Hari cita alors les noms d'un journaliste de Londres, M. Albert Keyzer, et de sa femme « qui me connaissent depuis douze ans » ainsi que celui d'un certain M. Henri Rudeaux « qui me connaît très bien ».

L'enquêteur passa alors à l'Allemagne, demandant si Mata Hari était allée à Hambourg, la ville dont Clara Benedix était originaire. Jamais, « je le jure ». L'agent enchaîna en demandant si elle ne s'y était pas rendue pour son travail. Elle répondit à nouveau par la négative.

B.T. — C'est une coïncidence rare que deux personnes aient la même particularité physique au sourcil gauche et un œil qui se ferme comme ça, comme pour vous et la femme de la photo.

M.H. — Ce n'est pas ma photo, monsieur.

B.T. — Alors vous êtes victime des circonstances ? Et d'une autre. Il y a quelque chose écrit à la main *sous* la photo qui figure sur ce passeport, et si c'est un faux, c'est un faux très maladroit.

M.H. — Ce n'est pas un faux. Puis-je voir l'ambassadeur des Pays-Bas ?

B.T. — Vous pouvez communiquer avec le consul. Je vais écrire à l'ambassade des Pays-Bas, puisque nous avons des doutes à propos de votre passeport. Je vais aussi lui dire que je pense que vous êtes Clara Benedix, une Allemande.

M.H. — Elle est plus jeune que moi — de la même taille ou légèrement plus petite, forte carrure. Je n'ai pas vu la couleur de ses cheveux.

B.T. — Vous a-t-elle parlé ?

M.H. — Oui, nous avons discuté tout le temps.

B.T. — Que vous a-t-elle dit qu'elle faisait ?

M.H. — Je ne lui ai pas posé la question.

B.T. — Dans quel hôtel êtes-vous descendue à Madrid ?

M.H. — Le Ritz, comme toujours.

B.T. — Et à Barcelone ?

M.H. — Hôtel des Quatre-Saisons, sous le nom qui figure sur mon passeport.

B.T. — Êtes-vous déjà descendue à l'hôtel Roma à Madrid ?

M.H. — Non.

B.T. — Est-ce le passeport que vous avez signé ?

M.H. — Oui.

B.T. — Est-ce que la photo était déjà dessus quand vous l'avez signé ?

M.H. — Oui.

B.T. — Très bien. Alors, pouvez-vous nous expliquer pourquoi le mot continue en dessous ?

M.H. — C'est mon passeport, c'est tout ce que je peux vous dire.

On demanda alors à Mata Hari de signer, et sa signature était la même que sur le passeport. Puis on l'envoya à Cannon Row[1] où l'on donna l'ordre de lui fournir de quoi écrire.

A Cannon Row, Mata Hari écrivit sa lettre à l'ambassadeur hollandais. Les interrogatoires avaient dû la bouleverser, car elle date sa lettre du « 13 novembre 1916 » alors que c'était le 15 novembre. En outre, elle orthographia son nom une fois MacLeod et l'autre McLeod.

Excellence,

Puis-je demander avec déférence à votre Excellence de faire au plus vite tout son possible pour me venir en aide.

J'ai été impliquée dans une terrible affaire. Je suis Madame Mac Leod, née Zelle, divorcée. Je me rendais en Hollande *via* l'Espagne, munie de *mon très authentique passeport*.

La police anglaise prétend qu'il est faux et que je ne suis pas Mme Zelle. Je suis à bout de nerfs, emprisonnée depuis ce matin à Scotland Yard. Je vous en prie, venez à mon secours.

J'habite à La Haye, 16, Nieuwe Uitleg, et je suis aussi connue là-bas qu'à Paris, où j'ai résidé durant des années.

Je suis toute seule ici et je fais le serment qu'*absolument tout est en règle* dans ma situation.

C'est un malentendu, mais je vous en prie, aidez-moi.
Sincèrement,

M.G. Zelle McLeod.

---

1. Cannon Row est un Bureau de Police, avec des cellules, au centre de Londres. (N.d.A.)

Le lendemain, on continua cet interminable interrogatoire, dans le but de prouver que Mata Hari et Clara
Benedix n'étaient qu'une seule et même personne. Mata
Hari était maintenant entourée de plusieurs enquêteurs. A
part Basil Thomson, il y avait aussi un certain commandant
Drake et Lord Herschell. On montra à Mata Hari une
lettre trouvée dans ses bagages et on lui demanda qui
l'avait écrite. « M. Higby à Madrid. » répondit-elle.

La lettre, datée du 18 juin 1916 — peu après l'arrivée
de Mata Hari en Espagne sur le *SS Zeelandia* en provenance
de Hollande et sa tentative de continuer jusqu'à Paris
— avait probablement été écrite, à en juger par la formule
de politesse de la fin, en français. Un certain M. Ginhoven
la traduisit pour Scotland Yard. C'est l'homme qui s'était
adressé à elle en hollandais la veille. A Madrid, elle avait
eu des difficultés avec son visa d'entrée en France et elle
avait demandé à M. Digby — qui écrivait sur une lettre à
en-tête du Casino de Madrid — de l'aider. M. Digby avait
immédiatement contacté l'ambassadeur des Pays-Bas, sans
parvenir à un résultat. Il lui écrivit donc :

Madame,

Recevant votre lettre du 14 à l'instant, j'ai aussitôt
informé l'ambassadeur des difficultés que vous avez
rencontrées. M. van Royen vous a immédiatement
recommandée auprès de l'ambassade de France, et pour
être précis, il a fait tout ce qui était en son pouvoir
pour obtenir pour vous l'autorisation d'entrer en France.
Mais même l'intervention personnelle de l'ambassadeur
n'a rien donné, ni les déclarations de vos sympathies
pour les Alliés. Je peux vous assurer que M. van Royen
a fait tout ce qui était en son pouvoir pour vous aider.

La raison du refus tient à ce que vous figurez sur la
liste anglaise des suspects. M. van Royen vient de m'en

prévenir par téléphone. Je suis désolé d'avoir à vous donner cette désagréable nouvelle, mais si je peux vous être d'une quelconque assistance, je reste à votre disposition.

En attendant, je reste, avec mes respectueuses salutations, votre serviteur,

J. Higby.

Il est intéressant de noter que, si cette lettre est datée du 18 juin *à Madrid*, Mata Hari, à cette date, avait quitté cette ville pour la France le 14, comme le tampon de son passeport nous l'apprend, et, d'après un autre tampon, elle arriva à Paris le 16. Nous ne pouvons donc que conclure qu'on a fait suivre cette lettre à Mata Hari à Paris, ce qui semble improbable, étant donné son contenu risqué, ou qu'elle l'a reprise en repassant par Madrid. C'est sans aucun doute un signe d'inconscience de sa part que d'avoir gardé cette lettre très compromettante pour rentrer (en principe) en Hollande, sachant très bien par expérience que si le bateau était détourné sur un port anglais, elle risquait d'être à nouveau interrogée et fouillée.

Comme si la confusion Mata Hari-Clara Benedix ne suffisait pas, un troisième individu apparut qui devait encore compliquer les choses pour Mata Hari et Scotland Yard. Basil Thomson lui demanda maintenant si elle s'était rendue à Liverpool depuis le début de la guerre. « Non, jamais », répondit-elle.

B.T. — C'est décidément une affaire d'identification des plus intéressantes que nous avons là. Car une dame portant votre nom est allée à Liverpool, où elle a été vue par cet officier, et vous n'êtes pas cette dame — très intéressant.

M.H. — Je n'ai pas de famille, donc c'est curieux. Je suis toute seule.

B.T. — D'abord, vous arrivez avec le passeport Zelle, puis nous avons une Clara Benedix qui vous a rencontrée dans le train, et maintenant nous avons une autre Madame Zelle que cet agent a vue à Liverpool.

M.H. — Je ne comprends pas. J'ai eu le même problème à Paris. Mais pas aussi grave. A Paris, ils m'ont demandé si j'étais allée à Anvers. Je n'y suis jamais allée. Ce même capitaine dont je vous ai parlé [Ladoux] dit qu'il s'agissait d'une Hollandaise du nom de McLeod. Et un jour, au Grand Hôtel, j'ai reçu une lettre d'amour adressée à une Mme McLeod, en anglais. Elle ne m'était pas destinée. Je suis allée trouver le directeur de l'hôtel qui m'a dit : « C'est pour le Grand Hôtel de Londres. »

B.T. — Donc, il existe une autre dame du même nom.

M.H. — Oui, ce doit être cela. J'aimerais bien la rencontrer. Clara Benedix est la femme que j'ai vue dans le train. Nous avons partagé le même compartiment entre Madrid et Lisbonne.

B.T. — Les mêmes yeux ?

M.H. — Je ne sais pas.

B.T. — Connaissez-vous un certain Hans Sagali ou un nom comme cela ?

M.H. — Non, je n'ai jamais entendu ce nom-là.

B.T. — Il ne vous a jamais donné d'argent ?

M.H. — Non, je ne connais pas cet homme.

B.T. — Il a donné de l'argent à Mata Hari.

Mata Hari maintint qu'elle ne connaissait pas le nom de ce monsieur, puis demanda : « Quand cette dame est-elle allée à Liverpool ? »

Ce fut au tour de Basil Thomson d'être embarrassé ; il ne pouvait fournir la date exacte. Mata Hari étant sûre d'un fait, à savoir qu'elle était bien elle-même et non quelqu'un d'autre, énuméra les voyages qu'elle avait faits en affirmant qu'elle connaissait parfaitement ses propres allées et venues.

Le service des renseignements anglais avait dû la filer

de près depuis l'interrogatoire de Folkestone, car Basil
Thompson posa la question suivante :

B.T. — Juste avant d'aller en France, avez-vous reçu
quinze mille francs de quelqu'un ?

M.H. — Non.

B.T. — Cela se passait en Hollande.

M.H. — Non, mais j'ai tiré mes quinze mille francs
d'une banque pour les déposer dans une autre. J'ai deux
comptes en banque à La Haye.

B.T. — De quelle banque les avez-vous tirés ?

M.H. — Londres.

B.T. — Londres est la banque de l'ambassade d'Allemagne.

M.H. — Je ne sais pas.

B.T. — Nous savons que Mata Hari a reçu quinze mille
francs de l'ambassade d'Allemagne.

M.H. — C'est la somme que j'ai emportée à Paris.

Basil Thomson reprit à ce moment-là certaines des
questions qu'il avait posées en passant la veille à propos
de la famille. Il voulait savoir (une fois de plus) si le père
de Mata Hari vivait encore. Elle répondit qu'elle lui avait
déjà dit qu'il était mort, ajoutant : « Il est mort le 13 mars
1910. »

Puis le chef de Scotland Yard remonta dans le passé de
Mata Hari pour des raisons connues de lui seul : il
mentionna un livre qui avait été publié sur Mata Hari
après son divorce, soit celui qui parut sur l'initiative du
père Zelle — ce qui semble la bonne hypothèse — soit la
fameuse « réponse » de M. Priem qui avait écrit *La vérité
nue à propos de Mata Hari*, en 1906.

Mata Hari le qualifia « d'histoire dégoûtante » et expliqua en détail à Sir Basil comment son père avait abandonné
sa mère, épousé une femme « commune », après quoi deux
écrivains l'avaient contacté à propos d'une prétendue
biographie. D'après Mata Hari, « soixante mille exemplai-

res partirent en Inde [elle voulait certainement dire aux Indes orientales néerlandaises] où je suis très connue ». Elle avait pris un avocat pour essayer d'interdire la vente du livre, dit-elle, mais il lui avait conseillé de « ne rien faire ». « Ce fut le grand malheur de ma vie. »

Le service des renseignements anglais savait même que Mata Hari avait été malade en Hollande l'année précédente. Mata Hari dit que « non », mais Basil Thomson lui rafraîchit la mémoire en lui indiquant la date, « en mars dernier, le 17 ». Mata Hari dut admettre que c'était vrai — « elle avait passé plusieurs jours au lit ».

Tout cela avait pour but de montrer que les Anglais étaient très bien informés à son propos et que, par conséquent, elle ferait mieux d'avouer « leur » vérité, à savoir qu'elle était une espionne allemande. On lui montra la photographie d'un tableau que « M. Rudeaux avait peint pour elle ». Puis elle ajouta, pensant que cela modifierait l'opinion de Scotland Yard à son égard : « Vous savez maintenant que je ne suis pas Clara Benedix, j'espère. »

B.T. — Eh bien ! une chose plutôt curieuse s'est produite. Nous avons des doutes. Nous devons attendre des renseignements d'Espagne pour savoir si oui ou non vous êtes une autre que Clara Benedix. Nous avons été en communication avec la Hollande où nous avons trouvé que Madame Zelle est un agent allemand, et que Mata Hari est une véritable espionne allemande — et Clara Benedix aussi. Alors cela se complique. Cette troisième femme que cet agent a vue voyage aussi avec un passeport au nom de Zelle, et elle ne vous ressemble pas.

Cette déclaration à propos de l'existence possible d'une triple Mata Hari, ou triple Zelle, ou triple Benedix, dut faire très peur à Mata Hari, et la décider à dire ce qu'elle avait sur la conscience :

M.H. — Maintenant, je dois vous dire quelque chose qui va vous surprendre. Je ne voulais pas le dire parce que je pensais que c'était un secret. [Elle l'avait pourtant mentionné à George Grant à Falmouth, mais elle avait dû l'oublier]. Ce capitaine, le capitaine Ladoux, m'a demandé d'entrer à son service, et je lui ai promis de faire quelque chose pour lui. Je devais le rencontrer à La Haye. C'est pour cela que j'ai envoyé un télégramme.

B.T. — Vous auriez dû me le dire hier. Où avez-vous rencontré ce capitaine Ladoux ?

M.H. — C'est une vieille histoire. Dans le bureau d'un avocat. Il m'a dit : « Il y a une femme qui a le même nom que vous à Anvers » [Ici, apparemment, le greffier a omis de noter certains détails à propos de « cette vieille histoire » et du « bureau de l'avocat ».]

B.T. — Quand était-ce ?

M.H. — Récemment. Non, je vais vous expliquer. Je n'étais pas bien en Hollande et je suis allée à Paris pour pouvoir me rendre à Vitol [*sic*]. Vitol est dans la zone des armées, et pour s'y rendre, il faut un laissez-passer spécial. Je suis allée voir la police qui m'a fait le papier et m'a demandé les raisons de ce voyage, etc. Puis un jour, j'ai reçu un mot de l'avocat qui me convoquait à son bureau et j'ai vu le capitaine Ladoux au deuxième étage. Il a été très poli. Il m'a dit : « Je vous connais très bien. Je vous ai vue danser. Il y a une femme qui porte votre nom à Anvers. » La dernière fois que je me suis rendue à Anvers, c'était en 1912. Un jour le capitaine m'a dit : « Vous pouvez faire beaucoup pour nous si vous voulez », et il m'a regardée dans les yeux. J'ai compris. J'ai réfléchi un long moment. Puis j'ai répondu : « Je le veux. » « Vraiment ? » « Vraiment. » « Demanderiez-vous beaucoup d'argent en échange ? » Je lui ai dit : « Oui, certes. » « Combien demanderiez-vous ? » « Si je vous donne entière satisfaction, je demanderai un million » « Allez en Hollande, me dit-il, vous recevrez mes instructions. » « Si

cela concerne l'Allemagne, je ne veux pas y aller. »
« Non, me répondit-il, la Belgique. » J'ai donc attendu ses
instructions chez moi. [Elle voulait dire : à Paris.]

B.T. — Pouvez-vous nous décrire le capitaine Ladoux ?

M.H. — Un homme gras avec une barbe noire et des
cheveux très noirs, et des lunettes.

B.T. — Quelle taille ?

M.H. — Grand et gras. Gros pour un homme de
cinquante ans.

B.T. — A-t-il un signe particulier quand il parle ? Des
habitudes particulières ? Parlait-il fort ou doucement ?

M.H. — Je n'en garde pas de souvenir. Il fume tout le
temps. Il a toujours une cigarette à la bouche.

B.T. — Quand vous êtes partie pour l'Espagne, cela
faisait-il partie des instructions de Ladoux ?

M.H. — Non. Le capitaine m'a laissée aller où je
voulais. J'ai vu le préfet de police, qui a signé mon
passeport, et j'ai dit au capitaine que je partais pour
l'Espagne.

Le 18 novembre, il y eut un nouvel interrogatoire, plus
court cette fois. Basil Thomson voulait des renseignements
sur le premier voyage de Mata Hari à Paris — via
Londres — en 1915. « Une fois votre passeport visé au
consulat de Rotterdam, le 27 mars, vous avez déclaré que
vous vous rendiez à une adresse à Londres. » (Ici, Basil
Thomson doit se tromper, car Mata Hari n'est pas allée
en France *via* Londres avant décembre 1915. A moins,
bien sûr, qu'à l'origine elle n'ait prévu ce voyage plus tôt,
en mars.)

M.H. — Oui, j'ai une lettre. Je ne me rappelle pas. Je
suis descendue au Savoy. J'ai téléphoné l'adresse. [Voulant
dire apparemment l'adresse qu'elle a donnée au consulat.]
C'était dans Tottenham Court Road. Je ne me souviens
pas du nom.

B.T. — Vous y êtes allée ?

M.H. — Non.

B.T. — Vous vous trouviez au Savoy ?

M.H. — Oui.

B.T. — Combien de temps êtes-vous restée ?

M.H. — Quatre ou cinq jours.

B.T. — Vous n'êtes restée que peu de temps en Espagne cette fois-là.

M.H. — Oui, une demi-journée.

B.T. — Je ne comprends pas pourquoi, en octobre, vous êtes passée par l'Espagne pour rentrer en Hollande ?

M.H. — J'ai dix malles et j'aime passer par là.

Sir Basil comprenait apparemment fort bien que Mata Hari confondait ses différents voyages, dans la mesure où il venait de parler de son récent voyage de France en Espagne (y compris son séjour de deux semaines à Barcelone), la fois où elle avait tenté de regagner la Hollande sans succès. Mata Hari pensait, quant à elle, délibérément ou par erreur, au voyage de 1915/1916 avec ses dix malles. Il lui dit en effet : « Je veux parler de votre voyage précédent. »

M.H. — A la légation hollandaise, on m'a dit : « Il faut que vous rentriez vite. Que vous ayez un laissez-passer. » Je leur ai dit : « Ce n'est pas nécessaire. Je rentre par l'autre trajet. » [Mais] Je n'ai pas fini mon histoire. Quand j'étais à Vigo, j'ai rencontré le consul français de la légation hollandaise. [Elle faisait allusion à M. Cazeaux, le Français qui travaillait comme secrétaire au consulat hollandais.] Il m'a dit : « Vous aimez un officier français. Vous lui feriez plaisir si vous lui envoyiez un télégramme pour savoir s'il est blessé et si vous travailliez un peu pour moi. Acceptez-vous de faire quelque chose pour les Russes ? » Je ne lui ai pas parlé des Français. Il a repris : « Pouvez-vous vous rendre en Autriche ? » Il m'a dit qu'il voulait savoir le nombre de troupes de réserve dont ils disposaient. Il m'a dit : « Vous connaissez l'Autriche ? »

J'ai répondu : « Oui, j'ai dansé à Vienne. » Il fallait que je rentre chez moi et que j'attende ses instructions.

B.T. — Cela aurait posé des problèmes quand les Allemands vous l'auraient demandé.

M.H. — Je ne comprends pas.

B.T. — Je ne vous demande pas de comprendre.

M.H. — Les Allemands ne m'ont rien demandé.

Ici Sir Basil a dû commencer à trouver la situation assez comique — tous ces agents étrangers qui demandent en même temps la coopération de Mata Hari !

B.T. — Il doit y avoir du monde quand vous conviez tous les belligérants dans votre chambre pour votre lever. Qui était ce Russe que vous avez vu ?

M.H. — Il n'était pas russe. C'était l'agent français du consulat hollandais. Il m'a donné deux cartes.

B.T. — Ces gens vont être fort déçus si vous êtes en retard pour le rendez-vous chez vous.

M.H. — Je ne sais pas.

B.T. — De toute façon, ils vont frapper à votre porte et ne trouver personne. Est-ce que le capitaine Ladoux ou l'autre homme vous ont donné de l'argent ?

M.H. — Non.

B.T. — Seulement une promesse, si vous leur étiez utile...

M.H. — Je ne tirerai rien de l'affaire russe. Si je donne satisfaction au capitaine Ladoux, alors j'aurai un million.

B.T. — Bien, nous envoyons un télégramme en Espagne. Nous allons faire venir ici quelqu'un qui connaît Madame Clara Benedix, et j'ai une liste de gens à qui vous pensez devoir vous référer, des gens qui vous connaissent. Je vais demander qu'on enquête sur eux, et c'est tout ce que nous pouvons faire. Vous pouvez vérifier M. Keyzer.

M.H. — C'est un correspondant belge du *Daily Mail*.

15.

On avait confié la liste de références fournie par Mata
Hari à l'inspecteur en chef Edward Parker — à qui George
Reid Grant et sa femme avaient livré Mata Hari en arrivant
à Londres — le 16 novembre, deux jours avant que le
troisième interrogatoire ait lieu.

Sur cette liste figuraient des gens que nous avons déjà
croisés dans le passé de Mata Hari, tels son amant le
baron van der Capellen, son avocat Hijmans de La Haye,
le peintre Henri Rudeaux qui vivait maintenant au Savoy
de Londres, M. Guimet, bien sûr, dans le musée duquel
la danseuse avait fait ses débuts en 1905, le capitaine
Ladoux que l'on peut considérer comme le principal
témoin, un certain Dr. van Dieren d'Amsterdam, qui est,
précise Mata Hari dans une note manuscrite, « le médecin
qui m'a assistée lors de mon premier accouchement », le
marquis de Beaufort, qu'elle avait rencontré au Grand
Hôtel à Paris en 1915, M. Bunge, consul hollandais à
Paris, et un certain M. Maunoury, aussi à Paris, dont elle
indique qu'il est commissaire de police. Plus le susnommé
M. Albert Keyzer « du *Daily Mail* et de l'*Era* de Londres ».

Mata Hari avait joint deux messages manuscrits à cette
liste de témoins pouvant l'identifier. Le premier — rédigé

en français — était le texte d'un télégramme à envoyer au comte van Limburg Styrum à la légation des Pays-Bas à Paris. Si l'on en juge par le contenu du message, Mata Hari semblait fort bien le connaître, car elle écrivait : « Envoyez immédiatement quelqu'un pour identification, ou venez vous-même. Suis à Scotland Yard, désespérée. » suivi de sa signature : « Margaretha Zelle-MacLeod — Mata Hari. »

L'autre télégramme, en hollandais celui-ci, était adressé à M. Fundter de Beauchêne, chef de police, Warmoesstraat, Amsterdam. Ce texte ressemblait beaucoup au précédent : « Pouvez-vous venir immédiatement à Londres pour identification. Suis à Scotland Yard, au fond du désespoir. Aidez-moi. » Suivait la même signature.

Le 18 novembre, à la suite du troisième interrogatoire mené par Basil Thomson en présence de Lord Henschell et du commandant Drake, ce triumvirat de Scotland Yard était arrivé à la conclusion que Mata Hari et Clara Benedix étaient bien deux personnes distinctes, comme le montre un document daté de ce jour qui figure dans son dossier. « On l'informa qu'ils savaient maintenant qu'elle n'était pas Clara Benedix. On a cependant décidé de ne pas l'autoriser à poursuivre son voyage jusqu'aux Pays-Bas et de la renvoyer en Espagne. » Basil Thomson confirmait officiellement cette déclaration le 20. En ce qui concernait de possibles projets de voyage, on ajoutait que « le *Royal Mail* partirait de Liverpool mercredi prochain et que, dans l'intervalle, elle avait déclaré qu'elle séjournerait au Savoy Hotel ».

Cette décision de la renvoyer en Espagne n'appartenait pas à Basil Thomson, comme il devait le préciser plus tard dans ses mémoires. Il avait déjà informé la légation hollandaise — le capitaine Ladoux le confirma dans son propre livre — qu'il « s'était renseigné par câble » auprès de son collègue français.

Sir Basil dut être fort surpris de découvrir que son

homologue français avait engagé comme espionne une femme que Sir Basil lui avait conseillé de faire surveiller. Et le capitaine Ladoux dut se sentir bien bête en apprenant que Sir Basil était au courant. Il est presque certain que sa rancœur à l'égard de Mata Hari date de ce jour. Lorsqu'il comprit qu'il s'était ridiculisé aux yeux de Sir Basil Thomson, il n'eut de cesse d'enfoncer sa recrue. Le capitaine Ladoux décida de se venger — et sa vengeance fut terrible.

Ainsi, le capitaine, en réponse à l'interrogation de Sir Basil et en complète contradiction avec ce qu'il avait personnellement projeté auparavant, prétendit soudain qu'il ne comprenait rien à cette affaire — qu'il ne se souvenait pas d'avoir suggéré une mission en Hollande. COMPRENDS RIEN, câbla-t-il à Londres, REFOULEZ-LA SUR L'ESPAGNE.

C'est ici que surgit à nouveau l'histoire des agents doubles. Gomez Carrillo et Heymans, entre autres, estiment qu'elle explique les tactiques de Ladoux. Selon eux, le sixième agent, celui qui travaillait exclusivement pour l'Angleterre ou la France, fut exécuté « deux semaines après le départ de Mata Hari d'Espagne ».

Même si nous admettons l'hypothèse que Mata Hari divulgua les noms de ces agents aux Allemands, la théorie de Heymans et de ses acolytes ne tient pas. On en trouve la preuve dans la septième question posée au jury lors du procès : « Mata Hari est-elle coupable d'avoir divulgué le nom d'un agent au service de l'Angleterre *au mois de décembre 1916* ? » Donc, si l'on exécutait un agent en Belgique au mois de *novembre*, Mata Hari n'avait rien à faire là-dedans, et le capitaine Ladoux n'avait aucun argument valable pour télégraphier à Basil Thomson de refouler Mata Hari en Espagne.

Dans l'intervalle, il y avait eu un échange de lettres entre Scotland Yard et la légation des Pays-Bas à Londres qui, jusque-là, ignorait que l'une de ses compatriotes avait été appréhendée par le service de renseignements anglais. Le matin du 16 novembre, Basil Thomson avait envoyé une première missive aux représentants des Pays-Bas dans la capitale anglaise. Elle portait la mention CONFIDENTIEL, et la photocopie que j'en possède donne le texte suivant ·

Monsieur,

J'ai l'honneur de vous informer qu'une femme munie d'un passeport français portant le nom de Margaretha Zelle MacLeod, n° 2603, délivré à La Haye le 12 mai 1916, est détenue ici parce qu'on la soupçonne d'être un agent allemand de nationalité allemande du nom de Clara Benedix de Hambourg. Elle nie être cette femme, et nous nous employons en ce moment à le prouver. Son passeport porte des traces de falsification. Elle a demandé qu'on l'autorise à écrire à Votre Excellence, et on lui a fourni de quoi écrire.

Je vous prie d'agréer, Monsieur, l'expression de ma considération distinguée.

B.H. Thomson.

(Il est intéressant de noter que nulle part dans ses écrits — livres, ou articles de journaux — Sir Basil Thomson ne fait allusion à l'incident Clara Benedix. Serait-il possible que les services de Scotland Yard aient eu honte de ce faux-pas ? Sir Basil se contente de déclarer qu'il ne disposait pas de véritables preuves contre Mata Hari et qu'il lui conseilla de repartir vers l'Espagne au lieu de l'autoriser à rentrer en Hollande.)

Scotland Yard envoya une seconde lettre — signée aussi de Basil Thomson — dans l'après-midi de ce même 16 novembre, et celle-ci parvint à son destinataire le lendemain matin. Si l'on n'y mentionne plus Clara Benedix, on parle en revanche d'un soupçon « d'activités contraires à la neutralité ». Et si la première lettre ne disait rien de la provenance de Mata Hari, on donne maintenant tous les renseignements concernant le bateau. On joignait aussi dans le même courrier la lettre que Mata Hari avait écrite la veille, celle qu'elle avait datée par erreur du 13 novembre au lieu du 15. Cette missive portait elle-aussi la mention CONFIDENTIEL.

Votre Excellence,

Nous avons l'honneur de vous informer que nous avons fait débarquer du paquebot hollandais *Hollandia* une femme porteuse d'un passeport hollandais au nom de Madame Zelle MacLeod, à son arrivée à Falmouth, parce qu'elle est fortement soupçonnée de se livrer à des activités contraires à la neutralité. Elle m'a demandé de vous transmettre la lettre ci-jointe.

Nous enquêtons par câble, et elle ne sera pas détenue plus longtemps que nécessaire. Néanmoins, si la preuve est faite qu'elle est bien coupable d'activités contraires à la neutralité, il sera peut-être nécessaire de prendre de nouvelles mesures contre elle.

Si l'on s'en réfère au contenu de cette seconde lettre, son auteur (Mr. K. P.) n'avait apparemment pas été informé de l'histoire de Clara Benedix, parce qu'il déclare qu'on l'a fait *débarquer du Hollandia comme Madame Zelle MacLeod*, sous présomption « d'activités contraires à la neutralité ». On se demande pourquoi Basil Thomson, en signant cette seconde lettre, n'avait pas donné l'ordre d'en modifier le contenu. En effet, celle-ci, bien que destinée en principe à faire suite à la première — fait qui n'est pas mentionné — la contredit et en reprend des passages entiers. Étant donné qu'il s'adressait au représentant à Londres d'une nation étrangère, on peut supposer que Sir Basil ne la signa pas sans en vérifier le contenu, d'autant plus qu'il l'informait de graves soupçons pesant sur l'une de ses compatriotes.

Lorsque le 20 novembre, l'inspecteur Edward Parker confirma « qu'à la conclusion de l'interrogatoire du 18 courant, il a été décidé que McLeod devrait retourner en Espagne et, qu'en attendant un bateau, elle serait autorisée à demeurer au Savoy Hotel », il ajoutait aussi « qu'on lui avait rendu contre un reçu tous ses biens qu'elle a emportés avec elle à son hôtel, où elle occupe la chambre 261 ».

Si Mata Hari était rentrée de Paris en Hollande en 1915 chargée de dix malles, elle transportait cette fois encore dix bagages — plus légers, y compris une malle-cabine — que Scotland Yard avait passés au peigne fin. Cependant, la fouille en règle effectuée à Londres ne révéla pas plus d'articles compromettants que l'inspection de George et Janet Grant sur le bateau. Les dix valises ne renfermaient que des vêtements et des objets personnels, plus une paire de bottes masculines — mais ni encre secrète ni documents douteux. Mata Hari ne voyageait pas léger, comme l'indique la liste suivante. Le 18 novembre 1916, sous les mots : « REÇU tous les biens susmentionnés ce jour de l'inspecteur Parker de Scotland Yard », Mata Hari signait : M. G. Zelle McLeod.

« Tous les biens susmentionnés », dont 11 paires de chaussures, 22 jupons et chemises, et 33 paires de bas, formaient une vraie garde-robe :

1. Une petite boîte en bois contenant une pendule dorée.

2. Carton à chapeaux contenant : six chapeaux, 2 épingles à chapeaux, un boa blanc, un voile, 2 cols de fourrure, 2 garnitures de chapeaux, une fausse pêche, 1 robe de chambre.

3. Malle contenant : 1 paire de bottes d'homme, 1 brosse, de l'ouate pour vêtements, 1 paire de bandes molletières, 1 paire d'éperons, trois paires de chaussures, 3 chemises, 1 serviette, 1 paire de jambières, 3 voiles, 1 boîte de rubans, 2 ceintures, 2 gilets de laine, 3 jupes, 1

robe, 4 paires de gants, 1 parapluie, 3 ombrelles, 1 douche, 1 paire de bas, 1 blouse, 3 foulards, 1 chemise de nuit, 1 manteau, un costume, 1 sac de linge sale, 1 paquet de serviettes hygiéniques, 1 boîte contenant 4 peignes, 1 épingle à chapeau et postiche, 3 cols de fourrure, 1 flacon de Vernis Mordoré Doré, 1 poudrier, 1 bouteille de liquide blanc.

4. Malle auto contenant : 6 paires de pantoufles, 1 boîte de crème faciale, 3 paires de bottines, 2 paires de chaussures, 1 paire de bas.

5. Malle contenant : 2 paires de corsets, 30 paires de bas, 1 sachet de lavande, 1 voile, 8 cache-corsets, 1 mouchoir, 1 jupon, 1 châle, 10 paires de pantalons, 3 combinaisons-jupons, 3 peignes, 2 casaquins, 11 chemises, 1 robe de chambre, 1 serviette, 1 jarretière, 2 manteaux, 5 blouses, 4 robes, 1 jupon, 1 foulard, 2 paires de gants, 1 col, 2 poudriers.

6. Malle contenant : 1 sac à main avec miroir à l'intérieur, 1 peigne, 3 manteaux, 1 boîte contenant peigne, 1 robe, 1 ornement, 2 paires de chaussures, 1 boîte fantaisie, 1 boîte contenant une plaque de cuivre et carte de visite au nom de Vadime de Massloff, capitaine 1er régiment Spl Impérial russe, 1 paire de gants, 1 blouse, 7 robes, 2 robes-princesse, 1 jupon, 1 ceinture.

7. Boîte en bois contenant 2 brosses et un service de porcelaine.

8. Sac-jumelle contenant : 1 paire de chaussures, du vernis à ongles, boîte de poudre, paire de bas, 2 étuis à cigarettes pleins, 8 filets à cheveux, boîte de cartes de visite, savon, paire de gants, deux houpettes, un cache-corset, trois chemises de nuit, boîte de mouchoirs en contenant 21, une robe de chambre, une cassette vide, un trousseau de clés, collier de perles dans coffret, monocle dans coffret, 2 boucles d'oreilles dans boîte, 2 perles dans coffret, bague à pierre verte dans coffret, collier et boucles d'oreille de pierres vertes dans coffret, trois éventails, 2

bourses en tissu, l'une contenant 1 coupure de 1 livre sterling, 5 shilling 6 pence en argent, 1 penny en cuivre, 14 pièces de monnaie en argent, 5 pièces en bronze, sac de coton, aiguilles, etc., sac à main contenant étui à cigarettes (2 photos à l'intérieur), houpette et bâton de rouge accrochés à une chaînette, tickets de bateau, carte de visite W. Kamp, portefeuille vide, porte-billets contenant quatre billets de 100 francs, deux de 1 000 francs, un de 60 florins, un de 40 florins, un de 50 pesetas, un de 3 roubles, deux partitions, photographies, dictionnaire espagnol-français, carnet de chèque, dessin au crayon, porte-carte contenant papiers, etc.

9. Une couverture de voyage.

10. Une trousse de toilette.

En outre : Deux lettres. Carte d'identité française. Passeport français et annexe. Un passeport hollandais, un laissez-passer français.

Une fois Mata Hari convenablement installée au Savoy Hôtel en attendant un bateau en partance pour l'Espagne, l'inspecteur en chef Quinn du service des enquêtes criminelles de Scotland Yard informa George Reid Grant le 23 novembre que : « Suite à votre rapport du 14 courant concernant Margaretha Zelle MacLeod qui est arrivée chez vous à bord du *SS Hollandia* en provenance de Vigo, cette femme a convaincu la police qu'elle n'est pas la Clara Benedix mentionnée dans les circulaires du bureau M.I.5-E. »

Mata Hari ne semblait pas faillir à la réputation d'obstination des Frisons. Car, bien qu'on lui ait clairement signifié qu'elle ne serait pas autorisée à se rendre en Hollande mais qu'elle devait retourner en Espagne, elle écrivit une lettre en français du Savoy Hôtel le 23 novembre dans laquelle elle informait Scotland Yard qu'elle était allée au bureau des permis (anglais) « pour demander si mon passeport a été visé par mon consul ». Elle ajoutait que « tout était en ordre » et qu'elle serait « très obligée » si l'on pouvait l'aider à « obtenir cette autorisation à temps ». Autorisation pour aller où ? « A Rotterdam », précisait-elle dans cette même lettre, « sur le *Nieuw Amsterdam* de la ligne nord-américaine » (la compagnie hollandaise *Holland America Line*) qui partait de Falmouth le 30 novembre. Le 25, elle renouvela sa demande — dans une nouvelle lettre en français — auprès de l'inspecteur Parker, ajoutant qu'afin d'embarquer sur le *Nieuw Amsterdam* le 30, elle devrait quitter Londres le mardi 28 : « Au bureau des permis de Downing Street, ils n'avaient pas encore la réponse, ce matin. »

La raison de la réponse négative donnée par le bureau des permis est évidente. Elle ne devait pas aller à Rotterdam, mais en Espagne. Le 23 déjà, Edward Parker avait immédiatement transmis la lettre de Mata Hari à son chef Quinn, en spécifiant que Basil Thomson « avait, le 20, donné l'ordre à cette femme de rentrer en Espagne dès qu'un bateau serait disponible. Elle demande maintenant l'autorisation de partir de Falmouth le 30 en direction de Rotterdam à bord du *SS Nieuw Amsterdam* ».

Ce même jour, le 23, le bureau des permis avait rédigé une note à propos de la « requête » de Mata Hari où l'on donnait son nom, son pseudonyme, sa profession (« danseuse »), son âge, son sexe, sa nationalité, son adresse (« Savoy Hôtel et 16 Nieuwe *Witlog*, [au lieu de *Uitleg*], La Haye »). Sous la rubrique « Destination et objet du voyage », on lisait : « Rentrer chez elle à La Haye pour épouser Cap. *Vadince* (au lieu de *Vadime*) De Massloff. »

Le bureau des permis ne tomba pas dans le piège de l'ingéniosité puérile de Mata Hari, comme le démontre le commentaire ajouté aux renseignements fournis : « C'est la personne mentionnée dans le M.I.5 E. n° 61207 du 9 décembre 1915 et le n° 74194 du 22 février 1916. C'est celle à propos de qui j'ai appelé M. Basil Thomson. Elle a demandé un permis pour la Hollande et désire embarquer

sur le *Nieuw Amsterdam* le 3 décembre à Falmouth. »
Figuraient aussi les renseignements donnés par Basil Thomson au téléphone. Cela expliquait pourquoi, au matin du
25 novembre, quand Mata Hari s'était rendue au bureau,
il n'y avait pas encore de réponse. Basil Thomson leur
avait appris — et il confirma par écrit — que « l'on tenait
Mata Hari pour un agent de la Deutsche Bank. On ne
doit lui remettre ni visa ni permis pour la Hollande. *Pas
d'objection à un permis pour l'Espagne* [1]. »

Il est difficile de croire que, lorsque l'inspecteur Parker
écrivit, le 20 novembre, la lettre dans laquelle il déclarait
que « McLeod devrait retourner en Espagne et qu'en
attendant le bateau, elle serait autorisée à demeurer au
Savoy Hôtel », Mata Hari n'ait pas été informée de cette
décision. Sinon, la lettre que Basil Thomson adressa le 28
novembre à Mme M. Zelle MacLeod au Savoy Hôtel le
lui expliquait !

« Madame, écrivait fort poliment le chef du service
des enquêtes criminelles de Scotland Yard, je dois vous
apprendre en réponse à votre lettre du 25 courant qu'il a
été décidé que vous ne pouviez être autorisée à aller ailleurs
qu'en Espagne, d'où vous veniez, en partant d'ici. Je vous
prie d'agréer, Madame, l'expression de ma considération
distinguée. Basil H. Thomson. »

L'inspecteur Parker respecta ces instructions fort claires
et, le 1ᵉʳ décembre, informa ses supérieurs par écrit : « J'ai
l'honneur de vous faire savoir que j'ai vu Mme McLeod
ce matin au Savoy Hôtel. Elle m'a informé qu'elle s'était
rendue au bureau des permis pour voir si elle pouvait faire
envoyer ses bagages chez elle en Hollande, étant donné
leur quantité. Je l'ai informée qu'elle devrait se plier à la
décision des autorités de la renvoyer en Espagne en
emmenant tous ses biens — dix bagages — avec elle. Elle
m'a dit qu'elle allait le faire. Elle prend le train pour

---

1. Italique dans l'original. (N.d.A.)

Liverpool à midi à Euston Station, d'où elle embarquera
à bord du *S. S. Araguaya*, quai Princesse, pour Vigo,
Espagne. »

Malgré toute son expérience passée avec les Allemands,
malgré les problèmes qu'elle avait connus, Mata Hari
restait persuadée qu'elle pourrait rentrer chez elle en
Hollande d'une façon ou d'une autre — d'où sa demande
de faire envoyer une partie de ses bagages directement à
La Haye au lieu de tout ramener en Espagne. Son imagination fertile avait dû échafauder des plans pour parvenir à
ce résultat et peut-être même — qui sait ? — obtenir son
million de francs du capitaine Ladoux et épouser son bien-
aimé Vadime de Masloff...

De toute façon, Scotland fit en sorte que, quels que
soient ses projets, tous les gens concernés et/ou intéressés
fussent informés des mouvements de leur suspecte. Le 6
décembre, un autre communiqué secret fut envoyé à toutes
les autorités portuaires ainsi qu'à tous les autres bureaux
et représentants anglais intéressés en Angleterre et sur le
continent pour les avertir. Le contenu de cette circulaire
ressemblait fort à celle datée du 9 décembre 1915 et
renfermait aussi un *descriptif* complet. On y disait aussi
« qu'elle avait été débarquée d'un bateau à Falmouth il y
a peu de temps et qu'elle se voyait maintenant refoulée
vers l'Espagne à bord du *S. S. Araguaya* qui quittait le
port de Liverpool le 1er décembre ». On précisait encore
une fois que, « si elle se présente à nouveau en Grande-
Bretagne, il faut la retenir et en informer le bureau.
La présente annule la circulaire du 9 décembre 1915,
61207/M.I.5.E. »

Neuf jours plus tard, le 14 décembre, le ministère de
l'Intérieur envoya une réplique exacte de ce communiqué
— avec la mention CONFIDENTIEL — à tous ses agents de
l'immigration dans tous les « ports autorisés », à ses quatre
bureaux des permis, son bureau des contrôles et à Scotland
Yard, ainsi qu'au ministère de la Guerre.

L'élément le plus surprenant dans toute cette affaire, c'est le silence total de la légation des Pays-Bas à Londres, qui ne signala même pas l'incident au ministère des Affaires étrangères de La Haye. En effet, dans la mesure où l'une de leurs ressortissantes avait été arrêtée par Scotland Yard pour espionnage présumé et avait demandé de l'aide auprès de leur bureau, on pourrait logiquement penser qu'ils *auraient dû* en notifier immédiatement La Haye — d'autant plus que leur dossier de Londres sur Margaretha Geertruida Zelle MacLeod renfermait déjà une copie de leur télégramme envoyé en Hollande informant le ministère hollandais du refus britannique de lui accorder un visa en avril 1916. Mais on n'y trouve aucun rapport de ce genre. Et il n'est pas non plus possible qu'il s'agisse d'un rapport égaré, puisque tous les documents qui figurent au dossier londonien sont numérotés, et apparemment il ne manque rien.

Ce n'est que deux semaines plus tard environ, probablement après l'arrivée du *Hollandia* en Hollande, que quelqu'un attira l'attention du ministère hollandais des Affaires étrangères sur l'arrestation de Mata Hari. Il s'agissait vraisemblablement du capitaine du *Hollandia*, qui avait dû remettre son rapport aux autorités hollandaises, car ce n'est que le 25 novembre — douze jours après l'arrestation — que le ministère des Affaires étrangères envoyait un télégramme à sa représentation à Londres, dans lequel il demandait des détails sur Mata Hari. Leur correspondance ne révèle pas de « trou », c'est bien le premier message concernant leur compatriote qu'ils aient envoyé après avoir reçu le télégramme (numéro 62) les avisant que les Anglais avaient refusé un visa à Mata Hari.

Adressé à nouveau à « De Marees van Swinderen, Représentant Pays-Bas, Londres », le message disait : « Objet : Votre soixante-deux. Mata Hari voyageant d'Espagne en Hollande à bord paquebot hollandais *Holland(ia)* débarquée par autorités britanniques Falmouth prière enquêter et câbler — Londres deux cent dix-huit. » La Haye, comme l'indique ce texte, pensait apprendre quelque chose à Londres.

La légation des Pays-Bas se mit aussitôt en action. Ce télégramme reçu au matin du 26 fut suivi d'une réponse envoyée à une heure de l'après-midi ce même jour — ils n'avaient pas eu besoin d'enquêter dans la mesure où les renseignements se trouvaient déjà sur leur bureau. Mata Hari avait été arrêtée, disait leur câble, soupçonnée de s'être livrée à des activités contraires à la neutralité, mais « elle avait été cependant relâchée au bout de quelques jours » et « habitait maintenant au Savoy Hôtel ». La légation ajoutait que Mata Hari « rentrait en Espagne ».

Un rapport détaillé de cette étrange affaire fut envoyé à La Haye par valise diplomatique quelques jours plus tard. Le 1er décembre, le représentant lui-même expédiait le rapport suivant :

« Après avoir été informé par le commissaire de police adjoint, dans un message apporté par courrier, qu'une Mme McLeod Zelle avait été arrêtée à Falmouth et soupçonnée de s'être livrée à des activités contraires à la neutralité, et ayant reçu à peu près au même moment une lettre de la personne arrêtée qui demandait mon intervention, je devais découvrir le lendemain que cette ressortissante hollandaise avait été arrêtée à l'origine parce qu'on la soupçonnait de détenir un faux passeport, d'être en réalité de nationalité allemande et de s'appeler Clara Benedix de Hambourg.

« Ces soupçons se révélèrent rapidement non fondés, mais une communication officielle envoyée dans le même temps de Paris donna lieu de penser que Mme McLeod se livrait néanmoins à des activités jugées indésirables par la police. Elle fut libérée, mais resta cependant sous surveillance policière. Lors des interrogatoires qu'elle a subis, elle expliqua que les Alliés lui avaient confié la mission de transmettre des renseignements de Paris en Hollande. La police se méfia de ces informations, et ses doutes furent bientôt confirmés par des renseignements communiqués par Paris indiquant clairement que ladite mission n'avait pas été commandée par les Alliés, mais par l'ennemi.

« A la suite de quoi, un nouvel interrogatoire de la suspecte eut lieu, dont il s'ensuivit que la prévenue acceptait de son plein gré de retourner en Espagne.

« J'ignore si Mme McLeod n'aurait pas préféré continuer vers la Hollande. Après ce premier contact mentionné plus haut, elle a cessé tout rapport avec la légation, mais, d'après une lettre privée que l'on m'a permis de lire *sous le sceau du secret*, je comprends qu'elle souhaite éviter toute action qui puisse ébruiter cette (je cite) ''aventure''. »

D'importantes déclarations retiennent notre attention dans cette lettre, la première concernant Mata Hari et l'autre — capitale — au sujet du capitaine Ladoux. Ce « nouvel interrogatoire [...] dont il s'ensuivit que la prévenue acceptait de son plein gré de retourner en Espagne » avait eu lieu le 18 novembre. Pourtant, le 23 ou 25, Mata Hari avait tout à fait innocemment (?) essayé d'obtenir un permis pour prendre le *Nieuw Amsterdam* vers la Hollande. En ce qui concerne Ladoux, la lettre adressée à La Haye montre que plusieurs câbles et non un seul avaient été échangés entre Londres et Paris. Et le capitaine Ladoux, ainsi qu'il l'a écrit dans ses livres et déclaré plus tard lors des interrogatoires précédant le procès, ne s'était pas contenté « d'informer Scotland Yard qu'il ne comprenait pas », mais il s'était clairement et irrévocablement engagé — Mata Hari devenait une espionne à la solde des Allemands. En outre, il oublia fort commodément d'informer Basil Thomson que Mata Hari lui avait dit la vérité et qu'elle avait effectivement été chargée d'une mission secrète par lui-même — comme il devait le confirmer plus tard. Le capitaine Ladoux raconta aux Anglais que Mata Hari faisait ce voyage sur l'ordre des Allemands. C'était un mensonge délibéré, une falsification des faits qui n'avaient qu'un but — la faire prendre au piège.

Pour sa part, le commandant Coulson, dans son livre, inventa que les services de renseignements britanniques l'avaient autorisée à poursuivre vers la Hollande, où elle se rendit directement dans un bureau de tabac appartenant à un certain Max Neuder qui servait de « boîte à lettres » aux agents allemands. « Sa visite, raconte Coulson, fut rapidement rapportée aux quartiers généraux de Londres et de Paris, confirmant ainsi les soupçons qui pesaient sur elle. » Puis, pour la ramener en France — le commandant Coulson ne pouvait pas modifier l'histoire au point de la faire arrêter à *Amsterdam* —, il écrit que les autorités allemandes « voulaient ramener leur excellente espionne à Paris, où elle devait mettre ses ruses à profit pour obtenir des renseignements sur la production des tanks ».

La permission accordée à Mata Hari de retourner en Espagne le 1er décembre *via* Liverpool avait été tamponnée sur son passeport hollandais (qui consistait en un unique feuillet) le 29 novembre : « Bon pour l'Espagne ».

Le voyage de retour ne prit pas longtemps. A son arrivée dans la capitale espagnole, Mata Hari se présenta à la légation de son pays et obtint ainsi ce qui devait être le dernier tampon officiel sur son passeport précieusement conservé dans le dossier secret français : « Madrid, 11 décembre 1916 — vu au consulat des Pays-Bas. »

L'arrestation de Mata Hari par les Anglais fut suivie de l'emprisonnement d'un de ses compatriotes et amis début 1917. Le docteur Bierens de Haan était le directeur de l'hôpital de la Croix-Rouge hollandaise installé au Pré-Catelan à Paris, où Leo Faust avait rencontré Mata Hari en hiver 1916. Selon les dires d'un autre médecin de la Croix-Rouge hollandaise, A. van Tienhoven, que je connus en Californie pendant la Seconde Guerre mondiale, Mata Hari dansa plusieurs fois pour les blessés du docteur Bierens de Haan.

Lorsque ce dernier regagna la Hollande par l'Angleterre
en 1917, on découvrit dans ses bagages une photo prise à
l'hôpital les représentant tous les deux. Cela le rendit très
suspect aux yeux de Scotland Yard, qui le retint pendant
plus de six semaines. A la fin de sa détention, il eut plus
de chance que Mata Hari puisqu'on l'autorisa à rentrer
en Hollande [1].

1. Pendant que j'effectuais mes recherches pour ce livre en 1963, je
rencontrai et interviewai Mme Sacha (Leo) Bierens de Haan-Gaymans
à Zandvoort en Hollande. Elle me vendit l'un des deux pastels de Mata
Hari par Piet van der Hem, célèbre peintre hollandais et vieil ami de la
danseuse. (N.d.A.)

16.

Le capitaine Ladoux, dont il ne faut pas prendre les affirmations écrites au pied de la lettre, comme nous l'avons vu, nous informe que « Mata Hari resta deux mois en Espagne pour raisons sentimentales ». Il se trompait à nouveau — elle n'y resta que trois semaines, de la deuxième semaine de décembre au tout début de janvier.

Dans l'intervalle, le capitaine, qui travaillait maintenant activement à tirer pleinement avantage de la toile qu'il avait si brillamment tissée entre Paris et Londres, avait donné ordre à la radio de la Tour Eiffel d'intercepter tous les messages qu'un poste émetteur clandestin allemand près de Madrid envoyait directement à Berlin. (Il paraît étrange que Ladoux n'y ait songé qu'alors. On imagine plutôt que, connaissant l'existence de cet émetteur, les Français passaient leur temps à intercepter les messages, dans la mesure où ils avaient, peu de temps auparavant, déchiffré le code utilisé par les Allemands.) Les résultats, selon le capitaine Ladoux, ne se firent pas attendre. Deux télégrammes, l'un une question, l'autre la réponse, furent pris par la Tour Eiffel ; ils allaient être les principaux atouts de Ladoux.

Les Allemands, écrit Ladoux, envoyèrent le télégramme

suivant à Berlin : L'AGENT H-21 VIENT D'ARRIVER A MADRID. IL A RÉUSSI A SE FAIRE ENGAGER PAR LES SERVICES FRANCAIS MAIS IL A ÉTÉ REFOULÉ PAR UNE CROISIÈRE ANGLAISE ET IL A DEMANDÉ DES INSTRUCTIONS ET DE L'ARGENT.

La réponse allemande arriva quarante-huit heures plus tard. Le message était très clair : DITES A L'AGENT H-21 DE RENTRER EN FRANCE ET D'Y CONTINUER SA MISSION. IL RECEVRA UN CHÈQUE DE 5 000 FRANCS PAR CRAEMER SUR LE COMPTOIR D'ESCOMPTE — qui était et est toujours une banque de Paris.

Le dossier français du procès donne quelques détails supplémentaires sur le contenu de ces télégrammes, qui ont tous trait à l'espion que les Allemands — d'après les Français — désignent sous le code de H-21. Cet espion, disait le télégramme, appartenait au centre d'espionnage de Cologne, et avait été envoyé en France pour la première fois en mars — époque à laquelle Mata Hari se trouvait toujours en Hollande. H-21 s'était rendu d'Espagne en Angleterre à bord du *Hollandia*, chargé d'une mission pour les Français, avait été refoulé par les Anglais et attendait maintenant des instructions. Mais ce n'était pas tout. Le télégramme donnait encore plus de renseignements sur les découvertes de H-21. Il (on passait constamment du « il » au « elle ») avait fait part au chef d'espionnage allemand à Madrid de cancans savoureux sur la politique internationale, comme par exemple la préparation d'une offensive alliée qui aurait lieu au printemps 1917.

D'autres renseignements concernaient le roi Constantin de Grèce. C'était un personnage gênant, époux de la sœur du Kaiser Guillaume et extrêmement pro-allemand. Son frère, le prince Georges, mari de la princesse Marie Bonaparte, habitait Paris. D'après le télégramme, l'espion H-21 aurait rapporté à son supérieur à Madrid que la princesse avait évoqué avec Aristide Briand — le chef du conseil français — le projet de remplacer le roi Constantin par le prince Georges à la fin des hostilités.

Ce télégramme semble rempli autant de lacunes que de faits prouvant la culpabilité de Mata Hari, si l'on en croit la version de Ladoux. On serait tenté de penser que von Kalle, chef des renseignements allemands à Madrid, était un officier compétent. A l'époque, il avait en effet quelque dix-neuf ans de service derrière lui, y compris des séjours au quartier général à Berlin et à Strasbourg. Pourtant, plusieurs éléments de ses télégrammes étaient dépourvus de tout intérêt — même chiffrés — et s'apparentaient plus aux romans de bas étage qu'aux mystérieux télégrammes codés qu'ils étaient censés être.

Tous les renseignements étaient rédigés de manière à faire croire à quiconque tomberait sur ce texte qu'on n'y parlait que d'une seule personne : Mata Hari. A ce moment-là, celle-ci se dirigeait vers l'Angleterre ou la Hollande pour s'acquitter d'une mission pour les Français. Seulement, les Anglais l'avaient arrêtée et refoulée vers l'Espagne.

Et si Mata Hari était effectivement une espionne allemande en possession de données intéressantes, pourquoi cet officier compétent aurait-il attendu un mois avant de transmettre ses renseignements en Allemagne ? Cela ne peut que signifier qu'il ne les reçut qu'à ce moment-là. Mais alors, cela tendrait à prouver l'incapacité de Mata Hari, car n'importe quel espion en possession de tels renseignements n'aurait eu de cesse de les remettre entre des mains allemandes et les aurait, par conséquent, transmis dès son arrivée à Madrid en se rendant à Vigo. Il aurait été totalement illogique de garder ces détails un mois de plus, jusqu'à l'arrivée en Hollande.

Ensuite, le chef des renseignements à Madrid estime nécessaire d'informer Berlin que H-21 appartient au centre d'espionnage de Cologne. Pourquoi ? Le service de renseignements allemand, avec sa manie du détail et de l'effica-

cité, devait bien disposer d'un fichier au quartier général
de Berlin concernant tous ses espions, si bien que le nom
de code H-21 aurait amplement suffi. Il ne manquait plus
à ce télégramme que le nom en toutes lettres de l'espion,
sa date et son lieu de naissance.

Et où donc Mata Hari aurait-elle trouvé tous ces cancans
à propos de la princesse Marie Bonaparte et d'Aristide
Briand ? Sur le *Hollandia* ? A Scotland Yard ? Au Savoy
Hôtel ? Car, en admettant qu'elle fût une espionne et
qu'elle ait entendu cette histoire à propos du trône de
Grèce, elle l'aurait découverte à Paris avant de quitter la
France pour son voyage interrompu en Hollande, et alors
elle l'aurait communiquée dès son arrivée à Madrid. (Le
roi Constantin fut effectivement renversé en 1917, mais
c'est son fils Alexandre qui lui succéda sur le trône et non
le prince George.)

Pourtant les Français eux-mêmes affirment que cette
information royale figurait sur le télégramme du 14
décembre seulement — un mois plus tard. C'est la seule
fois où les Français ne se trompaient pas. Mata Hari
n'avait jamais parlé au chef des renseignements allemands
à Madrid avant son retour d'Angleterre, parce qu'elle ne
le connaissait pas.

Le même mystère règne en ce qui concerne le renseignement à propos de l'offensive de printemps. C'était un
fait extrêmement important, et Mata hari n'aurait pu
l'apprendre qu'à Paris. Si elle avait voulu le donner *en
espionne*, alors elle l'aurait fait le plus rapidement possible,
dès novembre. En fait, elle avoua à Paris qu'elle avait
révélé l'existence de cette offensive de printemps ainsi que
d'autres vagues éléments aux Allemands à son retour de
Londres — elle avait pêché ces renseignements dans une
pile de journaux français vieux de six semaines et avait
complété de mémoire. Après tout, tout le monde pouvait
discuter de la guerre à Madrid, ce n'était pas l'apanage
des espions. Et en 1916, *tout le monde sans exception*

parlait de la guerre, et on pouvait difficilement ne pas penser que les Alliés n'allaient pas préparer une offensive de printemps.

Le dernier renseignement contenu dans les versions améliorées de ce télégramme intercepté est encore plus faux ; Mata Hari n'était pas venue en France pour le première fois en mars 1916. Elle s'y trouvait en décembre 1915 et, en mars 1916, elle était rentrée en Hollande depuis près de deux mois. Lors des interrogatoires après son arrestation, Mata Hari devait faire remarquer que cette contradiction était bien la preuve qu'elle n'avait jamais rencontré le chef de l'espionnage allemand avant son retour d'Angleterre et qu'il ne savait rien d'elle à ce moment-là.

Il n'y a qu'une explication à toutes ces contradictions contenues dans les télégrammes de Madrid, à tous ces détails superflus, à ces éclaircissements longuets : von Kalle était peut-être un officier efficace et même un attaché d'ambassade compétent, mais son expérience d'agent secret était inversement proportionnelle à ses capacités de militaire. En outre, les Allemands étaient, bien sûr, innocents du fait que les Français avaient cassé leur code, ce qui fait que von Kalle continuait joyeusement à bombarder Berlin de ses messages trop détaillés.

A son arrivée à Madrid, Mata Hari s'installa au Palace Hôtel, où elle fut, sans jamais la rencontrer, la voisine de palier d'une collègue à elle — une *véritable* espionne cette fois. Marthe Richard (aussi appelée Richer) était une jeune Française qui, ayant perdu son mari au début de la guerre, avait été recrutée par le capitaine Ladoux lui-même. C'est à sa demande qu'elle s'était rendue en Espagne où elle avait réussi à infiltrer les cercles allemands avec tant de panache qu'elle était rapidement devenue la maîtresse de l'attaché naval allemand — qui dirigeait l'un des réseaux d'espionnage.

Marthe Richard devint célèbre après la Grande Guerre, et fut décorée de la Légion d'honneur par le gouvernement

français en 1933 « pour services rendus ». On tira un film
de sa vie, et le capitaine Ladoux relata ses aventures dans
plusieurs ouvrages.

Dans son propre livre intitulé *Ma vie d'espionne*, Marthe
Richard raconte qu'elle fut la voisine de Mata Hari. Un
jour, la femme de chambre entra dans la chambre de
Marthe en lui disant que sa voisine était une « artiste ».
Française ? demanda Marthe. Non, répondit la femme de
chambre. « C'est une danseuse anglaise du nom de Lady
MacLeod. »

Après quoi, la femme de chambre ramassa un billet sur
le bureau de Marthe destiné à lui rappeler un rendez-vous
de l'après-midi et lui recommanda de « ne pas laisser
traîner des papiers — c'étaient les ordres du chef ». Par
conséquent, ce sont là les déductions de Marthe, la femme
de chambre du Palace Hôtel — qui servait aussi dans la
chambre d'à côté — était une espionne allemande. Pourtant, cette femme de chambre ne savait rien de Mata Hari
mais *connaissait* parfaitement la situation de Marthe
Richard.

Au moment où Marthe Richard était la maîtresse de
l'attaché naval — Herr von Krohn — il y avait un autre
homme avec les mêmes initiales dans le personnel de
l'ambassade : l'attaché militaire von Kalle. Par un coup
du destin, lui aussi dirigeait un bureau de renseignements
allemand en Espagne et c'est lui que Mata Hari était allée
voir en arrivant à Madrid à son retour forcé de Londres.

La confusion entre les deux chefs des renseignements,
tous les deux allemands, tous les deux attachés d'ambassade, et tous les deux avec les mêmes initiales von K. était
facile à faire. Aucun des livres et articles parus sur Mata
Hari n'y a échappé. Généralement, von Kalle est le grand
perdant de l'affaire, car presque partout c'est von Krohn
que l'on transforme en amant et chef espion de Mata
Hari. (Von Kalle était *Hauptmann* ou capitaine, avec les
fonctions d'attaché militaire à l'ambassade de Madrid et à

la légation de Lisbonne. Il démissionna après la Première Guerre mondiale avec le rang de colonel. Lorsque je m'enquis de lui auprès des archives de guerre allemandes en 1963, on ne se contenta pas de m'envoyer une liste de ses divers postes, mais, avec un souci de précision tout germanique, on m'informa que dans la liste des officiers, Kalle ne bénéficiait pas de l'aristocratique *von*.)

Peu après la diffusion du téléfilm documentaire allemand sur Mata Hari en 1965, je reçus — par l'intermédiaire de la *Südwestfunk* de Stuttgart, la lettre suivante d'une certaine Mme Weishun :

« Votre téléfilm *Elle se faisait appeler Mata Hari* était des plus passionnants. Cela intéresserait-il M. Wassenaar [*sic*] de savoir qu'à Madrid, Mata Hari fut non seulement la maîtresse de von Kalle mais aussi celle de l'attaché naval, le lieutenant von Krohn, et qu'ensemble, ils se firent passer pour un couple hollandais quans ils visitèrent Gibraltar ? Von Krohn était un ami de mes parents. Il avait perdu un œil pendant la rébellion des Boxers en Chine et n'avait rien d'un Adonis, et pourtant c'était *ein toller Kerl* [un homme séduisant]. Mon mari se trouvait là-bas quand Mata Hari vint le voir. Les deux hommes décollèrent du dos nu de Mata Hari plusieurs pages de documents très secrets, écrits à l'encre invisible. C'était une femme fascinante certes mais innocente non. Elle travaillait, comme ils disent dans la marine, à voile et à vapeur. Je tiens cela de mon mari qui, en tant que premier lieutenant, se trouvait à Madrid où il était attaché à notre flotte de sous-marins dans la Méditerranée. Avec mes respectueuses salutations à Herrn *Wassenaar*... »

Marthe Richard donne une idée du peu que l'on savait à propos de l'espionnage présumé de Mata Hari à Madrid. Et pourtant, elle était bien placée pour être au courant de ce qui se passait. En avril 1917, l'as de l'espionnage français ignorait toujours que Mata Hari avait rencontré von Kalle — c'est par la presse qu'elle l'apprit. Le chapitre qu'elle consacre à cet épisode dans son livre grossit considérablement la controverse « Von K. contre Von K. » qui devait partager les biographes.

Comme les autorités françaises gardèrent l'arrestation secrète pendant assez longtemps, ce n'est que plusieurs semaines plus tard que Marthe Richard apprit l'affaire par la presse. Elle devait découvrir à ce moment-là, à cause d'une erreur du *Matin*, qu'à Madrid, Mata Hari avait été la maîtresse de son propre amant à elle, von Krohn. Ayant donc toutes les raisons d'être furieuse, elle se rua dans le bureau de son ami pour le chapitrer en termes sans équivoque :

« Ce n'est pas la peine de nier ! hurla-t-elle au chef des renseignements de la marine. Je comprends tout maintenant ! Cette danseuse habitait au Palace Hôtel en même temps que moi, quand je suis arrivée à Madrid ! »

Von Krohn eut l'air perplexe et fit remarquer que Mata Hari était peut-être une espionne au service de l'attaché militaire — von Kalle — ou peut-être de l'ambassadeur lui-même.

Marthe Richard qualifia l'attitude de son amant « d'hypocrite » et dit : « Des choses comme ça, ça ne s'invente pas, même dans un journal. Et en plus, Mata Hari a déclaré qu'elle te connaissait ! »

« Si tu ne me crois pas, alors laisse-moi te montrer », dit von Krohn. Il ouvrit le coffre et en sortit un grand album de photos. Au dos de chacune d'elle était inscrit le nom d'un espion, son numéro de série, d'autres détails descriptifs, plus un bref résumé des renseignements qu'ils avaient apportés à leur chef. Marthe Richard regarda les photos à l'envers, mais précise qu'avec ses verres puissants, « il m'aurait été facile de la reconnaître ». Seulement... la photo de Mata Hari ne figurait pas dans l'album.

Von Krohn, maintenant décidé à convaincre sa maîtresse, sortit un autre dossier, contenant « les agents utilisés par l'ambassade ». Et Marthe Richard, dans son livre écrit et publié en 1935, le cite : « Je t'assure, Marthe, qu'elle n'est l'employée d'aucun de nos agents en Espagne. Mais comme elle est hollandaise, il est possible qu'elle appartienne au service secret de son pays. »

Alors qu'on ne peut que prendre au pied de la lettre les dénégations allemandes à propos de l'espionnage de Mata Hari, il faut néanmoins mentionner que le général de division Gemmp, dans un article du *Heer Und Wehr*, le supplément militaire du journal *Schwäbische Merkur* du 14 juin 1929 — onze ans après la fin de la guerre —, écrivit la chose suivante à propos de l'efficacité des espionnes en temps de guerre : « Les affaires du genre de celle de la pauvre danseuse Mata Hari, qui, soit dit en passant, n'a jamais travaillé pour nos services, ont été terriblement exagérées. [1] » La seule note concernant Mata Hari et figurant encore dans les archives du ministère des Affaires étrangères allemand en 1963 se trouve dans un dossier intitulé *Agents* et fut rédigée en janvier 1920 par Freiherr von Scheliha. Ses renseignements partiellement faux signalent qu'elle est née à Sumatra, qu'elle y connut la célébrité en dansant et qu'elle fut l'épouse d'un colonel hollandais d'Arnhem. Elle dansa à la Scala et à Paris et fut exécutée par les Français. Ces détails durent être fournis par le consul allemand à Amsterdam, qui contribua plus tard à épaissir le mystère autour de Mata Hari.

(Le seul Allemand qui, à ma connaissance, ait essayé de tirer quelque crédit de sa connaissance des « activités » de Mata Hari était un certain Justin Herre, qui avait émigré aux États-Unis peu après la Grande Guerre. Herr Herre prétendit avoir été espion allemand en France et avoir rencontré Mata Hari pendant la guerre à un certain café Mariano rue de Rivoli. En 1923, cet homme envoyait de

---

1. Ce même général Gemmp devait, en 1940, lire dans le rapport Roepell : « Qu'elle ait espionné pour les Allemands ne fait aucun doute. » (N.d.A.)

New York une lettre aux relents désagréablement prénazis à l'un des parents de Mata Hari en Hollande : « Avec Mata Hari, l'Allemagne aurait gagné la guerre ! Le comte von Moltke le sait et le Kaiser aussi — je me suis chargé de le leur faire savoir. Les Juifs français ont volé tout son argent à Mata Hari. » Les connaissances historiques de M. Herre devaient être bien minces. En effet, si le Kaiser vivait effectivement toujours en 1923 dans le petit château du village de Doorn en Hollande où il avait fui en 1918, le comte von Moltke, par contre, ancien favori du Kaiser et chef d'état-major de l'armée allemande, était mort en 1916.)

Que von Krohn ait ou non connu l'existence de Mata Hari à ce moment-là n'a pas d'importance. Ce qui en a, en revanche, c'est que Marthe Richard, qui n'avait certainement aucune raison de défendre Mata Hari en 1935, ait rapporté cette scène avec von Krohn. Après tout, elle mettait sa vie en danger. Elle savait qu'elle-même espionnait pour la France, elle n'ignorait pas non plus que son intimité avec l'attaché naval — dont dépendaient ses activités d'espionne — était en jeu. Qu'elle ait ou non aimé cet homme (elle ne fit que rendre des services dans l'intérêt de son pays), sa scène de jalousie sonne vrai. Elle était convaincue que von Krohn avait une autre maîtresse — Mata Hari. Nous pouvons donc la croire quand elle nous décrit la réaction de von Krohn face à ses accusations. Et même si von Krohn jouait un double jeu, cela prouve malgré tout que Marthe Richard, pour sa part, ignorait tout des activités présumées de Mata Hari quand elle se trouvait à Madrid.

C'est là qu'un autre homme entre en scène. Il s'agit du colonel Danvignes, chef du service de renseignements de l'ambassade de France à Madrid. Il avait rencontré Mata Hari en compagnie de deux attachés de la légation des Pays-Bas, d'abord au Palace Hôtel, ensuite au Ritz. Mata Hari lui raconta à ce moment-là ce qui lui était arrivé à

Falmouth et ajouta qu'elle en avait informé Ladoux et qu'elle attendait toujours d'autres instructions. Profitant de ce que Mata Hari se trouvait à Madrid et lui avait dit qu'elle était allée voir von Kalle, le colonel Danvignes lui demanda de sonder von Kalle sur différents sujets, afin d'obtenir, entre autres, plus de détails sur les mouvements des sous-marins allemands au large du Maroc que celui-ci avait évoqués devant Mata Hari. Dans le même temps, devait expliquer Mata Hari plus tard à Paris, le colonel vieillissant lui avait fait des avances et lui avait réclamé un bouquet de violettes et un de ses mouchoirs comme souvenirs.

En attendant, Mata Hari, limitant les avances du colonel aux fleurs et au mouchoir, commençait à s'inquiéter du silence de Paris. Tout bien considéré, son voyage à Londres n'avait pas été des plus agréables. Son inquiétude vira à l'indignation quand un de ses amis espagnols, le sénateur Junoy, lui apprit qu'un agent secret français lui avait recommandé de cesser toutes relations avec elle [1].

Mata Hari, qui n'avait pas hésité à lacérer un matelas et à précipiter une armoire du haut de l'escalier un jour où elle était en colère, passa immédiatement aux actes. Elle alla trouver le colonel Danvignes pour le sommer de s'expliquer. Comme le colonel venait de partir pour Paris, son remplaçant lui dit qu'il ne savait rien de l'affaire.

La nature impulsive de Mata Hari prit le pas. On l'avait trompée et, comme elle voulait de toute façon se rendre

---

1. En juillet 1925, le sénateur Junoy accusa Raquel Meller, artiste de music-hall d'origine espagnole et coqueluche de Paris dans les années folles, d'avoir dénoncé Mata Hari à la police française, parce qu'elle soupçonnait son mari (le journaliste et écrivain E. Gomez Carrillo) d'avoir été l'amant de cette dernière. Le commentaire de Gomez Carrillo, publié dans le *New York Evening Graphic* du 6 février 1926 fut le suivant : « Cette histoire relève de l'invention pure. Je n'ai épousé Raquel Meller qu'en 1924. Ma femme n'a donc pas pu dénoncer Mata Hari en 1917. » (N.d.A.)

en France, elle monta dans le train pour Paris ce soir-là
— le 2 janvier 1917. Elle devait en avoir le cœur net. Elle
devait savoir qui conseillait, derrière son dos, à ses amis
de se méfier d'elle et d'éviter sa compagnie.

Si Mata Hari avait le moindre soupçon de ce qui se
tramait, elle n'avait pu prendre cette décision que dans un
moment de folie. Ladoux lui-même lui avait dit que les
Anglais la soupçonnaient d'être une espionne allemande ;
elle savait qu'on l'avait filée plusieurs fois ; les Anglais
l'avaient arrêtée et lui avaient interdit de poursuivre
jusqu'en Hollande ; son ami espagnol venait de la prévenir.
Quelqu'un qui se serait senti coupable ou qui aurait
travaillé comme agent double ne se serait pas jeté dans la
gueule du loup. C'était de la démence pure dans de telles
circonstances. Et Mata Hari était loin d'être folle. Cela ne
l'empêcha pas d'aller à Paris.

La seule explication possible est que Mata Hari prenait
son association avec les Français au sérieux. C'était un jeu
pour elle — comme d'entrer dans la peau d'une princesse
javanaise née à Leeuwarden. Son attitude et ses décisions
étaient la suite logique de son comportement passé. A
l'école, sa voiture tirée par des chèvres avait fait d'elle le
point de mire de tous, ses robes et ses manières avaient
impressionné ses petites amies. Elle comptait bien éblouir
les Français par son aptitude à les servir — une manifestation d'égocentrisme qui lui ressemble bien.

Elle ne voyait rien, entendait tout et disait tout. Ce
qu'on lui disait à gauche, elle le répétait à droite — en
enjolivant. Elle jetait des noms comme des grains de riz à
une noce — des noms de gens qu'elle avait connus ou
qu'elle imaginait connaître. Au lieu de poursuivre la
rédaction de sa propre biographie romancée, elle s'attaquait
à celles des autres — elle ne comprenait pas qu'il ne
s'agissait plus d'un jeu, qu'elle ne s'adressait plus à des
journalistes crédules, mais qu'elle avait affaire à des agents
secrets durs à cuire en temps de guerre. Elle voulait prouver

son importance, son utilité, à n'importe quel prix. C'est pour cette raison qu'elle accepta d'aider le colonel Danvignes et de faire le va-et-vient entre lui et von Kalle, telle une balle de tennis. Et maintenant, furieuse du tort qu'on lui faisait, elle se précipitait à Paris pour tirer les choses au clair au bureau central !

Mais à Paris, elle n'arriva à rien. Le colonel était déjà en route pour l'Espagne, et Mata Hari eut à peine le temps d'échanger deux paroles avec lui sur le quai de la gare d'Austerlitz. Les choses étant ce qu'elles étaient, elle décida d'aller agacer le grand fauve dans sa tanière — le capitaine Ladoux lui devait une explication. Mais lui aussi feignit l'innocence, et Mata Hari alla chercher du réconfort auprès d'un vieil ami à elle, Jules Cambon, secrétaire général du Quai d'Orsay. Elle disparut de la circulation pendant trois jours, et l'on murmure que ce fut également le cas de Jules Cambon.

Mata Hari vécut un mois à Paris, comme s'il n'y avait pas un nuage dans le ciel — sauf un tout petit. Vadime de Massloff venait de réapparaître brièvement à Paris non seulement pour profiter de la compagnie de sa maîtresse mais aussi pour l'informer de certaines nouvelles fâcheuses et lui en demander une explication. Vadime avait été convoqué par son supérieur, qui lui avait lu une lettre envoyée par l'ambassade russe de Paris, dans laquelle on l'avisait de la liaison d'un de ses officiers (Vadime) avec une dangereuse *aventurière* [1]. Mata Hari ne comprenait pas et ne voyait pas qui pouvait être à l'origine de cette calomnie.

Après le départ de Vadime, elle continua à profiter des plaisirs qu'offrait Paris, passant des jours et quelquefois même des nuits en compagnie de ses mâles qu'elle admirait depuis son enfance — les hommes en uniforme. L'éventail des possibilités était vaste, comme cela devait se produire

1. En français dans le texte. (N.d.T.)

à la libération de Paris en 1944, toutes les troupes alliées pensaient qu'une visite dans la capitale française était excellente pour le moral.

La saison parisienne était fort gaie, malgré la guerre. Entre l'Opéra, le théâtre et les spectacles de variétés, il n'y avait pas moins de trente salles. Mata Hari en fréquenta beaucoup et, avec son ami l'officier polonais, alla applaudir « Mademoiselle du Far West » aux Folies-Bergère.

Le capitaine Ladoux lui accorda un mois de grâce — pendant lequel elle aurait pu, si elle avait été une espionne, divulguer tous les secrets français aux Allemands. Ce délai n'était certes pas dans l'intérêt du chef du Deuxième Bureau, dont la tâche consistait justement à empêcher la propagation de ces secrets. A la fin de ce mois-là, le capitaine Ladoux n'avait pas plus de preuves contre elle qu'au début, et on s'explique mal qu'il ait attendu. Si Mata Hari était coupable en février, elle l'était aussi quatre semaines plus tôt. Néanmoins, Ladoux ne fit rien — du moins pas encore.

A l'époque, l'Allemagne avait répandu un peu partout dans le monde des rumeurs de paix qui furent suivies par la proposition du président Wilson. Mata Hari, quant à elle, était en paix avec tout le monde — à l'exception de Ladoux.

Le 1er février 1917, l'Allemagne ferma la porte à toute possibilité de paix en décrétant la guerre sous-marine à tout va, ce qui allait amener les États-Unis à entrer dans le conflit deux mois plus tard, le 6 avril. Le 13 février, le capitaine Ladoux fermait également sa porte — au nez de Mata Hari.

Le matin du 13 février, le commissaire de police Priolet pénétra dans sa chambre au Palace Hôtel sur les Champs-Élysées. Elle ne disparut pas, comme on l'a dit, dans la salle de bains pour réapparaître nue dans une ultime tentative de séduire les intrus. Cinq inspecteurs accompagnaient leur chef. Mata Hari, frappée de stupeur, s'habilla et les suivit.

On lui lut l'acte d'accusation : « La fille Zelle, Marguerite, dite Mata Hari, habitant Palace Hôtel, de religion protestante, étrangère, née en Hollande le 7 août 1876, taille 1 m 75, sachant lire et écrire, est prévenue d'espionnage, tentative complicité, intelligence avec l'ennemi, dans le but de favoriser ses entreprises. »

On l'emmena à la prison de Saint-Lazare.

17.

Le 24 juillet 1917, on remit aux membres du tribunal militaire le dossier secret que le conseil de guerre avait établi sur Mata Hari. C'est une volumineuse chemise de quinze centimètres d'épaisseur. Portant sur la tranche l'inscription « Affaire Zelle-Mata Hari », elle contient beaucoup de papiers, beaucoup de mots, beaucoup de documents, et aucune preuve.

Ce dossier était l'œuvre d'un homme, et d'un seul — le capitaine Bouchardon, *rapporteur militaire*[1] ou officier instructeur, qui avait mis son affaire au point en quatre mois d'interrogatoires de Mata Hari et de différents témoins. Les maigres preuves qu'il contient furent établies à partir de on-dit et des interminables monologues de Mata Hari. On peut sans crainte affirmer que Mata Hari s'est suicidée en parlant. Le capitaine Bouchardon, qui avait été nommé *rapporteur militaire*[1] une semaine après la déclaration de guerre, transforma chacune de ses phrases en motif d'accusation. Il pesait toutes ses déclarations pour voir s'il pouvait les utiliser — et peu importait si elles avaient ou non un fond de véracité. A la fin, c'était la parole de Mata Hari contre celle de Bouchardon — et

---

1. En français dans le texte. (N.d.T.)

ce dernier qui, selon plusieurs sources, était un obsédé de la chasse aux espions, se trouvait du bon côté de la barrière.

Le procès en soi ne revêt pas grande importance, sinon que c'est là que l'on décida du verdict et de la sentence. Néanmoins, tous les livres et articles qui débattent de l'innocence et de la culpabilité de Mata Hari s'intéressent exclusivement au procès, sans doute parce que celui-ci pouvait faire à tous moments jaillir des cris du style « J'accuse » fondés surtout sur les on-dit et les rumeurs de type à impressionner le lecteur et le public des cinémas. Mais l'affaire est d'abord la chose de Bouchardon. Il la traita avec une infinie patience à partir du jour où les portes de la prison se refermèrent sur sa future victime — qu'il appelle dans ses mémoires « une espionne née, qui fit clairement la preuve qu'elle en était une ».

Trois personnes seulement participèrent aux interrogatoires : Mata Hari, Bouchardon, et le *sergent-greffier* [1] Manuel Baudouin, le soldat qui nota toutes les questions et réponses. Maître Clunet, l'avocat qui, à la demande de Mata Hari, avait été nommé par le tribunal militaire pour assurer la défense, ne fut autorisé à assister qu'aux premier et dernier interrogatoires. C'était la règle édictée par la législation militaire, que Bouchardon appliqua à la lettre.

La première cellule qu'occupa Mata Hari était matelassée. Le directeur de Saint-Lazare ne voulait pas courir le risque de se retrouver avec une suicidée sur les bras. C'est dans cette cellule que le médecin de la prison, Léon Bizard, fit sa connaissance. Le sobre récit que le docteur Bizard nous livre de ses expériences est à peu près le seul écrit fondé sur des faits que l'on puisse prendre au sérieux dans la multitude de livres consacrés au comportement de la danseuse-espionne. Toutes les autres anecdotes rapportées par différents auteurs, qui font état de son insistance à

---

1. En français dans le texte. (N.d.T.)

prendre « des bains de lait alors qu'à l'époque ce précieux liquide manquait aux enfants parisiens » (déclaration du commandant Coulson), de son habitude de danser complètement nue, ou habillé de pied en cap, dans sa cellule, relèvent du domaine de l'invention.

Lors de son premier entretien avec le docteur Bizard, Mata Hari se plaignit amèrement de son environnement. L'unique meuble de sa cellule faiblement éclairée au gaz était un matelas, et l'on percevait à peine la lumière du jour. Lorsque le médecin lui demanda si elle désirait quelque chose, sa réponse fut : « Oui, un téléphone et un bain. » L'absence de baignoire et l'insuffisance d'eau durent rendre folle une femme qui, à l'instar de la plupart des Hollandais, considérait la propreté comme une des plus grandes vertus. D'autre part, étant en bons termes avec beaucoup de personnalités, elle aurait certainement aimé pourvoir leur parler. Elle n'avait apparemment pas compris que, dès que les portes de la prison s'étaient refermées sur elle, presque tous ses amis — sinon *tous* — l'avaient abandonnée à son sort. Ils avaient dû penser que toute relation avec une femme soupçonnée d'espionnage nuirait à leur réputation et conduirait peut-être même à leur propre arrestation.

Au bout de quelques jours, Mata Hari fut transférée dans une cellule située dans une autre partie de la prison — aujourd'hui détruite, mais qui se trouvait à ce moment-là au coin de la rue du Faubourg-Saint-Denis et du boulevard Magenta — que l'on appelait la Ménagerie, réservée aux espions. Les installations sanitaires étaient pratiquement inexistantes, et Bouchardon lui-même devait écrire des années plus tard que le matin de l'exécution, « nous suivîmes un long couloir où les rats couraient entre nos jambes ». Au début de son incarcération, elle ne fit aucun exercice, mais plus tard, on l'autorisa à une promenade quotidienne dans la cour.

Si elle passait ses journées seule en général, Mata Hari

était obligée la nuit de partager sa cellule avec une des co-détenues à qui l'on permettait de faire des travaux de ménage dans la prison. La nourriture n'était pas trop mauvaise en ces jours de garde à vue avant le procès, mais Mata Hari devait la payer. Sœur Auréa, responsable de la cuisine, servait généralement les repas elle-même : consommé et café au petit déjeuner, un plat de viande et de légumes accompagné d'un café à midi, de la soupe et de la viande le soir. On servait du vin au déjeuner et au dîner.

D'après le docteur Bizard, Mata Hari était une prisonnière docile qui ne réclamait pas grand-chose. Elle était d'humeur variable, parfois maussade, ce qui n'avait rien de surprenant dans sa situation. Les contacts humains, et surtout la conversation, lui manquaient, et elle était très reconnaissante à quiconque venait lui parler. Mais, comme on peut l'imaginer, ses interlocuteurs étaient fort rares, ils se limitaient au docteur Bizard, son assistant le docteur Jean Bralez et les aumôniers catholique et protestant de la prison, le père Dominique et le révérend Jules Arboux.

Lors de ces quatorze interminables interrogatoires qui précédèrent le procès, le capitaine Bouchardon se rendit compte qu'il avait fort peu de détails auxquels raccrocher son accusation. A part les télégrammes interceptés qui, selon lui, concernaient Mata Hari, et dont il n'apprit l'existence que le 1er mai 1917 (il décida à ce moment-là que l'affaire était réglée), il n'avait guère dans son dossier que les rapports des agents de Ladoux, la preuve que Mata Hari avait effectivement reçu de l'argent de l'étranger au Comptoir d'Escompte, le fait que Mata Hari avait essayé de retourner en Hollande, et un rapport de laboratoire sur quelques-uns des objets retrouvés dans sa chambre lors de son arrestation. Parmi ces derniers figurait un tube ou flacon qui retint particulièrement l'attention de la police, car il contenait — d'après l'analyse chimique — une encre secrète « qui ne pouvait provenir que d'Espagne ». On avait aussi découvert de la poudre, du fard à joues, du rouge à lèvres, de la crème, et du parfum — rien que de très normal dans la chambre et le sac d'une femme.

Les autorités militaires avaient fait analyser l'encre invisible, et les résultats de ce test figurent au dossier secret ! Ils consistent en une feuille de papier blanc ordinaire sur laquelle on a écrit quelques lignes invisibles. La feuille avait été ensuite déchirée dans le sens de la longueur, si bien que chaque ligne était coupée en deux. Puis l'enquêteur avait eu recours à diverses méthodes pour faire apparaître les mots sur une moitié de page. Le test fut probant, car on voit effectivement les mots auparavant invisibles, qui apparaissent dans une teinte brunâtre. Comme ce test date de 1917, il est possible que la couleur ait un peu passé depuis.

Ce tube d'encre invisible « qui ne pouvait provenir que d'Espagne » contenait, d'après le rapport de laboratoire, de l'oxycyanure de mercure. C'est aujourd'hui, comme en 1917, un désinfectant très connu que l'on peut se procurer sur ordonnance dans n'importe quelle pharmacie. La médecine moderne a dépassé ce stade depuis longtemps, mais on l'utilisait fréquemment pour l'hygiène féminine il y a cinquante ans. On le trouvait sous forme de comprimés à dissoudre dans l'eau. Et à l'instar de bien des produits chimiques, il peut faire office d'encre secrète. Si, à la place, on avait découvert une bouteille de lait dans la chambre de Mata Hari, le laboratoire serait-il aussi parvenu à la conclusion qu'il s'agissait d'une encre secrète qui ne pourrait, par exemple, provenir que de Hollande ? La plupart des enfants le savent : on peut écrire avec du lait sur n'importe quel morceau de papier blanc et, en le chauffant un peu, les mots ne tardent pas à apparaître.

Mata Hari elle-même fut très explicite et directe quand le capitaine Bouchardon évoqua l'usage véritable de « l'encre secrète » le 12 avril. « Ce n'est rien d'autre qu'un produit qu'on utilise pour les injections, pour éviter d'attendre un enfant chaque fois qu'on pratique le coït, dit-elle. C'est un médecin madrilène qui me l'a donné en décembre dernier. »

Je demandai à un chimiste comment on pouvait transformer l'oxycyanure de mercure en encre secrète. Il me fit plusieurs suggestions, dont la plus simple consiste à diluer le produit dans l'eau. Puis, pour faire apparaître la couleur, on couvre la feuille écrite d'un buvard qu'on a trempé dans une solution quelconque d'acide sulfurique. Si l'on accélère le processus de séchage à l'aide d'un fer chaud, l'écriture sort très bien.

Pendant ces préliminaires, on peut penser que Mata Hari tenta de prendre contact avec le monde extérieur. A Londres, dès que Scotland Yard l'avait jetée en prison, elle avait écrit à la légation des Pays-Bas. A Paris, elle ne le fit pas, ou si c'est le cas, la lettre ne fut jamais transmise. Cette deuxième supposition est peut-être la véritable cause de son silence, car, deux mois après son arrestation, en avril, la légation de son pays à Paris ignorait toujours officiellement le sort de leur compatriote. Et le 23 mai, son propre avocat à La Haye, M. Hijmans, ne savait toujours pas où elle se trouvait.

Lors de l'interrogatoire du 1er mai, Bouchardon déclara brièvement que la police avait gardé son arrestation secrète dans l'espoir que les Allemands continueraient à communiquer à propos de Mata Hari avec leur bureau de Madrid. Pour cette même raison, ils ne tenaient pas à ce qu'une fuite se produise par l'intermédiaire de la légation des Pays-Bas.

Le 22 juin 1917, dans une lettre adressée au consul hollandais, Mata Hari (que l'on autorisait enfin à correspondre avec l'extérieur) disait qu'elle avait l'impression que « en Hollande, personne ne sait, apparemment, ce qu'il est advenu de moi, bien que j'aie envoyé un message à ma bonne » — Anna Lintjens. Cela prouve bien que les autorités pénitentiaires n'avaient pas fait suivre ce message.

En revanche, un autre message parvint bien à destination, dans le bureau de la prison. Peu de temps après son arrestation arriva une lettre aujourd'hui conservée dans le dossier, qui disait : « Je suis innocente, je ne me suis jamais livrée à l'espionnage contre la France. Je vous demande donc de donner des instructions pour qu'on me laisse partir. »

La légation des Pays-Bas à Paris *était au courant* de l'arrestation de Mata Hari par Scotland Yard en 1916. Après que le ministère des Affaires étrangères de La Haye eut été informé par un de ses représentants à Londres de ce qui se passait, il avait envoyé à sa légation parisienne une copie presque complète du rapport de Londres. Il joignait une lettre dans laquelle il prévenait la légation que Mata Hari chercherait probablement à entrer en contact avec eux à son retour en France. Dans ce cas, écrivait La Haye, « les renseignements dont nous disposons sur l'incident anglais devraient nous inciter à la prudence ».

En cette deuxième semaine d'avril, quelqu'un en Hollande finit par contacter le ministère des Affaires étrangères pour signaler qu'on était sans nouvelles de Mata Hari depuis longtemps. Il s'agissait probablement du baron van der Capellen. A la suite de sa démarche, on envoya le 11 avril à Paris le télégramme suivant, qui portait la signature du ministre des Affaires étrangères, *Jonkheer* Loudon : « Informez-nous par télégramme adresse actuelle de Margaretha Zelle alias Mata Hari. Dernier domicile connu Plaza Hôtel 25, avenue Montaigne, et demandez si elle a l'intention de rentrer bientôt. » Cela montre bien que, près de deux mois après son arrestation, personne en Hollande ne se doutait qu'elle était incarcérée.

La légation n'avait apparemment pas encore reçu confirmation de la situation difficile dans laquelle Mata Hari se trouvait. Elle avait bien entendu des rumeurs de son arrestation, mais les autorités françaises ne l'en avaient pas informée officiellement, ni plus tôt, ni immédiatement après la réception du télégramme. Par pure coïncidence, quelques jours après l'arrivée du télégramme de La Haye, la légation reçut enfin une première lettre de Mata Hari elle-même, dans laquelle elle demandait « de bien vouloir prévenir sa bonne qu'elle avait des difficultés à quitter le territoire français, mais qu'elle ne s'inquiète pas ». Datée du 16 avril, la lettre fut remise au consulat hollandais six jours plus tard, le 22.

Cette ignorance officielle de la légation est prouvée par le texte du câble qu'elle envoya en Hollande le 23 avril, lendemain de la réception de la lettre de Mata Hari, — mais une bonne douzaine de jours après l'arrivée de la question de La Haye. La légation expliquait qu'elle avait obtenu ces renseignements *à titre semi-officiel* des autorités du Quai d'Orsay : « A titre semi-officiel, nous avons été informés qu'elle était incarcérée à Saint-Lazare. On la soupçonne d'espionnage. Les autorités enquêtent sur cette affaire qui semble très sérieuse. » La légation envoya par messager spécial à La Haye une lettre à transmettre à Anna Lintjens, pour la rassurer au sujet de Mata Hari dans les limites permises : « Elle n'a pas à s'inquiéter. »

On se demande pourquoi Anna Lintjens aurait pu s'inquiéter. Bien sûr, Anna s'inquiétait *toujours*, comme elle me le confia en 1932, et comme me le confirma son fils en 1963. L'instabilité de Mata Hari et ses constants déplacements en temps de guerre à bord de bateaux qui pouvaient être torpillés ou heurter une mine à tout moment lui donnaient du souci. Anna, qui avait maintenant dépassé la cinquantaine, ne parvenait pas à comprendre pourquoi Mata Hari abandonnait la tranquille atmosphère de La Haye, où elle pouvait vivre dans un certain luxe grâce aux fonds fournis par le baron van der Capellen, pour errer en France et en Espagne.

La Hollande s'enrichit considérablement pendant la Première Guerre mondiale, grâce au commerce qu'elle faisait, en tant que pays neutre, avec les Alliés et les

Allemands. Mais la nourriture restait extrêmement rare, et l'on avait institué un système de rationnement sévère. En Hollande, pays dont la richesse laitière était proverbiale, on ne trouvait ni beurre ni fromage — que l'on avait remplacés par une mauvaise margarine et une sorte de fromage à tartiner infâme. Le pain blanc était devenu un luxe, la viande était inexistante, les pommes de terre farineuses, les œufs à la limite de la pourriture. On chauffait les poêles avec des boules de journaux dures comme pierre que l'on avait préalablement plongées dans de l'eau salée, on n'avait du gaz que quelques heures par jour pour la cuisine, si bien que l'on pouvait voir dans chaque foyer des caisses capitonnées de foin destinées à garder la nourriture au chaud, et l'on faisait la queue devant les soupes populaires. Même sans les mauvaises nouvelles qu'apportait constamment la guerre, il y avait de quoi préoccuper Anna Lintjens en Hollande, et celle-ci ne pouvait douter que la situation en France ne fût pire encore.

Mais elle avait un autre sujet d'inquiétude, comme Mata Hari l'expliqua un jour à l'imperturbable Bouchardon. Et Anna, qui connaissait sans aucun doute l'affaire en question, avait dû secouer la tête bien souvent quand cela s'était produit et après. Cela ne pouvait créer que des problèmes, avait-elle dû penser.

L'histoire de Mata Hari concernait la fameuse visite qu'elle avait reçue un soir du consul allemand Cramer. Au bout de quelques jours de réflexion, elle avait accepté son argent, pensant trouver là une compensation pour les fourrures confisquées à Berlin, incident qui n'avait cessé de l'obséder. Ensuite, Mata Hari avait jeté les flacons d'encre secrète que le consul lui avait remis, dans le canal qui relie Amsterdam à la mer du Nord, considérant ainsi que les choses étaient réglées : pour elle, les Allemands ne lui devaient plus rien.

Lorsqu'elle narra sa fantastique fable, Mata Hari avait

déjà passé trois mois et demi en prison et subi sept longs et pénibles interrogatoires avec Bouchardon, qui n'était pas plus avancé pour autant à l'époque.

Bouchardon, quarante-six ans, fine moustache, front haut, sourcils arqués et visage plutôt mince, était un interrogateur patient. Très militaire, il avait appris son métier à Rouen et à Paris, où il avait été juge d'instruction. Pendant ses années de magistrature, il avait délibérément acquis la détestable habitude de se lever brusquement de sa chaise lorqu'il s'adressait à l'accusé. Il se mettait alors à arpenter la pièce, s'arrêtait à une fenêtre et tapotait le carreau, faisant naître ainsi l'exaspération chez la partie adverse. En outre, il se rongeait constamment les ongles. Ce système fonctionna parfaitement avec Mata Hari, et Bouchardon rapporte dans ses Mémoires qu'un jour elle s'exclama : « Ah ! si vous saviez, mon capitaine, ce que vous m'agacez à marcher toujours comme ça ! »

Le premier entretien entre Mata Hari et son interlocuteur eut lieu le jour de son arrestation le 13 février. Bouchardon écrit qu'il la rencontra « une heure après que le commissaire de police Priolet venait de l'appréhender, avant même le saut du lit, dans un palace des Champs-Élysées ». Il doit se tromper car, à la fin de ce premier entretien, Mata Hari, comme le montre le rapport du tribunal « protestait contre les conditions à Saint-Lazare ». Par conséquent, elle avait dû être amenée d'abord à la prison, puis dans le bureau de Bouchardon. Ce dernier se trompait donc encore quand il disait que Mata Hari, à la fin de l'entretien, pensant qu'elle était libre de partir, « me fit son plus gracieux sourire, puis elle gagna la porte avec des balancements de corps qui ne manquaient pas de charme. Mais elle n'était pas libre et déjà l'escalier qui mène au Dépôt [la prison dépendant du Palais de Justice] s'ouvrait devant elle. Elle me regarda alors, les yeux chavirés, muette de terreur, des mèches de cheveux teints battant ses tempes. »

Cet interrogatoire du 13 février fut le premier d'une

série de quatorze qui durèrent jusqu'au 21 juin — plus de quatre mois. Tous eurent lieu dans le bureau de Pierre Bouchardon à la Chancellerie, qui communique avec le Palais de Justice tout en en étant séparé par divers cours et couloirs, l'entrée principale se trouvant sur le quai de l'Horloge. Le Bureau était tellement petit, écrit Bouchardon, que « deux chaises, un petit bureau et une armoire vitrée avaient peine à s'y loger. Un jour, nous étions exactement seize dans un espace à peine assez grand pour contenir dix personnes. On se fût cru dans un compartiment du métro aux heures d'affluence ».

Bouchardon trouva une entrée en matière toute simple : « Voulez-vous nous raconter votre vie. » Et Mata Hari se mit à parler. Elle s'exprima sur ce ton de tragédie dont elle ne se départit jamais, pas même en prison. Bouchardon lui-même en conçut de l'admiration, et, ayant un jour pris une partie de sa déclaration en sténo, il déclara : « Son langage était du meilleur ton et, avec cela, quelle souplesse de moyens ! Quelle ironie ! Quel à-propos dans la réplique ! »

Laissant de côté les premières années de sa vie, Mata Hari en vint immédiatement à la période qui intéressait plus spécialement Bouchardon — les mois avant la déclaration de guerre.

« Vers mai ou avril 1914, commença-t-elle, je revis mon ancien amant, le lieutenant Kiepert, qui m'invita à souper. Le lendemain, un petit journal de chantage, sous une forme ironique, ébruita cette rencontre en disant que la France avait vaincu l'Autriche-Hongrie, parce que Kiepert avait épousé une Autrichienne. »

D'après le journal, la femme de Kiepert n'était pas autrichienne mais hongroise ; Mata Hari avait, en effet, pris soin de coller la coupure dans son album. Datée d'avril 1914, et intitulée en français « On revient », l'histoire racontait qu'« une ancienne vedette des brillantes nuits de Berlin a apparemment redécouvert une vieille passion. Quand Mata Hari, la belle danseuse, quitta le riche propriétaire terrien, qui habite à la lisière de Berlin, elle emporta quelques centaines de milliers de francs en guise de cadeau d'adieu. Que ce soit l'amour ou l'argent disparu qui motiva ses retrouvailles, toujours est-il que ces derniers jours, on les a vus conversant gaiement dans un cabinet particulier d'un restaurant chic de la ville. Il semblerait donc que la jolie danseuse au *nom de guerre*[1] indien a définitivement remporté une victoire sur la Hongrie ! »

Après cet article, continua Mata Hari, le lieutenant lui dit qu'il ne pourrait plus la voir, mais il ajouta : « Je viendrai te voir à Paris. » Mata Hari lui répondit qu'il devrait attendre six mois parce qu'elle avait un contrat au théâtre Métropole. Kiepert lui dit : « Tu seras à Paris avant, et moi aussi ! »

Sur le moment, Mata Hari ne prit pas ce commentaire au sérieux, mais le trouva significatif après réflexion. « J'écrivis aussitôt au ministre de la Guerre français de l'époque [Messimy] qui était justement un de mes amis. Le ministre me répondit que dans sa situation, il lui était impossible de passer la frontière. »

En mai ou juin, continua Mata Hari, elle devint la maîtresse d'un officier de marine, un certain Kuntze, qui était attaché à « la station d'hydro-aéroplanes à Prestig ». (Son nom, d'après les renseignements reçus des Archives de guerre allemandes, était Paul Kuntze, né le 12 novembre 1883. Il avait donc sept ans de moins que Mata Hari. En notant sa déclaration, le sergent Baudoin écrivit « Prestig » pour le nom de la base. Mata Hari avait dû dire « Putzig », l'une des trois bases d'hydravions allemandes sur la Baltique, qui dataient d'avant la guerre, pas très loin de

---

1. En français dans le texte. (N.d.T.)

Dantzig. Les autres étaient Kiel et Warnemünde.) Lorsque Kuntze parla aussi d'une prochaine rencontre à Paris, Mata Hari eut l'impression que « la chose pouvait être grave » et se dit : « Tout de même, il faut les avertir à Paris. » Elle écrivit donc une lettre à « l'un de mes anciens amants, l'aéronaute bien connu Henri Capeferet, le premier qui ait survolé Paris ». Il n'y eut aucune réaction, et les jours passèrent.

(Le sergent-greffier Baudouin, qui, selon Bouchardon, était très intelligent et « l'un de ses collègues du tribunal de Paris », n'était certes pas expert en aviation. « L'aéronaute bien connu » et « ancien amant » n'était pas Capeferet mais Henri Kapférer, propriétaire-directeur de la compagnie Astra qui commença à construire des dirigeables en 1904. Kapférer était l'un des plus grands pilotes de zeppelins d'Europe.)

Bouchardon n'interrompait jamais son espionne présumée. Il la laissait tranquillement parler, persuadé que si cela durait assez longtemps, à un moment ou à un autre la vérité — enfin, *sa vérité à lui* — finirait bien par jaillir.

« Fin juillet 1914, continua Mata Hari, je dînais un soir en cabinet particulier avec l'un de mes amants, le chef de police Griebel, quand nous entendîmes le bruit d'une manifestation. Griebel, qui n'était pas au courant de cette manifestation, m'emmena sur les lieux. Une foule immense se livrait à des démonstrations frénétiques devant le palais de l'empereur en criant : "*Deutschland über Alles*".

« Puis ce fut la déclaration de la guerre, et les étrangers furent poursuivis à Berlin. Je pouvais me dégager de mon contrat de théâtre pour raison de force majeure, mais le costumier du théâtre commença par me faire saisir pour 80 000 francs de fourrures et tous les bijoux que j'avais sur moi. »

Elle raconta ensuite son aventure pendant son voyage en Suisse, où elle perdit tous ses bagages, son retour à Berlin et son départ pour la Hollande.

« En touchant le sol de mon pays, je fus prise d'une honte incroyable. Je me trouvais sans aucune ressource. J'avais bien à La Haye un ancien amant, le colonel baron van der Capellen du deuxième régiment des Hussards, un homme marié fort riche, mais sachant quelle importance il attache à la toilette, je ne pouvais me présenter à lui sans avoir remonté ma garde-robe. C'est pourquoi, à Amsterdam, je me laissai aborder en sortant d'une église par le banquier van der Schalk, qui devint mon amant et se montra très généreux et très bon. Lui laissant croire que j'étais russe, je lui laissai me montrer la Hollande, mon pays, sans révéler à mon amant que je le connaissais mieux que lui.

« Une fois renippée, je suis allée retrouver le baron van der Capellen, qui est encore à l'heure actuelle mon amant. »

A cet instant, Mata Hari eut un trou de mémoire car elle dit à Bouchardon que « en mai 1915, je revins à Paris pour y récupérer mes affaires. Je passai par l'Angleterre et Dieppe. Je restai trois mois [encore une erreur] au Grand Hôtel et devins la maîtresse du marquis de Beaufort, descendu au même hôtel. Il me déplaisait en effet d'errer seule dans Paris.

« Je rentrai en Hollande par l'Espagne avec mes dix caisses, la frontière par l'Angleterre étant fermée alors à cause des mouvements des troupes. »

Le 13 février, avant de clore sa déclaration, Mata Hari demanda que « Maître Clunet soit mon avocat » ; après quoi elle protesta « contre les conditions à Saint-Lazare ».

Bouchardon raconte (mais sa mémoire le trompe) que ce jour-là il eut le sentiment d'avoir gagné un point car, lorsqu'elle sortit de son bureau, elle parut épouvantée en découvrant le « Dépôt » qui remplacerait sa chambre d'hôtel. (Mata Hari ne pouvait absolument pas voir, du bureau dont elle sortait, l'escalier qui menait au « Dépôt », contrairement à ce qu'indique Bouchardon dans ses mémoires. Les cellules du « Dépôt », maintenant détruites à l'exception de celle occupée par Marie-Antoinette les derniers jours de sa vie, étaient disposées sur deux étages non loin des bureaux de la chancellerie et on ne pouvait y accéder qu'après avoir traversé plusieurs cours.)

Le lendemain, écrit Bouchardon, « elle se ressaisit et fit jusqu'au bout une belle défense ».

18.

La journée suivante fut interminable, et le *greffier*[1] Baudouin dut avoir mal à la main d'avoir tant écrit. Mata Hari parla de son séjour en Hollande, de son second voyage en Espagne, d'une étrange rencontre à bord du bateau avec un Hollandais qu'elle soupçonnait d'être la cause de ses ennuis à venir parce qu'elle avait refusé de coucher avec lui. C'est pour cela — pensait-elle — qu'il l'avait dénoncée aux Anglais. Elle passa ensuite à la description détaillée de son premier entretien avec le capitaine Ladoux, son voyage à Vittel, son voyage interrompu sur le *Hollandia* et son retour à Vigo. A ce moment-là, même Bouchardon devait être fatigué de l'écouter — même si, comme la veille, il ne l'interrompit pas.

La seule chose que Mata Hari devait apprécier dans le petit bureau de Bouchardon, c'était la chaleur qui y régnait. L'hiver 1916-1917 avait été extrêmement froid, et la première nuit qu'elle passa en prison, le thermomètre descendit à quelques degrés au-dessous de zéro. Les cellules n'avaient pas de chauffage central, et la température du bureau — sinon son atmosphère — devait lui faire du bien.

---

1. En français dans le texte. (N.d.T.)

Mata Hari reprit là où elle s'était arrêtée la veille — à La Haye. Elle se trompa à nouveau sur les dates, chose qui ne devait pratiquement plus se reproduire lors des interrogatoires suivants, car elle déclara à Bouchardon que c'était à ce moment-là, début 1916, qu'elle avait essayé de voir sa fille Non, « qu'elle n'avait pas vue depuis que celle-ci avait douze ans ». Comme nous le savons, Mata Hari avait rencontré Non à la gare d'Arnhem longtemps avant son douzième anniversaire et, dans une lettre à son mari en septembre 1914, elle avait fait une nouvelle — et dernière tentative.

Son séjour à La Haye, dit-elle, « *se passa tristement* [1] ». Son amant, le baron van der Capellen, était de service quelque part, près de la frontière hollandaise, et il était difficile à Mata Hari de prendre un autre amant dans une ville comme La Haye, où tout se savait très vite. Dans le même temps, son amant du Grand Hôtel à Paris, le marquis de Beaufort, la suppliait de revenir en France. C'était effectivement une bien triste situation pour une femme du tempérament de Mata Hari, et elle se décida enfin à céder aux prières [2] du marquis.

« En juin 1916 [c'était en fait le 24 mai], j'embarquai sur le *Zeelandia* dans l'intention de retourner à Paris en passant par Vigo et Madrid. » Elle raconte ensuite avec force détails l'aventure qu'elle eut à bord avec un Hollandais du nom de Hoedemaker, supposé être un agent anglais, « qui faisait la navette entre Amsterdam et Vigo dans l'unique but de dénoncer les Hollandais, Danois, et

---

1. En français dans le texte. (N.d.T.)
2. Bien que Mata Hari ne l'avouât pas à Bouchardon, sa vie ne fut pas complètement vide d'amour pendant l'absence du baron. Cet épisode dénote un penchant certain pour les jeunes garçons. Il y en eut au moins deux — de dix-sept et dix-neuf ans, mais faisant plus âgés — avec qui Mata Hari eut des liaisons au printemps de 1916. L'un d'eux habita même sous son toit pendant deux semaines. Les deux hommes confessèrent ce fait à l'auteur en 1964. (N.d.A.)

Norvégiens qui se rendaient en Amérique du Sud pour reprendre les affaires commerciales abandonnées par les Allemands. On le voyait s'approcher de l'officier anglais chargé de viser les passeports et tout aussitôt certains passagers étaient débarqués à l'escale de Falmouth ».

Un autre Hollandais, un certain Cleyndert, dit à Mata Hari « de faire attention à ce sale juif, il dit partout qu'il a été dans votre cabine ». Mata Hari raconta de façon détaillée à Bouchardon comment elle avait demandé au capitaine du bateau d'exiger de Hoedemaker qu'il dise sur le pont, devant tous les passagers, si oui ou non il était venu dans sa cabine et qu'« il lui fasse des excuses ». Hoedemaker répondit non, les passagers dirent oui, et une bagarre s'en suivit pendant laquelle Mata Hari, « pendant que tout le monde criait "Hourra" et "Bravo" », donna une gifle à Hoedemaker « d'un coup tellement violent que le sang s'échappa de sa bouche ».

En résultat de quoi, le consul uruguayen qui dînait près d'elle l'avertit que « Hoedemaker va se venger. Vous verrez à la frontière d'Espagne ce qui va vous arriver ».

En descendant du bateau à Vigo, Hoedemaker resta derrière Mata Hari, qui demanda à deux passagers, un Américain et un Hollandais du nom de Rubens, de garder un œil sur lui. Mais rien ne se produisit, sauf qu'elle revit Hoedemaker dans le train et à nouveau à l'hôtel Ritz à Madrid.

(Henri Hoedemaker se suicida en 1921. Un des membres de sa famille me le décrit comme un « esprit aventureux ». Une histoire vague circule parmi les parents de Hoedemaker : « Il se serait suicidé parce qu'il pensait que Mata Hari avait été exécutée à cause des renseignements qu'il avait fourni à son propos aux Anglais. »)

En racontant l'incident Hoedemaker à Bouchardon, tentant probablement d'en faire la cause de ses ennuis ultérieurs, Mata Hari ne savait pas que les Anglais la soupçonnaient déjà depuis un an à l'époque. Suivit la désagréable aventure qui lui arriva au moment de traverser la frontière française, comme le consul d'Uruguay l'avait prédit. Voulant monter dans le train du côté français de la frontière à Hendaye, Mata Hari dit qu'elle « fut l'objet de vexations inusitées : on me fouilla avec insistance, on me fit passer au cabinet de police spéciale où je fus soumise par trois messieurs à un interrogatoire complet. On me signifia enfin que je n'entrerais pas en France. Je protestai et demandai la raison de cette interdiction. ''Je n'ai pas à vous renseigner, répondit le policier ; retournez à San Sebastian et demandez des explications à votre consul.''

« Le consul était un Espagnol, marchand de vin, qui ne comprit rien à l'affaire. Je préparai une lettre pour M. Cambon, Secrétaire général du ministère des Affaires étrangères françaises, et le lendemain, cette pièce à la main, je me présentai à la gare d'Hendaye. Mes interrogateurs de la veille me laissèrent passer sans difficultés ».

Les ennuis que connut Mata Hari en 1916 à Hendaye eurent des conséquences désagréables pour l'homme dont elle avait espéré en vain qu'il l'engagerait dans sa compagnie, à savoir, Serge Diaghilev, directeur des Ballets russes, quand ce monsieur se rendit de Madrid à Paris en 1918 en compagnie de Léonide Massine. Ce dernier relate cette aventure dans ses Mémoires [1], où il mélange un tant soit peu les dates et les années.

Comme nous le savons, Mata Hari était allée à Monte-Carlo en 1912 pour essayer d'obtenir un engagement dans la célèbre troupe des Ballets russes, ballon d'essai qui se dégonfla piteusement. Elle n'avait réussi qu'*à se déshabiller complètement* devant Léon Bakst dans sa chambre d'hôtel, ainsi qu'elle l'écrivit alors à Astruc. Ensuite, en 1915, elle avait tenté de recontacter Diaghilev par l'intermédiaire de son impresario de Paris. Grâce à Massine, nous découvrons

---

1. Léonide Massine : *My life in Ballet*, MacMillan, St-Martins Press, Londres, 1968. (N.d.A.)

maintenant que Mata Hari avait apparemment essayé une troisième fois, à Madrid en 1916.

Massine écrit : « La célèbre espionne Mata Hari vivait aussi au Ritz à Madrid et, un jour, elle vint voir Diaghilev pour lui demander si elle pouvait entrer dans sa compagnie. [Si elle y était parvenue, elle se serait très certainement empressée d'oublier les promesses faites aux Allemands et à Ladoux.] Elle prétendit être une fervente admiratrice de la musique de Stravinsky et déclara qu'elle serait très honorée si elle pouvait devenir membre des Ballets russes. Diaghilev, bien sûr, refusa même d'y réfléchir, mais elle n'en continua pas moins à lui envoyer des lettres suppliantes pendant quelque temps. Nous rîmes beaucoup quand Diaghilev nous raconta l'histoire et nous nous demandâmes si elle se considérait vraiment comme une danseuse sérieuse ou si cela faisait partie d'un de ses nombreux plans. »

Massine fit apparemment preuve d'une certaine dose d'imagination rétrospective lorsqu'il rédigea ses Mémoires dans les années soixante. En 1916, il n'avait pas la moindre idée des activités d'espionne de Mata Hari. Il raconte ensuite ce qui se passa deux ans plus tard, en 1918, quand Diaghilev et lui quittèrent Madrid pour se rendre en Angleterre *via* Paris, où les Ballets russes devaient se produire. Il écrit que du côté espagnol de la frontière, ils furent arrêtés par « deux Espagnols à la mine patibulaire qui portaient des lunettes fumées ». Ces deux hommes « entrèrent dans notre compartiment, nous annoncèrent qu'ils étaient des inspecteurs et exigèrent de voir nos papiers. Ils demandèrent ensuite à Diaghilev s'il avait jamais été associé avec une femme connue sous le nom de Mata Hari. Diaghilev en laissa tomber son monocle de surprise. Puis vint un flot de questions : Était-il vrai que Mata Hari avait fait partie des Ballets russes ? Avait-elle passé une audition pour eux, en Espagne ou dans un autre pays ? Avions-nous des lettres d'elle en notre possession ? A cet instant, je me rappelai la pile de lettres que Diaghilev avait reçues de Mata Hari. Dieu merci, elles se trouvaient à Madrid, et Diaghilev put expliquer qu'à part une rencontre fortuite au Ritz, il n'avait pas eu de relations avec elle. Les deux détectives se consultèrent brièvement et, après nous avoir recommandé de nous méfier de Mata Hari, ils nous autorisèrent à quitter le sol espagnol ».

J'ai dit que Massine avait fait « preuve d'une bonne dose d'imagination rétrospective » parce qu'en août 1918, Mata Hari était morte depuis presque un an. Plus loin dans son livre, Massine nous décrit leur arrivée à Paris après l'incident à la frontière, description qui montre clairement que cela se passait bien en 1918. D'après ses dires, les Parisiens « étaient pâles, avec les traits tirés, effrayés par les obus de la Grosse Bertha ». Les Allemands avaient bombardé Paris avec cet énorme canon — auquel on avait donné le nom de la fille du fabricant d'armes allemand Krupp — en août 1918. Il paraît donc étrange que les inspecteurs espagnols aient recommandé à Diaghilev « de se méfier de Mata Hari », alors qu'elle était morte.

On peut douter que Mata Hari ait vraiment été la cause de leurs ennuis à la frontière franco-espagnole. Pourtant, il existe une autre version du même incident dans les Mémoires [1] de Misia Sert. Mariée au peintre espagnol et proche ami de Diaghilev, José Sert, l'auteur enjolive de détails rocambolesques l'histoire de l'incident.

Misia Sert raconte que, plusieurs années avant le début de la guerre, elle se trouvait sur son bateau à Deauville quand un de ses amis lui recommanda une jeune danseuse qui voulait être engagée par Diaghilev. Un matin, cette jeune femme surgit sur le bateau et, sans plus de cérémonies, ôta son manteau et apparut nue comme un ver. « Elle prit quelques poses », écrit Misia Sert qui fut choquée de voir que cette femme n'avait aucun talent, ou peut-être parce qu'elle se montrait si dénudée.

1. *Misia*, Gallimard, 1952. (N.d.T.)

Bien des années plus tard, un autre ami, Boni de Castellane, vint chercher M. et Mme Sert à leur hôtel parisien pour les emmener au spectacle « d'une danseuse hindoue dont on avait dit monts et merveilles ». Dans la banlieue de Paris, continue Miss Sert, « nous nous arrêtâmes devant une maison sordide. On nous fit monter au premier dans la chambre à coucher qui suait la misère ». Quatre petites filles hindoues enturbannées étaient assises par terre « en train de gratter leurs guitares ». Au bout de quelques minutes, « apparut la merveille annoncée ». Elle n'était autre, bien sûr, que la fille du bateau, la candidate aux Ballets russes, qui « n'avait hélas fait aucun progrès. C'était une banale danseuse de boîte de nuit. Les musiciens pinçaient désespérément leurs cordes. Le tout était navrant, pauvre et assez écœurant ».

Ainsi posée l'impression que lui avait fait l'art de Mata Hari, l'auteur de *Misia* lance ensuite une révélation qui fait l'effet d'une bombe. Elle écrit que « trois jours après cette lugubre exhibition, Mata Hari était arrêtée. Au moment de son arrestation, le 13 février 1917, Mata Hari ne vivait pas dans un bâtiment sordide de la banlieue de Paris [Mlle Sert pensait-elle à sa maison de Neuilly ?] et ne dansait plus. Elle habitait à l'époque un hôtel des Champs-Élysées ».

Tout ce préambule mène à l'incident de la frontière espagnole. Les Ballets russes, écrit-elle, ayant fini leur série de spectacles à Madrid, voulaient rentrer en France. Malheureusement, M. Mandel, ministre des Affaires étrangères français, refusa de leur donner des visas, « prétendant que cette troupe cosmopolite devait être un nid d'espions » ! De ce fait, M. Sert, mari de la dame, fut obligé de se rendre en personne en Espagne pour faire passer la frontière à Diaghilev et sa troupe — même si Massine, de son côté, déclare qu'ils rencontrèrent José et Misia Sert à l'hôtel Meurice à Paris, « où ceux-ci les attendaient pour les convier à déjeuner ». Quelques minutes après son arrivée à la frontière, écrit Misia Sert, son mari demanda à Diaghilev « de vérifier s'il n'avait sur lui aucun papier susceptible de lui attirer des ennuis ».

« Que veux-tu que j'aie ? demanda le pauvre Diaghilev. C'est une question absurde, je n'ai absolument rien du tout. »

Là-dessus, ô surprise ! « il retira de ses poches une pile de paperasses au sommet de laquelle trônait une lettre de Mata Hari. Ma rebuffade d'autrefois ne l'avait pas découragée et elle avait continué à assassiner périodiquement Diaghilev de ses requêtes par correspondance ». La lettre, bien sûr, « fut précipitée à la fenêtre du train » par M. Sert, apparemment absent — selon Massive — et « dont le front s'était subitement couvert d'une moiteur d'angoisse ». Fin d'une autre séquence imaginaire de la vie de Mata Hari.

A Paris, Mata Hari alla au Grand Hôtel, « mais le marquis de Beaufort n'y était pas et ne put obtenir de congé. Dans le salon de Madame Dangeville, 30, rue Tronchet, je fis la connaissance d'un officier russe, Monsieur Gasfield, qui me présenta son camarade le capitaine Vadime de Massloff, du Premier Régiment spécial impérial Russe. Celui-ci devint mon amant, et ce fut le grand amour des deux côtés. Massloff était au camp de Mailly [près de Reims] et venait me voir à la moindre permission ».

Mata Hari explique ensuite à Bouchardon son intention de se rendre à Vittel et, de mémoire, fait un rapport détaillé de son premier entretien avec le capitaine Ladoux.

« A cette époque, je voulus aller à Vittel comme je l'avais fait avant la guerre. Hallaure, lieutenant de dragons [1]

---

1. En 1910, alors que Jean Hallaure, âgé de vingt et un ans, accomplissait son service militaire, Mata Hari passa quelques jours avec lui à Dinan. Elle y fut photographiée dans l'uniforme d'officier du 13e Hussards de Jean Hallaure, par le pharmacien de l'endroit, M. Clément, qui, selon son petit-fils, était un passionné de photographie. (N.d.A.)

que j'avais connu autrefois et qui travaillait au ministère de la Guerre, me conseilla de m'adresser au 282, boulevard Saint-Germain. J'y fus fort bien reçue par un monsieur en civil, le capitaine Ladoux. »

Ladoux dit à Mata Hari que Vittel se trouvait dans la zone des armées, mais Mata Hari lui expliqua qu'elle y était déjà allée et devait même de l'argent à un médecin de la station.

« C'est très difficile pour une étrangère d'aller là-bas, dit Ladoux.

« — Si c'est si difficile que cela, répondit Mata Hari, j'irai près de Rome, à Fiuggi, où les eaux sont de même nature.

« — Ce n'est pas pour vous opposer un refus, mais il faut répondre à certaines questions, parce que vous avez été signalée comme suspecte. N'êtes-vous pas en train de livrer du riz aux Allemands ? »

« Je lui racontai l'histoire de Hoedemaker. Il se mit à rire et poursuivit son interrogatoire.

« Quel est le monsieur qui a voyagé avec vous de Madrid à Hendaye ?

« — C'est le mari de la danseuse russe Loupochowa [1] dont j'étais la voisine de couchette. Le matin, il m'a demandé la permission d'apporter le petit déjeuner à sa femme.

« Que vous est-il arrivé à Hendaye ? »

Mata Hari le lui dit, et Ladoux, comme elle l'expliqua à Bouchardon, dit que cela concordait « avec les détails qu'on lui avait rapportés ». Après quoi, dit Mata Hari, Ladoux lui avait posé des questions sur les gens qu'elle connaissait en Hollande. Comme à son habitude, elle

---

1. Plus tard, Lady Keynes, épouse de John Maynard Keynes, célèbre économiste anglais qui représentait le Trésor britannique à la Conférence de paix de Versailles. (N.d.A.)

répondit très franchement — sa vie amoureuse n'avait pas de secrets.

« J'y suis la maîtresse du colonel van der Capellen.

« — Quels sont ses sentiments à l'égard de la France ?

« — C'est un homme très élégant qui n'aime que ce qui vient de France. Il m'écrit toujours en français et, dans sa lettre de ce matin que je vous montre, il m'écrit : "Marguerite, vous qui aimez tant la France... !" »

C'était certainement l'ouverture que Ladoux attendait, et Mata Hari expliqua avec force détails le reste de la conversation à un Bouchardon tout ouïe.

« Si vous aimez tant la France, vous pourriez nous rendre de grands services. Y avez-vous pensé ?

« — Oui et non, mais ce ne sont pas des choses pour lesquelles on s'offre.

« — Le feriez-vous ?

« — Je n'y ai jamais réfléchi.

« — Vous devez être très chère ?

« — Ça, oui !

« — Selon vous, qu'est-ce que ça vaut ?

« — Tout ou rien. Si on vous rend les services aussi grands que vous les attendez, ça vaut bien cher. Si on les rate, ça ne vaut rien. »

Ensuite, Mata Hari raconte comment Ladoux lui dit d'aller voir M. Maunoury, qui lui donnerait le laissez-passer pour Vittel. Alors qu'elle sortait de son bureau, il lui rappela à nouveau ce qu'il lui avait demandé : « Au sujet de ce que je vous ai dit, revenez me voir quand vous aurez pris une décision. »

En descendant le boulevard Saint-Germain, Mata Hari rumina la proposition du capitaine Ladoux et décida d'aller voir son vieil ami Henri de Marguerie au Ministère des Affaires étrangères. Celui-ci lui déclara alors qu'« en tant que Français », il était sûr qu'elle pouvait rendre de grands services à son pays.

Réconfortée par l'opinion de Marguerie, Mata Hari

retourna voir Ladoux le lendemain pour lui dire qu'elle acceptait sa proposition.

« Causons un peu, dit Ladoux. Pouvez-vous aller en Allemagne et en Belgique ? Avez-vous un plan ? »

Mata Hari ne s'engagea pas. « Je veux d'abord aller à Vittel. Laissez-moi faire ma cure et je viendrai vous voir à mon retour. »

A Vittel, où Mata Hari arriva le 1er septembre, « j'y retrouvai le capitaine de Massloff, très grièvement blessé par gaz asphyxiant et qui avait complètement perdu la vision de l'œil gauche et était menacé de devenir aveugle ».

Une nuit, Massloff demanda ce qu'elle ferait si cela se produisait.

« Je ne te quitterai jamais et je serai toujours pour toi la même femme. »

Les paroles suivantes de Massloff prirent Mata Hari par surprise et la firent réfléchir. Le capitaine russe l'avait demandée en mariage.

« Je répondis oui et je me mis à réfléchir : "Voilà ma vie bien tracée, je vais demander au capitaine Ladoux assez d'argent pour ne pas tromper Vadime avec d'autres. Je lâcherai le marquis de Beaufort, je lâcherai le colonel baron, j'irai en Belgique faire ce que le capitaine me demandera, je vendrai en Hollande mes meubles et mes objets précieux. Je viendrai à Paris dans l'appartement que j'ai loué. Le capitaine Ladoux me paiera. J'épouserai mon amant et je serai la femme la plus heureuse de la terre." »

A son retour à Paris le 1er septembre, Mata Hari retourna voir le capitaine Ladoux, qui la complimenta sur son excellent comportement à Vittel. Puis il en vint au fait :

« Comment pensez-vous opérer ?

— En Allemagne ou en Belgique ?

— L'Allemagne nous intéresse moins. C'est en Belgique qu'il faudrait aller. Mais comment le pourrez-vous ? »

Mata Hari se souvint de son amant des premiers jours

après son retour de Berlin, le banquier van der Schalk, qui lui avait présenté Wurfbain, l'homme dans le bureau duquel M. Soet l'avait insultée. Wurfbain vivait à Bruxelles, dit Mata Hari, faisait beaucoup de commerce avec les Allemands et lui avait promis qu'elle aurait du bon temps si elle acceptait son invitation [1].

Wurfbain avait peint un superbe tableau représentant des ébats « dans les maisons fermées avec des cocottes hongroises, allemandes et belges ». Wurfbain, continua Mata Hari, était le bras droit de von Bissing (*Freiherr* Moritz Ferdinand von Bissing, gouverneur-général allemand de Belgique), et elle expliqua son plan à Ladoux.

« J'écrirai un gentil petit mot à Wurfbain pour lui offrir une tasse de thé. J'irai à Bruxelles avec des toilettes épatantes, je fréquenterai l'état-major et je ne vous dis que cela. Je n'ai pas l'intention de traîner là-bas pendant plusieurs mois dans de petites affaires. Je ferai un grand coup, un seul, puis je m'en irai. »

Mata Hari aurait aussi bien pu dire à Ladoux, chef du Deuxième Bureau : « Faites-moi confiance — je m'en vais régler cette guerre pour vous. » Cette réaction lui ressemblait bien ; elle n'avait *jamais* été attirée par les petites choses.

Le capitaine sembla séduit par son plan, dit Mata Hari, et lui demanda « pour quel intérêt » elle allait servir la France. Il posait cette question à tous les postulants. Mata Hari avait sa réponse toute prête.

« Je n'ai d'autre intérêt que celui de pouvoir épouser mon amant et d'être indépendante.

— L'enjeu en vaut la peine. Et la question d'argent, avez-vous réfléchi ?

---

1. André Castelot, malgré sa réputation d'historien minutieux, appelle van der Schalk *van der Schelk*, Wurfbain, *Werflein* ; il appelle aussi le chef de Police de Berlin *Gribal* au lieu de Griebel. (N.d.A.)

— Je demande un million. Mais vous me paierez après que vous aurez reconnu la valeur de mes services. »

Le capitaine Ladoux répondit que c'était beaucoup d'argent, mais il leur était arrivé de payer plus. « Mais si vraiment vous nous rendez le service que nous vous demandons, nous saurons le payer. Nous avons donné une fois à quelqu'un deux millions et demi. » Il ajouta que quelque chose le préoccupait. Mata Hari était-elle déjà allée en Belgique ? Elle répondit que la dernière fois qu'elle s'y était rendue, c'était avec le baron van der Capellen pour voir l'exposition de Miniatures.

« Vous n'êtes jamais allée à Anvers ?

— Non.

— Je sais pourtant que vous y avez été.

— Non.

— Et si je vous disais que vous y êtes photographiée ?

— Alors je vous rirais au nez, parce que ni avant la guerre, ni depuis je ne me suis rendue dans cette ville. »

En quittant le bureau de Ladoux, Mata Hari repensa à l'entretien, dit-elle à Bouchardon, et regretta de ne pas avoir demandé d'avance pour les vêtements qu'elle emporterait à Bruxelles, afin qu'elle puisse payer un peu l'homme qui décorait son nouvel appartement avenue Henri-Martin. Ce soir-là, elle envoya une lettre au capitaine Ladoux en mentionnant la question de l'avance, puis attendit un coup de téléphone de lui où il se ferait passer pour *Monsieur Dubois*. Mais comme le coup de téléphone ne venait pas, Mata Hari, toujours têtue, retourna boulevard Saint-Germain. Ladoux resta inflexible, refusa de lui donner son avance et lui expliqua qu'il voulait d'abord voir les résultats. Il se fit encourageant pourtant :

« Vous aurez votre million, soyez tranquille. »

Il lui demanda alors si elle pouvait lui écrire de Bruxelles en utilisant de l'encre secrète, mais Mata Hari trouvait que « ce sont des tricheries qui ne s'accordent pas avec mon caractère. Au surplus, je n'ai pas l'intention de rester longtemps en Belgique. Mais que voulez-vous de moi exactement ?

— Je ne peux vous le dire encore. Il faut que j'en parle avec mon chef. Mais rentrez tranquillement chez vous à La Haye, et dans quinze jours, vous recevrez la visite d'une personne de toute confiance qui vous apportera nos instructions.

— A quoi la reconnaîtrai-je ? »

A ce moment-là, le capitaine inscrivit en souriant quelque chose sur une feuille qu'il plia deux fois. Il me la tendit et me dit : « Elle vous dira cela. »

« Je dépliai le papier et je lus : A.F. 44. »

Ladoux lui demanda si elle ne reconnaissait pas ce numéro, Mata Hari répliqua qu'elle ne l'avait jamais vu.

« Je croyais que c'était le vôtre. »

Mata Hari s'indigna. « Capitaine, je vous en prie, une fois pour toutes, renoncez donc à ces insinuations qui m'agacent, à ces renseignements de vos petits agents et à toutes ces saletés. Il arrivera un moment où je n'aurai plus envie de rien faire du tout.

— Si vous pouvez nous mettre entre les mains une grosse tête d'espion, soit allemand, soit espagnol ou hollandais, cela vaudra vingt-cinq mille francs à lui tout seul.

— Je ne vous promets pas de faire cela. Je veux bien vous fournir des renseignements d'ordre militaire ou diplomatique, mais cela me dégoûte de dénoncer les gens. »

Ladoux dit alors à sa nouvelle recrue d'aller revoir M. Maunoury à la Préfecture de police qui lui donnerait son visa, et Mata Hari, son passeport visé pour la frontière espagnole qu'elle traverserait pour se rendre en Hollande, partit pour Madrid et monta à bord du *SS Hollandia* à Vigo le 9 novembre 1916.

Elle expliqua ensuite à Bouchardon les ennuis qu'elle eut à son arrivée à Falmouth.

« A Falmouth, le bateau fut envahi par des policiers,

des soldats et des suffragettes chargées de fouiller les
femmes. Deux d'entre elles fouillaient ma cabine, allant
jusqu'à dévisser les glaces du mur et regarder sous ma
couchette. Un officier me soumit à un interrogatoire
d'identité, puis il me regarda fixement et tira de sa poche
une photo d'amateur représentant une femme vêtue en
Espagnole avec une mantille blanche et ayant un éventail
à la main droite, et enserrant sa taille de sa main gauche.
Le portrait me ressemblait un peu. Toutefois, la femme
était un peu plus petite et un peu plus forte que moi. Je
me suis mis à rire, mais mes protestations ne convainquirent
pas l'officier. Il me dit que la photo avait été prise à
Malaga, où je lui affirmais n'être jamais allée. On me fit
débarquer et envoyer à Londres avec mes bagages, sous la
conduite de deux suffragettes. A Scotland Yard, un
monsieur après être entré dans la pièce où j'attendais,
m'intima l'ordre de me lever en m'appelant Clara Benedix [1],
j'eus beau protester, il s'obstina à me donner ce nom. Je
fus conduite dans une petite chambre où on m'enleva mon
argent et mes bijoux. Puis, pendant quatre jours, trois
messieurs en uniforme m'interrogèrent. Un Belge vint en
plus me parler en hollandais et eut l'audace de dire aux
autres que j'avais l'accent allemand.

« Le quatrième jour, les trois messieurs déclarèrent :
''Nous savons maintenant que vous n'êtes pas Clara
Benedix. Nous allons vous rendre la liberté, mais vous ne
pourrez pas vous rendre en Hollande. C'est une mesure
générale prise par l'Angleterre à l'égard de tout Hollandais.
Retournez en Espagne. »

« J'embarquai à Liverpool le premier décembre sur
l'*Araguya* et débarquai à Vigo le 6, où — à l'hôtel

---

1. Dans le dossier français, Benedix devient *Benedict*. Pourtant, si je
m'en réfère aux photocopies des documents de Scotland Yard, le nom
de la femme en question, d'après les services de renseignements anglais,
était bien Clara Benedix. (N.d.A.)

Continental — j'appris que Clara Benedix était une espionne allemande très connue, qui vivait beaucoup en Espagne. »

Mata Hari explique ensuite qu'elle avait obtenu ce renseignement de Martial Cazeaux, le secrétaire français du consulat hollandais à Vigo et qu'elle lui avait parlé d'un couple belge à bord du *Hollandia*, dont le mari, M. Allard, était supposé espionner pour la Grande-Bretagne et la femme pour l'Allemagne.

Le lendemain, toujours à Vigo, ce même M. Cazeaux la rencontra en ville et lui demanda si elle aimerait aller en Autriche « pour les Russes ».

« Je demandais un million et cent mille francs d'avance », dit Mata Hari à Bouchardon, ajoutant qu'elle avait mentionné cette somme « en matière de plaisanterie ». Cazeaux la trouva chère, mais Mata Hari lui répliqua que, si elle « pouvait sauver cent mille hommes, ça vaut bien dix francs par tête, n'est-ce pas ? ». M. Cazeaux, dont Mata Hari n'expliqua jamais clairement la position dans cette transaction, dit que « les Russes sont en pourparlers avec les Américains, qui le font pour moins cher », mais qu'elle devrait continuer jusqu'à Madrid où quelqu'un muni de la moitié de la carte de visite de Cazeaux — l'autre allant à Mata Hari — viendrait la voir.

Avec un irrespect total pour la vérité historique, André Castelot, dans sa présentation télévisée sur une chaîne française en 1964, plaça cette rencontre entre Mata Hari et M. Cazeaux au Ritz à Madrid au lieu de Vigo et, pour faire bonne mesure, transforma l'attaché militaire français dans la capitale madrilène en témoin de la scène. La conversation — comme souvent dans la dramatique de Castelot — devenait donc complètement hors contexte.

Cela nous mènerait trop loin d'énumérer toutes les erreurs commises par l'*historien* Castelot dans sa dramati-

que télévisée, que l'on avait annoncée à grands renforts
de publicité comme la grande *vérité* sur Mata Hari.
Certaines des plus grosses erreurs méritent cependant d'être
mentionnées :

Au lieu de la misérable cellule dans laquelle Mata Hari
vécut à Saint-Lazare, Castelot nous la montrait dans une
pièce bien aérée, relativement plaisante, avec une grande
fenêtre et un excellent lit, un paravent cachant pudiquement
le lavabo (et probablement le bidet). Et dans ce cadre
charmant, Mata Hari se mouvait légère, vêtue des plus
beaux saris (même le vieux film de Greta Garbo était
moins stupide), sans aucun doute lavés et repassés chaque
jour par Sœur Léonide. Le matin de l'exécution, on ne
voyait plus, dans la cellule, qu'un lit, à la place des trois
simples lits de camp qui s'y trouvaient *vraiment*.

Parlant au consul Cramer en Hollande, Mata Hari
— d'après M. Castelot — lui dit qu'elle se rend en France
parce qu'elle est amoureuse « d'un officier russe » — bien
qu'à l'époque Mata Hari ne connût même pas *l'existence*
de Vadime de Massloff !

Et quand on en vient à M. Cambon, l'historien Castelot
le décrit comme « le secrétaire du ministre des Affaires
étrangères » au lieu de donner son véritable poste, qui
était celui de Secrétaire général auprès du ministère des
Affaires étrangères.

Ce n'est pas tout. Castelot dit que Mata Hari dansa à
Paris dans des « music-halls de second ordre », alors que
l'Olympia et les Folies-Bergère étaient les meilleurs music-
halls de la place de Paris. Castelot reprend son erreur en
mentionnant à nouveau la rue de la *Jacquière*, fait déclarer
à von Kalle qu'il avait fabriqué lui-même les faux papiers
pour l'espionne allemande Clara Benedix, ce qui est
complètement faux, et — dernier détail — fait dire à Mata
Hari « *Mon père* » en s'adressant au pasteur de la prison,
terme purement catholique, même si de nos jours (mais ce
n'était pas le cas au début du siècle) l'Église d'Angleterre

y recourt fréquemment. Tous les autres protestants utilisent exclusivement ce mot pour s'adresser à Dieu.

Apparemment, les recherches de Castelot en matière de religion étaient aussi peu poussées que celles sur l'histoire.

19.

La journée avait été épuisante, et Mata Hari comme le capitaine Bouchardon et le sergent-greffier Baudouin, qui grattait dur, avaient bien besoin de repos. Pourtant, Bouchardon commençait à voir pointer quelque chose, ainsi qu'il devait l'expliquer plus tard dans ses Mémoires.

Les rapports des agents de Ladoux sur le comportement de Mata Hari à Vittel étaient complètement vierges de toutes activités d'espionnage. Elle n'y était restée que deux semaines qu'elle avait, en grande partie, passées en compagnie de Vadime de Massloff, selon les renseignements dont disposait Bouchardon. Cela n'empêcha pas ce dernier de conclure sur les *véritables* activités de sa victime de la façon suivante :

« A Vittel, où elle feignit d'aller prendre les eaux, elle se livra toujours, sur l'oreiller, à semblable manège. » Et le « semblable manège », ainsi que l'expliquait un paragraphe précédent, consistait à coucher avec d'innombrables hommes en uniforme dont elle tirait à l'évidence des informations qu'elle donnait aux Allemands.

Mais maintenant, dans sa prison, Mata Hari ne parvenait pas à trouver le sommeil. La tension de la vie carcérale

commençait à s'emparer d'elle et, un mardi, à bout, elle
envoya la lettre suivante à Bouchardon :

Mon capitaine,

Ma souffrance est trop terrible, mon Capitaine. Ma
tête n'en peut plus. Laissez-moi aller dans mon pays.
Je ne sais de votre guerre *rien*, et jamais je n'ai su plus
de ce que disent les journaux. Je ne me suis informée
nulle part et *chez personne*. Que voulez-vous que j'en
dise ?

Je vous le répète pour la centième fois que je n'ai
pas fait d'espionnage en France et que je ne le ferai
jamais. Ne me brisez pas ma santé — je suis si faible
par la vie de cellule et le manque de manger. A quoi
cela avance ?

Il ne faut pas que ma souffrance dure plus. Laissez-
moi, je vous supplie.

Et Mata Hari signait la lettre de son matricule : « Respectueusement, M.G. Zelle 721 44625 ».

Deux semaines s'écoulèrent avant que l'on sorte Mata
Hari de sa prison de Saint-Lazare afin de la conduire pour
la troisième fois au centre de Paris où Bouchardon et son
fidèle *greffier*[1] l'attendaient. On était maintenant le 28
février, et comme si elle s'était arrêtée la veille, alors que
quatorze jours étaient passés, Mata Hari reprit le fil de
son histoire devant un Bouchardon toujours aussi stoïque.

A Madrid, elle avait attendu en vain un message de
M. Cazeaux et personne ne se présenta avec la seconde
moitié de la carte de visite. Mata Hari profita de son
séjour dans la capitale espagnole pour envoyer une longue
lettre au capitaine Ladoux où elle lui racontait l'échec de
sa mission et où elle précisait que n'ayant pas été en
mesure de se rendre en Belgique ou en Hollande, elle

---

1. En français dans le texte. (N.d.T.)

attendait ses instructions. Elle écrivit aussi à Anna Lintjens à La Haye, la priant de dire au baron van der Capellen de ne pas s'inquiéter. Au bout de cinq jours, elle envoya un télégramme à Vigo, demandant à M. Cazeaux s'il était nécessaire de poursuivre l'attente, parce qu'elle voulait se rendre à Paris. La réponse arriva par courrier ; on lui disait que « le Russe est pour le moment en Suisse » et on la priait de bien vouloir informer M. Cazeaux de son adresse parisienne.

Mata Hari, qui n'avait pas l'habitude de rester à se tourner les pouces longtemps, avait déjà réfléchi à la façon de mettre son temps libre à profit, et elle expliqua à Bouchardon les fruits de sa réflexion : « Ne voyant rien venir de Paris et de Vigo, je me fis à moi-même ces réflexions : "Qu'est-ce qui m'empêche d'utiliser mon temps et de prendre contact avec les Allemands ? Ça avancera les choses." Si, à ce moment-là, j'avais trouvé le moyen de coucher avec l'ambassadeur d'Allemagne, je l'aurais fait. C'est par ces moyens qu'on arrive à de grandes choses, et non pas en interrogeant de modestes employés. »

Mata Hari décida de passer à l'action. Elle demanda au portier de l'hôtel de lui donner l'annuaire diplomatique, alléguant qu'elle cherchait le nom de quelqu'un à la légation des Pays-Bas ; en fait, elle ouvrit le livre à la page de l'ambassade allemande. Elle remarqua le nom d'un attaché militaire, un certain capitaine von Kalle, et dit-elle à Bouchardon, « j'ai su depuis qu'il avait le grade le plus élevé de commandant ». Elle « se grava » son nom et son adresse dans la tête (« 23, rue Castellana ou quelque chose d'approchant ») et se trouvait prête à partir en guerre.

« Attaquons le taureau par les cornes, je me suis dit, si ça rate, tant pis, si ça réussit, tant mieux. »

Voilà une réflexion typique de Mata Hari, comme sa décision de commencer à danser et de convaincre le monde de l'authenticité de ses gestes ; mais Bouchardon devait

déjà avoir dressé l'oreille, car l'histoire s'engageait maintenant en territoire interdit — les Allemands.

Ce même jour, elle écrivit à von Kalle, l'informant
qu'elle aimerait le voir et lui demandant s'il pouvait la
recevoir. La réponse de von Kalle lui fut apportée le
lendemain par un messager : « Madame, je n'ai pas
l'honneur de vous connaître, mais je vous recevrai samedi
à trois heures. »

Elle arriva à l'heure indiquée et fut introduite dans la
pièce où von Kalle travaillait.

« Madame, dit-il, je ne sais ce qui me vaut le plaisir de
votre visite. Je n'ai pas l'habitude de recevoir les femmes
qui pourraient m'être envoyées par nos ennemis, mais j'ai
vu qu'avec vous ce n'est pas le cas. »

« A quoi reconnaissez-vous cela ? » demandai-je avec
un sourire.

« Parce que depuis au moins dix mois je suis commandant et que les agents envoyés par l'ennemi n'ignorent pas
mon nouveau grade. Quand vous m'avez écrit, vous avez
dû vous servir d'un vieil annuaire. Je vois à votre carte
que vous êtes hollandaise. Parlez-vous l'allemand ?

— Parfaitement, aussi bien que le français.

— Pourquoi êtes-vous venue me voir ?

— J'ai été retenue pendant quatre jours en Angleterre.
On m'a arrêtée en me prenant pour une Allemande qui
voyage, paraît-il, avec de faux papiers hollandais. On
voulait à toute force que je fusse Clara Benedix. Qu'est-ce
que c'est que toute cette histoire ?

— Comment [*sic*] vous parlez bien l'allemand ! Comment cela se fait-il ?

— J'ai habité Berlin pendant trois mois.

— Vous connaissez certainement des officiers.

— Oui, beaucoup.

— Dites-moi quelques noms. »

Mata Hari en mentionna plusieurs et ajouta qu'elle avait
été la maîtresse d'Alfred Kiepert. Von Kalle connaissait

cette liaison et dit à Mata Hari qu'il l'avait vue dîner au
Carlton. Il savait aussi qu'elle avait accompagné Kiepert
aux manœuvres en Silésie. « C'est donc *vous* la femme
dont il était si jaloux ! »

Il lui expliqua alors qu'il ignorait tout de son aventure
à Falmouth et de Clara Benedix, car ces affaires étaient
du ressort du baron von Roland à Barcelone.

« Devenu de plus en plus familier, von Kalle m'offrit
des cigarettes et la conversation porta sur la vie mondaine
à Madrid. Je me montrai très aimable. Je jouais avec mes
pieds et je fis ce qu'une femme peut faire en pareille
occurrence quand elle désire faire la conquête d'un monsieur, et je compris que von Kalle était à moi. A un certain
moment, il me dit, bien étalé dans sa chaise : "Je suis
fatigué. Je m'occupe pour l'instant de débarquer d'un
sous-marin des officiers allemands et turcs et des munitions
sur la côte du Maroc, dans la zone française. Ça me prend
tout mon temps." »

Ayant quitté von Kalle peu après, Mata Hari confiait
dès le soir même, par lettre, ces nouvelles sensationnelles
à Ladoux. Elle lui racontait l'histoire du sous-marin sur
la côte marocaine, et que le baron von Roland était à la
tête des services de renseignements allemands à Barcelone.
Et elle ajoutait : « J'attends vos instructions, je puis faire
ce que je veux de mon Allemand. »

Le lendemain soir, un dimanche, Mata Hari avait été
invitée à dîner par l'un des attachés de la légation
hollandaise, M.G. de With. Mata Hari retrouva son hôte
au Palace Hotel où il lui présenta un monsieur âgé « décoré
de la Légion d'honneur et tirant un peu la jambe ». C'était
le colonel Danvignes, l'attaché militaire français.

Le lendemain, à l'occasion d'un dîner de gala au Ritz,
Mata Hari était à nouveau l'invitée de M. de With. Le
colonel Danvignes, qui avait dîné à une table différente,
la rencontra après le repas dans le hall et la complimenta
sur sa robe ravissante. Selon Mata Hari, qui continuait à

narrer son implication dans les cercles de l'espionnage madrilène à un Bouchardon qui n'en perdait pas une miette, le colonel Danvignes lui avait dit : « Madame, je n'ai jamais vu rien d'aussi harmonieux que votre entrée d'hier au Palace Hotel. »

« Il s'assit alors à mes côtés sur une banquette et il me fit une cour assidue. J'en étais même gênée. De temps en temps, je dansais avec un des jeunes gens, mais à mon retour il reprenait aussitôt la conversation avec moi. A un moment donné, il me demandait d'où je venais. Je lui racontai tous mes ennuis de voyage. Il me demanda ensuite le but de mon séjour à Madrid. Je lui répondis en riant : « Mon Colonel, tranquillisez-vous, je suis un des vôtres. »

« Il me serra la main et j'ajoutai : ''Si je vous avais connu un jour plus tôt, je ne me serais pas donnée la peine d'envoyer des renseignements à Paris, je vous aurais remis la lettre à vous-même et ça aurait été plus vite.

« — Quels renseignements ?''

« Je lui donnai tous les détails aussi bien que le nom de von Kalle. J'ajoutais que j'avais trouvé ce dernier un peu souffrant, mais doux comme un mouton. ''C'est vrai, me dit-il, la dernière fois que je l'ai aperçu, j'ai remarqué qu'il était pâle.'' »

Le lendemain, Mata Hari déjeuna avec un de ses amis espagnols, M. Diego de Leon, à qui, à une certaine époque, elle avait essayé de vendre des toiles de vieux maîtres à Paris et qui lui avait promis une commission de 18 000 francs si le marché était conclu. Quand M. Diego de Leon fut parti, Mata Hari alla dans le salon de lecture du Ritz, où le colonel l'attendait, « et il me fit pratiquement une scène de jalousie. Il voulut savoir quelle personne je venais de quitter, puis il me dit : ''J'ai réfléchi à notre conversation d'hier soir. Ne pourriez-vous pas savoir où les officiers ont débarqué au Maroc ?'' »

Mata Hari répliqua « qu'il ne faut pas aller trop vite ».

« Je retournai alors chez von Kalle, prenant comme

prétexte que j'avais oublié de lui demander quelque chose. Je l'abordai en ces termes : "J'ai l'intention de rentrer en Hollande par la Suisse et l'Allemagne. Je sais que vous êtes terribles à votre frontière, ne pourriez-vous pas faire quelque chose pour moi et me faciliter cette partie de mon voyage ?" »

Von Kalle répondit qu'il était navré mais qu'il ne pouvait rien faire, et lui offrit une cigarette.

« J'employai le même manège que lors de ma première visite, et je ne fus pas longue à m'apercevoir que von Kalle s'énervait et devenait entreprenant. Je lui dis gentiment, tout en lançant la fumée de ma cigarette : "Eh bien, vous êtes toujours fatigué, toujours malade, toujours des affaires plein la tête ?

« — Ne m'en parlez pas, dit-il, je ne serai tranquille que quand ce sera fait.

« — Mais ça doit être rudement difficile de débarquer des hommes avec un sous-marin sur les côtes du Maroc, où avez-vous réussi ce coup-là ?

— Les jolies femmes ne doivent pas demander trop de choses », dit von Kalle.

Mata Hari sentit qu'elle était allée trop vite et détourna la conversation. Elle parla des nombreuses photos qui ornaient son bureau et prit congé. Plus tard ce jour-là, le colonel Danvignes vint chercher la réponse à sa question. Elle lui raconta « qu'il m'avait fait faire un pas de clerc et que si je n'avais pas été intelligente, tout était perdu », et l'avertit aussi « qu'à l'avenir, il était préférable qu'il me laissât agir à ma guise ».

« Le lendemain, le colonel revint après le déjeuner et après le dîner, et publiquement il continua à me faire la cour. Le jour suivant, il vint encore après le déjeuner et il me dit "je suis très occupé, je viens d'un déjeuner officiel et j'accompagne le général Lyautey à Paris". Il voulut que je lui donne mon bouquet de violettes et mon mouchoir en gages de souvenir et me demanda ce qu'il pouvait faire pour moi à Paris. »

« Beaucoup, lui avait répondu Mata Hari. Allez voir le capitaine Ladoux et son chef. Dites-leur à quelle femme ils ont affaire. Et priez-les d'agir plus gentiment et plus ouvertement avec moi. »

Le colonel promit et lui signala qu'elle pouvait lui écrire aux bons soins de l'ambassade et si nécessaire, pouvait voir son collègue, le marquis de Paladines. Quand Mata Hari lui apprit qu'elle avait l'intention de se rendre elle-même à Paris très bientôt, il lui demanda de lui téléphoner à l'Hôtel d'Orsay pour qu'ils prennent rendez-vous pour un dîner.

Le capitaine Bouchardon, qui l'avait écoutée sans rien dire, tira une lettre interceptée de son dossier. Dans cette lettre, Mata Hari racontait à un ami les avances du colonel Danvignes : « Le colonel me porta un petit bouquet de violettes, me priant de le porter entre mes seins toute la journée et qu'il viendrait le reprendre le soir. Il me demandait également un ruban de mon cache-corset, qu'il retirait lui-même dans le salon de lecture où nous étions seuls. Il jouait une comédie amoureuse comme un jeune homme. »

Cette lettre que Mata Hari ne pensait pas voir interceptée convainquit Bouchardon de la passion de jeune homme de l'attaché militaire français à Madrid. Pourtant, la rencontre de Mata Hari et du colonel français fut complètement inversée et devint le contraire de ce qu'elle avait été, parce qu'ainsi elle correspondait mieux au portrait que Bouchardon voulait offrir de son espionne.

« Mata Hari, payant d'audace et dûment stylée, devait écrire Bouchardon en 1953 [1], réussissait à approcher notre attaché militaire, le général Danvignes. Elle lui faisait

---

1. Bouchardon écrivit en fait ses Mémoires en 1948. Il mourut en 1950, et sa fille ne les publia qu'en 1953. (N.d.A.)

croire qu'elle était au service de la France et lui apportait certains renseignements qu'elle avait été, disait-elle, assez habile pour obtenir de von Kalle, au cours de plusieurs entrevues. Ces renseignements étaient, cela va sans dire, périmés et sans valeur, mais le général, que les coquetteries de la belle avaient subjugué, ne les jugea pas ainsi. Amoureux comme un sous-lieutenant, il ne tarissait pas d'éloges sur la nouvelle recrue. »

La cause de Bouchardon prenait progressivement forme.

« Le lendemain du départ du général Lyautey et du colonel Danvignes, continua Mata Hari, von Kalle me fit porter une lettre à l'hôtel. Il m'invitait à venir prendre une tasse de thé avec lui le jour même à trois heures. Je le trouvai plus autoritaire, comme s'il eût été mis au courant de mes relations avec le colonel. »

Elle comprit rapidement la *raison* du changement d'attitude. Von Kalle lui raconta que les Français envoyaient des messages radio tous azimuts, à propos des débarquements allemands au Maroc.

« Ils ont aussi bien pu le savoir par une autre personne, dit Mata Hari, et puis, comment pouvez-vous le savoir ?

— Nous avons les clefs de leurs radios. »

Mata Hari sentit qu'elle perdait la partie et redoubla de coquetteries. Mais elle comprit que von Kalle l'avait démasquée lorsqu'il reprit : « Avec les jolies femmes, il faut tout pardonner, mais si on savait à Berlin que c'est moi qui ait dit cela, ça me coûterait cher. »

« Le voyant redevenu soumis, j'ai précipité les choses. Ma foi tant pis, me suis-je dit, et je l'ai laissé faire ce qu'il a voulu.

« Son effusion terminée, il s'est remis à parler d'autres affaires. » Mata Hari expliqua au capitaine que von Kalle avait évoqué le comportement des soldats allemands qu'il trouvait cruel. Elle avait apporté sa petite contribution à la conversation en faisant allusion au courage des Allemands. Les Français, reprit von Kalle, étaient eux aussi courageux, surtout certains de leurs pilotes. L'un d'eux avait récemment amené des espions derrière les lignes allemandes et était revenu les chercher peu de temps après. Mais un de ces jours, insinua von Kalle, ils connaîtraient tous les détails parce que les Allemands avaient des espions parfaitement informés en France.

Mata Hari lui demanda comment ils parvenaient à transmettre leurs renseignements en Allemagne. Quand von Kalle lui répondit que les moyens ne manquaient pas, elle répliqua qu'elle en doutait, parce qu'elle-même avait traversé bien des frontières, et les fouilles des bagages et des gens étaient telles qu'il aurait été difficile de faire passer une épingle. « En Angleterre, on a même vérifié jusqu'aux rubans de mes chemises. »

Von Kalle mit les choses au point. Les Allemands n'utilisaient pas des femmes comme *elle*, mais des individus sales, qui pouvaient transporter des encres secrètes cachées sous leurs ongles ou dans leurs oreilles.

Ce soir-là, Mata Hari écrivit une lettre de douze pages au colonel Danvignes dans laquelle elle mentionnait l'histoire du pilote français, des encres secrètes et le fait que les Allemands avaient découvert le code des signaux des radios françaises. Après quoi, n'ayant plus rien à faire à Madrid, elle décida de se préparer à regagner Paris.

Deux jours plus tard, le 1er mars, Mata Hari et le capitaine Bouchardon se retrouvèrent à nouveau face à face. Continuant l'histoire de ses pérégrinations, elle en vint à l'épisode de la lettre du sénateur espagnol Junoy qui l'avait mise en colère, parce que quelqu'un avait non seulement essayé de mettre un terme à leur amitié mais aussi tenté de la noircir derrière son dos. La réaction du sénateur avait été celle d'un gentleman espagnol — comme Junoy l'avait lui-même indiqué dans sa lettre : « Et c'est pourquoi nous vous avertissons. »

Son retour à Paris ainsi précipité par l'action déloyale d'un agent français, Mata Hari quitta Madrid « le 2 janvier et arriva à Paris le 4 ». Le silence de Ladoux l'avait fort surprise, confia-t-elle à Bouchardon, mais comme le colonel Danvignes était son supérieur hiérarchique, elle était sûre qu'il avait réglé les choses.

Une fois à Paris, dans sa chambre du Plaza, avenue Montaigne, Mata Hari avait téléphoné au colonel à l'Hôtel d'Orsay. Personne ne l'y connaissait. Elle obtint le même résultat au ministère de la Guerre où elle téléphona ensuite.

« De guerre lasse, je m'habillai et je me rendis au 282, boulevard Saint-Germain, où un capitaine encore plus grand que moi se borna à me répondre que l'attaché militaire partait le soir même pour Madrid. »

Comme Mata Hari était déterminée à le voir, elle se rendit à la gare d'Orsay à neuf heures, pour s'entendre dire que personne n'avait le droit de pénétrer sur le quai. Elle écrivit donc un mot au colonel et demanda à l'employé des Wagons-Lits de le lui remettre. Elle lui disait qu'il lui fallait *absolument* le voir, et le priait de se mettre à la fenêtre de son compartiment à la gare d'Austerlitz où le train s'arrêterait avant de quitter Paris. Elle acheta ensuite un ticket de quai mais ne trouva le colonel qu'après l'avoir fait appeler par le contrôleur. Le colonel n'était plus l'homme qu'elle avait connu à Madrid.

« En voilà une façon de partir, mon colonel, sans m'avertir. Et nos affaires ? Avez-vous vu le capitaine Ladoux ? »

« Le colonel répondit d'une toute petite voix : "Je l'ai vu très peu, mais j'ai vu son chef le colonel Goubet. Celui-ci m'a dit que vos renseignements, surtout le premier, l'intéressaient beaucoup et que vous êtes une femme intelligente.

« — C'est tout ?"

« Tout ce que le colonel put me répondre d'une petite voix plaintive, fut : "Mon petit ! Mon petit !"

« Ce fut tout car le train partait et je demeurai toute ahurie sur le quai.

« Le lendemain, je me présentai au bureau du capitaine Ladoux et on écrivit sur la feuille que j'avais remplie, le mot "absent". Je renouvelai ma démarche le jour suivant. J'attendis environ une heure au rez-de-chaussée et je reçus un laissez-passer bleu me permettant d'être reçue le lendemain.

« Je revins au jour fixé, à six heures. Je trouvai le capitaine Ladoux assez bizarre. Il n'était pas souriant comme les premières fois et il semblait qu'il eût quelque chose sur le cœur. Je lui demandai s'il avait vu le colonel Danvignes et si ce dernier lui avait parlé comme il me l'avait promis. Il me répondit qu'il l'avait vu très peu et qu'il ne lui avait rien dit. Mais il était surpris que je sois allée frapper à la porte de l'ambassade de France.

« J'ai reçu une lettre qui a l'air d'un chantage — la lettre du sénateur espagnol —, avait dit Mata Hari, et quand je ne comprends pas quelque chose, je vais frapper à toutes les portes. »

Elle expliqua ensuite au capitaine Bouchardon qu'elle avait révélé le contenu de la lettre à Ladoux, lequel lui avait conseillé de ne pas oublier « qu'elle ne le connaissait pas et qu'il ne la connaissait pas ». Et Ladoux avait ajouté que son bureau n'avait certainement pas envoyé une lettre pareillemment compromettante au colonel et que si un agent avait agi de son propre chef, on l'enverrait au front.

« Tout cela m'est égal, mais je suppose que vous n'avez aucun intérêt à gêner mon travail par l'intervention de petits agents de renseignements. Si réellement un agent français voit quelque chose qu'il ne comprend pas, qu'il coure à l'ambassade de France et non chez un sénateur espagnol. » Mata Hari était en colère. « D'autre part, je suis très étonnée de la réception que vous me faites. Sont-ce là vos remerciements pour les services que je vous ai rendus ?

— Quels services ? Celui du baron Roland et du sous-marin ?

— Vous oubliez celui des radios, de l'aviateur et de l'encre secrète.

— C'est la première nouvelle.

— Comment, le colonel ne vous a rien dit ?

— Je vous répète qu'il n'a fait que passer ici. Vous voulez dire qu'ils ont la clef de nos radios ? L'attaché militaire vous a fait marcher !

— N'y aurait-il qu'une chance sur cent pour que son renseignement soit vrai que cela vaudrait la peine de vérifier.

— Évidemment ! Mais les bras m'en tombent !

— Les miens aussi. En attendant, je veux rentrer chez moi, car je n'ai plus d'argent pour rester à Paris.

— Restez encore huit jours, dit Ladoux. En attendant, je vais demander un rapport à Madrid. »

Rentrant à son hôtel, Mata Hari prit la lettre du sénateur et la laissa au bureau du capitaine Ladoux. Dans l'intervalle, elle s'aperçut que tous ses mouvements étaient étroitement surveillés par des agents qui posaient des questions au personnel de l'hôtel. Lorsqu'elle téléphonait, ils écoutaient derrière la porte. Une fois, elle avait reçu une lettre qui avait été ouverte.

« Vers le 15 janvier j'écrivis au capitaine Ladoux une longue lettre dans laquelle je lui disais en substance : "Que voulez-vous de moi ?" Je disais : "Je suis disposée à faire tout ce que vous désirerez, je ne demande pas vos secrets, je ne veux pas connaître vos agents, je suis une femme internationale, ne discutez pas mes moyens, ne gâtez pas mon travail par des agents de renseignements qui ne peuvent pas me comprendre. Que je désire être payée, c'est bien légitime, mais je veux partir."

« Je montrai cette lettre à Maître Clunet qui n'en critiqua pas le contenu mais en trouva le ton trop cassant. En particulier le mot "payée" le choqua. Je lui rétorquai que, du moment que je n'avais pas honte d'accepter de l'argent, je ne devais pas avoir honte d'en parler ; puis je partis poster ma lettre boulevard Haussmann.

« Je n'ai reçu aucune réponse. Je retournai alors chez M. Maunoury et le priai de demander au capitaine Ladoux d'autoriser mon départ par la Suisse. Ma ferme intention était d'aller voir à Berne l'attaché militaire allemand, d'employer avec lui le même truc qu'avec von Kalle, et de porter à l'ambassade de France tous les renseignements que je pourrais recueillir. M. Maunoury me répondit que le capitaine Ladoux était à la Riviera et qu'il ne pouvait viser mon passeport sans son autorisation. Il ajouta que le capitaine resterait au moins trois semaines absent.

« Pendant ce temps-là, je reçus une lettre du colonel van der Capellen dans laquelle il me disait qu'il m'avait encore une fois envoyé de l'argent, mais qu'il ne pourrait continuer à faire marcher ma maison de La Haye si je ne rentrais pas. A la même époque m'arriva une lettre de ma domestique de là-bas. Elle me conseillait de revenir et me disait que le colonel s'ennuyait de moi. De guerre lasse, je suis allée au Bureau des Étrangers. J'y ai rempli la feuille d'usage indiquant que je désirais rentrer en Hollande par la Suisse. Dix jours se passent. Pas de réponse. Le 12 février, je revins au même bureau où on me dit que les papiers n'étaient pas encore arrivés, et le 13 au matin, j'étais mise en état d'arrestation au Palace Hotel. Voilà tout.

« En terminant, je proteste encore une fois. Je n'ai jamais fait ni espionnage ni tentative d'espionnage contre la France. Je n'ai jamais écrit une lettre que je ne devais pas écrire. Je n'ai jamais demandé à aucun de mes amis quelque chose qui ne me regardait pas. Et je ne suis jamais allée là où je ne devais pas aller. Mon intention première était de ne rester que trois mois en France. A ce moment, je ne pensais qu'à mes amants. Bien loin de moi étaient les idées d'espionnage. Ce sont les événements qui en ont décidé autrement. »

Cela avait été un long monologue, et le capitaine Bouchardon devait résumer ces quatre premiers interrogatoires en un paragraphe empreint d'un certain cynisme dans son livre : « Au cours de ces quatre interrogatoires, Mata Hari protesta de la pureté de ses actes et de ses intentions vis-à-vis de la France. Elle, au service de l'Allemagne ! Allons donc ! C'était dans notre intérêt, au contraire, qu'elle s'était rendue chez von Kalle. Là, se rappelant qu'elle avait été une des grandes courtisanes de l'époque, elle s'était emparée de l'esprit et des sens de cet attaché militaire. Et ce n'avait été ensuite qu'un simple jeu d'en obtenir des renseignements, qu'elle avait apportés chaque fois au général Danvignes. »

Une des déclarations de Mata Hari avait échappé à Bouchardon comme à Ladoux, certainement parce qu'une fois de plus cela ne correspondait pas à ce qu'il attendait : les actions de Mata Hari n'étaient certes pas guidées par la vertu qui est la qualité primordiale d'un espion : la discrétion. Après avoir dit à M. de Marguerie qu'on lui avait demandé de devenir espionne, voilà qu'elle expliquait qu'elle était allée demander conseil à Maître Clunet qui, bien que vieil et fidèle ami, n'avait rien à voir avec le ministère des Affaires étrangères. Et comme elle n'avait pas l'air de dire que celui-ci avait été surpris par ses révélations, on peut en déduire que ce n'était pas la première fois qu'elle parlait à l'avocat de ses relations avec les services de renseignements français.

Quand Mata Hari en eut enfin fini, ce fut au tour de Bouchardon de prendre le relais. Tout ce qu'il voulait savoir pour le moment, c'était la provenance des 5 000 francs qu'elle avait reçus via le Comptoir d'Escompte au consulat hollandais.

« La somme de 5 000 francs que j'ai touchée me vient du baron van der Capellen. Le consul de Hollande m'a donné un coup de téléphone le 15 janvier : ''L'argent est

arrivé, me dit-il, vous pourrez venir quand vous voudrez.''
Je me suis présentée au consulat le 16 janvier et M. Bunge
m'a remis cinq billets de 1 000 francs sans me faire de
réflexion. Cette somme venait certainement du baron van
der Capellen, auquel je l'avais réclamée, et d'Angleterre
et d'Espagne et de Paris. »

Il y eut une dernière question : quand et comment avait-
elle connu le consul hollandais Bunge ? Mata Hari n'hésita
pas : « J'ai connu Monsieur Bunge quand j'ai fait le
premier voyage de Lisbonne à Amsterdam. »

(La date concorde avec les mouvements de M. Bunge
que me communiqua le bureau des Archives du ministère
hollandais des Affaires étrangères. M. Otto David Eduard
Bunge appartenait au service consulaire hollandais depuis
1910 et avait passé un an et demi à San Francisco, jusqu'au
4 décembre 1915. Puis, avant de prendre ses fonctions à
Paris, il retourna quelque temps en Hollande. Comme il
était rentré par un bateau hollandais qui faisait escale en
Espagne et au Portugal, M. Bunge devait être à bord
quand, en janvier 1916, Mata Hari embarqua à Lisbonne
avec dix malles pleines de vaisselle et d'autres objets.)

Le 9 mars, jour où devait avoir lieu l'interrogatoire
suivant, Mata Hari ne se sentait pas bien et envoya une
lettre au capitaine Bouchardon pour le prier de bien vouloir
reporter le rendez-vous : « Voulez-vous avoir la bonté de
remettre l'instruction à lundi ? Je me sens trop malade
pour me lever. Peut-être dans quelques jours ce sera un
peu mieux. »

Le 12, l'interrogatoire reporté eut lieu. Le capitaine
Bouchardon tâtait toujours le terrain et, ayant entendu la
version de Mata Hari, passait maintenant à l'examen de
divers documents trouvés dans sa chambre lors de son
arrestation. Le paquet de cartes de visite que Mata Hari
avait toujours collectionnées avec passion apparut entouré
d'une ficelle. (C'est ainsi, en tous cas, que je les retrouvai
des années plus tard dans le dossier secret français — secret

jusqu'en l'an 2017 — sur Mata Hari.) Le capitaine connaissait maintenant le nom de bien des hommes que Mata
Hari avait comptés parmi ses amis, mais certains n'avaient
pas encore été mentionnés.

Bouchardon prit la première carte, celle d'un certain
sergent-chef de cavalerie George Jouis, stationné à l'École
de formation de l'aviation à Cazeau en Gironde. Selon
Mata Hari, elle l'avait rencontré sur le quai de la gare
d'Austerlitz quand elle était allée voir le colonel Danvignes.
Le sergent Jouis lui avait demandé si elle voulait bien être
sa marraine de guerre — pour lui envoyer des cadeaux au
front.

Une autre carte appartenait au capitaine Henri des
Maraudes, que Mata Hari identifia comme un ami d'avant-
guerre qui l'avait quelquefois accompagnée au bois de
Boulogne lors de ses promenades à cheval.

Sur la troisième carte on lisait le nom d'un lieutenant
colonel russe, Patz-Pomarnatzky. Elle l'avait rencontré
dans le wagon-restaurant du train qui la ramenait d'Espagne, entre Bordeaux et Paris.

Le lieutenant Henri Mège, le candidat suivant, l'avait
abordée dans la rue un jour qu'elle sortait du bureau du
capitaine Ladoux. Il lui avait demandé un rendez-vous,
mais la rencontre s'était banalement terminée devant une
tasse de thé au Plaza.

Un certain Pierre Arrienceaux, qui vivait à Hendaye,
était un officier chargé de contrôler les passagers du train
à la frontière. Lui aussi avait souhaité la revoir, mais rien
n'en sortit, précisa Mata Hari.

Le capitaine Bouchardon passa alors à un paquet de
lettres écrites pour la plupart par Vadime de Massloff.
D'autres venaient d'un capitaine anglais du nom de
Kingsell. Ils s'étaient rencontrés au Savoy Hotel à Londres
après sa remise en liberté par Scotland Yard et l'Anglais
avait été très pressant.

Les trois lettres signées E. W. de Jong lui avaient

été envoyées par un journaliste hollandais qui voulait l'interviewer sur son aventure à Falmouth. Elle avait refusé.

(Egbert Willem de Jong avait été correspondant à Londres du *Algemeen Handelsblad* pendant toute la durée de la guerre. C'est certainement la lettre de refus de Mata Hari que M. de Jong avait montrée au représentant des Pays-Bas à Londres et que celui-ci devait ensuite mentionner dans son rapport à La Haye — celle qu'il avait lue sous le sceau du secret, dans laquelle elle disait « qu'elle ne tenait pas à ébruiter cette aventure ».)

La dernière lettre était simplement signée « Pierre ». Il s'agissait de ce même Pierre Arrienceaux qui avait essayé d'obtenir un rendez-vous à Hendaye, mais elle n'y avait jamais répondu, jugeant le ton de la lettre « trop ordinaire ».

20.

Le capitaine Bouchardon souhaitait maintenant accorder un temps de réflexion à Mata Hari. Elle venait de passer un mois en prison. Elle lui avait narré sa version des faits ; un mélange de voyages, d'amour, de relations sexuelles et d'intrigues teintées d'espionnage d'où le capitaine avait réussi à extraire quelques éléments qui servaient ses plans et ses fonctions : la chasse aux espions. Pendant les quatre semaines suivantes, Bouchardon ne convoqua pas une seule fois sa suspecte. Elle resta donc dans sa cellule, fit sa promenade quotidienne dans la cour de la prison, conversa avec son avocat, les médecins et les aumôniers, et eut tout loisir de réfléchir.

Elle pensa beaucoup à Vadime de Massloff dont elle n'avait pas eu de nouvelles depuis son arrestation. L'officier russe, comme d'ailleurs le baron van der Capellen et bien d'autres, n'avait aucune idée de l'endroit où elle se trouvait. Ses seuls contacts avec l'extérieur passaient par Maître Clunet et le capitaine Bouchardon. C'est ce dernier qui fut en mesure de lui apprendre ce qui était arrivé à son amant. Il avait été grièvement blessé et lui avait écrit une lettre où il lui reprochait de l'avoir oublié. Bouchardon, à qui l'on avait remis cette missive, en livra le contenu à

Mata Hari. Celle-ci s'inquiéta donc beaucoup pour Vadime pendant ce mois d'oisiveté. Finalement, n'en pouvant plus, elle envoya une lettre à Bouchardon : « Je vous remercie de me donner des nouvelles du capitaine de Massloff. Je suis inquiète et je pleure tellement. Ayez la bonté de chercher à l'hôpital d'Épernay. Je vous en supplie. J'ai tant de douleur à la pensée qu'il est peut-être mort et que je n'étais pas près de lui. Et même, il a pensé que je l'oubliais. Vous ne savez pas ce que je souffre. Sortez-moi d'ici, je ne puis tenir... »

Mais il n'était pas question de libérer Mata Hari et, le 12 avril, elle fut à nouveau amenée à la Chancellerie, où Bouchardon commença maintenant son offensive.

« Jusqu'ici, dit-il, nous vous avons laissé parler sans vous interrompre et vous avez eu tout le loisir de développer dans ses plus petits détails votre système de défense. Nous vous prions maintenant de répondre à quelques questions précises. La première est celle-ci : quand vous vous êtes présentée à nos services de contre-espionnage, 282, boulevard Saint-Germain, n'apparteniez-vous pas à l'espionnage allemand ? »

Mata Hari fut surprise. « Mais non, mon capitaine, au surplus, quand je suis allée boulevard Saint-Germain, c'était afin d'obtenir des facilités pour la saison à Vittel. »

Bouchardon établit ensuite un rapport entre sa vie amoureuse et ce qu'il pensait être ses activités d'espionne :

« Notre question n'a rien qui puisse vous surprendre. N'avez-vous pas dit vous-même que vous étiez une femme internationale et n'avez-vous pas reconnu qu'à une époque voisine de la guerre, vous aviez eu à Berlin des relations intimes avec le lieutenant Alfred Kiepert du 11e régiment hussard de Crefeld ? »

« Le fait que j'aie des relations avec ces personnes n'implique nullement que j'aie fait de l'espionnage. Je n'en ai jamais fait pour l'Allemagne ni pour un autre pays que la France. En ma qualité de danseuse, je pouvais bien avoir des rapports avec des personnages de Berlin, sans aucune arrière-pensée que vous puissiez supposer. D'ailleurs, c'est moi-même qui vous ai donné ces noms. »

Ce fut la seule question marquante de cet interrogatoire qui fut le plus bref de tous. Avant qu'on ne la ramène à la prison, on aborda la question du contenu de son sac à main et des divers articles trouvés dans sa chambre. Et Mata Hari donna sans ambages la signification de la présence de l'oxycyanure de mercure parmi ses affaires : on ne s'en servait pas pour écrire, mais pour contrer les conséquences du coït.

Il y eut à nouveau un interlude de plusieurs semaines pendant lequel Bouchardon laissa les histoires de Mata Hari se cristalliser dans son esprit un peu borné. Chaque Allemand qu'elle avait connu devint un maillon de la chaîne de preuves qu'il voulait forger pour la confondre. Il oubliait ou feignait d'oublier que sa prisonnière avait en fait connu ces gens au fil des années et qu'elle avait pu discuter de bien des sujets avec eux. Pourtant, il était convaincu, ou le devint, que chaque fois qu'elle adressait la parole à un Français, c'était dans le seul but de recueillir des renseignements — et que chaque fois qu'elle parlait à un Allemand, c'était pour lui remettre ces renseignements ou recevoir de nouvelles intructions.

Au bout de deux mois d'emprisonnement, Mata Hari finit par être autorisée à prendre contact avec le monde extérieur mais à la condition expresse qu'elle passe par l'intermédiaire de la légation des Pays-Bas. Donc, le 16 avril 1917, elle écrivit la lettre mentionnée plus haut au consulat, qui devait la recevoir le 22 :

« Je vous prie d'avoir la bonté de venir à mon secours. Depuis six semaines, je suis enfermée à Saint-Lazare, accusée d'espionnage, ce que je n'ai pas fait.

Faites pour moi ce que vous pouvez, je vous en serai reconnaissante. Si vous pouvez avertir ma servante, sans trop lui parler d'une arrestation, mais en disant que j'ai des difficultés pour sortir de France, et surtout qu'elle ne s'inquiète pas, alors je vous prie de bien faire cette lettre pour moi. Nom et adresse sont Anna Lintjens, Nieuwe Uitleg 16, La Haye.

Je vous assure que je suis à moitié folle de chagrin. Demandez aussi au comte de Limburg Styrum, le secrétaire de notre légation, de faire pour moi ce qu'il pourra. Il me connaît et il est au courant de mes relations à La Haye. »

Cette lettre, signée Margaretha Zelle McLeod-Mata Hari, contient une erreur, due probablement à la monotonie de la vie carcérale. Mata Hari venait de passer neuf semaines en prison et non six.

Alors qu'il se demandait comment procéder, Bouchardon reçut de nouveaux renseignements du ministère de la Guerre, qui, pour lui, réglaient le sort de la suspecte. Comme il devait l'écrire dans son livre [1] : « Toujours je la ramenais au document qui était sa condamnation à mort. »

Voici, tel que le raconte Bouchardon, ce qui se passa et comment il procéda : « L'instruction piétinait quand, le 21 avril, le ministère de la Guerre versa au dossier, à l'appui de sa plainte, les sans-fil échangés entre von Kalle et l'Allemagne entre le 13 décembre 1916 et le 8 mars 1917. » (Bouchardon n'indique pas pourquoi le ministère de la Guerre, qui disposait de ces renseignements, attendit six semaines pour les transmettre à la personne qui aurait dû en être informée dès le début : le capitaine Bouchardon lui-même. Ce délai fut probablement dû à la réticence du ministère de la Guerre français à remettre des renseignements secrets vitaux même à un enquêteur militaire. En effet, ce faisant, l'accusée, s'il s'agissait vraiment d'une

---

1. Pierre Bouchardon, *Souvenirs*, Albin-Michel, 1953. (N.d.A.)

espionne, pourrait trouver une occasion d'informer ses
supérieurs en territoire ennemi des secrets obtenus par le
gouvernement qui le détenait. Dans notre cas, Mata Hari,
si elle était vraiment l'espionne que les Français croyaient,
aurait pu informer les Allemands par l'intermédiaire d'un
complice que les Français avaient brisé le code.)

« L'affaire s'éclaira d'un seul coup. Margareth-Gertrude
Zelle avait fourni à von Kalle toute une série d'informations. Lesquelles ? Je ne me crois pas autorisé à les révéler,
lié que je me trouve encore par le secret professionnel. Ce
que je puis en dire, c'est qu'elles furent jugées par nos
services, notamment par le Grand Quartier Général, comme
comportant une part de vérité importante. Elles attestaient,
en tout cas, que l'espionne avait été en relation avec
nombre d'officiers et avait su leur poser des questions
perfides. De même, ses rapports avec d'autres milieux
lui avaient permis de se renseigner sur notre situation
politique. »

Quelles étaient donc ces informations que Bouchardon
en 1953 ne se déclare pas le droit de révéler, ces informations dont le Grand Quartier Général avait déclaré qu'elles
contenaient une « part » de vérité ? Elles avaient trait à
l'offensive de 1917, à laquelle tout le monde s'attendait
de toutes façons, et aux discussions entre Briand et la
princesse Marie Bonaparte au sujet du roi de Grèce.

Et trente-six ans après en avoir fini avec l'affaire Mata
Hari, Bouchardon pensait qu'il ne pouvait faire qu'une
déclaration positive à propos du document qui la condamnait à mort : « En tout cas, l'espionne avait été en relation
avec nombre d'officiers et avait su leur poser des questions
perfides. » Il doutait donc du reste. Et si les informations
que donna Mata Hari à von Kalle suffisaient à la condam-
ner à mort, en revanche celles qu'elle avait fournies aux
Français à propos des sous-marins au large du Maroc et
du décryptage du code radio français par les Allemands

n'avaient, elles, aucune importance, elles étaient « périmées ».

Bouchardon devait à nouveau évoquer la culpabilité de Mata Hari bien après le procès. J'ai découvert, il y a quelque temps, l'enregistrement d'une émission radiophonique datant probablement de la fin des années quarante à laquelle avaient participé Bouchardon et son collègue le lieutenant Mornet. Les opinions émises alors par les deux officiers différaient fort de celles qu'ils avaient avancées lors du procès en 1917.

« L'affaire Mata Hari a donné naissance à un certain mythe de l'espionnage international dans le monde entier », annonça le commentateur au début de l'émission. Bouchardon réaffirma que « Mata Hari n'avait pas été une espionne ordinaire ». Il ne s'agissait pas d'une *vulgaire espionne*, pour reprendre ses propres termes. Mata Hari « était intelligente », déclara-t-il, « elle avait acquis une certaine réputation de danseuse dans des music-halls parisiens », puis, se contredisant, il reprit, « *elle était une vulgaire espionne* ».

Ensuite, Bouchardon, l'homme qui, en 1917, avait certifié que Mata Hari avait transmis plusieurs secrets militaires français d'importance à l'ennemi, fit une déclaration toute différente. « Ces renseignements valaient ce qu'ils valaient », dit-il à son collègue Mornet, ajoutant que « cela ne valait peut-être pas grand-chose ». Cela n'avait guère d'importance, car « elle était payée par une puissance étrangère et très *bien* rémunérée ». Il était facile d'en conclure que les renseignements fournis aux Allemands par Mata Hari étaient aussi importants.

Mornet, l'homme qui avait requis la peine de mort en 1917, fit alors une réflexion étonnante. « Pour moi, ce n'était pas une affaire intéressante », dit-il.

Bouchardon entreprit de donner un aperçu de la vie de Mata Hari. « Elle avait du talent », affirma-t-il. Lorsque Mornet indiqua qu'elle avait été « une vedette du music-hall », Bouchardon eut ces mots : « Oui, une grande vedette comme danseuse. »

Mornet demanda ensuite à son collègue s'il l'avait trouvée belle. Bouchardon fut affirmatif : « Elle était très intelligente et très belle ». En outre, elle parlait « un français parfait, presque sans accent, elle l'écrivait sans fautes, mais elle s'exprimait mieux encore en hollandais, en javanais, en allemand et en anglais ».

Quant à sa vie amoureuse, Bouchardon était convaincu que Mata Hari « s'intéressait beaucoup aux hommes, surtout à une certaine personne russe », faisant allusion à Vadime de Massloff.

Bouchardon conclut son intervention radiophonique avec une remarque qui aurait sauvé la vie de Mata Hari s'il l'avait faite lors du procès en 1917 : « Comme espionne, je ne sais pas si *elle a apporté grand-chose.* » (Il voulait dire par là qu'il n'était pas sûr qu'elle ait vraiment livré des renseignements importants aux Allemands.)

« Le 1er mai, continue Bouchardon, je me décidai à abattre mes cartes. Et comme il fallait jouer serré, je consignai ma porte à tout le monde, faisant courir le bruit que je m'étais transporté à la prison de Fresnes pour un interrogatoire. Et pendant que les journalistes me cherchaient bien loin, je m'enfermai avec mon greffier et Mata Hari dans une sorte de cave où s'entassaient en vrac les pièces à conviction du 3e conseil de guerre. Le duel fut émouvant, mais pour une fois, l'espionne para mal le coup. Les grandes comédiennes ont de ces défaillances. N'alla-t-elle pas jusqu'à insinuer que von Kalle avait pu soudoyer le personnel de l'hôtel Ritz et faire lire sa correspondance afin de connaître ses relations ? »

La stupéfaction horrifiée de Bouchardon devant la possibilité d'actions d'une telle perfidie de la part du chef de l'espionnage allemand à Madrid semble plutôt puérile. On sait que toutes les ambassades des pays en guerre à Madrid graissaient la patte du personnel des hôtels de la ville pour espionner ceux qui prenaient des chambres ou s'en allaient — et cela concernait aussi bien l'ambassade de France que celle d'Allemagne.

Mais Bouchardon avait un travail à faire et il le fit, « et pourtant, elle joua de tout : des cris, des larmes, des sourires, de l'indignation, de l'invective ». Sa réaction aux traitements de Bouchardon fut violente : « Que vous êtes impitoyable, trépignait-elle, de torturer ainsi une pauvre femme et de lui poser un tas de questions méchantes ! »

Le 1er mai, c'est dans un tout autre état d'esprit que Bouchardon affronta son adversaire. Il avait tous les atouts en main à présent — selon sa propre théorie. Il commença ce jour-là avec cette question préliminaire : « Afin d'établir que vous n'avez pu fournir à von Kalle aucun renseignement d'ordre militaire ou diplomatique, vous avez tiré argument de votre départ de France remontant à quarante-trois jours. Nous vous faisons remarquer que même vieux de quarante-trois jours, des renseignements peuvent être précieux.

— Je répète que je ne suis pas allée voir von Kalle exprès. J'ignorais son nom, son grade, je n'avais aucune idée préconçue. Le capitaine Ladoux m'avait demandé des preuves de fidélité et de capacité. Refoulée sur Madrid après mon aventure de Falmouth, ne recevant aucune instruction, je me suis dit : "Si je devançais les choses et si je prenais contact avec les Allemands, le capitaine me paiera à mon passage à Paris."

« Je n'ai nullement agi en cachette puisque j'ai écrit au capitaine Ladoux. Si je n'ai pas nommé l'attaché militaire, je lui ai dit cependant que j'étais entrée en relation avec une personnalité haut placée de l'ambassade d'Allemagne à Madrid. Au surplus, j'ai tout dit au colonel Danvignes et je vous rappelle que je lui ai apporté trois renseignements. Mais je soupçonne le colonel d'avoir parlé de ces informations lors de son passage à Paris, sans dire de qui il les

tenait. Si les Français avaient été mécontents de mes
services, ils n'avaient qu'à refuser mon visa quand j'ai
voulu venir à Paris. C'eût été plus correct. »

C'est alors que Bouchardon joua sa plus grosse carte
— celle qu'il considérait comme l'arrêt de mort de Mata
Hari. « Nous avons depuis quelques jours au dossier la
preuve matérielle qu'aussi bien auprès de notre contre-
espionnage que de nous-mêmes, vous avez joué la plus
audacieuse comédie. Vous êtes l'agent H-21 de la Section
de Centralisation des renseignements de Cologne ; envoyée
pour la deuxième fois en France en mars 1916, vous
avez feint d'accepter les offres du capitaine Ladoux et
d'accomplir le voyage en Belgique pour le compte de son
service. Vous avez reçu de l'Allemagne 5 000 francs à Paris
dans le courant de novembre 1916. Enfin vous avez fourni
à von Kalle des renseignements très complets sur un
certain nombre de sujets d'ordre politique, diplomatique
et militaire. »

Mata Hari ne se laissa pas abattre par ces révélations :

« Vous faites en ce moment exactement ce que fit le
capitaine Ladoux qui voulut que je fusse l'agent AF-44
du Centre d'Anvers, et ce qu'a fait l'Angleterre qui voulut
que je fusse Clara Benedix. Vous me prenez pour une
autre. Il y a certainement confusion. Le capitaine Ladoux
et l'Angleterre prétendaient aussi avoir des preuves. Et ils
ont dû se rendre à l'évidence. Au surplus, je vous répète
que ce n'est pas de moi-même que je suis allée boulevard
Saint-Germain.

— Eh bien, puisqu'il faut vous confondre, sachez que
nous possédons le texte intégral d'une communication
envoyée le 13 décembre 1916 par von Kalle à l'état-major
de Berlin et parvenue à destination. Que dit von Kalle ?
''L'agent H-21 de la section de centralisation des renseignements de Cologne, envoyée au mois de mars pour la
seconde fois en France, est arrivée ici. Elle a feint
d'accepter les offres du service de renseignements français et

d'accomplir des voyages d'essais en Belgique pour le compte de ce service. Elle voulait se rendre d'Espagne en Hollande à bord du *Hollandia* mais elle fut arrêtée à Falmouth le 11 novembre parce qu'elle fut prise par erreur pour une autre. Lorsque l'erreur fut reconnue, elle fut renvoyée en Espagne parce que les Anglais persistaient à la considérer comme suspecte." C'est bien vous, n'est-ce pas ? Vous nous avez donné assez de détails sur votre mésaventure en Angleterre et vos rapports avec l'attaché militaire pour que l'identification soit absolue, et si c'est vous, vous êtes en même temps H-21. Ne me dites pas que vous avez pu abuser von Kalle en lui donnant votre affiliation antérieure à l'espionnage allemand et sur un numéro d'immatriculation des renseignements imaginaires. Le moyen eût été trop puéril, car le moindre contrôle vous eût immédiatement démasquée. Von Kalle n'avait d'ailleurs pas manqué de se renseigner aux bonnes sources et le 23 décembre 1916, il a reçu l'ordre de payer à H-21 3 000 francs. Vous en demandiez 10 000 pour prix de vos informations. Quels renseignements avez-vous donc fournis pour qu'après leur envoi à Berlin, on en appréciât la valeur, sinon à 10 000, du moins à 3 000 francs ? En fait, von Kalle vous a remis 3 500 pesetas et il en a avisé Berlin le 26 décembre 1916. »

« L'Espagne est pleine d'agents allemands, dit Mata Hari, et il y a des erreurs possibles dans chaque dépêche. Il est très possible que von Kalle ait cherché à savoir qui j'étais et quelles étaient mes relations. Il a pu s'adresser au personnel de l'Hôtel Ritz, faire lire ma correspondance et avoir sur moi des renseignements très complets. D'autre part, je vous fais remarquer qu'on a également arrêté sur le *Hollandia* une demoiselle allemande, mademoiselle Blum, venant de Hollande et qu'on a renvoyée je ne sais où. J'ajoute que cette arrestation n'a pas eu lieu lors de la même traversée que la mienne.

— Aucune confusion n'est possible, car l'agent H-21 a

précisé à von Kalle que sa domestique demeurant en
Hollande se nommait Anna Lintjens.

— Von Kalle peut dire ce qu'il veut. Il a bien pu, par
le moyen que je vous ai indiqué, avoir connaissance des
dépêches échangées entre la domestique et moi. Quand je
télégraphie, je donne le papier au portier de l'hôtel sans
aller moi-même à la poste. Dans tous les cas, je ne suis
pas l'agent H-21. Von Kalle ne m'a pas remis un sou et
les 5 000 francs que j'ai reçus en novembre 1916, comme
ceux que j'ai reçus en janvier 1917, me venaient de mon
amant le baron van der Capellen.

— Ne nous racontez plus l'histoire du baron van der
Capellen, nous savons maintenant de quelle façon et par
quels intermédiaires vous touchiez les fonds de l'espionnage
allemand. Nous possédons en effet deux communications
de von Kalle, du 26 et du 28 décembre. La première dit :
"H-21 fera demander par un télégramme du consul de
Hollande à Paris qu'on fasse un nouveau versement de
fonds à sa domestique à Roermond et vous prie d'aviser à
ce sujet le consul Krämer à Amsterdam." Dans le second
télégramme, il dit : "H-21 arrivera demain à Paris. Elle
demande qu'on lui envoie tout de suite par télégramme et
par l'intermédiaire du consul Krämer à Amsterdam et de
sa domestique Anna Lintjens à Roermond le montant de
5 000 francs au Comptoir d'Escompte à Paris, pour être
versés en cette ville au consul de Hollande Bunge.

« C'est ainsi qu'après avoir touché, le 4 novembre 1916,
5 000 francs, vous avez recu encore le 16 janvier 1917 la
même somme. Ajoutons les 3 500 pesetas que von Kalle
affirme vous avoir versées. Voilà, en deux mois et demi,
près de 14 000 francs venant de l'espionnage allemand.
Certes, nous sommes loin du million que vous avez eu
l'audace de nous demander. Mais ces sommes démontrent
par leur importance, la qualité de vos services et votre
rang dans l'espionnage allemand. En tout cas, il paraît
démontré que votre servante est un intermédiaire dans la

combinaison et que toutes les lettres dans lesquelles elle peut vous annoncer des envois de fonds de van der Capellen ne sont qu'une mise en scène et une comédie. »

Mata Hari tenta d'expliquer : « J'ai écrit et même télégraphié de l'Hôtel Ritz à ma domestique de m'envoyer de l'argent. Je suis vraiment la maîtresse de van der Capellen, colonel du 2e Régiment d'Hussards, homme marié et qui, dans un petit État comme le nôtre, où la censure est excessivement sévère, m'a toujours exprimé le désir que je ne lui envoie jamais de dépêche ou de lettre dans lesquelles il serait question de tendresse ou d'argent. Ma domestique est une femme très convenable ; depuis huit ans à mon service, elle est au courant de mes affaires de cœur et elle me sert toujours d'intermédiaire auprès du colonel. »

(En 1963, lors de mon entretien avec le fils d'Anna Lintjens, celui-ci me confia qu'un jour, sa mère était rentrée à la maison « avec une grosse somme d'argent, que des billets ». Il ne connaissait pas la provenance de cet argent, mais était sûr que sa mère, elle, arrivait de La Haye.)

« Après mon voyage à Vittel, poursuivit Mata Hari, mes ressources étaient très réduites. D'abord, je m'étais trompée par suite d'un mauvais pliage de billets de banque dans mon portefeuille sur l'étendue de ma fortune, d'autre part, le capitaine Ladoux ne me donnait rien et il m'a fait rester un mois de plus que je n'aurais voulu. [Rentrée de Vittel en septembre, elle ne partit pour la Hollande que début novembre.] Quoi d'étonnant à ce que, dans ces conditions, j'aie demandé à mon protecteur de m'aider ?

« Je n'ai aucun souvenir d'avoir parlé des informations contenues dans la communication du 13 décembre 1916 de l'attaché militaire, mais je me rappelle que von Kalle m'a fait lui-même certaines allusions à la princesse de Grèce. Il m'a dit qu'on cherchait à détrôner Constantin pour mettre à sa place le prince George. Il aurait tenu ce renseignement du roi. Je me suis bornée à lui répondre que je venais justement de lire un article du *Figaro* relatif à un scandale dont l'Église grecque de Paris avait été le théâtre. »

Le capitaine Bouchardon poursuivit la lecture des autres renseignements contenus dans le télégramme du 14 décembre de von Kalle, qui concernait l'espion belge Allard, une histoire d'encres secrètes, et un atterrissage à l'embouchure de l'Escaut.

« Je n'ai certainement pas parlé à von Kalle du développement de l'encre sympathique par les Français, dit Mata Hari. Je ne lui ai pas non plus fait allusion aux difficultés de circulation que pouvaient avoir les officiers français. C'est l'attaché militaire qui m'a dit, en parlant de bravoure, qu'un aviateur français transportait des gens au-dessus des lignes. Et en ce qui concerne le Belge Allard, je ne crois pas lui en avoir parlé, mais j'y ai fait beaucoup d'allusions à Vigo, ou peut-être à Madrid au Ritz où tous les employés écoutent. Quant au débarquement à l'embouchure de l'Escaut, je n'ai rien dit pour la simple raison que je n'en savais absolument rien. »

Bouchardon revint sur l'agent anglais : « Nous vous faisons observer que pour une personne qui a fait des offres de service aux Français, c'était une singulière façon de leur venir en aide que d'aller dévoiler devant des employés d'hôtel dont vous signalez vous-même l'indiscrète curiosité, qu'un certain Allard était un espion pour le compte de l'Angleterre. »

(Bouchardon avait une étrange façon de raisonner chaque fois que cela l'arrangeait : il n'admettait *pas* l'hypothèse de Mata Hari quand elle suggérait que von Kalle avait peut-être payé le personnel du Ritz pour que celui-ci l'espionne et vérifie son courrier, hypothèse qu'il qualifia d'absurde, mais en revanche, il admit *immédiatement* que ce même personnel avait peut-être rapporté à von Kalle que Mata Hari avait dit d'Allard qu'il s'agissait d'un espion anglais. Non seulement il accepta cette idée, mais celle-ci allait être utilisée comme une justification de l'exécution de Mata Hari.)

Bouchardon dit ensuite que « le renseignement relatif à l'encre sympathique nous paraît de première importance », parce qu'il signifiait que l'on avait dit aux Allemands que les Français avaient découvert la composition et l'utilisation de leurs encres très secrètes, découverte que les Français ne firent que le 9 octobre 1916 — c'est-à-dire, dut penser Bouchardon, juste un mois avant le départ de Mata Hari de Paris pour l'Espagne.

Mata Hari revint alors à l'un des précédents arguments du capitaine :

« Vous dites toujours que j'ai fait des offres de service au contre-espionnage français. Ce n'est pas exact, je n'ai rien offert au capitaine Ladoux. C'est *lui* qui m'a demandé d'entrer à son service et je n'ai accepté que près d'un mois plus tard, après avoir bien réfléchi. J'avais, il est vrai, de très grands plans dans la tête, mais je ne savais si je réussirais. En tout cas, comme je n'aurais été payée qu'après, je ne volais pas le capitaine. En ce qui concerne l'encre, je vous jure que j'y connais absolument rien.

— Quelle est l'encre secrète que vous ont remise les Allemands dès avant vos entrevues avec von Kalle ?

— Je vous répète que je n'ai eu aucun contact avec les Allemands avant d'avoir vu von Kalle. C'est là une excellente raison pour n'avoir jamais eu l'encre dont vous parlez.

— Alors, nous vous mettons les documents sous les yeux. Ignorant votre arrestation, Berlin a correspondu en ces termes le 6 mars avec von Kalle : « Prière de nous faire savoir si l'agent H-21 a reçu l'avis d'avoir à se servir pour ses communications de l'encre secrète qui lui a été remise et si on lui a montré que celle-ci ne peut-être développée par l'ennemi. » Déjà le 23 décembre précédent, pour vous rassurer, l'espionnage allemand adressait à von

Kalle la communication suivante : « L'encre que H-21 a reçue ne peut pas être développée par les Français si le papier à lettre est traité conformément à l'instruction avant et après emploi de l'encre sympathique. »

— Je ne comprends absolument rien à cette histoire d'encre, contrecarra Mata Hari. Je n'ai jamais usé d'encre sympathique. Où donc l'aurais-je mise quand en Angleterre on a fouillé mes malles et vérifié chimiquement mes articles de toilette ? Au surplus, je ne suis pas l'agent H-21. »

Bouchardon n'en avait pas terminé : « Nous vous engageons à réfléchir sur tout ce que vous nous avez mis dans l'obligation de produire aujourd'hui. Vous avez invoqué certains renseignements fournis soit au colonel Danvignes, soit au capitaine Ladoux et sur la valeur et le caractère inédit desquels il convient du reste de faire les plus expresses réserves. Mais pouviez-vous agir autrement ? Il vous était difficile de vous maintenir ainsi à Madrid où nos services pouvaient vous surveiller étroitement et de fréquenter von Kalle sans vous préoccuper de l'explication que vous seriez certainement obligée de nous fournir. Dès lors, pour expliquer vos visites à l'attaché militaire et dérouter nos soupçons, vous vous trouviez dans la nécessité absolue d'avoir l'air de livrer certains renseignements à la France. C'est l'enfance de l'art en matière d'espionnage, et vous êtes bien trop experte pour y avoir manqué.

— Je le dis une fois de plus — je ne me suis pas offerte à la France, et je ne suis pas experte en matière d'espionnage puisque je n'avais jamais songé à cela avant que le capitaine Ladoux m'en parle. J'ignore comment on fait et comment on doit faire. Je lui ai dit : ''Capitaine, quand je vous donne des renseignements, vérifiez-les toujours avant de vous en servir, je vous les donne tels que je les entends.'' Et quand il m'a offert de l'encre sympathique de France, j'ai refusé. C'était cependant un beau cadeau à apporter à l'Allemagne si j'avais servi ce pays.

« Quand il m'a offert aussi de me mettre en contact

avec des agents, j'ai refusé de les connaître, et cependant, si j'avais été au service de l'Allemagne, n'aurais-je pas saisi l'occasion de les lui livrer ?

« Quand j'ai vu un peu de méfiance chez le capitaine Ladoux, je lui ai dit : "Je ne veux aucun secret de vous, laissez-moi faire, je ne vous demande qu'une chose, ne pas discuter mes moyens." "C'est bien", m'a-t-il répondu, et il m'a serré la main.

— Tout de même, dit le capitaine Bouchardon, il nous paraît difficile que vous méconnaissiez l'exactitude des renseignements que von Kalle a scrupuleusement transmis à Berlin. Quand par exemple, le 23 décembre 1916, il a informé ses chefs que H-21 demandait qu'on lui envoyât tout de suite, par l'intermédiaire de sa domestique, 5 000 francs au Comptoir d'Escompte de Paris, il n'a rien inventé, puisque l'argent arrivait le 16 janvier 1917. Il faut donc que vous l'ayez exactement renseigné et qu'il ait fidèlement transmis votre demande à l'Allemagne.

— J'avais télégraphié de Londres et de Madrid à Anna Lintjens de demander au baron de m'aider.

— Mais cela ne nous dit toujours pas comment von Kalle aurait pu renseigner l'Allemagne, sans que vous lui donniez les précisions de la somme, de l'intermédiaire et du nom de la banque. »

Mata Hari maintint son argument : « Il a pu avoir connaissance du télégramme que j'ai envoyé à ma servante. »

21.

A la fin de l'interrogatoire du 1er mai, Bouchardon dut penser que l'affaire était dans le sac. C'est ce qu'il devait déclarer plus tard, fondant son jugement sur ses propres déductions et conclusions : « Avant son départ de Paris, l'espionne avait touché, le 4 novembre, par l'intermédiaire du consul de Hollande, un chèque de cinq mille francs. Cette somme, comme chacun devra en convenir, venait d'Allemagne. » Cela signifiait qu'il *voulait* que tout le monde soit d'accord avec lui. Il décida en outre que « l'instruction était virtuellement close ». Néanmoins, si les télégrammes interceptés de von Kalle montraient bien que von Kalle mélangeait un peu les paiements, Bouchardon n'avait aucune preuve qu'en réalité l'argent *ne venait pas* du baron van der Capellen. En fait, si le capitaine Bouchardon tenta l'impossible pour coincer Mata Hari sur ce point, si ces transferts ont *effectivement* été évoqués lors du procès, rien dans les huit articles de l'acte de condamnation ne mentionnerait les paiements, ou les fonds, ou l'argent, ou quoi que ce soit qui puisse y être relié. Le capitaine Bouchardon, malgré sa conviction personnelle que la cause était entendue, ne put apparamment pas convaincre le jury de son point de vue — le seul à propos duquel il détenait des preuves.

Après avoir donné à Mata Hari presque trois semaines pour qu'elle puisse réfléchir aux révélations contenues dans les télégrammes, il la convoqua à nouveau le 21 mai. Dans cet intervalle de vingt jours, Mata Hari sombra lentement dans une profonde dépression qui la mena au bord du désespoir, et nous pouvons supposer que c'est à cette époque-là qu'elle écrivit à Bouchardon la fameuse longue lettre non datée, qui porte seulement la mention *mardi*, dans laquelle elle manifestait son impatience. Son contenu est pathétique et, cette fois, le français de Mata Hari est bourré de fautes, dues sans doute à sa nervosité. Dans cette lettre adressée au *Capitaine Bouchardon, Rapporteur du 3e conseil de guerre,* on pouvait lire :

Mon capitaine,

Vous me demandez tout le temps mes clés, mais c'est vous qui les avez, ou la trousse est restée à l'hôtel dans le petit sac de voyage jaune. [Puis Mata Hari passe à un sujet qu'elle n'avait jamais encore évoqué : l'argent. Car, dans la phrase suivante, elle rappelle à Bouchardon « qu'elle n'a pas encore reçu son argent », puis elle barre ces mots et ajoute « je viens de le recevoir ». Cet argent venait-il d'un ami à Paris ? S'agissait-il de l'argent qu'elle avait laissé dans sa chambre, avec les clés ? Il n'y a pas d'autres détails.] Ma souffrance est trop terrible. La cellule me rend folle et j'ai de tels douleurs dans la tête que je ne peux plus dormir. Laissez-moi aller dans mon pays. Si le capitaine Ladoux ne veut pas de mes services, mais laissez-moi alors accepter la proposition des Russes et aller pour eux en Autriche, ce que je ferai de cœur. [Mata Hari fait allusion à l'offre de Martial Cazeaux, le secrétaire français du consulat hollandais à Vigo, qui lui avait fait cette proposition à son retour d'Angleterre.] Je ne sais rien d'eux, ni de vous, je ne peux donc rien dire.

Comme ça tout sera arrangé et je rachète la confiance atteinte, ce que je désire faire absolument, parce que, comme Mata Hari, je dois toujours avoir Paris, et je ne peux rien faire dans aucun théâtre en étranger, si je ne passe par Paris d'abord.

C'est une époque où on ne doit pas voyager, mais il faut pouvoir attendre, et la guerre est si longue et je perdais mes relation. Si vous saviez, comment vivent les réfugiés belges dans notre pays — et sur les bateaux, vous ne attachiez pas autant de valeur aux racontars.

Ils ne travaillent pas et vivent de chantage et font des rapports sur tous ceux qui voyagent. J'ai eu deux de ces gens et j'en ai ri, mais il ne faut pas que ma souffrance dure plus. Laissez-moi, je vous supplie.

Respectueusement,

M. G. Zelle - 721 44625

Aussi le 21 mai, Bouchardon trouva-t-il une Mata Hari différente ! Elle avait mûrement réfléchi. « Je suis décidée aujourd'hui à vous dire la vérité, commence-t-elle d'emblée. Si je ne l'ai pas dite complète jusqu'alors, c'est que j'éprouvais certains sentiments de honte. Vers le mois de mai 1916, j'étais dans ma maison de La Haye, il était tard et ma vieille Anna était déjà couchée. On sonna à la porte. Je fus moi-même ouvrir et je me trouvai en présence de Monsieur Krämer, consul d'Allemagne à Amsterdam, qui m'avait d'ailleurs annoncé par lettre sa visite, mais sans m'en dire le but. [Le nom de Krämer n'a jamais été correctement orthographié, pas même au procès. Selon le ministère allemand des Affaires étrangères à Bonn qui m'écrivit en janvier 1963, son nom était Karl H. Cramer. Le 2 novembre 1914, on lui avait confié, avec le titre de consul, la responsabilité du « Bureau des renseignements officiels allemand » comme attaché de presse dépendant du consulat, où il resta jusqu'au 24 décembre 1919. Avant la guerre « il avait été commerçant ». Né à Brême, il mourut en 1938.] Le consul savait que je venais de demander un passeport pour la France. Il débuta ainsi : "Je sais que vous allez en France, voulez-vous nous rendre des services ? Il s'agit de recueillir là-bas des renseignements de tout ordre pouvant nous intéresser. Si vous voulez faire ça pour nous, j'ai 20 000 francs à vous remettre." J'ai objecté que ce n'était pas beaucoup. "C'est vrai, me dit-il, mais il faut, pour en avoir davantage, nous montrer ce que vous êtes capable de faire et alors vous pourrez avoir tout ce que vous voudrez." Je ne lui ai pas fait sur le moment de réponse définitive, et je lui ai demandé à réfléchir. Une fois seule, j'ai songé qu'à la suite de mon affaire de théâtre, les Allemands m'avaient gardé des fourrures de prix et j'ai considéré qu'il serait de bonne guerre de leur prendre ce que je pourrais. J'ai donc écrit à Cramer : "J'ai réfléchi, vous pouvez m'apporter l'argent." Dès réception de ma lettre, le consul est revenu chez moi et m'a remis 20 000 francs en billets de banque français. En même temps, il m'a dit : "Il faudra nous écrire avec des encres secrètes." J'ai objecté que je n'aimais pas beaucoup les procédés de ce genre, surtout si je devais signer de mon nom. Il m'a dit aussitôt qu'il existait des encres que personne ne pouvait lire et que je n'aurais qu'à signer du numéro H-21 qu'il me donnait. Là dessus, il m'a confié trois petits flacons numérotés 1, 2, 3, renfermant, le premier et le troisième, un liquide blanc, et le second un liquide vert bleuâtre, teinte absinthe. Avec le numéro 1 il a mouillé un papier, avec le numéro 2 il a écrit, et avec le numéro 3 il a effacé le texte. "C'est comme ça que vous devez vous y prendre, a-t-il conclu, et sur la feuille ainsi préparée, vous pourrez écrire une lettre banale à l'encre ordinaire. Vous adresserez vos correspondances à mon nom à l'hôtel de l'Europe à Amsterdam." »

Bouchardon dut penser à ce moment-là qu'il avait pratiquement pris son espionne en flagrant délit, mais il n'avait pas encore entendu la fin de l'histoire.

« Mes 20 000 francs en poche, continua Mata Hari, j'ai tiré ma révérence à Cramer, mais je vous assure que je ne lui ai rien écrit du tout durant mon séjour à Paris. J'ajoute d'ailleurs qu'une fois dans le canal entre Amsterdam et la mer, j'ai jeté à l'eau mes trois flacons après les avoir vidés. »

Mata Hari expliqua ensuite que lorsqu'elle parla avec Ladoux, celui-ci s'était étonné que son collègue allemand ne l'eût pas recrutée. « Il ne l'a pas fait pour cette excellente raison qu'il ne me connaissait pas », avait répondu Mata Hari. C'est alors que Ladoux suggéra : « Si vous pouviez arriver à cela un jour — mais ce sera pour plus tard. » Mata Hari s'exclama : « Vous aurez de moi tout ce que vous voudrez. » Mais Ladoux insista pour qu'elle fasse d'abord ses preuves, et « quand nous serons sûrs que vous êtes pour nous, nous marcherons droit avec vous. »

Mata Hari avait trouvé que c'était une grande perte de temps et s'était dit que, puisque Ladoux ne voulait pas payer, il n'y avait pas de raison « de lui lâcher mon secret et donner mon grand jeu pour rien. »

« Puis, quand il m'a demandé si je voulais rentrer en Hollande par la Suisse ou par l'Angleterre, j'ai choisi la deuxième voie car je ne me souciais nullement de passer par l'Allemagne où l'on pouvait me demander des comptes au sujet des 20 000 francs que j'avais encaissés, sans rien donner en échange. Si à ce moment, j'avais eu quelque chose sur la conscience du point de vue français, je me serais empressée d'accepter la rentrée qui m'était offerte par l'Allemagne.

« Une fois refoulée à Madrid, les circonstances m'ont obligée à faire ce que vous savez. Le capitaine Ladoux ne m'avait rien donné. Il avait abusé de ma confiance, je n'avais plus que quelques centaines de pesetas. Il y a des femmes qui à ma place auraient volé, surtout que je ne recevais aucune communication de Paris et ma note d'hôtel montait. C'est alors que je suis allée trouver von Kalle qui ne savait rien de moi. Je voulais tout au moins assurer mon passage en Allemagne et être certaine qu'on ne m'y arrêterait pas. » Mata Hari expliqua comment, pour gagner la confiance de von Kalle, elle lui avait dit qu'elle avait eu une offre des Français d'espionner pour eux.

« Alors je lui ai composé, d'après mes lectures de journaux et mes souvenirs, certains renseignement ou certaines appréciations qui n'avaient pas d'autre importance et qui ne pouvaient pas faire de tort à la France. Von Kalle alors a télégraphié à ses chefs pour savoir s'il pouvait me donner de l'argent. J'avais demandé 10 000 francs, mais Berlin refusait. J'ignore si une réponse postérieure a autorisé l'attaché militaire à me verser quelque chose.

« Il est exact que von Kalle m'a payé 3 500 pesetas, mais tout me porte à croire que c'était de l'argent personnel. Il avait eu dans son cabinet de grandes intimités avec moi, et m'avait offert une bague. Comme je n'aime pas ce genre de présent, j'avais décliné sa proposition et je suppose que les 3 500 pesetas ont été un don de remplacement.

« En ce qui concerne les deux chèques de 5 000 francs touchés à Paris, il se pourrait que l'argent vienne de Cramer, car avant de quitter la Hollande, j'avais indiqué à ma vieille servante qu'au cas où je lui télégraphierais de m'envoyer de l'argent, elle pourrait se présenter à l'Hôtel de l'Europe et demander le consul Cramer. Il était bien entendu toutefois qu'elle ne devait recourir à ce moyen que si le baron van der Capellen ne pouvait pas la recevoir. J'ai en fait télégraphié à ma servante en octobre 1916 par le consulat de Hollande. J'ai envoyé un télégramme analogue en janvier. Toutefois, je doute qu'Anna ait eu besoin de recourir à Cramer et je crois que l'argent vient tout simplement du baron. C'est d'ailleurs ce qu'elle m'a écrit. » (Cette déclaration de Mata Hari est significative de son étrange mode de raisonnement. En avouant à Bouchardon qu'elle avait donné l'ordre à sa domestique de contacter Cramer dans certains cas, elle essayait en fait de le convaincre de son innocence. Car, lui ayant dit qu'elle n'avait rien fait en échange de ces 20 000 francs payés au départ, elle était persuadée que Bouchardon en conclurait qu'elle n'avait pas eu l'intention de fournir quoi que ce soit si on lui en avait offert davantage. En outre, son étonnant aveu met en évidence un autre trait de caractère extraordinaire chez elle. Elle a toujours cru que *la raison pour laquelle* elle recevait de l'argent n'avait aucune importance, l'essentiel étant de savoir si elle avait fait *quelque chose en échange*.)

Bouchardon avait écouté sans rien dire, et il devait penser qu'il avait trouvé la réponse à son problème : « Nous enregistrons vos aveux, mais nous vous faisons un raisonnement bien simple qui nous paraît être toute l'affaire. Quand vous vous êtes trouvée en présence de notre service de renseignements, vous avez soigneusement caché vos relations avec Cramer, le numéro H-21 et la mission que vous aviez reçue. Quand au contraire, vous vous êtes trouvée devant von Kalle, votre premier soin a été de lui révéler que vous aviez feint d'accepter une mission du service français. Qui donc avez-vous servi dans ces conditions ? Qui donc avez-vous trahi ? La France ou l'Allemagne ? Il nous semble que la réponse est bien simple. »

Mata Hari ne se rendait pas. « Si mon attitude a été différente envers les Français et envers les Allemands, c'est que je voulais faire du mal aux seconds, intention que j'ai réalisée, alors que je ne voulais faire que du bien aux Français, intention que j'ai pu également réaliser. Je ne pouvais quand même pas passer en Allemagne avec une bouteille de vinaigre ! Il fallait bien leur faire croire que je marchais avec eux, tandis qu'en réalité c'étaient les Français qui menaient le jeu. Une fois certains renseignements obtenus de von Kalle, je suis allée trouver trois fois le capitaine Ladoux au boulevard Saint-Germain. Si je l'avais rencontré, je lui aurais dit : "Voici gratuitement un échantillon de mon savoir faire. Maintenant jouez." »

Bouchardon : « On peut malheureusement donner à vos actes une autre interprétation. Il vous était impossible d'aller chez von Kalle sans risquer d'être vue par nos agents. Dès lors, vous vous trouviez dans la nécessité absolue de prendre les devants et de venir nous dire : "Je vais chez von Kalle mais c'est pour *vous*." Tous ceux qui s'occupent d'espionnage savent que lorsqu'un agent de l'Allemagne se trouve dans votre situation, l'ennemi le munit toujours, pour nous inspirer confiance, d'informations vraies mais devenues sans valeur quand il les laisse divulguer.

— Je vous assure que votre supposition ne vaut rien. Je n'ai jamais fait d'espionnage auparavant. J'ai toujours vécu pour l'amour et le plaisir. Je n'ai jamais fréquenté personne pouvant me renseigner, je n'ai pas cherché non plus à m'introduire dans les milieux intéressants. Cela dit, je vous fais observer que les renseignements que je vous ai apportés de chez von Kalle n'étaient ni anciens ni sans valeur. Le colonel Danvignes m'a dit que le colonel Goubet les avait trouvés intéressants.

— Vous venez de faire état de votre ignorance en matière d'espionnage. Cela se concilie mal avec le grand coup que vous proposiez et la somme d'un million à laquelle vous taxiez votre valeur.

— J'ai parlé seulement de mes relations en France, mais je pouvais m'en procurer en Belgique qui auraient été de nature, sous la direction du capitaine Ladoux, à faire réussir de grandes choses. Au surplus, l'offre de faire de l'espionnage, et l'idée d'en faire pour deux pays à la fois, venait du capitaine Ladoux et non de moi. »

Le capitaine Bouchardon détenait bien d'autres arguments. « Vous avez été surveillée en France à partir de juin 1916. Or, il résulte de l'enquête que vous avez cherché à entrer au Grand Hôtel en relation le plus possible avec des officiers de passage de toutes nationalités. Ainsi le 12 juillet, vous avez déjeuné au Grand Hôtel en compagnie d'un militaire qui doit être le sous-lieutenant Hallaure.

« Les 15, 16, 17 et 18 juillet vous avez vécu avec le commandant belge de Beaufort. Le 30 juillet vous vous êtes entretenue avec un commandant monténégrin en mission, Monsieur Yovilčevič. Le 3 août vous avez été vue avec le sous-lieutenant Gasfield et le capitaine de Massloff. Le 4 août vous avez dîné avec le capitaine italien Mariani à Armenonville.

« Le 16 août vous avez dîné à la gare de Lyon avec le capitaine d'état-major Gerbaud, qui partait pour Chambéry. Le 21 août vous êtes allée à Armenonville avec un officier anglais. Le 22 août vous avez déjeuné avec deux officiers irlandais, James Plunkett et Edwin Cecil O'Brien. Le 24 août vous avez déjeuné avec le général Baumgarten. Le 31 août vous avez déjeuné à Armenonville avec un officier anglais arrivé le même jour, James Stewart Fernie. Vos relations journalières avec des officiers pouvaient, sans qu'il y ait sans doute à reprocher à vos informateurs autre chose que des imprudences, vous procurer par recoupement et totalisation, un ensemble de renseignements de nature à intéresser l'Allemagne. »

Mata Hari : « J'aime les officiers. Je les ai aimés toute ma vie. J'aime mieux être la maîtresse d'un officier pauvre que d'un banquier riche. Mon plus grand plaisir est de pouvoir coucher avec eux, sans penser à l'argent. Et puis, j'aime faire entre les diverses nations des comparaisons. Mais je vous jure que les relations que j'ai eues avec les officiers dont vous venez de parler ne sont inspirées que

des sentiments dont je vous parle. Ce sont, au surplus,
ces messieurs qui m'ont cherchée. J'ai dit oui de tout
cœur. Ils sont partis contents sans m'avoir jamais parlé
de la guerre et sans que je leur aie rien demandé d'indiscret.
Je n'ai gardé que Massloff, car je l'adorais: »

L'histoire de Mata Hari n'impressionna pas Bouchardon.
Il ne la croyait pas quand elle déclarait qu'elle ne parlait
jamais de la guerre. Il ne croyait pas que « l'uniforme »
ait attiré Mata Hari depuis sa rencontre avec John MacLeod
à La Haye, et il pensait par conséquent qu'il était de son
devoir de ne pas la prendre au sérieux quand elle prétendait
que ces hommes avaient été ses amants parce qu'elle les
préférait aux civils.

Bouchardon voulait certains éclaircissements sur quel-
ques-unes des déclarations que Mata Hari avait faites lors
de précédents interrogatoires. Pourquoi, par exemple,
n'avait-elle pas informé le baron van der Capellen qu'elle
voulait aller à Vittel pour raisons de santé ?

« J'avais réellement *besoin* d'aller à Vittel où j'allais
avant la guerre. Si, peu avant mon départ, j'ai écrit au
baron que je jouissais d'une excellente santé, c'est qu'il
s'agit d'un homme devant lequel il ne faut jamais s'avouer
malade. Il lui faut une maîtresse gaie, bien portante et en
dentelles. »

Quant au lieutenant en second avec lequel elle avait été
vue les 5, 6 et 7 janvier, il s'agissait de M. Mège. Et le
pilote avec lequel elle avait dîné, elle l'avait rencontré dans
la rue. Il l'avait invitée à souper, mais elle ne se souvenait
pas de son nom.

Moore, l'Américain ? Il l'avait poursuivie de ses assidui-
tés, « mais il me déplaisait, car il mange trop mal à table
et j'ai repoussé ses avances. Il m'a dit qu'il était marchand
de munitions ».

Hallaure, l'ami d'avant-guerre de Mata Hari, avait été
interrogé par Bouchardon. Il avait fait certaines remarques
peu flatteuses sur son compte. Elle ne trouvait « pas très

chic de sa part » qu'il la calomnie, « me sachant dans le malheur ». Comme elle l'avait dit à Bouchardon, elle avait bien été arrêtée en Allemagne parce qu'on l'avait soupçonnée d'être une espionne russe. Mais la femme qui avait alerté la police ne l'avait jamais vue, et les Allemands avaient dû la relâcher immédiatement.

Hallaure avait fait des commentaires sur l'entretien qu'il avait eu avec elle avant son voyage à Vittel. Mata Hari été indignée : « Je n'ai jamais dit que c'était Hallaure qui m'avait donné l'idée d'aller à Vittel, mais j'affirme que mon état de santé m'obligeait à aller là-bas. En ce qui concerne le boulevard Saint-Germain, j'ignore si les étrangers se rendant dans la zone des armées devaient passer par là. J'ai simplement suivi les indications d'Hallaure. »

Avant de clore l'interrogatoire, Bouchardon revint sur l'affaire des 20 000 francs que lui avait versés Cramer.

« Si réellement vous n'avez rien fait pour l'Allemagne après avoir reçu l'argent de Cramer, il semble que vous auriez été vite démasquée devant von Kalle. A son premier télégramme, l'Allemagne lui aurait répondu que vous vous étiez moquée d'elle et qu'il y avait lieu de vous tenir pour un agent infidèle. Or, nous avons les textes de tous les télégrammes échangés entre Berlin et Madrid pendant près d'un mois et jamais Berlin n'a fait allusion à une trahison de votre part. »

Mata Hari eut le dernier mot ce jour-là : « J'ignore ce qu'a répondu Berlin, mais dans tous les cas, ils n'ont pas pu dire que j'*avais fait* quelque chose pour eux. »

22.

Le lendemain, Bouchardon continua l'offensive, en réattaquant sur l'entretien de Mata Hari avec Cramer et ses rencontres ultérieures avec von Kalle. Selon lui, son association avec les Allemands était un livre ouvert. Selon Mata Hari, il y lisait des pages qui n'y avaient jamais figuré.

« Vous nous ferez difficilement admettre que de but en blanc, sans que vous ayez fait vos preuves, Cramer vous ait donné 20 000 francs. L'Allemagne ne donne rien pour rien et les sommes qu'elle peut verser à ses agents pour frais de voyages ou autres sont bien loin d'atteindre un tel chiffre quand ils partent en mission. Il faut donc que vous ayez travaillé antérieurement pour l'ennemi et notre raisonnement s'appuie d'ailleurs sur vos propres déclarations à von Kalle. Nous savons par sa première communication que vous avez été envoyée deux fois en France pour l'espionnage allemand. Vous nous avez parlé de la seconde. Parlez-nous maintenant de la première.

— On ne déplace pas une femme comme moi, ayant maison et amant en Hollande, sans rien lui donner. Quant à mon premier voyage en France, il n'avait rien de commun avec Cramer et j'ai simplement dit à von Kalle que j'étais *venue* deux fois en France et non que j'y avais été *envoyée*.

— Pourquoi avez-vous eu recours au consulat de Hollande à Paris pour envoyer deux télégrammes de demande d'argent à Anna Lintjens ? Il y avait donc quelque chose de mystérieux dans vos correspondances que vous évitiez la voie normale ? Ne vous êtes-vous pas servie du consulat en d'autres circonstances, notamment pour envoyer des informations à Cramer ?

— Je vous assure que je ne me suis servie du consulat de Hollande que pour les deux télégrammes. C'était pour aller vite et sûr. »

Revenant à l'argument de la veille, Bouchardon fit remarquer que si Mata Hari n'avait effectivement rien fait pour ses 20 000 francs reçus de Cramer, elle n'aurait certainement pas pris le risque de dire à von Kalle qu'elle était l'espionne H-21. Et d'après l'interprétation des télégrammes qu'en faisait Bouchardon, H-21 n'était pas considéré comme un traître, loin de là.

« Je ne pouvais tout de même pas me jeter à l'eau ! Je n'avais plus d'argent. Je pensais qu'en fournissant des renseignements à von Kalle, renseignements sans valeur du reste, je pourrais me racheter en quelque sorte et obtenir le libre passage à travers l'Allemagne pour rentrer chez moi. »

Bouchardon avait pratiquement terminé son interrogatoire et appela donc le premier témoin : le capitaine Ladoux. Le capitaine Ladoux avait déjà fait sa déposition. Il fallait maintenant que ses arguments portent. Mais si Ladoux savait tout ou presque sur Mata Hari, celle-ci ignorait tout des rapports de Ladoux avec Scotland Yard.

Dans sa déposition, Ladoux avait déclaré entre autres que Mata Hari était déjà au service des Allemands lorsqu'elle effectua son premier voyage à Paris en 1915.

« Quand je suis allée pour la première fois en France fin 1915, affirma Mata Hari, je n'étais pas au service des

Allemands. Je n'allais à Paris que pour mon linge, mais je reconnais qu'à mon retour Cramer, que je connaissais déjà depuis janvier 1915, m'a posé un certain nombre de questions d'ordre général et politique. Je ne lui ai dans tous les cas fourni aucun renseignement militaire. Il m'est bien difficile, vu le temps écoulé, de reconstituer les interrogations qu'il m'a posées et les réponses que je lui ai faites. Les Allemands sont toujours comme ça, dès qu'il revient quelqu'un de France, ils sont autour de lui comme des mouches et ils le questionnent sur Paris. »

On demanda à Mata Hari si elle avait des remarques à faire sur la déclaration de Ladoux. Elle en avait : « Le capitaine Ladoux m'a promis, si je réussissais, un million comme paiement. »

Selon le capitaine, il fallait y mettre une nuance : « Zelle MacLeod m'ayant affirmé qu'elle pouvait pénétrer jusqu'au grand quartier allemand, je lui ai demandé si elle croyait vraiment qu'elle pourrait arriver à nous procurer des renseignements sur les plans d'opération de l'armée allemande et, sur sa réponse affirmative, je lui ai répondu : "Des renseignements comme ceux-là, nous les paierons un million." Notez d'ailleurs, et je ne saurais trop insister sur ce point, que MacLeod s'est bien gardée de me dire qu'elle était sous le numéro H-21 au service allemand.

— Je n'osais pas, et je ne me considérais pas d'ailleurs comme un agent ennemi, puisque je n'avais jamais rien fait pour eux. Le capitaine Ladoux ne s'est pas opposé à mon passage à travers la France quand j'ai demandé mon visa à votre consul à Madrid, pourquoi cela ? »

Pour un homme qui avait demandé à Mata Hari d'espionner pour son compte, le capitaine fit une bien étrange réponse :

« Je n'avais ni à m'opposer à la rentrée de MacLeod en France, ni à autoriser ce voyage, pas plus que je n'avais à répondre à ses lettres. MacLeod ayant décidé spontanément de rentrer en France, j'ai profité de la circonstance pour la démasquer et ce faisant, je n'ai fait qu'accomplir mon devoir.

— Je n'avais plus d'argent ! Il fallait bien que je passe par la France pour rentrer en Hollande. J'ajoute d'ailleurs, à un autre point de vue, que le capitaine Ladoux m'avait bien, en quelque sorte, engagée à son service. »

Ladoux contesta : « MacLeod n'a pas été engagée. En effet, un agent est engagé quand il a reçu une mission, un numéro d'ordre, des moyens de communications et de l'argent. Or MacLeod a simplement reçu *l'indication*, puisqu'elle retournait en Hollande, d'y attendre qu'un agent du service de renseignements français vienne la trouver et lui donne, le cas échéant, des instructions.

— Le capitaine a été plus affirmatif que cela. Comment auriez-vous voulu que je marche s'il s'était borné à ce qu'il dit ? Il savait parfaitement que j'allais fréquenter l'état-major allemand en Belgique. »

Le capitaine Ladoux refusa de céder d'un pouce : « C'est précisément parce que j'ignorais quelle était la valeur des allégations de Zelle MacLeod, m'affirmant qu'elle pouvait entrer en relation avec l'état-major allemand, qu'il m'était impossible de lui donner une mission avant que nos services de renseignements de Hollande, qui auraient eu à l'utiliser, m'aient fourni des indications à son sujet. »

Cette déclaration de Ladoux était pour le moins ambiguë. Soit il était convaincu qu'elle travaillait pour l'Allemagne, et alors il n'aurait pas douté de son aptitude à pénétrer le Haut Commandement allemand où elle *aurait* pu, en tant qu'agent double, obtenir des renseignements pour les Français, soit il était convaincu du contraire, et alors il lui aurait fait confiance. Mata Hari en était très consciente et répondit donc logiquement : « Je vous demandais un million *après* la réussite. Vous ne perdiez rien. »

Ladoux confirma l'ambiguïté de sa précédente déclaration : « On ne peut confier une mission à un agent que quand on est sûr de lui. MacLeod m'était très suspecte. »

— Pourquoi ne m'avez-vous pas demandé de jouer cartes sur table ? Vous avez tortillé en voulant des preuves d'avance, et c'est là-dessus que je suis restée fermée.

— Je vous ai demandé constamment au cours de tous nos entretiens, de me dire tout ce que vous saviez sur l'organisation allemande. A plusieurs reprises je vous ai même demandé si vous connaissiez la Fräulein[1] d'Anvers qui est le chef de tout l'espionnage allemand pour la Belgique contre l'Angleterre et la France. Vous m'avez toujours répondu que vous ne la connaissiez pas.

— Je ne vous ai rien dit parce que vous ne vouliez pas me payer et que je ne me sentais pas obligée de vous fournir trop tôt mon grand secret.

— Cependant, puisque vous me dites que vous étiez absolument dévouée à la France, il eût mieux valu me dire toute la vérité.

— En tout cas, une chose est sûre : je n'ai jamais rempli la mission de Cramer. »

Ici, Bouchardon intervint dans ce duel verbal pour faire l'une des déclarations les plus surprenantes qu'on ait entendues pendant ces interrogatoires : « Nous vous faisons observer que même à ce point de vue, les intelligences avec l'ennemi sont considérées par notre loi comme crime équivalent à celui qui consiste à fournir effectivement des renseignements à l'ennemi. »

Mata Hari explosa. « Alors votre loi est épouvantable ! Si j'avais su cela, je n'aurais jamais mis les pieds ici. Je n'ai jamais eu l'intention, en tous cas, de fournir des renseignements aux Allemands. Le Capitaine Ladoux a refusé trois fois de me recevoir en janvier dernier quand je suis venue boulevard Saint-Germain pour m'expliquer avec lui. »

Ladoux à Bouchardon : « Il m'était alors impossible de recevoir MacLeod puisque je savais à ce moment-là qu'elle

---

1. Mlle Schragmüller, la célèbre « Fräulein Doktor ». (N.d.A.)

était au service de l'Allemagne et qu'il n'appartenait plus qu'à la Justice de l'interroger. Le colonel Danvignes, lorsqu'il a rencontré à la gare d'Austerlitz MacLeod, qui était venue le trouver, était déjà au courant de la découverte faite par les radios. Il ne pouvait que répondre évasivement à l'inculpée lorsque celle-ci lui a posé ses questions. »

Bouchardon voulait savoir pourquoi Ladoux avait laissé le choix à Mata Hari à propos de son retour en Hollande : par l'Espagne ou par l'Allemagne.

« C'est précisément pour savoir si MacLeod avait quelque chose à se reprocher que je lui ai proposé de passer soit par l'Allemagne soit par l'Espagne. » Ladoux ajouta néanmoins que les gens préféraient *généralement* l'itinéraire par l'Espagne parce que le voyage était plus confortable et qu'il y avait moins de transferts de bagages. Pour une fois, Mata Hari fut d'accord avec son adversaire, mais fit remarquer qu'elle avait choisi l'Espagne parce que le voyage par l'Allemagne ne l'attirait pas pour les raisons déjà indiquées.

Les deux protagonistes devaient avoir une autre occasion d'être d'accord avant la fin de cet interrogatoire. Mata Hari déclara qu'une fois de plus, elle tenait à faire remarquer que le capitaine Ladoux lui avait promis un million si elle parvenait à s'emparer des plans du haut commandement allemand.

« C'est entendu », dit Ladoux.

« Et l'idée d'entrer à la fois au service allemand et au service français venait également du capitaine Ladoux. »

Le capitaine Ladoux qui avait si énergiquement nié l'essentiel de son association avec Mata Hari devait avoir l'occasion, quelques mois plus tard, de sauver la vie de sa victime ainsi que nombre de ses compatriotes — occasion qui fut rejetée soit par lui personnellement soit par le gouvernement français, soit par les deux.

L'incident me fut rapporté en avril 1965 par Léon

Corblet, alors âgé de quatre-vingt-six ans, celui-là même qui avait fait entrer son ami Jean Hallaure au Deuxième Bureau.

Revenant à Paris après l'une de ses nombreuses missions d'expert auprès du bureau des renseignements de l'armée, M. Corblet avait rencontré son vieil ami et protégé qui lui fit part de l'incroyable suggestion que leur avait faite l'ambassade de France à La Haye. L'ambassade avait appris que six ou dix instituteurs (M. Corblet ne se rappelait pas le nombre exact) avaient été faits prisonniers par les Allemands dans le nord de la France occupé, parce qu'on les avait accusés d'avoir fourni des renseignements d'importance vitale aux forces françaises. Pour essayer de sauver la vie de ces pauvres gens, l'ambassade avait suggéré au capitaine Ladoux qu'on livre Mata Hari en échange.

Hallaure confia à M. Corblet que lui-même n'était pas convaincu de la culpabilité de Mata Hari et qu'il avait tout fait pour que cet échange ait lieu, bien que l'on ne fût pas sûr que les Allemands accepteraient les termes du marché.

Selon Hallaure, la tentative fut tuée dans l'œuf lorsque le président du Conseil français, Alexandre Ribot, rejeta catégoriquement l'idée. Par conséquent, les instituteurs furent tous fusillés par les Allemands peu de temps après l'exécution de Mata Hari par les Français.

Le 23 mai, c'était le troisième jour d'affilée que Bouchardon cuisinait sa suspecte. Il ne doutait plus de sa culpabilité. « La cause me semblait entendue », devait-il écrire plus tard. Cela étant, Bouchardon adopta un nouveau ton : au lieu de demander à Mata Hari ce qui s'était passé, il le lui *dit*. Il donnait sa version de la vérité, et Mata n'avait plus qu'à acquiescer.

« Nous voudrions que vous vous rappeliez les questions que vous ont posées Cramer ou d'autres Allemands, car nous craignons qu'il ne soit pas le seul, quand vous êtes revenue de votre premier voyage en France. Nous sommes convaincus qu'il ne vous faudra pas un grand effort de mémoire et vous nous direz en même temps quelles réponses vous avez faites. Les 20 000 francs de Cramer en disent déjà tout l'intérêt.

— Je répète que les 20 000 francs de Cramer m'ont été donnés d'avance pour mon voyage de mai 1916. Ils ne payaient nullement mon voyage antérieur, qui ne concernait en aucune façon l'Allemagne mais seulement la rentrée en possession de mes caisses de linge, vêtements, sellerie, etc. Il fallait bien que Cramer me donnât de l'argent alors qu'il venait le soir chez moi, me laissait de sales flacons et me chargeait de recueillir des renseignements. Mon dérangement valait bien 20 000 francs. Je reconnais qu'au retour de mon premier voyage, Cramer m'a questionnée, en prenant le thé chez moi, sur la vie de Paris, mais c'était une simple conversation mondaine. Je lui ai dit que les officiers anglais se conduisaient mal avec leurs camarades de l'armée française, qu'ils manquaient envers eux de la politesse la plus élémentaire, qu'à Paris on *les* traitait comme des rois, les servant avant tout le monde dans les thés et les restaurants, et leur faisant des notes modérées. J'ai été d'accord avec Cramer qu'il pourrait en coûter aux Français d'avoir laissé les Anglais s'implanter chez eux et que peut-être un jour les deux peuples en arriveraient à la lutte, les Anglais ne voulant plus s'en aller. Je lui ai parlé de Raemaekers, le dessinateur qui faisait des dessins contre l'Allemagne après en avoir fait contre la France et contre l'Angleterre. »

Le reste de la discussion de Mata Hari et de Cramer avait porté sur l'impossibilité des commerçants de La Haye de se rendre en France pour affaires, ce qui profiterait à l'Angleterre.

Bouchardon voulut ensuite savoir pourquoi Mata Hari avait envoyé un télégramme à sa servante par l'intermédiaire du consul Bunge, sachant que von Kalle avait déjà réclamé de l'argent à Berlin.

« Quand plusieurs jours se sont passés à Paris sans que je reçoive rien, je me suis inquiétée, et le 8 janvier, j'ai remis un télégramme à Bunge. Mais je persiste à croire qu'en réalité, c'est le colonel van der Capellen qui m'a financé, car Anna me l'a écrit.

— Qu'est devenue cette lettre ?

— Elle est restée à la légation de Hollande.

— Le premier télégramme indique que H-21 est du réseau de Cologne, mais il résulte d'un télégramme postérieur, celui du 25 décembre, que H-21 a été également en relation avec Anvers. En effet, ce centre d'espionnage a télégraphié à von Kalle à votre sujet, trouvant que vous auriez pu mieux faire pour les 20 000 francs de Cramer et les 5 000 francs de novembre 1916. Mais il ne dit nullement que vous n'avez rien fait du tout. »

Mais Anvers n'avait pas non plus indiqué que Mata Hari *avait* fait quoi que ce fût, détail que Bouchardon se garda bien de mentionner. Selon lui, le fait qu'Anvers ait autorisé von Kalle à lui payer ces trois mille francs prouvait que *tout* ce qu'il affirmait s'être passé avant était vrai. Pourtant, il ne paraissait pas en être complètement sûr, puisqu'il enchaîna : « Mais *de toute façon* Anvers vous connaît et il sait que vous avez reçu de l'encre sympathique. On vous demandait même si vous ne vouliez pas vous en servir en Suisse, afin de leur communiquer votre adresse là-bas. » Ce qui signifiait : même si ce qui précède est faux, une chose est sûre — ils vous connaissent. C'était évident, même si Bouchardon n'en était pas conscient. Anvers connaissait l'existence de Mata Hari grâce à Fräulein Doktor-Schragmüller, fait que Mata Hari se garda bien de divulguer. A la place, elle déclara : « Je vous jure que je n'ai eu à faire qu'à Cramer. J'ignore de quel service il dépend, je ne lui ai pas demandé. Dans tous les cas, je ne suis jamais allée à Anvers. J'ajoute que je n'y connais personne. »

La réponse qu'elle donna à la question suivante aurait dû faire comprendre à Bouchardon que Mata Hari avait dit vrai en affirmant qu'elle n'avait jamais rencontré von Kalle avant d'aller le voir à Madrid. Car il lui demanda de lui parler de son voyage à Paris en mars 1916, mois qu'indiquait von Kalle dans son premier télégramme intercepté qu'il envoyait à Berlin.

« La date de ce télégramme de von Kalle doit contenir une erreur. Von Kalle a dû mentionner mars au lieu de mai, car mon passeport ne m'a été délivré que le 12 mai, je crois. L'erreur s'explique de ce fait que je parlais allemand et que mars et mai se prononcent un peu de la même façon. »

Après le capitaine Ladoux, Bouchardon avait vu un autre témoin important : le colonel Danvignes. Comme le colonel se trouvait à Madrid, c'est sa déposition écrite que Bouchardon lut à Mata Hari :

« Il peut y avoir des choses exactes dans sa déposition, dit-elle. Je dirais même que les grandes lignes le sont. Mais très habilement le colonel dénature le sens de nos relations. Il oublie de dire qu'il a couru après moi au point de s'en rendre ridicule. Deux fois par jour il venait me relancer à l'hôtel Ritz, prenant le thé ou le café devant tout le monde et m'appelant "mon enfant, mon petit". Je reconnais toutefois que je n'ai pas été sa maîtresse. Mais il m'a proposé de vivre avec lui, disant que j'égayerais son foyer. Un homme du rang du colonel Danvignes ne devrait pas jeter la pierre à une femme dans son malheur, d'autant plus qu'il m'a demandé d'être sa maîtresse. J'ai répondu que j'étais prise par un capitaine russe que j'allais épouser. Il m'a invitée également à venir dîner avec lui à Paris, me donnant comme adresse l'Hôtel d'Orsay.

« Au sujet de ses suppositions relatives à mon appartenance à l'espionnage allemand, je répondrai ceci : c'est complètement ridicule. S'il avait eu cette idée, il ne se serait jamais affiché comme il l'a fait avec moi, à Madrid. Il a même gardé de moi un bouquet de violettes et un ruban en souvenir. »

Après le colonel Danvignes, Bouchardon avait interrogé une manucure de l'hôtel Plaza. Celle-ci déclara que Mata Hari lui avait dit n'aimer ni les Belges ni les Anglais et avait parlé de Verdun.

Mata Hari admit avoir peut-être mentionné ces deux pays pendant qu'on lui faisait les ongles, « mais qu'elle faisait seulement allusion à leur comportement à l'hôtel. Et je n'ai certainement rien dit de Verdun ».

Bouchardon passa la semaine suivante à interroger divers autres témoins à charge et à obtenir des témoignages écrits de ceux qui ne pouvaient se déplacer — parmi eux figurait Vadime de Massloff. Mata Hari, cette même semaine, envoya une lettre à Bouchardon le 29 mai :

Mon capitaine,

Veuillez me promettre de *revenir* sur le rapport qu'a déposé le Colonel Danvignes. Vous êtes allé un peu vite en me lisant et j'étais trop ahurie par les mensonges du Colonel, qu'il débite comme « toute vérité » pour ce que j'ai pu répondre comme je *dois* et comme je *désire* le faire.

Veuillez je vous prie me donner l'occasion de pouvoir répondre à ce rapport *point* par *point*. »

Respectueusement,

M.G. Zelle McLeod - 721 44625

Si bien que le 30 mai, la séance fut presque entièrement consacrée au témoignage du colonel Danvignes. Le colonel, à son avis, avait vu clair dans le jeu de Mata Hari dès le départ. C'était *elle* qui était venue *le* trouver. Lors de la conversation, elle avait mentionné le Kronprinz et le duc de Cumberland, gendre du Kaiser. Ceci prouvait, prétendait Danvignes, qu'elle était une espionne. Il démentait avoir demandé à Mata Hari de retourner voir von Kalle, et affirmait que c'était lui qui avait parlé des débarquements au Maroc. Il donnait en outre une version différente de leur rencontre à la gare d'Austerlitz, et il terminait sa déclaration en disant que Mata Hari n'avait jamais couru qu'après l'argent des autres et qu'elle ne valait pas grand-chose.

Mata Hari, discutant avec Bouchardon de la lettre qu'elle lui avait envoyée où elle réfutait en partie la déclaration du colonel, réclama une seconde lecture de son témoignage, afin qu'elle puisse ajouter oralement les remarques qu'elle avait omises dans sa lettre. Puis elle reprit les accusations une par une :

« J'observe tout d'abord que c'est le colonel qui s'est fait présenter et que tout le monde sait à Madrid, où j'ai dansé, que Mata Hari et MacLeod ne font qu'une. J'ajoute que le lendemain vers deux heures et demie, M. Danvignes est venu s'asseoir dans le salon de lecture du Ritz sachant que c'était l'heure où j'y paraissais. Il m'a accueillie par ces mots : "Devinez pour qui je suis venu ?" "Peut-être pour moi", ai-je répondu. Puis il m'a fait des compliments sur ma toilette et m'a demandé si je dînerais au Ritz. J'ai dit oui.

« Le soir au moment du bal, j'étais avec Monsieur de With et Monsieur van Aersen, quand le colonel s'est approché de nous. Profitant de ce que mes cavaliers étaient obligés d'aller danser avec d'autres femmes, il s'est entretenu avec moi toute la soirée. Il m'a demandé ce que j'étais venue faire en Espagne, et pourquoi je n'étais pas rentrée directement en Hollande. C'est alors que je lui ai dit : "Je suis des vôtres et si je vous avais connu plus tôt, c'est à vous que j'aurais donné les renseignements que je

viens d'envoyer à Paris." Puis je lui ai raconté ma
mésaventure de Falmouth. J'ai en effet parlé du Kronprinz
et du duc de Cumberland, mais c'était pour dire que le
premier avait un sourire bête et s'entendait très mal avec
son beau-frère, le duc de Cumberland, que je connais en
effet et que je puis approcher quand je veux. Je l'ai connu
quand j'étais la maîtresse de von Kiepert et il a dîné
plusieurs fois chez moi.

« J'ajoute que toute la conversation que me prête ensuite
le colonel Danvignes, a été tenue deux jours après, *au
moins* deux jours après — et qu'elle a été différente de ce
qu'il rapporte. Je ne puis d'ailleurs que m'en référer au
récit détaillé contenu dans mon interrogatoire du 28 février
dernier. J'insiste sur ce point que la deuxième fois, c'est
le colonel qui m'a envoyée chez von Kalle.

« Il est absolument faux que j'ai parlé du groupe
francophile de Catalogne. Je n'ai pas davantage fait
allusion à ma situation en Allemagne. La seule chose vraie,
c'est que j'ai dit au colonel que le capitaine Ladoux lésinait
avec moi, marchandait, m'occupait à de petites choses et
ne voyait pas ce qu'il pouvait tirer de moi. Et ce n'est pas
Monsieur Danvignes qui m'a demandé de le renseigner sur
les débarquements au Maroc. Il ne savait rien de tout cela.
C'est *moi*, au contraire, qui lui ai apporté ce renseignement
et il en est resté ahuri. Tellement ahuri que le lendemain,
il est venu me voir et m'a demandé de tâcher d'avoir des
précisions. Il est faux qu'il m'ait demandé de lui faire
connaître d'une manière précise une opération de débarquement qu'il pourrait empêcher. C'est à croire qu'il rêve !
Pas davantage je n'ai dit au colonel qu'en France je faisais
l'art et en Allemagne la noce.

« Il m'a fait entrevoir qu'il pourrait me procurer un
engagement à l'opéra de Madrid, à quoi j'ai répondu
qu'après la guerre je voulais retourner à Paris. Je n'ai pas
parlé à Monsieur Danvignes de l'état moral des membres
de l'ambassade d'Allemagne. Je n'y connais d'ailleurs que

von Kalle et j'avais simplement dit qu'il était souffrant lors de nos entrevues.

« Le colonel Danvignes dénigre les renseignements que je lui ai donnés. Il a tort, car, lorsque le 4 janvier, j'ai donné les mêmes au capitaine Ladoux, ce dernier a paru stupéfait et a dit textuellement : "Les bras m'en tombent !"

« En ce qui concerne notre dernière entrevue, celle du quai de la gare d'Austerlitz, je vous ai dit l'exacte vérité lors de mon interrogatoire du premier mars. Si mon texte diffère de celui du colonel Danvignes, j'en suis fâchée, mais c'est moi qui ai rapporté exactement notre conversation.

« Relativement aux appréciations du colonel sur les services que j'ai rendus à l'espionnage allemand et à l'espionnage français, je maintiens les explications que j'ai fournies. Et en ce qui concerne la dernière phrase de la déposition du colonel, je n'ai qu'un mot à dire : le témoin parle par méchanceté et dépit amoureux. Je suis convaincue d'ailleurs que ce colonel, sachant que j'avais Massloff pour amant, est l'inspirateur de la lettre désobligeante que l'attaché militaire russe a écrite au colonel du Premier Régiment Spécial Impérial Russe et dans laquelle j'étais qualifiée d'aventurière dangereuse avec laquelle Massloff ne devait plus avoir de relations. »

Après la déclaration de Danvignes, on passa au témoignage écrit de Vadime de Massloff. En gros, il déclarait que sa liaison avec Mata Hari n'avait pas eu grande importance et qu'en mars, il avait voulu rompre avec sa maîtresse. C'est alors qu'il avait appris qu'elle se trouvait en prison. Le capitaine Bouchardon demanda à Mata Hari si elle voulait ajouter quelque chose. Elle eut cette réponse brève :

« Je n'ai aucune observation à présenter. »

23.

En ce qui concernait Bouchardon, l'interrogatoire du 30 mai décida du destin de Mata Hari. Si la suite des événements avait dépendu de lui, le procès aurait commencé dès le lendemain matin. Peu lui importait ce que Mata Hari avait dit pour sa propre défense, que l'on enlève des contradictions dans les déclarations de Ladoux et de Danvignes, et que certains témoins qui n'avaient rien à voir là-dedans, telle la manucure, déforment les dires de Mata Hari. (Lorsqu'en 1962 je rencontrai la servante qui avait servi Mata Hari au château de la Dorée, elle aussi s'exclama plusieurs fois : « J'ai toujours su que c'était une espionne ! » Elle en savait autant que la manucure.)

Bouchardon ne croyait pas que certaines des sommes d'argent reçues par Mata Hari aient pu lui avoir été expédiées par le baron van der Capellen, pas même ces 5 000 francs qu'elle avait touchés à Paris avant son retour fatidique en Hollande. Trente-six ans plus tard, il s'accrochait toujours à son idée d'origine, affirmait encore que Mata Hari avait été *envoyée* en France pour deux *missions* par les Allemands — pour lui, elle n'était pas venue à Paris pour chercher sa vaisselle. Il le répète dans son livre :

« Margareth-Gertrude Zelle n'avait-elle pas déclaré elle-même à von Kalle, le 13 décembre 1916, qu'elle avait déjà rempli deux missions en France. Et des passeports établissaient, sans conteste, qu'elle avait fait un premier voyage à Paris, au mois de décembre 1915.

« Mata Hari avait accepté de Krämer une mission d'espionnage. Elle avait reçu de ce consul, si elle ne le portait déjà, le numéro H-21, trois flacons d'encre sympathique perfectionnée et une somme de vingt mille francs. Elle était revenue aussitôt après à Paris, où elle avait fréquenté de nombreux officiers. Plus tard, elle avait encaissé le montant de deux chèques, de chacun vingt mille francs, et reçu, de la main à la main, trois mille cinq cents pesetas. Nul doute alors : 1) que les vingt mille francs de Krämer se référassent, pour une part importante, à des services déjà rendus ; 2) que le premier chèque de cinq mille francs, antérieur de plus d'un mois à ses entrevues avec von Kalle, concernât des renseignements tout autres que ceux qu'elle lui avait fournis de sa propre bouche ; 3) que les deux sommes dont elle avait alors bénéficié (trois mille cinq cents pesetas et cinq mille francs) fussent le salaire de ces derniers renseignements. »

Les trois derniers interrogatoires n'influencèrent donc guère les conclusions de Bouchardon. Le 1er juin, il posa des questions, afin d'éclaircir certains points. Von Kalle, dit-il, avait télégraphié à Berlin le 13 décembre pour dire qu'il allait envoyer un complément d'informations par message codé ou par lettre. Bouchardon se demandait de quoi ces lettres ou messages avaient parlé et posa la question à Mata Hari. Elle ne pouvait pas dire grand-chose, alors, une nouvelle fois, elle affirma qu'elle n'avait jamais accompli la mission de Cramer : « A partir du moment où j'ai jeté à l'eau les flacons d'encre sympathique, j'ai considéré que j'étais en quelque sorte purifiée au point de vue de l'espionnage allemand et que je perdais tout contact en même temps que le numéro H-21 qu'ils m'avaient donné pour correspondre. »

On l'interrogea ensuite sur un certain monsieur de vingt-cinq ans environ qui était venu la voir à son hôtel le jour de son arrestation et sur le directeur d'une banque de Berlin. « Inconnu », dit Mata Hari du premier. Quant au second, il s'appellait Constant Baret, un Français qui avait été l'un de ses amants. Mais Cramer ne l'avait jamais été, lui, il ne lui avait jamais fait d'avances. C'est Wurfbain qui, début 1915, lui avait présenté Cramer. Il lui aurait été difficile de recevoir le consul avant son retour à Paris, dans sa maison de La Haye, parce que jusque-là celle-ci n'était pas installée. Mata Hari n'avait pas de linge, pas d'argenterie. Elle n'aurait même pas pu servir une tasse de thé.

Bouchardon déclara une fois de plus que 20 000 francs, c'était beaucoup d'argent — les Allemands ne payaient jamais autant. Comme preuve, il cita l'exemple d'un certain officier français qui avait accepté d'espionner pour les Allemands. Il avait réclamé 20 000 francs, qu'on lui avait poliment refusés. Mata Hari répliqua aussitôt qu'il y avait une grande différence entre un Français qui *offrait* ses services et quelqu'un comme elle après qui les Allemands « couraient comme ils l'ont fait, s'imaginant, bien à tort d'ailleurs, que j'étais en situation de leur rendre de grands services ».

Lancée sur le sujet, Mata Hari ajouta : « Au surplus j'avais sur le cœur mes fourrures que les Allemands me retenaient indûment et je n'ai fait en somme que me dédommager. A un autre point de vue, vous vous êtes étonné que j'aie dit à von Kalle que j'avais feint d'accepter des missions du service français. Il fallait bien que je lui raconte un histoire de ce genre, sans cela il se serait étonné que j'aie pu venir deux fois en territoire français en pleine guerre sans rencontrer de difficultés. Il fallait bien, d'autre part, qu'il ne prenne pas ombrage des relations que j'avais à Madrid, y compris votre attaché militaire. »

Vittel fut remise sur le tapis : « Je ne me suis occupée que de ma santé et du capitaine de Massloff. Je n'ai eu que des relations rapides et banales avec les autres baigneurs. J'ai pu dire, parce que c'est la vérité, que j'avais été locataire d'un château en Touraine, le château de La Dorée, à Esvres, dans les années 1910 et 1911 et partie de 1912. C'était Rousseau, mon amant, qui avait fait la location et c'est moi qui ai payé. »

L'avant-dernier interrogatoire du 12 juin n'apporta pas grand-chose de neuf. Bouchardon parla d'une lettre que Mata Hari lui avait fait porter depuis le précédent interrogatoire, et Mata Hari déclara que les Français l'avaient arrêtée sans même lui donner une chance d'avoir un entretien avec Ladoux à ses bureaux. Et elle demanda qu'on appelle son vieil ami Henri de Marguerie comme témoin. Elle avait dîné presque tous les soirs avec lui, quand elle était à Paris en 1915. Après tout, « elle l'avait prévenu de ce qui s'était passé entre le colonel Ladoux et elle, et il lui avait conseillé d'accepter ».

Quand Mata Hari regagna sa cellule cet après-midi-là, elle n'avait plus qu'à attendre la dernière rencontre avec Bouchardon. Celle-ci eut lieu le 21 juin, premier jour de l'été, en présence de Maître Clunet. Mata Hari fit une dernière tentative pour essayer de convaincre Bouchardon que Ladoux l'avait effectivement engagée ou qu'au moins elle avait eu toute raison de croire que leur entretien voulait dire plus que ce que Ladoux prétendait.

« Si mes entrevues avec le capitaine Ladoux avaient eu lieu dans un cabinet particulier de restaurant, sa thèse pourrait se soutenir. Mais songez que nos conversations se sont poursuivies dans un bureau officiel du ministère de la Guerre. Après quoi le capitaine Ladoux m'a envoyée pour faciliter mon voyage, dans un deuxième bureau officiel, celui de Monsieur Maunoury à la Préfecture de Police, pour obtenir mon visa de sortie. Au surplus, je vous demande de réfléchir à ce point : le capitaine de Massloff m'avait demandée en mariage. Je ne demandais qu'à vivre avec lui. S'agissant d'un officier russe, je ne pouvais évidemment pas recourir à autre chose qu'aux subsides des alliés. J'ai donc, en toute loyauté, donné mon concours au capitaine Ladoux, lui demandant seulement de ne pas discuter mes moyens. Aujourd'hui, où vous m'interrogez pour la dernière fois, je vais vous confier ce que je voulais faire. Vous verrez comme c'était beau et grand, et combien le capitaine Ladoux a manqué de perspicacité.

« J'ai été la maîtresse du frère du duc de Cumberland. Ce dernier a, comme vous le savez, épousé la fille du Kaiser et il a eu avec moi quelques relations intimes. Je sais que son beau-frère, le prince héritier, lui a fait prêter serment de ne jamais revendiquer le trône du royaume de Hanovre. Ce serment, il n'a voulu le prêter que pour lui-même, refusant d'engager sa descendance. Il existe, entre lui et le Kronprinz, une haine véritablement féroce. C'est cette haine que je me proposais d'exploiter dans l'intérêt de la France, et dans le mien également. Vous voyez quels services j'aurais pu vous rendre !

« J'aurais renoué mes relations avec le duc de Cumberland et j'aurais alors tout fait pour le détacher de l'Allemagne et le mettre du côté de l'Entente. Il aurait suffi de lui promettre , en cas de victoire des alliés, le trône de Hanovre.

« J'ajoute qu'en venant en France, je n'avais aucune idée de faire de l'espionnage. C'est seulement dans le cabinet du capitaine Ladoux, et songeant à mes projets de mariage, que, brusquement, j'ai vu fort et grand. Toute ma vie j'ai été spontanée. Je n'ai jamais marché petit. Je vois de grands buts et j'y vais droit.

« Je le dis bien haut. Tous mes séjours en France ont

été purs de tout contact suspect. Jamais je n'ai écrit de lettres pouvant de près ou de loin concerner l'Allemagne. Je n'ai fréquenté que des gens propres. A personne je n'ai posé de questions sur la guerre. Personne n'a pu vous dire que je lui ai demandé quoi que ce soit, à ce sujet. Ma conscience est sans reproche. J'ai quitté votre territoire, me proposant de faire, en toute sincérité, ce que je vous avais promis.

« Si j'avais voulu faire quelque chose pour l'Allemagne, il me semble que je serais restée ici. Le fait, au contraire, que j'ai cherché à passer en territoire hollandais, prouve bien que mes intentions étaient de vous suivre. A cette fin, il fallait bien que je renoue avec les représentants de l'Allemagne. J'ai donc vu l'attaché militaire von Kalle et, me rappelant mes dernières lectures des journaux français et anglais, vieilles de déjà quarante-trois jours, je lui ai composé une sorte de rapport. Quiconque a la moindre intelligence en aurait fait autant.

« En même temps, afin de donner au capitaine Ladoux, qui voulait des preuves gratuites, un échantillon de mon savoir-faire, j'ai été assez habile pour surprendre à von Kalle une série de renseignements qui avaient un véritable intérêt pour la France. C'est bien ainsi d'ailleurs que les a appréciés le colonel Danvignes, qui s'est empressé de les fournir au colonel Goubet comme s'il les avait recueillis lui-même.

« En résumé, je n'ai donné que des vieilleries à von Kalle et j'ai apporté à votre pays des informations actuelles et inédites. Elles l'étaient au moins quand je les ai données au colonel Danvignes. Maintenant lui a l'honneur, et moi, je suis en prison. »

Elle avait bien parlé. Mata Hari avait enfin pu expliquer ce qu'elle projetait lorsque son arrestation survint. Son plan concernant le duc de Cumberland s'inspirait d'un pan de l'histoire allemande qui concernait la succession des royaumes du Hanovre et de Brunswick. Le 1er novembre

1913, le trône du Brunswick alla au gendre du Kaiser Wilhelm (époux de Victoria-Louise, fille du Kaiser, depuis le mois de mai de cette année). Il s'agissait d'Ernst August, duc de Cumberland. A son accession au trône, il devint aussi duc de Brunswick et de Lünebourg, et, en tant que descendant de la famille royale anglaise, il avait aussi droit au titre de prince de Grande-Bretagne et d'Irlande. Son grand-père, Georges V de Hanovre, avait perdu le trône de Prusse en 1866. La famille entière perdit ses droits au titre anglais le 8 novembre 1917 quand tous les princes étrangers de sang britannique qui combattaient la Grande-Bretagne furent rayés de la noblesse anglaise.

Ainsi que l'avait correctement expliqué Mata Hari, son ami le duc de Cumberland avait renoncé à ses droits ancestraux au trône du Hanovre, et elle avait pensé qu'il aimerait peut-être les retrouver.

Le duc, né en 1887, qui, selon Mata Hari, avait eu des « relations intimes avec elle », était le père de feue la reine Frederika de Grèce. Son frère, qui avait été l'amant de Mata Hari, était George Wilhelm. Né en 1880, il mourut en 1912. En 1907, il avait donc vingt-sept ans, Mata Hari trente et un et le duc de Cumberland dix-neuf. A la même époque, en plus du duc et de son frère, Mata Hari avait aussi été la maîtresse de Herr Kiepert.

24.

Une fois de plus Mata Hari retrouva sa cellule. Elle était encore pleine d'espoir, car malgré ses violents accrochages avec Bouchardon, elle pensait qu'aucune de ses conclusions ne pouvait avoir de valeur. Mis à part von Kalle et Cramer, tous les hommes qu'elle avait connus avaient été des amis ou des amants — rien d'autre. Personne ne pouvait décemment croire que ses conversations avec ces hommes avaient tourné autour de sujets dangereux, qu'elle avait de noirs desseins ou qu'elle avait voulu espionner pour les Allemands.

A l'époque, elle ne savait pas vraiment qu'aucun des hommes auxquels Bouchardon avait parlé n'avait été capable ou désireux de la défendre. Certains avaient expliqué que les problèmes militaires n'avaient jamais été évoqués lors de leurs conversations. Mais aucun d'eux n'avait déclaré qu'il ne pensait pas qu'elle fût une espionne — ni Messimy, ancien ministre de la Guerre à deux reprises, que même Bouchardon considérait comme l'un de ses amants, ni Jules Cambon, le secrétaire général du Quai d'Orsay.

Mata Hari restait optimiste parce qu'elle n'avait pas compris qu'elle avait commis une erreur fatale en essayant d'inventer un système d'espionnage bien personnel. Les autres espions qui jouaient les agents doubles agissaient ainsi avec l'accord de leurs gouvernements ou chefs respectifs. Mata Hari avait suivi la même route, du moins elle le pensait, sans prendre la peine d'en aviser les Français, ou s'en avoir l'occasion de l'expliquer à Ladoux.

Comme les interrogatoires étaient clos, Bouchardon avait commencé la rédaction de son rapport en gardant bien sûr à l'esprit son verdict personnel, « coupable », et en transformant délibérément les réponses négatives en réponses affirmatives. Par exemple, le capitaine Ladoux avait insisté pour que Mata Hari lui parle de Fräulein Doktor. Sa dénégation avait été fort mal accueillie. Il *fallait* qu'elle connaisse la Fräulein espionne à Anvers, parce que le capitaine Ladoux le croyait, et le capitaine Ladoux était infaillible — jusqu'à ce qu'on l'envoie lui aussi en prison.

Bouchardon mêlait allégrement faits et probabilités, prenant note de certaines qualités de Mata Hari, qui sans *faire* d'elle une espionne, étaient *utiles à* une espionne : « Parlant cinq langues, ayant des amants dans toutes les capitales de l'Europe, répandue dans tout le monde, y trouvant des complicités discrètes, *Mata Hari* pouvait se flatter d'être une femme *internationale*. »

Ailleurs, Bouchardon rappelait comment Mata Hari, que son amant Griebel, officier de police, avait emmenée à la manifestation devant le palais du Kaiser, « s'était promenée le 1er août 1914 dans l'automobile de son amant, et de là comme aux premières loges, avait assisté à la manifestation en faveur de la guerre sous les fenêtres mêmes de l'Empereur ».

Selon le capitaine Bouchardon, tout cela menait à une conclusion : « Pour la résumer d'un mot, l'affaire ne fut qu'un flagrant délit. »

On trouve ces déclarations dans les Mémoires de Bouchardon, qui furent publiés, comme on l'a déjà dit, en 1953. Cependant, le rapport complet — écrit trente-six ans plus tôt, juste après que Bouchardon eut fini ses interrogatoires — jette un éclairage attristant sur les pensées du magistrat instructeur de l'affaire. Ce rapport, publié ici pour la première fois, est un synopsis de tous les entretiens qu'il avait eus avec sa suspecte qui, aux yeux de Bouchardon, était certainement plus qu'une *suspecte*. Elle était coupable. D'après Bouchardon, elle était même coupable depuis le tout début et, sans lui accorder plus d'imagination qu'il n'en avait, on peut penser que, selon lui, elle était déjà coupable d'espionnage à la solde des Allemands à l'âge du berceau.

Les quatorze pages tapées à la machine du rapport que Bouchardon devait, un mois plus tard, présenter aux membres du tribunal militaire, étaient un cynique résumé de déductions imaginaires et de faits connus dont aucun n'indiquait que Mata Hari avait effectivement *accompli* des missions d'espionnage. Les télégrammes de Madrid que les Français avaient interceptés jouaient un rôle clé. Mais si ceux-ci établissaient les rapports de Mata Hari avec les Allemands, ils ne faisaient aucunement mention d'*activités* d'espionnage ou de *résultats*.

Commençant son rapport en précisant que « la dame Zelle, épouse divorcée MacLeod, sujette hollandaise, fit à Paris les démarches nécessaires pour se rendre aux eaux de Vittel », il continuait son premier paragraphe en déclarant que « elle était descendue au Grand Hôtel où elle avait littéralement tendu ses filets. Mais c'était l'élément militaire qui avait eu toutes ses faveurs. Négligeant les autres habitants de l'hôtel [...]. »

« Le voyage de Vittel répondait-il bien à une nécessité médicale ? » s'interrogeait Bouchardon. Il donnait immédiatement une réponse négative : « On en pouvait douter en songeant qu'à cette époque, l'inculpée écrivait à l'un de ses amants, le colonel baron van der Capellen, qu'elle jouissait d'une excellente santé. »

Décrivant la visite que Mata Hari fit aux bureaux du capitaine Ladoux, l'opinion de la culpabilité est à nouveau immédiatement mise en avant. « Dès la première entrevue, il eut l'intuition qu'il se trouvait en présence d'une personne à la solde de nos ennemis. Dès lors il n'eut plus qu'une pensée : la démasquer. On verra par la suite quel service il a rendu à la France.

« Les entretiens du capitaine Ladoux avec la dame Zelle [...] avaient pour but [...] de diminuer les craintes que toutes les filatures dont la dame Zelle avait été l'objet avaient pu faire naître chez elle. » Ces manœuvres dont Ladoux était l'instigateur n'avaient pas échappé à la perspicacité de Mata Hari et elle l'avait dit au capitaine.

« Le capitaine Ladoux eut à peine besoin de pressentir sa visiteuse au point de vue d'un concours éventuel. La dame Zelle promit monts et merveilles et évalua d'ailleurs à un million l'importance des services qu'elle pouvait rendre. »

Bouchardon rapportait alors qu'il avait entendu de la bouche même de Mata Hari qu'elle avait le projet d'aller voir Wurfbain à Bruxelles, avait fait viser son passeport le 30 octobre 1916 et reçu un chèque de 5 000 francs du consul hollandais Bunge. « Mais elle avait compté sans les Anglais, continuait-il. La prenant pour une autre personne, les autorités britanniques la retinrent prisonnière. » Elle contacta alors von Kalle à Madrid le 13 décembre, rencontra le colonel Danvignes et lui raconta l'histoire des débarquements d'Allemands sur la côte du Maroc, plus tous les détails qu'avait donnés Mata Hari à Danvignes et à Bouchardon.

Nous arrivons alors à un important document dans le rapport de Bouchardon, inédit jusqu'ici. Il cite mot pour mot le contenu de la lettre qui avait été communiquée par le général Lyautey — alors ministre de la Guerre — au gouverneur militaire de Paris — la lettre qui fut à l'origine de l'arrestation de Mata Hari.

« Zelle MacLeod, écrivait en substance le général Lyautey, appartient au centre de renseignements de Cologne où elle figure sous la désignation H-21. Elle est venue deux fois en France depuis de début des hostilités. Elle a révélé à l'attaché militaire allemand ses relations avec nos services et lui a livré toute une série de renseignements d'ordre militaire et diplomatique qu'il a transmis à l'État-Major de Berlin. Elle lui a confié avoir reçu de Paris, au commencement de novembre, 5 000 francs du S.R. allemand et a accepté de revenir en France où une nouvelle somme de 5 000 francs devait lui être versée par les intermédiaires du consul allemand d'Amsterdam et du consul général de Hollande à Paris, éventualité qui s'est réalisée. »

Bouchardon, dont le devoir était d'essayer de convaincre les futurs membres du tribunal militaire de l'importance des révélations du général Lyautey, donne ses propres réactions devant le contenu de cette lettre. « Cet acte d'accusation était terrible dans le laconisme de ses phrases, où chaque mot portait. »

« Au cours des neuf interrogatoires, continuait Bouchardon, la dame Zelle a protesté de la pureté de ses intentions vis-à-vis de la France. Elle, espionne allemande, allons donc ! »

« Faut-il le dire ? Les longs récits de la dame Zelle nous laissèrent sceptiques. Cette femme qui se posait en une sorte de Messaline, traînant à la suite de son char, sur la voie triomphale ses succès de théâtre, une foule d'adorateurs, cette femme qui, à la veille même du 2 août 1914, résidait à Berlin où elle avait comme amants en titre le lieutenant Alfred Kiepert, du 11e hussards de Grefeld, le capitaine-lieutenant Kuntze, de la station des hydro-aéroplanes de Putzig, et surtout le chef de police Griebel, dans l'auto duquel elle avait assisté à une manifestation en faveur de la guerre sous les fenêtres de l'empereur, nous parut une de ces femmes internationales — le mot est d'elle-même — devenues si dangereuses depuis les hostilités. L'aisance avec laquelle elle s'exprimait en plusieurs langues, en français spécialement, ses innombrables relations, sa souplesse de moyens, son aplomb, sa remarquable intelligence, son immoralité, née ou acquise, tout contribuait à la rendre suspecte. Il n'était pas possible que l'ennemi, qui remue les cinq parties du monde pour trouver des agents, eût laissé en friche des qualités aussi exceptionnelles et, quand, après deux ans de guerre, la dame Zelle était entrée dans le cabinet du capitaine Ladoux, ce n'était certes pas une débutante en matière d'espionnage. »

Le capitaine Bouchardon oublie bien sûr fort commodément les quelques (?) milliers de femmes ailleurs dans le monde et en France qui jouissent de ces mêmes attributs — au lit et en dehors. Mais en cet instant, le capitaine accusateur n'a cure de ces femmes tout aussi dignes de louanges. Il est très occupé à décrire Mata Hari comme une maîtresse-espionne. Dans les années cinquante, le gouvernement américain suivit son exemple en tentant de faire du Russe Rudolph Ivanovitch Abel l'espion soviétique numéro 1 aux États-Unis. Celui-ci devait être échangé contre Gary Powers, ce pilote de U-2 dont l'avion fut abattu en Russie. Pour Bouchardon, chaque attribut est une balle de plus dans les canons qui vont se pointer sur Mata Hari.

« Quels renseignements avait fournis H-21, alias Zelle, à l'attaché militaire de Madrid ? » se demande Bouchardon dans son rapport. Il doit avouer qu'il l'ignore, les services de contre-espionnage de son pays ne connaissant que « ceux qui furent transmis par radio ». *Et ces renseignements ne prouvaient pas que des secrets militaires aient été divulgués.* « Tous avaient leur prix » ajoute-t-il, ne précisant pas ce que ce *tous* recouvrait.

Pourtant, Bouchardon connaît tout de même la teneur de certaines des informations militaires hautement secrètes que Mata Hari avait transmises. Mata Hari elle-même lui en a fait part, et Bouchardon dresse une liste détaillée de ces « secrets d'État ».

« La dame Zelle avait fourni à von Kalle des renseignements sur les intentions de la princesse Georges de Grèce, sur la situation politique à Paris et les progrès réalisés par le parti opposé au ministère Briand, sur la domination de l'Angleterre [sur la France] et sur les craintes inspirées par cette mainmise à certains hommes politiques français isolés. Elle lui avait parlé d'une offensive générale de grand style préparée sur tous les fronts pour le printemps sous la direction de l'Angleterre, des exploits de l'aviateur français Vedrines au-delà des lignes, des prescriptions imposées à nos officiers pendant leurs voyages, de la découverte par les Français d'une des encres sympathiques allemandes. Ramassant jusqu'aux informations d'ordre particulier, elle avait encore révélé à l'attaché militaire que le belge Allard, avec lequel elle avait voyagé sur le *Hollandia* était un espion au service de l'Angleterre.

« Les renseignements sur la situation politique française prouvaient que la dame Zelle avait pas mal fréquenté dans les milieux où ces bruits se colportent. Les renseignements d'ordre militaire prouvaient qu'elle avait été en relation avec nombre d'officiers, ce que nous savions déjà, et qu'elle avait su habilement les questionner. D'ailleurs, le Grand Quartier général nous a fait connaître que les informations ainsi livrées comportaient une part de vérité importante. Il était bien réel enfin que notre service anthropométrique venait de découvrir la façon de révéler une encre sympathique remise par les Allemands aux espions de marque. (...) »

« Il ne restait plus, continue Bouchardon dans son rapport souvent totalement fantaisiste, qu'à démasquer la dame Zelle et ce soin nous incombait. Le 1er mai 1917, nous la fîmes amener dans notre cabinet et lui étalâmes brusquement sous les yeux la correspondance de von Kalle. Pour une fois, l'inculpée para mal le coup. Obligée d'improviser à la minute même une défense, elle se montra inférieure à elle-même. Les grandes comédiennes ont parfois de ces défaillances. Chaque fois que l'inculpée chercha à créer une équivoque sur son identification avec H-21, nous lui tînmes ce raisonnement bien simple. » Bouchardon fait allusion au contenu des télégrammes interceptés.

« Démontée en somme — on l'eût été à moins —, la dame Zelle, dont l'abondance épistolaire a presque rempli le dossier, garda le silence pendant quelques jours. Nous l'interrogeâmes de nouveau le 21 mai et, ce jour-là, elle entra dans la voie des aveux. »

Bouchardon rapporte ensuite de façon détaillée ce que Mata Hari lui avait dit ce jour-là à propos de la visite que lui avait rendue le consul allemand Cramer dans sa maison de La Haye. « Nous étions fixés, » conclut laconiquement Bouchardon. En d'autres termes : « Nous savions tout. Nous avions la réponse que nous cherchions. »

A ce stade Bouchardon n'en est encore qu'à la moitié de son rapport, il lui reste six pages denses à taper.

« Nous pourrions nous en tenir là, » continue-t-il — et bien sûr il s'en garde bien. « De son propre aveu, Zelle a accepté une mission du consul Krämer en mai 1916. Elle a reçu un numéro d'espion, trois flacons d'encre sympathique perfectionnée et une première mise de fonds de 20 000 francs. » Cette dernière affirmation relève de la présomption pure ; en effet les Français n'ont jamais mis la main sur ces flacons. Bouchardon veut par là influencer et impressionner le jury.

« Elle est venue à Paris où elle a fréquenté de nombreux officiers et le consulat de Hollande qui lui sert d'intermédiaire pour la correspondance que l'on sait. Un an plus tard, au début de novembre 1916, elle a reçu un second versement de 5 000 francs ce qui implique nécessairement le paiement de services rendus. Cela suffit pour caractériser les intelligences avec l'ennemi, c'est-à-dire le crime de trahison, et l'introduction dans une place de guerre pour s'y procurer des documents ou des renseignements dans l'intérêt de l'ennemi, c'est-à-dire le crime d'espionnage. Mais en toute conscience, nous croyons que l'inculpée a fait bien davantage et que, du commencement à la fin, elle a servi l'Allemagne avec autant de zèle que de machiavélique habileté. Il faut seulement voir dans le dernier acte du drame la main experte d'un metteur en scène auquel pourraient légitimement revenir des droits d'auteur — nous avons nommé von Kalle.

« Analysons d'ailleurs le dernier système auquel s'est arrêtée la dame Zelle car, en même temps qu'elle faisait des aveux sous l'implacable étreinte des radios, elle cherchait à les atténuer et à les arranger pour les besoins de sa cause. "Les 20 000 francs de Krämer, je les ai pris, nous a-t-elle dit, pour me dédommager de mes fourrures. Les trois flacons, je les ai jetés à la mer, et j'ai considéré qu'à partir de ce moment, j'étais lavée de toute souillure au point de vue de l'espionnage. H-21 s'évanouissait et je redevenais moi-même. En tout cas, j'ai apporté à la France tous mes moyens et tout mon dévouement. J'ai pu me montrer extraordinairement vénale en demandant un million, mais c'était pour aller vivre le grand amour avec mon amant de cœur, le capitaine russe de Massloff, et d'ailleurs vous ne m'auriez payée qu'après résultat. Certes, les circonstances ont voulu que, refoulée sur Madrid, j'aie eu quelques entrevues avec von Kalle et je lui ai fourni, pour me procurer l'argent dont j'avais absolument besoin, quelques renseignements sans intérêt. Mais j'ai fait *si peu* mystère de mes relations avec ce personnage que j'en ai prévenu à la fois le colonel Danvignes et le capitaine Ladoux et qu'à tous les deux, j'ai livré, à titre de spécimens de mes talents, certaines informations venues en droite ligne du cabinet de von Kalle.'' Telle est, croyons-nous, résumée de la façon la plus impartiale la défense de la dame Zelle.

« Les objections se pressent si nombreuses et si irrésistibles que nous ne savons par laquelle commencer. »

Ne sachant par où commencer, il attaque avec l'argent que Mata Hari avait reçu.

« A qui l'inculpée fera-t-elle admettre que, d'un seul coup et pour entrer en matière, Krämer lui ait remis 20 000 francs, si elle n'était pas déjà au service de l'Allemagne ? L'ennemi qui a fait de l'espionnage en quelque sorte une institution d'État, ne paye pas de la sorte les agents qui débutent. Il ne donne rien pour rien. Il les attend à l'œuvre et les rémunère alors suivant la qualité des services rendus. ''20 000 francs'', nous a dit le chef de notre S.C.R., le colonel Goubet, qui connaît admirablement la question, ''mais c'est un prix de fin de mission ou les émoluments d'entretien d'un agent de première valeur. A quelqu'un qui part, on paye seulement ses frais de route et ses premières dépenses, et on l'attend à l'œuvre''.

« Donc, les 20 000 francs ne peuvent se référer que pour partie à la mission de mai 1916. Ils concernent de toute évidence une mission antérieure et ce raisonnement trouve sa confirmation dans les propres déclarations de la dame Zelle, que les radios de l'attaché militaire allemand ont fidèlement enregistrées. ''H-21, télégraphie von Kalle le 13 décembre, envoyée pour la seconde fois en France en 1916, est arrivée ici.'' Or, le passeport et les aveux de l'inculpée nous ont appris qu'elle a fait un premier voyage à Paris en décembre 1915, et elle convint qu'à son retour en Hollande, dans l'intimité de sa demeure et devant une tasse de thé, Krämer l'a questionnée sur la vie à Paris et sur le commerce français. Elle en a profité pour vitupérer une fois de plus contre l'Angleterre et signaler les procédés discourtois, selon elle, de ses officiers à l'égard de leurs camarades français, ainsi que les faveurs dont ne cesserait de les combler la population parisienne. Elle a envisagé l'éventualité d'une guerre entre les deux nations, quand le moment viendrait pour les Anglais de regagner leur île. »

Bouchardon s'échauffe.

« La dame Zelle raconte ce qu'elle veut, remarque-t-il. Retenons cependant comme acquis le fait même d'une longue conversation avec Krämer, à l'issue de ce premier voyage en France, et le versement entre ses mains d'une somme de 20 000 francs par cet agent d'espionnage antérieurement au second. Et pour parler de ce second voyage au cours duquel elle a pu être soumise à une surveillance, l'inculpée nous croit véritablement bien naïfs, elle entend nous persuader que ses relations journalières avec des officiers de tous grades et de toutes nationalités n'étaient que des passades amoureuses et lui servaient à de simples comparaisons ethniques sur leur plastique et leur tempérament. Si la dame Zelle s'était débarrassée avec horreur de ces flacons, comme elle prétend, si elle n'avait plus donné signe de vie à l'Allemagne, si elle lui avait rien livré pour ses 20 000 francs, si elle avait déchiré, comme un simple chiffon de papier, le traité qui la liait à Krämer, à quoi rimerait alors le premier chèque de 5 000 francs, celui du 4 novembre 1916, dont elle a précisément parlé à von Kalle, ce qui suffit à en déceler l'origine ? Depuis quand l'Allemagne rétribue-t-elle des agents infidèles qui, après lui avoir escroqué ses premiers fonds, sont passés dans le camp ennemi ou l'ont laissée sans nouvelles ?

« Mais un argument semble décisif. Si H-21, puisqu'il faut l'appeler par son numéro, avait trahi ses mandants, imagine-t-on qu'elle aurait osé se présenter à von Kalle sous son identité d'espionne ? Elle savait bien que ce redoutable maître allait, avant toute remise d'espèce, se renseigner par télégramme, ce qu'il n'a pas manqué de faire d'ailleurs, sur sa valeur et sa fidélité. La découverte de sa trahison n'était donc qu'une question d'heures. Veut-on que, dans une sorte d'aberration et jouant le tout pour le tout, elle ait eu l'audace de donner à l'attaché militaire son numéro H-21. Mais il faudrait alors, pour que son système offre quelque vraisemblance, que Berlin ait télégraphié à von Kalle : "H-21 a trahi notre confiance. Elle nous a escroqués. Chassez-la et surtout ne lui donnez rien." Or, qu'ont répondu en substance les grands chefs : "Nous attendions mieux à Paris de H-21. Ses services auraient pu être plus satisfaisants. Néanmoins, nous vous autorisons à lui remettre tout de suite 3 000 francs et nous vous chargeons de lui transmettre nos nouvelles instructions." N'est-ce pas là la démonstration évidente que H-21 comptait toujours aux centres de Cologne et d'Anvers et n'avait nullement rompu avec ses employeurs ? » [Bien sûr, Bouchardon ne faisait que *supposer* que Mata Hari avait été en contact avec les centres de Cologne et d'Anvers !]

« Mais en dernière analyse, » écrit Bouchardon à la page neuf de son rapport, « tout nous paraît se ramener à cette proposition bien simple, de laquelle se dégage la moralité de l'affaire. Quand la dame Zelle s'est trouvée en présence du capitaine Ladoux, elle lui a soigneusement caché son immatriculation dans l'espionnage allemand sous le numéro H-21 et la mission dont l'avait investie le consul Krämer. Bien mieux, quand le capitaine, soupçonnant qu'elle connaissait fort bien le centre d'Anvers, lui a posé des questions à ce sujet, elle a protesté avec énergie. Par contre, quand elle s'est rendue spontanément chez von Kalle, son premier soin a été de lui faire connaître qu'elle avait feint d'accepter les offres du service des renseignements français et d'accomplir des voyages d'essai. Ainsi donc, à nos représentants, elle cache qu'elle est au service de l'Allemagne et à l'attaché militaire allemand de Madrid, elle révèle du premier coup ses relations avec les Français. Dans ces conditions, qui a-t-elle servi ? Qui a-t-elle trahi ? La France ou l'Allemagne ? Il nous semble que poser la question, c'est la résoudre.

« Vainement, la dame Zelle insiste sur ce fait qu'elle ne nous a pas dissimulé ses visites à von Kalle et qu'elle nous a même procuré certains renseignements surpris, prétend-elle, à ce personnage. Mais, pouvait-elle agir autrement, sous peine d'être immédiatement démasquée ? Pouvait-elle se rendre à plusieurs reprises chez l'attaché militaire, sans risquer d'être vue et, dès lors, ne devenait-il pas de la plus élémentaire prudence de prendre les devants et d'avouer ces visites ? C'est là l'enfance de l'art, et von Kalle est, en matière d'espionnage, un seigneur et maître trop avisé pour avoir laissé un partenaire commettre une faute de jeu. »

Bouchardon énumère ensuite tous les détails que lui a confiés Mata Hari à propos de ses rapports avec le colonel Danvignes, le fait qu'elle a écrit au capitaine Ladoux à propos des « échantillons » de son travail, qu'elle lui a parlé du baron Rolland à Barcelone et concluait de cet exposé : « Il nous parait inutile d'insister davantage. » Pourtant, il lui semble nécessaire de compléter ce rapport « en faisant une incursion dans le passé de l'ex-danseuse, de dégager la psychologie de la redoutable adversaire que la France a rencontrée en la personne de Mme Zelle.

« L'inculpée a parlé d'elle-même avec complaisance et nous a, sans se faire prier, conté toute sa vie avec force détails. Il serait dangereux de la croire sur parole ; son récit contient cependant une part incontestable de vérité que nous allons essayer d'exposer. »

Il entre ensuite dans les détails — sans aucun doute pour donner aux membres du jury futur une idée du passé de leur victime. Il évoque la jeunesse de Mata Hari, son mariage et ses enfants et déclare qu'en devenant danseuse, « elle joua une partie qu'elle gagna ». Elle était, écrit-il, « grande, bien faite, de lignes harmonieuses, elle donna à ces danses, composées de mouvements hiératiques et compliqués, un charme nouveau et personnel. Son succès fut considérable et mit en valeur sa réelle beauté. Dès lors, elle prit le nom de Mata Hari, qu'elle rendit célèbre dans les fastes de la galanterie et des music-hall. On la vit à l'Olympia, aux Folies-Bergères [*sic*], et surtout dans les salons. Elle dira plus tard d'elle-même : "A Paris, j'ai fait de l'art, à Berlin, j'ai fait la noce" ».

Etait-ce seulement pour servir les Muses ? Que nenni, décide Bouchardon, parce que « son art à Paris lui valut de nombreux amants, de tous les mondes et de toutes les professions ». Cela faisait partie bien sûr de ses tactiques d'espionne, conclut l'auteur du rapport, parce que « l'on ne peut dès cette époque, comme plus tard, s'empêcher d'être frappé du soin qu'elle prend de se créer des relations avec des personnages en mesure de la renseigner utilement sur les affaires de notre pays ».

Le fait que Mata Hari, de Berlin, ait informé ses amis du gouvernement français d'opinions dangereuses émises par ses amis allemands ne prouve pas aux yeux de Bouchardon son amour pour la France, c'est simplement un nouvel exemple de l'étrangeté des raisonnements de Mata Hari. Car, quand il explique aux futurs membres du jury ce qu'elle a fait, il s'empresse de présenter ses idées ou soupçons à ces esprits qu'il espère malléables : « Elle se rend compte de l'imminence de la guerre ; elle se hâte d'en informer ses amis de France, jouant déjà si son récit est sincère, ce double jeu par lequel tous les espions croient s'assurer l'impunité des deux côtés ». Mentionnant le retour de Mata Hari en Hollande en 1914, Bouchardon implique que le baron van der Capellen « qu'elle essaye aujourd'hui de faire passer pour l'amant généreux qui, depuis trois ans, subviendrait à ses impérieux besoins d'argent » ne serait qu'un subterfuge. « Elle résida quelques mois en Hollande, où elle possède une maison et où elle est servie et représentée par une domestique de confiance, la fameuse Anna Lintjens.

« La galanterie est comme toujours son occupation dominante, ses dépenses sont considérables, ses revenus

mystérieux, et cependant, avec un désintéressement surprenant, c'est aux officiers de toutes armes et de tous pays
qu'elle réserve ses faveurs. Déjà maîtresse officielle du
colonel de Capellen de l'armée hollandaise, elle l'est aussi
du commandant belge marquis de Beaufort et du capitaine
russe Wadine [*sic*] de Massloff, qui la présente comme sa
fiancée et pour qui elle joue la comédie du grand amour.
Cette triple liaison ne l'empêche pas de nouer des relations
passagères avec : 1 officier monténégrin, 1 Italien, 2
Irlandais, 3 ou 4 Anglais et 5 Français dont un officier
général. Loin de s'en défendre, elle s'en flatte au contraire.
"J'aime les officiers, déclare-t-elle, je les ai aimés toute
ma vie. J'aime mieux être la maîtresse d'un officier pauvre
que d'un banquier riche. Mon plus grand plaisir est de
pouvoir coucher avec eux sans penser à l'argent, et puis,
j'aime faire entre les diverses nations des comparaisons"... »

Bouchardon pense que, dans les aventures amoureuses,
les hommes jouent toujours perdants. « On devine, écrit-
il, quel parti une femme comme Mata Hari pouvait
tirer de ces liaisons successives pour obtenir des demi-
confidences qui se complétaient l'une l'autre. C'est en vain
que ses partenaires se tenaient sur leurs gardes. Dans les
combats de ce genre, l'homme, si adroit qu'il puisse être,
est toujours vaincu. »

Bouchardon en arrive maintenant à la fin de ce résumé
d'instruction minutieusement établi. Il ne lui reste plus
qu'à ajouter quelques détails bien choisis sur ce qui donnait
du crédit à Mata Hari. « Telle est cette dangereuse créature,
récapitulait-il, d'autant plus à redouter que son éducation
première lui permet, quand elle veut, de conserver une
correction de tenue et de langage, ayant des amants dans
toutes les capitales de l'Europe, répandue dans tous les
mondes, y trouvant des complicités discrètes, elle se flatte
d'être selon sa propre expression une "internationale".
Elle hait les Anglais, elle méprise les Belges, elle aime les

Allemands. Le seul fait qu'elle ait osé dire devant nous, officiers français, qu'elle n'avait contre eux aucun sentiment d'aversion, est significatif. Sans scrupules, souple et artificieuse, habituée à se jouer des hommes, elle est l'espionne née, celle que les Allemands ont su très *probablement* [Bouchardon n'en est apparemment pas complètement sûr] s'attacher dès avant la guerre, celle qui depuis est en tout cas leur argent fidèle, sous le numéro H-21 du centre de Cologne. »

Il ne restait maintenant plus à Bouchardon qu'à récapituler afin de s'assurer que les membres du jury prendraient bien cette affaire au sérieux. « En résumé, terminait-il, la dame Zelle a entretenu des intelligences avec l'Allemagne, puissance ennemie, en les personnes du consul Krämer et de l'attaché militaire von Kalle. A deux reprises, en décembre 1915 et en juin 1916, elle a pénétré dans la place de guerre de Paris avec la mission d'y recueillir des documents ou renseignements dans l'intérêt de l'ennemi. Elle a certainement rempli cette double mission, car sans cela on ne pourrait s'expliquer les 20 000 francs qu'elle a reçus postérieurement à la première et les 5 000 francs qu'elle a reçus postérieurement à la seconde. C'est en définitive, pour une période de huit mois, une somme de plus de 34 000 francs qu'a déboursée à son profit l'espionnage allemand. Ce chiffre suffit à édifier sur la volonté de l'agent et sur la qualité de ses informations. »

Bouchardon n'avait plus qu'une tâche à accomplir, rédiger les huit questions auxquelles allaient répondre les membres du Conseil de guerre qui allaient se réunir à Paris exactement un mois après, le 24 juillet. En ce 24 juin 1917, Bouchardon termine et signe son rapport : *Le Capitaine Bouchardon.*

En ces longues journées de canicule, Mata Hari, qui attendait que la date de son procès soit fixée, eut tout le loisir de songer au passé et à l'avenir. Son passé l'avait rattrapée sous forme de lettres de Hollande, mais les interrogatoires l'avaient jusque-là trop occupée pour qu'elle puisse y réfléchir. Maintenant, elle disposait de son temps, du moins temporairement — et ces lettres ne lui apportaient que de nouveaux soucis.

Vers la fin du mois de mai, la légation des Pays-Bas à Paris lui avait fait parvenir — par l'intermédiaire du directeur de la prison — une lettre envoyée par l'entreprise C.H. Kuhne et Fils de La Haye. Il s'agissait d'une facture de vêtements et de fourrures impayée.

« Elle nous doit la somme de 3 211,80 florins depuis le mois d'octobre 1915, écrivaient MM. Kuhne. Mais malgré nos instances, nous n'avons pu entrer en contact avec elle. » Ils ajoutaient qu'Anna Lintjens les avaient informés que Mata Hari vivait au Grand Hôtel à Paris, soit sous son vrai nom soit sous son pseudonyme. La légation pourrait-elle essayer de la raisonner ?

Deux semaines plus tard, le 23 mai, l'avocat de Mata Hari à La Haye envoya une lettre traitant du même sujet où il essayait de protéger les intérêts de sa cliente. Il y joignait une facture de Kuhne et Fils, et, comme « l'adresse de Madame Zelle ne doit pas être inconnue », M. Hijmans priait le consul de faire suivre la facture à sa cliente. L'avocat s'inquiétait apparemment du sort qui serait réservé aux biens de Mata Hari si elle ne s'acquittait pas rapidement de sa dette, car il écrivait : « Dans la mesure où l'entreprise Kuhne a peut-être l'intention de faire saisir ses biens, je vous serais reconnaissant si vous pouviez l'inciter à me répondre le plus vite possible ».

Le 14 juin, une semaine avant sa dernière confrontation avec Bouchardon, le consul fit porter la lettre de Hijmans à Saint-Lazare. Et maintenant, comme si elle n'avait pas suffisamment d'ennuis, Mata Hari devait penser à des impayés d'une maison de couture de La Haye qui menaçait de saisir ses meubles pour couvrir le prix de vêtements achetés deux ans auparavant !

Persuadée que son incarcération ne durerait pas longtemps, Mata Hari fit tout pour protéger ses biens et intérêts
en Hollande. Le baron van der Capellen serait certainement
assez bon pour la sortir de ce mauvais pas — qui aurait
dû être le cadet de ses soucis, vu les circonstances. Ces
gens de La Haye n'allaient pas aggraver ses insomnies en
lui faisant croire qu'elle n'aurait pas de maison où rentrer
quand tout cela serait terminé. Donc, le 22 juin, lendemain
du dernier interrogatoire, Mata Hari écrivit une lettre
courroucée au consulat à Paris, en demandant de faire
suivre.

« Voulez-vous écrire à Maître Hijmans, 19 Nieuwe
Uitleg, pour le mettre au courant de ce qui m'est arrivé.
Il me semble qu'en Hollande, on ne le sait pas, malgré
que j'aie écrit à ma servante. On pense que je suis pour
mon plaisir à Paris, et que je ne reviens pas. Puisque
j'ai des intérêts à La Haye et des relations que je puisse
perdre, je vous serais reconnaissante de prévenir mon
avocat de l'accident qui m'est arrivé.

« Je suppose que rien ne puisse me causer de graves
difficultés, surtout que j'ai à La Haye une jolie maison
et que je n'ai nulle part des dettes en dehors d'une note
de couturier, ce que chaque femme a en cours. Le
couturier doit *attendre*. Il m'est impossible d'accepter
une note où je note déjà près de 500 florins de trop, et
700 florins déjà payés, sans avoir consulté mes quittances
que j'ai de lui, et il y en a probablement des postes
déjà réglés. Le couturier peut être tranquille. Il recevra
son argent que je lui dois, avec intérêt s'il le faut,
mais je suis en prison pour accident de guerre. Les
interrogatoires sont en cours depuis le 13 février 1917.
Il m'est impossible de m'occuper de mes affaires.

« Veuillez demander à mon avocat, Maître Hijmans,
qu'il demande à ma vieille servante de venir chez lui.
Qu'elle aille trouver mon amant le baron van der

Capellen et qu'elle lui demande de donner 1 000 florins
à Kuhne le couturier, sans reconnaître le montant de la
note envoyée et que Kuhne me laisse la paix et qu'il ne
me fasse pas envoyer des lettres, ni chez moi, ni ici,
auxquelles [sic] il m'est impossible de répondre.

« Veuillez demander à mon avocat si chez moi, dans
ma maison à La Haye, tout est en ordre, si le loyer et
les impôts sont payés et si je puis être au moins tranquille
à ce sujet. Le malheur qui m'arrive est terrible, mais je
suis innocente, et donc ça s'éclaircira. »

En marge de la lettre, elle avait rajouté après réflexion :
« Ma note chez Kuhne ne peut jamais être plus de 2 000
florins. »

Le gouvernement hollandais commença à s'intéresser
vaguement à l'affaire. Le 30 juin, M. Hannema, secrétaire
général du ministère des Affaires étrangères, envoya un
télégramme à Paris où il disait « qu'il aimerait qu'on le
tienne au courant », ajoutant que « différents journaux
hollandais ont publié des articles à propos de l'arrestation
de la dame susnommée » — qui, il faut le rappeler, venait
de passer la bagatelle de presque cinq mois en prison
depuis le jour de la fameuse arrestation.

Soit la légation hollandaise à Paris n'avait rien à signaler
(encore que, s'ils avaient été en contact avec Maître Clunet,
ils eussent pu télégraphier que les interrogatoires étaient
terminés), soit ils n'avaient eu aucun contact avec l'avocat.
Ce n'est en effet que quelques semaines plus tard qu'il y
eut un échange de lettres entre eux. Le 24 juin au matin,
Maître Clunet, en réponse à une lettre de la légation, les
informait qu'il avait « joint les pièces au dossier de [ma]
cliente ». Et il ajoutait plus loin : « C'est aujourd'hui
même à une heure qu'elle passera devant le 3e Conseil de
guerre au Palais de Justice. » Les débats dureraient deux
jours, pensait-il. Maître Clunet aurait difficilement pu

attendre plus tard pour informer les représentants hollandais de la date et de l'heure du procès — il est de toute façon plus probable que la légation n'avait même pas pris la peine de s'en enquérir.

Les deux communications que Maître Clunet avait reçues ce matin-là étaient d'une ironie cinglante. Mata Hari, malgré toutes les pensées fantasmagoriques qui avaient dû l'agiter pendant cinq mois d'incarcération, n'avait pas oublié l'affaire. Le 16 juillet, elle avait demandé à la légation de faire suivre à son avocat une lettre « de ma servante écrite en hollandais sur papier violet et (écriture domestique) signée Anna, qu'un jour j'ai laissée chez vous » et à laquelle était attaché « un papier d'arrêt du bateau *Hollandia.* »

Retenue pas la censure de la prison, la lettre de Mata Hari croisa les documents que la légation avait transmis à Maître Clunet. Ceux-ci concernaient le voyage interrompu de novembre 1916. Si elle jetait l'argent par les fenêtres, Mata Hari n'en avait pas moins gardé le sens des affaires de son père à propos de l'argent qu'on lui devait. Et comme son voyage en Hollande s'était terminé en Angleterre, la partie inutilisée du ticket représentait une somme à récupérer.

Les deux réponses à cette requête étaient arrivées sur le bureau de Maître Clunet en ce matin du procès. L'une d'elles, datée du 22 juillet, provenait des bureaux de la branche de la Royal Dutch Lloyd à Paris : on y parlait d'une lettre qu'ils avaient reçue de leur bureau central d'Amsterdam. La lettre avait des allures de plaisanterie de très mauvais goût : « A la demande de Madame Mata Hari, la Légation Royale fait parvenir sous ce pli à Maître Clunet un ticket de passage 52272 avec un stop-over order numéro 32242 du Lloyd Royal Hollandais, ainsi que la copie d'une lettre adressée par l'agent général du Lloyd à Paris au ministre des Pays-Bas, mentionnant que Madame Mata Hari peut toucher une somme de frs. 328 [la lettre de la Lloyd donnait les détails], la direction d'Amsterdam ayant décidé de rembourser à Madame MacLeod, passagère du *SS Hollandia* du 13 novembre 1916 la partie non utilisée de son ticket de passage de Falmouth à Amsterdam. »

25.

Le procès de Mata Hari s'ouvrit à un moment où la situation en France était désespérée. Jamais le moral n'avait été aussi bas depuis la terrible avance des Allemands vers Paris en 1914 qui avait obligé le gouvernement à se replier à Bordeaux. Les pertes en vies humaines sur les champs de bataille en 1916 avaient été catastrophiques, et le déclenchement de la révolution russe à Saint-Pétersbourg en 1917 avait donné un sérieux coup aux Alliés. Même si le gouvernement Kérensky continuait de combattre aux côtés de la France et de l'Angleterre, la situation sur le front oriental se dégradait rapidement.

En avril et en mai 1917, les Anglais avaient percé les lignes ennemies à Arras, mais cela n'apporta aucune amélioration tangible, parce que les Allemands stoppèrent définitivement leur avance. Enfin, après que l'offensive malheureuse du général Nivelle dans l'Aisne et en Champagne eût été, elle aussi, brisée par les Allemands, infligeant de lourdes pertes aux attaquants, une mutinerie se répandit comme une traînée de poudre dans les lignes françaises en mai et juin 1917, touchant seize corps d'armée. Leur endurance physique sérieusement entamée par les pertes subies en 1916 et par l'hiver particulièrement froid de

1917, leur moral de plus en plus miné par le défaitisme et là propagande pacifiste qui émanait de centres subversifs et clandestins de l'arrière, les troupes, s'inspirant des Russes révoltés et chantant l'Internationale, défilèrent derrière des drapeaux rouges. Quelques soldats, pris au hasard parmi les chefs de la mutinerie, passèrent en cour martiale, furent condamnés à mort — et immédiatement exécutés — par des tribunaux de l'armée organisés à la hâte sur le front même. On pensait que la désintégration complète de l'armée française n'était plus qu'une affaire de semaines.

Face à cette situation, le gouvernement nomma précipitamment le général Philippe Pétain au poste de commandant en chef en remplacement du général Nivelle. Après avoir réprimé sans pitié la mutinerie, Pétain réussit finalement à rétablir un semblant de normalité en restituant l'ordre parmi les troupes rebelles. Seul un miracle put sauver la France du destin qu'elle devait connaître vingt ans plus tard ; sans la résistance acharnée de Pétain, le Kaiser Guillaume aurait triomphalement descendu les Champs-Élysées à la tête de ses troupes en 1917 — comme Hitler le fit en 1940.

La gravité désespérée de la crise en France en ce début d'été 1917 devait être ensuite parfaitement décrite par Paul Painlevé, ministre de la Guerre d'alors qui devint plus tard président du Conseil : « Puis vint un jour où nous n'eûmes plus que deux régiments sur lesquels nous pouvions compter entre Soissons et Paris. »

La situation générale était encore aggravée par les pertes en mer dues à l'activité incessante des sous-marins allemands. Pour soutenir le moral des Français, il fallait détourner l'attention du public des nouvelles du front. Il était urgent de trouver un bouc-émissaire et, pour ce faire le gouvernement n'avait guère que la chasse aux espions à sa disposition. Au moins, on pouvait rejeter un peu le blâme de la tournure que prenaient les événements sur leurs néfastes activités. En très peu de temps, on arrêta, jugea et condamna à mort plusieurs espions.

L'atmosphère de soupçon était telle que Ladoux lui-même se retrouva en prison en octobre 1917, accusé d'espionnage par un certain Lenoir, individu peu scrupuleux, qui — grâce à de l'argent fourni par les Allemands par l'intermédiaire de leurs agents en Suisse — avait racheté le quotidien du matin parisien *Le Journal*, qu'il s'empressa de revendre à un groupe de Français anti-gouvernementaux. Peut-être cela consola-t-il Ladoux de voir Lenoir exécuté plus tard lorsqu'on découvrit qu'il était espion lui-même. Mais pour l'instant, c'était *Ladoux* seul qui était arrêté. On le libéra provisoirement, mais il resta néanmoins à la disposition des autorités militaires. Le 2 janvier 1919, Ladoux fut à nouveau incarcéré pour être jugé le 8 mai par ce même 3e Conseil de guerre qui en avait alors terminé avec Mata Hari. Bien que cela se soit soldé par un acquittement, le fait que le chef du bureau de l'espionnage et du contre-espionnage de l'armée puisse être soupçonné de se livrer à des activités qu'il était censé prévenir est très significatif de la psychose du soupçon qui régnait en France à l'époque. C'est comme si l'on avait jeté J. Edgar Hoover (le fameux directeur de la FBI) en prison pour activités subversives.

Par conséquent, les doigts accusateurs qui furent pointés sur Mata Hari s'accompagnèrent de déclarations tonitruantes à l'ouverture du procès. Le commandant Émile Massard (celui qui avait dit de Mata Hari qu'elle était de « parents juifs »), chef du Haut Commandement des armées de Paris, assista à tout le procès en qualité de représentant du gouvernement militaire de Paris — le général Dubail. Massard est la seule personne qui, n'étant pas sous serment, a écrit un témoignage des débats. Il attendit malheureusement cinq ans pour le faire et se fia apparemment surtout à sa mémoire. D'après lui, le lieutenant Mornet, avocat du ministère public, se serait exclamé :

« Le mal qu'a causé cette femme est incroyable, c'est peut-être la plus grande espionne du siècle ! [1] »

L'estimation de Massard des gains de Mata Hari comme espionne est aussi élevée que sont basses, à son avis, les rémunérations que reçoivent des Allemands ceux qui espionnent pour eux. Il évalue froidement qu'elle reçut « durant les deux premières années de la guerre plus de 75 000 francs » des Allemands, « ce qui est énorme, si l'on tient compte que les agents ordinaires ne recevaient jamais plus de mille francs ».

Bouchardon prononça, quant à lui, l'épitaphe déjà prête de Mata Hari : il décrivit sa victime comme une femme dont « l'aisance avec laquelle elle s'exprimait en plusieurs langues, ses innombrables relations, sa remarquable intelligence, son immoralité innée ou acquise, tout contribue à la rendre suspecte ; elle est l'espionne née ».

(En 1970, après ma participation à une émission consacrée à Mata Hari à la télévision française, je reçus une lettre plutôt flatteuse d'un autre participant, M. Jacques Abtey, qui avait été membre du Deuxième Bureau. Disant de mon livre qu'il était « l'ouvrage le plus documenté, le plus sérieux, le plus honnête qui ait jamais été écrit sur ce cas douloureux », M. Abtey déclarait que selon lui le capitaine Ladoux « a joué un rôle lamentable, sinon suspect ».)

Le sentiment général est bien traduit par la déclaration que fit Marthe Richard dans les années trente : « J'aurais pu terminer comme Mata Hari, plutôt que de me voir couronnée par le ruban de la Légion d'honneur ». Elle aussi, pendant ses activités d'espionnage à Madrid, était souvent restée très longtemps sans nouvelles et sans instructions du capitaine Ladoux.

---

1. Cette déclaration de Mornet contraste avec celle qu'il fit des années plus tard, lors d'une émission radiophonique avec Bouchardon : « Ce n'est pas une affaire intéressante ». (N.d.A.)

Marthe Richard fit cette déclaration à Paul Allard, écrivain français qui tenta d'élucider le mystère Mata Hari et qui, en 1933, publia le résultat de ses recherches dans un livre intitulé *Les Énigmes de la guerre*. Allard, après avoir interrogé le plus de gens concernés possible, revint avec une brassée de commentaires totalement différents de ceux qui avaient été faits en 1917. Le colonel Lacroix, chef, en 1932, du Conseil de guerre, qui surveillait de près le dossier de Mata Hari, reconnut qu'il avait pris connaissance de son contenu. Selon Allard, le colonel Lacroix n'y trouva « pas de preuves palpables, tangibles, absolues, irréfutables ». Et même Bouchardon, qui s'était calmé depuis 1917, ne voulait plus affirmer verbalement la culpabilité de Mata Hari. Paul Allard résuma fort bien le sentiment général : « J'ai tout lu de ce qui a été écrit sur la célèbre "danseuse-espionne" et je déclare tout net que je suis aussi avancé qu'avant. Je ne sais pas ce qu'a fait Mata Hari. Personne ne sait ce qu'a fait Mata Hari ! Posez nettement la question à un Français moyen, ou même à un homme averti : il n'en sait rien ! Il est convaincu qu'elle était coupable, mais il ne sait pas pourquoi. »

L'atmosphère qui régnait au Palais de Justice en ce 24 juillet quand le tribunal militaire se réunit pour juger Mata Hari était très particulière. Les échos de la récente mutinerie des troupes résonnaient encore entre les murs de ce bâtiment de l'île de la Cité. D'un côté de la salle de la cour d'Assises, Mata Hari — innocente jusqu'à ce qu'on la déclare coupable, mais déjà espionne. En face d'elle, le jury, composé d'un président et de six juges, tous militaires. Les deux parties entouraient le rapport de Bouchardon, sur lequel le jury devait trancher.

Mais, étant donné le sentiment général de soupçon et malgré la présentation de preuves indirectes seulement, le jury n'eut ni l'occasion ni le courage de répondre par la négative aux accusations. Les accusations de Bouchardon, toutes prêtes, qui faisaient de chaque mouvement innocent un mouvement suspect et de chaque mouvement suspect un mouvement coupable, ne pouvaient déboucher que sur une condamnation. Et pourtant, tous les juges ne partagèrent pas cette opinion, ce qui requérait un certain courage en de telles circonstances. A trois questions sur huit, l'un des membres du jury répondit NON. Et l'une de ces questions, la septième, était la plus importante — celle sur qui reposa sans aucun doute sa condamnation à mort. Toutes les autres questions n'avaient pas grand rapport avec l'affaire. Et pourtant, un tel doute planait autour de cette septième question qu'il se trouva un militaire pour oser, dans cette atmosphère lourde, montrer une certaine force de caractère et répondre NON.

Une vie humaine était en jeu. De peu de valeur peut-être dans une guerre aussi meurtrière, mais on allait débattre de cette vie face à des gens qui devaient peser des preuves. Cela exigeait un temps de réflexion et de discussion, mais dans le cas de Mata Hari, il n'y eut ni l'un ni l'autre.

Le procès s'ouvrit le 24 juillet à une heure de l'après-midi. A sept heures du soir, on suspendait l'audience jusqu'au lendemain matin, huit heures trente. Le lendemain soir tout était terminé. Et l'on comprend dans ce jour et demi de travail le temps nécessaire pour accomplir toutes les procédures purement légales telles que l'entrée des juges, le discours d'ouverture, la lecture de documents légaux, le résumé des faits par l'avocat du ministère public, la plaidoirie de la défense, et les délibérations du jury. Dans la mesure où la seule plaidoirie de Maître Clunet prit plusieurs heures, cela laissait fort peu de temps pour une exposition correcte de l'affaire, l'audience des témoins de la défense et du ministère public, les contre-interrogatoires et l'étude des faits. Mais ce n'était pas vraiment nécessaire en l'occurrence. Bouchardon s'était chargé de tout cela pour le jury avant même que l'affaire n'arrivât au tribunal. Mata Hari fut condamnée par le dossier établi avant le procès, et le jury se contenta de confirmer la condamnation.

Voici les huit questions soigneusement préparées par Bouchardon et auxquelles le jury dut répondre à la fin de la deuxième séance le 25 juillet :

PREMIÈRE QUESTION : La nommée Zelle Marguerite Gertrude épouse divorcée MacLeod, dite Mata Hari, est-elle coupable de s'être, en décembre 1915, en tous cas depuis temps de droit, introduite dans le camp retranché de Paris pour s'y procurer des documents ou renseignements dans l'intérêt de l'Allemagne, puissance ennemie ?

DEUXIÈME QUESTION : La même est-elle coupable d'avoir, en Hollande depuis temps de droit et notamment dans le premier trimestre de 1916, procuré à l'Allemagne, puissance ennemie, notamment en la personne du consul Kramer, des documents ou renseignements susceptibles de nuire aux opérations de l'armée ou de compromettre la sûreté des places, postes ou autres établissements militaires ?

TROISIÈME QUESTION : La même est-elle coupable d'avoir, en Hollande, en mai 1916, en tous cas depuis temps de droit, entretenu des intelligences avec l'Allemagne, puissance ennemie, en la personne dudit Kramer, dans le but de favoriser l'entreprise de l'ennemi ?

QUATRIÈME QUESTION : La même est-elle coupable de s'être en juin 1916, en tous cas depuis temps de droit, introduite dans le camp retranché de Paris, pour s'y procurer des documents ou renseignements dans l'intérêt de l'Allemagne, puissance ennemie ?

CINQUIÈME QUESTION : La même est-elle coupable d'avoir à Paris, depuis mai 1916, en tous cas depuis temps de droit, entretenu des intelligences avec l'Allemagne, puissance ennemie, dans le but de favoriser les entreprises dudit ennemi ?

SIXIÈME QUESTION : La même est-elle coupable d'avoir à Madrid (Espagne), en décembre 1916, en tous cas depuis temps de droit, entretenu des intelligences avec l'Allemagne, puissance ennemie, en la personne de l'attaché militaire von Kalle dans le but de favoriser les entreprises dudit ennemi ?

SEPTIÈME QUESTION : La même est-elle coupable d'avoir dans les mêmes circonstances de temps et de lieu, procuré à l'Allemagne, puissance ennemie, en la personne dudit von Kalle, des documents ou renseignements susceptibles de nuire aux opérations de l'armée ou de compromettre la sûreté des places, postes ou autres établissements militaires, lesdits documents ou renseignements portant notamment sur la politique intérieure, l'offensive du printemps, la découverte par les Français du secret d'une encre sympathique allemande et la divulgation du nom d'un agent au service de l'Angleterre ?

HUITIÈME QUESTION : La même est-elle coupable d'avoir, à Paris, en janvier 1917, en tous cas depuis temps de droit, entretenu des intelligences avec l'Allemagne, puissance ennemie, dans le but de favoriser les entreprises dudit ennemi ?

Mata Hari qui, pour la durée du procès avait été transférée au « Dépôt » à la Conciergerie, à côté du Palais de Justice, ne savait pas ce qui l'attendait lorsqu'elle entra dans la salle de cour d'Assises en cet après-midi du 24 juillet. Elle portait, pour l'occasion, une robe bleue décolletée avec un chapeau en forme de tricorne. Après avoir traversé les différentes cours et monté l'escalier en colimaçon jusqu'au deuxième étage, elle se glissa dans la salle par une petite porte de côté. Le moment d'affronter le jury était arrivé.

Les sept messieurs qu'elle vit sur le banc des jurés appartenaient tous au 3e Conseil de guerre permanent du gouvernement militaire de Paris, et en tant que tels ils avaient été nommés par le gouverneur militaire.

Ils jurèrent « de garder religieusement le secret des délibérations ».

Le jury était présidé par le lieutenant-colonel Albert Ernest Somprou de la Garde républicaine, âgé de cinquante-quatre ans. Les autres noms allaient du plus simple à l'aristocratique. Le moins gradé était un sous-lieutenant du septième régiment des cuirassiers (cavalerie) du nom de Joseph de Mercier de Malaval, qui resta dans l'armée jusqu'en 1945. Soit sa participation au procès de Mata Hari ne lui laissa aucun souvenir, ce qui paraît improbable, soit il en avait honte. Quoi qu'il en soit, selon les dires de sa femme, que je rencontrai en 1963, « il ne lui avait jamais parlé de sa participation au procès ».

Tous les jurés sont morts à l'heure actuelle. Fernand Joubert, chef de bataillon du 230e régiment d'infanterie, était né en 1864. Le capitaine de gendarmerie Jean Chatin, déjà retiré de l'active en 1914, était né en 1861. Lionel de Cayla, qui habitait le Champ-de-Mars, seul Parisien du groupe apparemment, était né en 1862 et, en 1917, servait dans l'armée comme capitaine du 19e escadron du Train des Équipages. Henri Deguesseau, né en 1860, était lieutenant du 237e régiment d'infanterie. Le septième homme était adjudant d'artillerie — 12e régiment — Berthomme.

En plus de ces sept hommes, Mata Hari se retrouvait en face du lieutenant Mornet, qui, en tant qu'avocat du ministère public, représentait le commissaire du gouvernement, et de l'adjudant Rivière, le commis-greffier qui allait prendre des notes. Du côté de Mata Hari, assis devant elle, se trouvait son avocat, Maître Édouard Clunet, âgé de soixante-quatorze ans.

Au début du procès, la salle était ouverte au public, qui se pressait donc au fond lorsqu'on amena Mata Hari « libre et sans fers ». Comme l'usage le voulait, le lieutenant-colonel Somprou avait les codes juridiques requis devant lui : le Code militaire, le Code criminel et le Code pénal. Tout se fonderait sur les articles de ces livres.

On demanda à Mata Hari de décliner ses nom, prénom, date et lieu de naissance, situation de famille, profession et adresse. Mata Hari déclara s'appeler « Zelle, Marguerite-Gertrude [c'est ainsi que l'écrit le greffier], dite Mata-Hari, âgée de 40 ans, née à Leeuwarden (Hollande), divorcée, danseuse, domiciliée avant son arrestation à Paris, 12, boulevard des Capucines », qui est l'adresse du Grand Hôtel. (A l'époque, l'entrée principale se trouvait sur le boulevard, ce n'est que plus tard qu'elle fut placée rue Scribe. Et même si Mata Hari donne le Grand Hôtel comme domicile parisien officiel, il est sûr qu'à son retour d'Espagne elle n'y habitait plus, mais qu'elle s'était installée au Plaza, avenue Montaigne, comme l'indiquaient les télégrammes envoyés par le ministère des Affaires étrangères hollandais à sa légation à Paris. Pourtant, les rapports français montrent que lors de son arrestation, elle se trouvait au Palace Hôtel sur les Champs-Élysées. Dans ce cas, elle avait dû quitter le Plaza.)

Le président demanda alors au greffier de lire l'ordre du jour du procès et la convocation du tribunal. Cela fut immédiatement suivi d'une requête de l'avocat du ministère public Mornet de poursuivre les débats à huis clos, « débats dont la publicité pourrait être dangereuse pour l'ordre ». Il demanda aussi « que soit interdit le compte rendu de l'affaire ». On demanda ensuite à Maître Clunet son opinion sur ces questions, à la suite de quoi le jury quitta la salle par les portes de côté, sur la droite de Mata Hari, pour aller délibérer.

Quand le jury fut rentré et assis, le lieutenant-colonel Somprou entreprit de lire, face à Mata Hari et au public, les détails des délibérations du jury et la décision qu'il avait prise. « Après avoir entendu le défenseur en ses observations, le Président a posé les questions suivantes : 1) Y a-t-il lieu d'ordonner les huis clos ? 2) Y a-t-il lieu d'interdire le compte rendu de l'affaire Zelle ?

« Les voix recueillies séparément et conformément à la loi sur chacune des questions, le Conseil considérant que la publicité des débats serait dangereuse pour l'ordre, attendu, en outre, qu'il serait également dangereux pour l'ordre que la publication du compte rendu de l'affaire Zelle soit autorisée et déclare à l'unanimité qu'il y a lieu : 1) d'ordonner le huis clos — 2) d'interdire le compte rendu de l'affaire Zelle. »

Cela étant, on pria le public de quitter la salle. On prit ensuite toutes les précautions pour empêcher toute fuite intempestive en plaçant des sentinelles à dix mètres de chacune des portes. Le secret était complet, l'interrogatoire pouvait commencer.

Mata Hari, assise sur la longueur de la pièce, faisait face aux sept fenêtres hautes qui donnaient au nord. Juste au-dessus d'elle, sur le mur, se trouvait l'horloge, près de laquelle Marianne, symbole de la République, contemplait accusateurs et accusée. Au-dessus des jurés, on voyait, accroché, un cadre vide qui avait contenu jadis un tableau représentant le Christ — enlevé en 1905 à la séparation de l'Église et de l'État. Le box de la presse, à gauche de Mata Hari, était vide lui aussi ainsi que l'espace réservé au public.

Le lieutenant substitut du commissaire du gouvernement, Mornet, végétarien très mince à la barbe généreuse, qui ne buvait jamais une goutte d'alcool et qui, après la Seconde Guerre mondiale, devait être le procureur du maréchal Pétain, commença en disant à Mata Hari qu'on l'avait toujours vue en compagnie d'hommes en uniforme — qu'elle s'intéressait apparemment peu aux civils. C'était oublier le grand nombre de civils français que Mata Hari avait bien connus. Mais Bouchardon ne leur avait pas accordé beaucoup de place dans son rapport.

Mata Hari expliqua que l'uniforme l'avait toujours fascinée, et ce depuis et même avant son union avec son mari. Le jury ne fut pas très impressionné. Laissant de côté un sujet qui ne pouvait pas servir à l'accusation, les questions se portèrent sur le voyage de Mata Hari à Vittel. Elle avoua franchement, comme elle l'avait fait lors des interrogatoires, qu'elle avait eu deux objectifs : boire les eaux pour raisons de santé et voir son amant Vadime de Massloff.

S'inspirant du rapport de Bouchardon, Mornet lui demanda pourquoi elle avait menti : quand Ladoux l'avait questionnée sur les raisons de son voyage, elle avait dit qu'elle avait l'intention de faire une cure dans cette station thermale, et pourtant, dans le même temps, elle avait écrit à son amant en Hollande, le baron van der Capellen, qu'elle allait très bien.

L'explication de Mata Hari fut la même que précédemment : c'était le genre de mensonges pieux que n'importe quelle femme ferait dans sa position. Pour obtenir de Ladoux la permission de se rendre à Vittel, elle avait donné la véritable raison : sa santé. En plus, ce n'était pas la peine d'attirer l'attention du baron sur ce point.

· Puis on passa à la question de l'argent : les 20 000 francs du consul Cramer et les paiements par le Comptoir d'Escompte, dont le second chèque de 5 000 francs figurait au dossier. Pourquoi cet argent ? Comment se faisait-il qu'il y ait eu d'autres règlements ?

Mata Hari raconta l'histoire qu'elle avait dite à Bouchardon. Elle avait touché de l'argent parce qu'elle avait été la maîtresse de ces hommes. Mornet trouva les sommes bien élevées pour ce genre de services. Mata Hari n'était pas de son avis. Pour une femme qui avait eu chevaux et villas à sa disposition, qui avait gagné dix mille francs à l'Olympia de Paris au tout début de sa carrière, pour une

femme qui avait une maison à La Haye, et qui, avant,
avait vécu dans une villa à Neuilly, dans un château sur
les bords de la Loire, et dans des hôtels de luxe dans
l'Europe entière — pour une telle femme, des sommes
d'argent ridicules ne présentaient aucun intérêt. Et Mata
Hari fit à nouveau remarquer que l'argent qu'elle avait
reçu au Comptoir d'Escompte lui avait été envoyé par le
baron van der Capellen. En ce qui concernait les 3 500
pesetas, ils venaient de von Kalle. Et elle voulait préciser
une chose à ce propos : ce n'était pas l'argent de von Kalle,
mais celui de son gouvernement ; il avait pour payer sa
maîtresse utilisé des fonds gouvernementaux destinés à
régler les espions. Mata Hari voulait-elle dire par là
que von Kalle l'avait payée pour autre chose que des
renseignements ? Exactement. Il l'avait payée comme un
amant paie sa maîtresse, et l'argent utilisé était en fait
destiné à l'espionnage.

Mornet ne fut pas impressionné. Il s'en tint au point
que Bouchardon avait soulevé auparavant : les Allemands
donnaient généralement très peu à leurs espions. Aucun
homme ne donnerait autant à une femme parce qu'elle
satisfait certains besoins physiques. Si von Kalle lui avait
remis ces milliers de pesetas ou francs, cela ne pouvait
être que pour services rendus — des services qui mettaient
la France en danger, rien d'autre.

Si elle avait été appelée à la barre des témoins, Marthe
Richard aurait pu confirmer l'histoire de Mata Hari.
Comme elle l'avouait dans son livre bien des années plus
tard, l'attaché naval de Madrid, von Krohn, lui avait offert
un cadeau d'adieux. Elle raconte que le lendemain du jour
où elle l'avait prévenu de son retour définitif en France,
« il m'offrit un solitaire chez un joaillier de Barcelone ».
Et Marthe Richard, juste avant de quitter Madrid, révéla
à l'ambassadeur allemand qu'elle avait été la maîtresse de
son attaché naval ; elle lui avait dit : « Je viens vous

apporter la preuve qu'il m'entretenait avec l'argent qu'il a à sa disposition pour payer ses espions. »

Marthe Richard participa aussi au débat télévisé en 1970 (mentionné plus haut). Selon cette célèbre espionne, « Mata Hari n'a tout simplement pas eu de chance dans son rôle. Elle a fait exactement ce que j'ai fait moi-même — enfin, elle a essayé de jouer les agents doubles. J'ai dû moi aussi donner des renseignements français à mon amant allemand à Madrid. J'aurais bien pu finir ma vie comme l'infortunée Mata Hari. Mais ainsi vont les choses, j'ai été décorée de la Légion d'honneur, et Mata Hari a été exécutée. »

Le lieutenant Mornet changea d'angle d'attaque. Si elle avait effectivement accepté ces 20 000 ou 30 000 francs des Allemands pour quelque raison que ce soit, pourquoi avait-elle réclamé un million aux Français ? Une fois de plus, Mata Hari avait une réponse toute prête : parce que maintenant elle projetait vraiment d'aider — d'aider les *Français*. Et avec les relations qu'elle avait, elle pouvait rendre de grands services, elle était *disposée à espionner*, et cela valait beaucoup d'argent.

Cela n'impressionna pas le jury. Mornet passa donc au sujet suivant : pourquoi n'avait-elle pas révélé à Ladoux que Cramer lui avait fait une offre en Hollande ? Et pourquoi avait-elle dit à von Kalle que les Français l'avaient engagée comme espionne ?

Mata Hari trouvait que Mornet manquait de logique — ou alors il ne comprenait pas du tout comment fonctionnait l'esprit d'une femme qui non seulement *pouvait* mais *devait* user de divers stratagèmes pour atteindre ses buts. Elle n'avait aucune raison de dire à Ladoux que Cramer lui avait fait une proposition, parce qu'elle avait pris l'argent et n'avait rien donné aux Allemands en échange. Quant à von Kalle, le colonel Danvignes lui avait *demandé* d'obtenir des renseignements de lui — *pour les Français*. Et comme, à l'époque, elle voulait rentrer en Hollande, elle espérait qu'il lui donnerait un laissez-passer qui lui permettrait de rejoindre La Haye par l'Allemagne. Après tout, elle était bien placée pour savoir qu'elle ne pouvait pas passer par l'Angleterre !

Elle s'obstinait, parce que maintenant elle comprenait que les hommes en face d'elle essayaient de l'envoyer en prison. La logique était de son côté, pensait-elle. Et la question qu'elle' posa alors au jury était effectivement logique : serait-elle rentrée à Paris si elle avait été coupable d'espionnage pour les Allemands, après avoir été arrêtée par Scotland Yard ? C'eût été pure folie !

Et comment expliquait-elle son matricule de H-21 qui était mentionné dans les télégrammes envoyés de Madrid et dont elle avait dit elle-même qu'il avait été évoqué lors de son entretien avec Cramer à La Haye ? Cela ne signifiait rien du tout — cela avait été l'idée de Cramer, et elle n'y avait plus repensé.

Le sujet semblait épuisé. Le lieutenant Mornet avait couvert le terrain que Bouchardon lui avait préparé. Il n'y avait aucune preuve tangible dans les sujets passés en revue par le Conseil. Sauf quand on avait parlé des gens avec qui Mata Hari s'était entretenue. Mais ni ces Allemands ni l'argent qu'elle avait reçu ne constituaient une preuve irréfutable d'espionnage ou de mise en danger de la sécurité de la France, car rien n'indiquait vraiment en échange de *quoi* cet argent avait été versé.

Pourtant, pour le lieutenant Mornet et le jury, l'affaire progressait de manière satisfaisante. Tout cela impliquait des Allemands et de l'argent — et cela pouvait aller très loin dans le Paris de 1917.

Le moment était venu d'appeler les témoins à la barre. Le lieutenant Mornet annonça que deux d'entre eux n'étaient pas en mesure de se présenter — le capitaine de Massloff et le lieutenant Hallaure. Certains auteurs, dont l'historien André Castelot, affirment que ces deux témoins sont venus à la barre. Castelot écrit : « Mata Hari avait supplié que l'on ne fasse pas comparaître Masloff. » Et il ajoute : « Elle n'en dut pas moins supporter cette épreuve ». Il est évident que Castelot n'a jamais vu le dossier, quand on se réfère aux nombreuses erreurs commises par lui dans ses écrits et dans son émission télévisée. Massloff n'est *pas* venu à la barre. On voit en effet dans les minutes du procès : « Les témoins, capitaine de Massloff et lieutenant Hallaure n'ayant pu être touchés par leur cédule de comparution, le Conseil, sur avis conforme des parties, a ordonné qu'il soit passé outre aux débats, conformément à l'article 126 du code de Justice militaire. »

Jules Cambon était à la barre, à mi-chemin entre Mata Hari et le lieutenant Mornet, face au jury. Il n'avait pas de commentaires à faire, sinon qu'elle ne lui avait jamais posé de questions d'ordre diplomatique ou militaire. Interrogée sur ses raisons de le convoquer comme témoin, Mata Hari donna la réponse évidente : Monsieur Cambon avait été ambassadeur dans plusieurs postes importants et avait occupé et occupait encore l'une des plus hautes fonctions de France. Sa déclaration, néanmoins, ne signifiait pas grand-chose aux yeux du jury : des on-dit à propos d'Allemands absents et des rapports d'agents douteux pesaient plus dans le plateau de la Justice qu'une opinion strictement personnelle d'un des plus importants hauts fonctionnaires de France.

Adolphe Messimy, qui avait été ministre de la Guerre aux débuts des hostilités et qui avait écrit à Mata Hari à Berlin pour lui dire qu'il ne pouvait pas venir la voir, avait été cité par la défense. Devenu entre-temps général, Messimy ne se présenta pas. Sa femme envoya une lettre au lieutenant-colonel Somprou dans laquelle elle expliquait que son mari souffrait d'une crise de rhumatismes, ce qui lui interdisait de quitter la chambre. En outre, ce devait être une erreur, car son mari n'avait jamais rencontré la personne indiquée.

Selon Bouchardon, la lecture de la lettre de Messimy fut le seul instant d'hilarité pendant le procès. Mata Hari se mit à rire, et son rire était contagieux. « Ah ! il ne m'a jamais connue, celui-là ! Eh bien ! il a un riche toupet ! »

(Comme il y avait eu deux v. K. à Madrid, il y avait deux M-y au conseil en 1914, le ministre de l'Intérieur, Malvy, et Messimy, ministre de la Guerre. En mars 1926, accusé par un journal d'avoir entretenu des relations intimes avec Mata Hari, Messimy déclara que « il y a quatorze ans de cela, cette femme, utilisant toute la séduction dont elle était capable, essaya de devenir ma maîtresse ! ». Il ne fallait pas qu'elle y compte, dit Messimy, et il n'avait écrit à Mata Hari que pour lui dire *non*. Comme les initiales sur le papier ministériel étaient M-y, on l'avait confondu avec son collègue Malvy. En 1917, Malvy fut accusé de haute trahison par Clemenceau et exilé en Espagne pour cinq ans. A son retour, il fut réhabilité, l'affaire M-y ayant été élucidée, mais en pénétrant dans l'hémicycle de la Chambre des députés, il fut à nouveau accusé d'avoir été l'amant de Mata Hari et s'évanouit d'émotion.)

On appela quelques autres témoins — la manucure, une diseuse de bonne aventure, Henri de Marguerie. Rien de ce qu'ils dirent n'ajouta quoi que ce soit au pour ou contre. A la fin de ce premier après-midi, la cause de l'armée contre Mata Hari reposait toujours sur un unique argument : le dossier de Bouchardon.

Donc à sept heures du soir en cette journée du 24 juillet 1917 pendant laquelle les Allemands bombardèrent Nancy et les Alliés reprirent la position Californie sur le Chemin des Dames, « le repos des membres du Conseil et de l'accusée étant nécessaire, Monsieur le Président, en vertu de l'article 129, paragraphe 1 du Code de Justice Militaire, a déclaré les débats suspendus et en a ordonné la reprise et la continuation au lendemain vingt-cinq juillet mil neuf cent dix-sept à huit heures et demie, jour et heure d'audience auxquels il invite les membres du Conseil de guerre à se présenter, et donne l'ordre à la garde d'emmener l'accusée, qui a été reconduite à la prison ».

Mata Hari, pour la deuxième fois ce jour-là, traversa les cours et couloirs jusqu'à la Conciergerie — jusqu'au Dépôt.

Les jurés, ce soir-là, ne rapportèrent que deux impressions chez eux — des images d'une femme qui avait mené une vie brillante dans le Paris du début du siècle et qui avait eu beaucoup d'amants. L'autre impression qu'ils conservaient, c'était sa culpabilité prouvée par une accumulation d'accusations.

26.

Le lendemain matin, on assista à une répétition de la cérémonie de la veille : les membres du jury prirent place à huit heures et demie, les livres de loi furent déposés devant le lieutenant-colonel Somprou, Mata Hari fut amenée dans la salle avec Maître Clunet et, comme avant, on pria le public de quitter les lieux.

On alla très vite. Le lieutenant-colonel Somprou demanda au greffier de lire les déclarations des témoins qui n'avaient pu paraître à la barre. Dans le lot, on trouvait la déclaration du capitaine Vadime de Massloff qui expliquait que sa liaison avec Mata Hari n'avait pas signifié grand-chose pour lui ; lui aussi avait peur. On demanda alors à Mata Hari et à son avocat s'ils avaient quelque chose à ajouter.

Le lieutenant substitut du commissaire du gouvernement, Mornet, prit la parole. Il dépeignit avec éloquence le comportement néfaste de Mata Hari et exigea que « Zelle soit déclarée coupable des faits relevés contre elle ». On demanda à nouveau à Mata Hari et à son avocat s'ils avaient quelque chose à ajouter. Ils ne purent que répéter les déclarations faites précédemment. Mata Hari proclama son innocence et, ensuite, Maître Clunet se lança dans un plaidoyer plein d'émotion mais peu convaincant qui dura une bonne partie de l'après-midi. Il plaida bien sûr l'innocence. Tous les mots qui furent prononcés en ce second jour ne signifiaient pas grand-chose — c'étaient des mots exigés par la loi : il *fallait* écouter les témoins, il *fallait* résumer, il *fallait* que l'avocat de la défense parle. C'était la procédure consacrée qui figurait dans les trois livres de loi trônant devant le président.

Pendant tout ce verbiage, la température entre ces quatre hauts murs avait commencé à devenir intolérable. Le thermomètre monta jusqu'à vingt-sept degrés cet après-midi là, et un orage qui aurait pu un peu rafraîchir l'atmosphère lourde n'apporta qu'un peu de pluie.

Le président Somprou déclara les interrogatoires clos et ordonna qu'on emmène l'accusée dans la salle des prisonniers située au même étage, pendant que le jury décidait de son verdict. Les sept hommes n'eurent pas besoin de beaucoup de temps. Les minutes du procès n'indiquent pas la durée exacte de leurs délibérations, mais Massard dit qu'il leur fallut quarante-cinq minutes en tout pour voter sur chacune des huit questions et décider du verdict. On dit ailleurs que cela dura une demi-heure, et même dix minutes seulement. Si l'on tient compte du minutage de Massard — le plus long — cela fait une moyenne de cinq minutes par point.

Le vote commençait par le grade le plus bas, et le lieutenant-colonel Somprou vota chaque fois le dernier. Le jury était unanime quant à la présence de Mata Hari en certains lieux et temps. Mata Hari elle-même n'avait pas nié s'être trouvée à Amsterdam ou à La Haye ou à Paris et Madrid.

Mais si l'on prend les huit questions séparément, on remarque une étrange répétition de l'opinion fortement négative de l'un des membres du jury qui, par trois fois, eut le courage de dire NON. Il disait oui pour certains lieux et temps. Il admettait même qu'elle avait parlé à des Allemands en chacun de ces lieux et « qu'elle avait

entretenu des intelligences avec l'ennemi » ou qu'elle avait
« essayé de se procurer des documents ou renseignements ».
Mais chaque fois qu'on lui demandait si elle avait *disposé*
de ces informations, il répondait catégoriquement NON.
Pour les six autres membres du jury, parler aux Allemands
et leur donner des renseignements, c'était pareil. Le
septième membre soulignait qu'il n'y avait pas de preuves.

La première question demandait seulement si Mata Hari
était venue à Paris en décembre 1915. La réponse fut
unanimement OUI.

La deuxième question demandait si pendant les six
premiers mois de 1916, en Hollande, Mata Hari avait
donné des documents et des renseignements au consul
Cramer. Le septième homme répondit NON.

La troisième question demandait si elle avait parlé à
Cramer en mai 1916. Tous les membres du jury en étaient
convaincus ; Mata Hari l'avait dit elle-même. La réponse
fut un OUI unanime.

La quatrième question demandait si elle était retournée
à Paris en juin 1916 avec *l'intention* d'obtenir des renseignements. Encore une fois, la réponse fut un OUI unanime.

La cinquième question, contrairement à la quatrième,
demandait si elle avait *effectivement* parlé à des Allemands
à Paris pendant l'été 1916. Le septième homme répondit à
nouveau NON.

La sixième question demandait si elle avait parlé avec
des Allemands — von Kalle — à Madrid en décembre
1916. Tous les sept membres du jury répondirent OUI.

La septième question demandait beaucoup de choses :
avait-elle révélé à von Kalle la découverte faite par les
Français de l'encre secrète allemande ? Avait-elle informé
von Kalle de secrets concernant la politique intérieure
française ? Parla-t-elle à von Kalle de l'offensive de
printemps et donna-t-elle à von Kalle le nom d'un agent
anglais ? Pour six des membres du jury ces choses étaient
catégoriquement prouvées. Le septième homme n'était pas

d'accord encore une fois. Six dirent OUI, le septième dit NON.

La huitième question demandait si Mata Hari avait parlé à des Allemands en janvier 1917. A ce moment-là, le septième homme dut être intimidé. La question était pour l'essentiel la même que la cinquième. Seule l'année changeait : janvier 1917 au lieu de mai 1916. Cette fois, sans aucune raison apparente, le septième homme vota OUI. Il semble étrange, alors que le jury confirmait — dans les questions cinq et huit — que Mata Hari avait « entretenu des intelligences avec l'ennemi *à Paris* », qu'aucun des agents allemands n'ait été pris, amené comme témoin ou même accusé. On n'avait pas non plus *vu* Mata Hari en leur compagnie. Le jury se contentait de confirmer ce que Bouchardon avait suggéré.

Cependant une chose bizarre arriva au septième homme. Il avait courageusement exprimé son opinion sur toutes les accusations graves contre Mata Hari. Aucune d'entre elles n'était prouvée, pensait-il. Mais il dut perdre courage. Car, quand le président du tribunal, le lieutenant-colonel Somprou, demanda qu'on vote pour la sentence, le septième homme changea d'avis. Il l'avait catégoriquement absoute de toutes actions pouvant l'accuser d'espionnage. Et pourtant il réclama son exécution, et « le Conseil condamne à l'unanimité, la nommée ZELLE Marguerite, Gertrude, susqualifiée, à la peine de mort ».

Ce n'était pas tout, même si le reste n'avait pas grande importance : « Au nom du Peuple de France... Le Conseil la condamne en outre aux frais envers l'État. »

Pour clore l'affaire, le lieutenant-colonel Somprou demanda au commissaire du gouvernement de faire lire la sentence à l'accusée en présence d'une garde armée. Mata Hari avait espéré être acquittée. Elle avait peut-être pensé qu'elle serait condamnée à une peine de prison. Mais la mort jamais.

La lecture de l'adjudant Rivière, commis-greffier, prit

quelques minutes. Maître Clunet, selon Massard, se mit à pleurer. Et Mata Hari, stupéfaite, répéta plusieurs fois : « C'est impossible, c'est impossible ! »

Puis elle retrouva le contrôle d'elle-même et signa son pourvoi en appel devant le tribunal de révision. C'était un autre pas vers la mort.

(Paul Guimard, l'un des derniers pseudo-biographes en date de Mata Hari [1], reprend l'histoire inventée qui soutient qu'elle fut unanimement condamnée sur les huit points. Mais M. Guimard multiplie les erreurs, s'étant apparemment inspiré des contes de Heymans et de Gomez Carrillo. Il confirme non seulement les relations sexuelles avant le mariage entre Margaretha et son fiancé qui mènent à la naissance prématurée de leur fils Norman — faux — six mois après leur mariage, mais il raconte aussi la fable du « chef » de la police allemande, et l'histoire de l'espion anglais exécuté par les Allemands. Il fait de Mata Hari la maîtresse non seulement de von Kalle mais aussi de l'attaché naval von Krohn à Madrid et, pour faire bonne mesure, décide qu'après son séjour de deux mois à Vittel — au lieu de deux semaines — elle fut convoquée au Bureau de Ladoux « qui lui intima de quitter immédiatement le territoire français ».)

En la condamnant à mort, le jury n'avait pas su percer à jour la véritable démarche de Mata Hari, qui était très simple. Elle a fait tout ce qu'un agent double aurait fait, ce que Ladoux lui-même devait suggérer plus tard. Elle a agi avec tant d'intelligence que même von Kalle s'y est laissé prendre. Elle accepta l'argent de Cramer, pensant avec son raisonnement étrange, que dans la mesure où elle ne donnerait rien en échange, personne ne s'occuperait de la question et personne ne le lui reprocherait.

Cramer fit un rapport douteux et peu détaillé de la

---

1. « Un drame d'espionnage en 1917 », in *Du premier Jazz au dernier Tsar*, Éditions Denoël, Paris 1959. (N.d.A.)

réception favorable que Mata Hari réserva à son offre, comme cela est consciencieusement rapporté dans le dossier « Agents » du ministère allemand des affaires étrangères, daté de 1920, inspiré à l'évidence de rapports antérieurs à la guerre. De même Cramer informa ses supérieurs à Anvers de ses négociations avec elle, y compris la remise des 20 000 francs. Anvers était alors en mesure d'informer Berlin qu'elle « aurait aisément pu faire mieux pour les 20 000 francs qu'elle avait reçus » — en échange desquels elle n'avait fait que donner à von Kalle des renseignements sans intérêt.

Tout cela aurait été pleinement sanctionné par les services français de renseignements si Ladoux l'avait su au préalable. Dans ce cas, Mata Hari, comme Marthe Richard, aurait bien pu être aussi décorée de la Légion d'honneur et devenir une héroïne devant l'éternité. Mais Ladoux qui cherchait sa revanche interpréta tous les gestes de Mata Hari comme des actes de trahison et non comme des « services rendus »

De plus, il lui refusa de poursuivre son voyage vers la Hollande où il aurait été débarrassé d'elle. Mais cela l'aurait empêché de satisfaire son désir de revanche car alors elle lui aurait échappé. C'est pourquoi Ladoux demanda à Sir Basil Thomson de la renvoyer en Espagne où elle serait plus facile à atteindre.

Mata Hari tomba dans le piège et son retour à Paris permit à Ladoux de retrouver sa dignité vis-à-vis de Sir Basil devant lequel il avait perdu la face. Son honneur était sauf et un espion, que l'on pouvait désigner comme la cause de nombreux revers des Français, tombait. Pour Ladoux, la solution était satisfaisante. Que Mata Hari perdît la vie dans cette affaire importait peu, voire *pas du tout*.

27.

Après son unique nuit à la Conciergerie, Mata Hari retrouva sa cellule 12 de Saint-Lazare. Comme la condamnation avait été prononcée, on changea les règles, et deux lits supplémentaires furent placés dans sa cellule, qui furent occupés la nuit par deux prisonnières volontaires pour la surveiller. Elle avait l'autorisation de lire et de fumer, mais elle n'en profita guère. Deux religieuses prenaient soin d'elle — Léonide et Marie, et elle se lia d'amitié avec la première. Chaque matin à cinq heures, sœur Léonide lui apportait son café, ce que Mata Hari appréciait beaucoup. Son habitude de prendre un café très tôt le matin remontait à l'enfance.

Les nouveaux règlements mirent aussi fin à la promenade quotidienne dans la cour, à laquelle Mata Hari avait été autorisée avant le début du procès. L'impossibilité de respirer un peu d'air frais, provoqua des crises d'étouffement. Cloîtrée dans sa cellule, elle demanda au docteur Bizard d'intervenir en sa faveur auprès des autorités.

« Je n'en peux plus, écrivait-elle un lundi matin dans une lettre au médecin, qui une fois de plus ne porte pas de date. Il me faut de l'air et un peu de mouvement. Cela ne les empêchera pas de me tuer, s'ils le désirent absolument, mais il est inutile de me faire souffrir, enfermée comme ça. J'ai trop de mal. »

Selon le docteur Bizard, qui avec son assistant, le docteur Bralez, furent les deux seuls mâles à la voir pratiquement tous les jours pendant son incarcération, elle ne reçut jamais ni fleurs, ni bonbons, contrairement à ce qu'on a souvent dit. Son courrier — les rares lettres qu'elle recevait par l'intermédiaire de la légation des Pays-Bas — devait maintenant passer par le bureau du lieutenant Mornet, car, ainsi que Maître Clunet devait en informer la légation peu après le procès, « aucune lettre ne peut être transmise à l'inculpée sans autorisation du parquet militaire ». Maître Clunet les prévint le jour où la légation lui fit suivre une lettre d'Anna Lintjens que celle-ci avait adressée à Mata Hari aux bons soins de la légation.

Maintenant le gouvernement des Pays-Bas suivait l'affaire de très près. Trois jours après que la condamnation eût été prononcée, le 28 juillet, le ministère néerlandais des Affaires étrangères demanda à ses représentants à Paris d'essayer de faire réduire la condamnation à une peine de prison au cas où la Cour d'appel confirmerait la légalité du procès.

La Cour d'appel ne releva aucun vice de forme. Maître Clunet qui s'était rendu le jeudi 16 août aux bureaux de la Cour, boulevard Raspail, s'entendit dire que le cas serait jugé le lendemain après-midi à deux heures, dix jours après le quarante-et-unième anniversaire de Mata Hari. Bien que Clunet ait été présent à l'audience, il ne put rien faire. Comme il n'avait pas pouvoir de plaider devant ce tribunal, Maître Henry Mornard, président de l'ordre des avocats au Conseil d'État et à la Cour de Cassation, avait nommé un autre avocat, Maître Bailby, pour défendre la cause de Mata Hari devant la Cour de Cassation.

« Aucune violation de la loi n'ayant pu être relevée à la charge de l'arrêt du 3e Conseil de guerre du 27 juillet 1917, le recours a été rejeté », disait le message que Maître

Clunet fit porter à la légation hollandaise le 17 août. Maintenant il ne restait que deux possibilités pour sauver Mata Hari de l'exécution : la cour d'appel et, éventuellement, une demande de grâce au président de la république.

La Haye surveillait l'affaire de loin et, le dernier jour d'août, un autre câble fut envoyé à Paris : « Si jugement Mata Hari maintenu veuillez faire démarche afin que demande en grâce puisse être présentée avant exécution. »

Mata Hari, pour la première fois depuis son arrestation, commença à se rendre compte de l'inutilité des efforts pour la sauver. Comprenant la situation mieux que personne, elle n'avait plus envie de se battre. Tous ceux de l'extérieur pensaient qu'on l'avait condamnée à juste titre pour des activités d'espionnage. Mata Hari, seule personne à vraiment savoir ce qui s'était passé, voyait les choses d'un angle complètement différent. Elle avait *assisté* à tout, et si elle pensait que rien de ce qu'elle avait fait ne justifiait une telle sentence, elle ne comprenait que trop bien comment on en était arrivé là. Tous ceux qui étaient censés être ses amis l'avaient abandonnée — par peur, par jalousie, par vengeance peut-être. Des gens qu'elle avait connus innocemment, se transformaient en compagnons dangereux. Ses conversations privées et intimes étaient devenues des activités visant à divulguer des secrets d'État. Les choses qui étaient si simples se compliquaient, des actes ordinaires devenaient coupables, et Mata Hari savait pertinemment que les explications ne serviraient à rien. La guerre avait tout changé, de petites choses avaient pris d'énormes proportions, et l'apparence s'était transformée en réalité.

Son mauvais moral apparaissait de façon tragique dans la longue missive qu'elle envoya le 2 septembre 1917 à la légation des Pays-Bas. Elle n'était ni résignée ni même désespérée — elle se sentait simplement seule et abandonnée.

« Je prie Votre Excellence de bien vouloir intervenir pour moi auprès du gouvernement français.

« Le 3e Conseil de guerre m'a condamnée à mort pour espionnage et il s'agit d'une grave erreur. »

Puis elle souligna les mots suivants d'un trait épais, si bien qu'ils se détachent du reste de la lettre.

« *Il y a quelques apparences*, mais pas d'actes et mes relations internationales que j'ai sont nécessairement la suite de ma situation de danseuse et pas autrement.

« En ce moment, on explique mal et on exagère les choses les plus naturelles. J'ai demandé la révision et la cassation de ce jugement, mais puisqu'il s'agit là de découvrir des erreurs juridiques, je crois ne pas pouvoir obtenir satisfaction.

« Il me reste le pourvoi en grâce chez Monsieur le Président de la République. Puisque je n'ai vraiment pas fait de l'espionnage en France, il est vraiment terrible de ne pouvoir me défendre.

« Des jalousies, des vengeances, il y a tant de choses qui interviennent dans la vie d'une femme comme moi, une fois qu'on la sait dans une situation délicate.

« J'ai une jolie situation à La Haye. Mes relations sont connues par le comte van Limburg Styrum qui certainement donnera à Votre Excellence quelques renseignements sur moi, si Elle désire en avoir. »

Elle signait à nouveau : « Mata Hari - M. G. Zelle McLeod. »

Outre son ton déprimé, cette lettre contient une étrange déclaration. Son contenu indique que le 2 septembre Mata Hari n'avait pas encore été informée du renvoi de son appel par la Cour de Cassation. Car elle écrit bien : « J'ai demandé révision » — laquelle révision avait été rejetée deux semaines auparavant. Son avocat ne lui en avait rien dit.

Maître Clunet ne s'intéressait pas activement à la cause de sa cliente, contrairement à ce que bien des ouvrages ont voulu faire croire. A moins qu'il n'ait omis de la prévenir pour ne pas lui faire plus mal encore, ce dont on se permettra de douter. Clunet avait été amoureux de Mata Hari, on pense même qu'il a été son amant ; il la connaissait depuis des années, s'apitoyait du destin de sa cliente, plaidait de façon pathétique et restait inconsolable après sa condamnation.

Tout cela est vrai. Seulement il semblerait que malgré l'intérêt que portait l'avocat à sa cliente, il ne savait pas comment on devait plaider une cause devant un tribunal militaire. Cette hypothèse se vérifie quand on voit ce qui se passa à la cour d'appel le 27 septembre, où tout fut réglé en un quart d'heure.

S'exprimant au nom de la cour d'appel, l'avocat Geoffroy demanda qu'on rejette l'appel sans discussion. Puis l'avocat de Mata Hari, Maître Reynal (au lieu de Maître Bailby qui aurait dû parler pour elle) expliqua qu'il avait lu le dossier. Maître Reynal ne tenait apparemment pas à faire quelque chose pour aider sa cliente inconnue ; il prononça nonchalamment une phrase qu'utilisent à l'occasion les avocats français qui sont désignés d'office pour une défense et qui, comme ils ne sont pas payés, ne prennent qu'un intérêt relatif à l'affaire. Maître Reynal, qui représentait une condamnée à mort, se leva et déclara : « Je déclare m'en rapporter à la sagesse de la cour[1]. » Cela ne signifie absolument rien en termes de droit. Cela veut seulement dire : « J'ai vu le dossier, je n'ai rien à dire et je laisse la décision à la cour. »

Maître Reynal avait une phrase à ajouter : il dit à la cour que Maître Clunet « insistait » pour demander un renvoi de l'audience et priait la cour d'écouter Maître Clunet lui-même. Maître Reynal, par ces mots, se lavait les mains de l'affaire.

Maître Clunet n'eut pas l'occasion de placer un mot.

---

1. En français dans le texte. (N.d.T.)

Le président de la cour d'appel expliqua que seuls les avocats inscrits auprès de cette cour pouvaient s'y exprimer. Comme Maître Clunet ne faisait pas partie de ces derniers, il dut se taire. En ce qui concernait le renvoi de l'audience à une date ultérieure, « il ne peut être ordonné, car il y a trois semaines que le dossier a été distribué ».

Cela signifiait que si Maître Clunet avait voulu réclamer un renvoi, il aurait dû en faire la demande plus tôt.

Il ne restait plus que quelques minutes sur les quinze imparties, et l'avocat général Peyssonnié les occupa pour la forme. Il n'y avait qu'un problème à débattre, dit-il, celui de la compétence. « Il s'agit de savoir si en temps de guerre, les crimes d'espionnage et de l'intelligence avec l'ennemi sont de la compétence du Conseil de guerre. La jurisprudence est unanime pour répondre affirmativement. Je conclus au rejet du pourvoi. »

La légation hollandaise téléphona à Maître Clunet le 28 septembre, demandant ce qui allait se passer maintenant. L'avocat expliqua que « nous aurons encore trois ou quatre semaines de temps [sans aucun doute : avant l'exécution] et que nous aurons encore assez de temps pour parler de cette affaire ». Cette communication, que l'on rapporta par écrit au ministre hollandais, semble indiquer, de la part de l'avocat, le sentiment — contraire au sentiment d'urgence éprouvée par la légation — qu'il n'y avait aucune raison de vouloir presser les choses.

Maître Clunet n'était pas payé pour ses efforts. Bien que Mata Hari eût *demandé* ses services, il avait *été nommé d'office* par le barreau pour la défendre, et après le coup de téléphone du 28, il prit grand soin de faire comprendre cet aspect des choses à la légation :

« Comme suite à votre communication, écrivait-il le lendemain, et en raison de l'intérêt que vous portez à votre compatriote, dont la défense d'office m'a été remise par le Commissaire des Bâtonniers de notre ordre, je vous

envoie le numéro de la Gazette des tribunaux de ce jour »,
dans lequel était rapportée la décision de la cour d'appel.

La légation en informa immédiatement La Haye, et la
réponse ne fut pas longue à venir. Elle consistait en sept
mots exactement. Signé du ministre des Affaires étrangères
Loudon, le câble qu'envoyait le gouvernement hollandais
disait ceci : « VEUILLEZ DEMANDER GRACE PERSONNE
VISEE VOTRE 292. »

Ce n'est donc ni la reine Wilhelmine ni le premier
ministre hollandais qui intervint pour Mata Hari, comme
on l'a dit. Pas plus que Maître Clunet, comme l'a écrit le
commandant Massard. C'était, ce devait être, le ministère
hollandais des Affaires étrangères. Sa requête fut transmise
par écrit à son homologue du Quai d'Orsay le lundi 1er
octobre.

« Monsieur le ministre, écrivait le ministre hollandais
Ridder de Stuers,

« Je viens d'être chargé par mon gouvernement pour
des circonstances d'humanité de demander la grâce de
madame Zelle MacLeod dite Mata Hari, qui a été condamnée à mort le 25 juillet par le 3e Conseil de guerre et dont
le pourvoi a été rejeté le 28 septembre dernier par la
Chambre Criminelle de la Cour de Cassation. J'ai l'honneur
de réclamer l'obligeant intermédiaire de Votre Excellence
afin de bien remettre à Monsieur le Président de la
République cette demande du gouvernement de la Reine
et je lui serais reconnaissant qu'Elle veuille bien me faire
connaître quel accueil lui put y être réservé. »

Ce même jour, à la suite d'une conversation téléphonique
matinale, une lettre fut portée par courrier spécial à Maître
Clunet, qui l'informait de l'action entreprise. On envoyait
dans le même temps un câble à La Haye disant que la
requête faite dans le télégramme 233 avait été « immédiatement exécutée ».

Rien ne se passe — sinon que, en Hollande, le 3 octobre,
John MacLeod épousa sa troisième femme, Grietje Meijer.

Le 13 octobre, le ministère des Affaires étrangères à La Haye câbla à Paris, déclarant que six journaux hollandais avaient annoncé l'exécution de Mata Hari et priant Paris de répondre immédiatement, « afin de prévenir d'autres commentaires ». C'était un samedi, et aucun mot n'avait été reçu du Président Poincaré, ni du ministre français des Affaires étrangères. En fait, les Français avaient snobé le représentant de Sa Majesté la Reine des Pays-Bas. Ils avaient envoyé leur réponse à l'avocat.

Au matin du lundi 15 octobre, quand la légation hollandaise ouvrit ses portes, un message de Maître Clunet les attendait : « La requête en grâce a été rejetée. » A cette heure-là, Mata Hari était déjà morte.

Après l'annonce prématurée et fausse de l'exécution de Mata Hari par la presse hollandaise le 13 octobre, l'ambassadeur anglais à La Haye, Sir William Townley, envoya le lendemain — 14 — un télégramme au ministère des Affaires étrangères de Londres, dans lequel il commentait un article paru dans le *Nieuwe Courant* à La Haye :

« Le *Nieuwe Courant* déclare qu'on lui a reproché de ne pas avoir poussé des cris d'indignation lors de l'exécution de Mata Hari. On compare sa froideur à rapporter cette sentence avec son indignation lors de l'affaire de Miss Cavell. Journal considère reproche injuste. Il avoue ne pas savoir grand-chose de l'affaire de Mata Hary [sic] mais présume que gouvernement hollandais a fait des démarches pour s'assurer qu'elle a été équitablement jugée, bien que le gouvernement français n'ait rien fait qui ait convaincu le public hollandais de sa culpabilité. »

Londres, dans le même temps, avait suivi avec grande attention les événements depuis le jour où Mata Hari avait été condamnée en juillet. Le 31 de ce mois le colonel V.G.W. Kell du bureau M.I.5. du ministère de la Guerre envoyait une note confidentielle à Basil Thomson à propos de Mata Hari, où il disait : « Je vous serais très reconnaissant si vous pouviez m'autoriser à consulter tous les documents que vous possédez à propos de cette femme susnommée qui vient d'être condamnée pour espionnage. Elle a été interrogée par vous en présence du Colonel Drake le 17 novembre 1916, mais je n'ai pas de rapport de cet interrogatoire. » (L'enquête avait eu lieu les 15, 16 et 18 novembre et non le 17.)

A peu près au même moment, puis tout le mois d'octobre, Basil Thomson reçut de nouvelles demandes. On lui envoya aussi des articles de journaux parus dans la presse anglaise pour *l'informer* des événements à Paris. Basil Thomson renvoya certaines de ces coupures de journaux à ses collègues du ministère de la Guerre et au bureau de l'Immigration accompagnés de cette réflexion laconique : « Les circonstances sont connues. »

C'est le superintendant Quinn qui répondit à la requête du colonel Kell. Le 4 août, il lui envoyait un mémo de trois pages, donnant tous les détails connus sur Mata Hari, du premier interrogatoire à Falmouth en 1915 jusqu'au dernier renseignement disponible que Scotland Yard avait apparemment appris par voie de presse, car le rapport se terminait par ces mots : « Selon l'*Evening News* du 31 juillet, Madame Zelle a été arrêtée comme espionne à Paris et a été condamnée à mort. »

Dans une note du sergent Albert Wavell, *Pour l'information du superintendant Quinn*, datée du 2 octobre 1917, nous apprenons que c'est ce sergent, avec le capitaine Dillon, qui, en décembre 1915, avait conseillé aux autorités de Dieppe de surveiller ses mouvements.

Basil Thomson garda un œil sur le développement de l'affaire, dont le capitaine Ladoux ne l'informa visiblement pas. Le 29 juillet, l'auteur anglais Albert F. Calvert avait écrit une lettre au rédacteur en chef de l'*Observer* de Londres où il disait « qu'il avait entendu parler des activités de Mata Hari début 1915 en Hollande et lors d'une visite en Espagne en janvier 1916 ». M. Calvert donna plus de détails à propos de Mata Hari, par exemple qu'elle se trouvait au Ritz à Madrid lorsqu'il y était, qu'elle avait été très occupée à Barcelone et Valence et qu'elle s'apprêtait à partir pour Lisbonne afin de prendre le bateau pour la Hollande. Il l'avait entendue « décrire la façon minutieuse dont on l'avait fouillée dans les ports anglais [1] et dire que jamais on ne trouverait quelque chose sur elle, dans la mesure où elle oubliait ce qu'elle ne pouvait pas retenir, voulant dire par là qu'elle faisait confiance à sa mémoire pour transporter ses renseignements ».

M. Calvert « avait prévenu les autorités anglaises de Madrid de son départ et de la nature de ses affaires, » et il pensait « qu'il était très satisfaisant d'apprendre qu'on avait pu mettre fin aux activités de ce très dangereux et intelligent agent de l'ennemi ».

Basil Thomson, dans une note manuscrite ajoutée au bas de la lettre de M. Calvert dans l'*Observer* demandait à ses agents « de faire un rapport sur les points évoqués, en se référant à mon dossier ». A une autre occasion, le 16 octobre, il demandait « qu'on découpe les articles du *Times* de ce jour concernant son exécution et le lieu de celle-ci ».

Ce même jour, le lendemain de l'exécution de Vincennes, le premier d'une longue série d'articles à sensation sur Mata Hari parut dans la presse londonienne. Cette fiction de mauvais goût se poursuit encore de nos jours, bien que les faits réels de sa vie soient maintenant bien connus.

Le *Daily Express* donne le ton superbement.

Titrant son papier « Exécution d'une belle espionne » avec le sous-titre suivant « Romantique carrière d'infamie », le correspondant à Paris du journal écrivait que « son père était un sujet hollandais et sa mère javanaise.

---

1. En janvier 1916, Mata Hari n'avait encore été fouillée dans aucun port anglais. Elle effectuait alors son premier voyage de retour en Hollande via Folkestone ; elle était venue en France par Tilbury et Dieppe. (N.d.A.)

Son père mourut alors qu'elle était encore au berceau et, afin de la protéger des dangers qui menacent une jeune fille métisse en Orient, sa mère s'enfuit de Java avec elle, alors âgée de trois ans, et alla en Birmanie. Là, toujours pour la protéger, elle la voua au célibat et la plaça dans un temple bouddhiste pour qu'elle apprenne à danser, sorte de vestale vierge moderne.

« A douze ans, elle était dégoûtée de sa vie et était déterminée à la changer ou à y mettre fin. Elle avait quatorze ans maintenant. Après avoir dansé lors d'une grande fête bouddhiste en Birmanie, elle rencontra un officier britannique — un baronnet — et tomba amoureuse de lui. C'était sa première histoire amoureuse. Elle réussit à s'échapper du temple pour le rejoindre. Finalement ils se marièrent. Deux enfants — un garçon et une fille — naquirent de cette union.

« Au bout de quelque temps, la monotonie de l'existence des femmes d'officiers britanniques commença à lui peser Le summum arriva quand une bonne qu'elle avait battue et renvoyée poussa l'un de ses domestiques à empoisonner son petit garçon. Les vieux colons des Indes se souviennent encore des événements tragiques et du scandale qui suivit la mort de son fils. Elle lança sa propre enquête et attribua la responsabilité de l'acte à l'un de ses jardiniers. Elle s'empara d'un revolver et, s'avançant dans le jardin où l'homme travaillait, le tua.

« Elle fut arrêtée, mais tout fut fait pour étouffer l'affaire et le scandale. Finalement, on lui dit qu'elle devrait quitter les Indes britanniques. C'était exactement ce qu'elle souhaitait. Elle quitta sa maison en pleine nuit, enlevant sa fille à son mari. Elle alla jusqu'à Marseille et de là en Hollande, où elle mit sa fille dans un couvent. Puis elle partit tout droit pour Paris.

« Paris s'empara d'elle. Elle s'intégra très vite dans les folles nuits parisiennes. Elle rencontra des hommes. L'un d'eux était un riche Allemand, haut fonctionnaire du gouvernement allemand. Il lui acheta une maison à Neuilly-sur-Seine et la meubla dans le style symbolique des splendeurs orientales.

« Elle avait toutes les qualifications pour espionner à la solde des Allemands. C'était une vie qui devait lui plaire. Elle prenait beaucoup plaisir à contrôler les gens avec qui elle entrait en contact et son influence tenait du miracle. Son constant compagnon était une domestique allemande qu'elle appelait toujours "Anna".

« Grande et élancée, avec une personnalité étrangement magnétique, elle tourna la tête de bien des hommes et, grâce à une combinaison de charme et de ruse, obtint les secrets de notre temps. »

28.

Pendant les dix-huit nuits qui s'écoulèrent entre le rejet de la cour d'appel et le jour de son exécution, Mata Hari ne put dormir relativement tranquille que trois nuits — les trois samedis soirs. Elle savait que le dimanche il n'y avait jamais d'exécution. Presque chaque soir, elle demandait à Sœur Léonide si elle pouvait dormir tranquille — ce qu'elle ne faisait généralement pas.

A six heures du soir, le dimanche 14, le commandant Massard du haut commandement de l'armée de Paris reçut sa copie de l'ordre d'exécution, signé de la main de Bouchardon. Le dernier acte était prévu pour le lendemain matin. Tard ce soir-là, quand le docteur Bizard en fut informé, il décida d'aller faire un tour dans la cellule de Mata Hari en compagnie de Sœur Léonide. Ils parlèrent de choses sans importance et la religieuse demanda à Mata Hari « comment elle dansait dans le temps ». Mata Hari esquissa quelques pas innocents, et pendant des années on raconta qu'elle avait dansé nue de façon exaltée dans sa cellule.

Extérieurement, elle resta maîtresse d'elle-même. Il n'y eut ni larmes ni crises de désespoir. Plusieurs fois, d'après le docteur Bizard et le docteur Bralez, elle laissa échapper quelques réflexions dénonçant le manque de compréhension du peuple français. Si elle s'était exclamée « *Ces sales Boches* [1] » en rentrant en Hollande, maintenant elle disait : « *Ah... Ces Français* [1]. ». C'était plus de l'incompréhension de sa part que de la haine.

Néanmoins, même le docteur Bizard qui, en gros, traça un portrait modéré de sa patiente, ne put réfréner un sentiment d'antipathie à son égard vers la fin. Pour lui, son attitude n'était pas du *cran*. Il avait l'impression que « jusqu'à la fin, elle joua son rôle de femme courageuse et indifférente ». Ce n'était donc que du courage de « composition ». Comme si le courage face à la mort pouvait être autre chose.

Le lundi matin, le capitaine Bouchardon arriva à Saint-Lazare peu après quatre heures. Une voiture était venue le chercher chez lui, boulevard Péreire, à quatre heures tapantes. Le docteur Bizard et son collègue Bralez arrivèrent à peu près à la même heure, tandis que Massard arriva lui un peu plus tard, à 4 h 45. La matinée était froide. La température était de deux degrés à peine au-dessus de zéro. La nouvelle de l'exécution avait dû tomber dans l'oreille de la presse, car au lieu de la trentaine de personnes habituelles, le nombre qui venait à une exécution « normale », il y avait, selon l'estimation du docteur Bizard, « une bonne centaine de personnes, civils et militaires ». Et un certain nombre de soldats endormis sur le trottoir. Massard compta une douzaine de journalistes.

Assemblés dans la cour de la prison d'autres officiels attendaient : le capitaine Thibaud, greffier en chef du Conseil de guerre, que l'on était allé chercher à son domicile de la rue de Vaugirard à 4 h 30, le lieutenant Mornet, le lieutenant-colonel Somprou (qui ordonna à tout le monde de rester en bas) et, bien sûr, Maître Clunet. On

_____

1. En français dans le texte. (N.d.T.)

pouvait voir en outre le commandant Julien, chef du parquet du 3ᵉ Conseil de guerre, le docteur Soquet, officier médical, M. Estachy, directeur de la prison, et le général Wattine, l'avocat général.

Maître Clunet déclara qu'il était trop nerveux pour monter et demanda à Somprou de dire à Mata Hari qu'il était là. Le lieutenant-colonel n'avait pas envie de jouer les messagers et dit sèchement à l'avocat, « que s'il avait des commissions à faire, il n'avait qu'à les faire lui-même ».

Sœur Léonide conduisit ces messieurs à la cellule 12, et ouvrant la porte, elle leur désigna le lit du centre de la pièce comme étant celui de Mata Hari. Celle-ci ne dormait pas d'un sommeil normal, le docteur Bizard lui avait administré la veille au soir une double dose de chloral, soporifique liquide incolore. Les deux autres femmes qui partageaient sa cellule, ouvrirent les yeux quand la porte s'ouvrit et comprirent. Elles se mirent à pleurer lorsqu'on secoua Mata Hari pour la réveiller. Surprise dans son sommeil, elle s'assit dans son lit et, s'appuyant sur ses coudes, se pencha en avant. La peur luisait dans son regard — puis elle comprit elle aussi et devint peut-être l'occupante la plus calme de la cellule.

C'est à cet instant-là qu'elle fut informée du rejet de sa demande en grâce. Il y eut un court silence, puis Mata Hari répéta les mots qu'elle avait murmurés quand la condamnation à mort était tombée près de trois mois auparavant : « C'est impossible, c'est impossible. »

Selon le docteur Bizard, Mata Hari dut consoler Sœur Léonide : « N'ayez pas peur, ma sœur — Je saurai mourir sans faiblesse, » puis les hommes sortirent de la cellule, pour la laisser s'habiller. Seul le docteur Bizard resta. Assise sur son lit pour mettre ses bas, ses jupes remontaient haut sur ses cuisses, et sœur Léonide voulut les lui couvrir. C'est Mata Hari qui fit preuve de la présence d'esprit requise en la circonstance : « Ce n'est pas grave, ma sœur, ce n'est vraiment pas le moment d'être prude. »

Le médecin lui proposa de respirer des sels : « Merci, docteur, dit-elle, vous devez voir que je n'en ai pas besoin. » Elle demanda à parler au révérend Arboux. Ils restèrent ensemble dans la cellule quelques minutes, puis le pasteur partit, visiblement ému. Les autres rentrèrent. Le docteur Bralez, l'interne, déclare qu'elle lui demanda quel temps il faisait et qu'il répondit « beau ». Cela semble douteux, parce que ce n'était pas le cas. Il y avait du brouillard et on voyait à peine à cent mètres.

Mata Hari était prête. Elle portait une robe gris perle, un chapeau de paille et un voile, un manteau sur les épaules, et ses meilleures chaussures — elle avait toujours adoré les bonnes chaussures. Elle ne portait aucun bijou. On les lui avait tous enlevés à son arrivée à la prison en février. Pour finir l'ensemble, elle enfila ses gants et remercia le médecin de tout de qu'il avait fait. Une fois de plus elle consola sœur Léonide qui était au bord des larmes. On lui posa une dernière question. Et cette question allait faire couler beaucoup d'encre. Cette question n'est pas obligatoire selon la législation française — car apparemment c'est à la prisonnière qu'il revient de s'exprimer sur ce point. L'article 27 du premier chapitre du Code criminel français (qui est devenu, depuis juin 1960, l'article 17) stipule que « si une femme condamnée à mort déclare et se révèle enceinte, elle ne sera exécutée qu'après la naissance de son enfant ».

Selon le docteur Bizard, Mata Hari n'avait rien dit mais l'officier médical Soquet lui demanda « si elle avait des raisons de penser qu'elle pouvait être enceinte ». Comme elle venait de passer huit mois en prison, la question était plutôt superflue, et Mata Hari eut l'air fort surpris. Les scènes d'émotion, décrites par les auteurs imaginatifs, où l'on voit Clunet se déclarer le père de l'enfant relèvent de l'invention.

En quittant la cellule, le gardien chef voulut lui prendre le bras, mais Mata Hari se dégagea, offensée, déclarant qu'elle n'était ni une voleuse ni une criminelle. Elle prit la main de sœur Léonide pour descendre vers le bureau du premier étage, appelé le *Pont d'Avignon*, où on la remit officiellement entre les mains des militaires.

C'est là qu'elle demanda à écrire quelques lettres, trois pense-t-on, dont l'une était adressée à sa fille. Ce qui en advint reste un mystère. On dit qu'elle les confia au directeur de la prison, à Maître Clunet ou — c'est le bruit qu'entendit Henri Lecouturier qui devait être chargé plus tard de la vente de ses bijoux — au pasteur protestant. La fille de Mata Hari ne reçut jamais de message de sa mère, comme l'indique une lettre écrite par John MacLeod le 10 avril 1919 à la légation hollandaise à Paris. Il demandait un certificat de décès pour sa fille Non « en vue de ses projets de mariage ». « Nous n'avons reçu aucun mot d'adieux à son enfant de Madame Mata Hari, bien qu'elle ait écrit deux lettres avant sa mort, selon la presse. Nous avons donc abandonné tout espoir à ce sujet ». Ces lettres ne figurent pas non plus dans le dossier secret français.

Le docteur Bizard se tenait à deux mètres de Mata Hari lorsqu'elle écrivit ses lettres, prêt à intervenir. Mais elle termina calmement et rapidement — cela lui avait pris dix minutes.

Accompagnée des gendarmes militaires, de sœur Léonide et du Révérend Arboux, Mata Hari monta dans l'auto qui l'attendait. La distance était longue entre le centre de Paris et la banlieue de Vincennes, mais les rues étaient vides à cette heure matinale, et on roulait vite. Les murs du chateau de Vincennes, dont une partie tenait lieu de caserne militaire, se détachèrent dans la demi-obscurité, entourés de brouillard. La température avait baissé.

Les voitures ralentirent pour passer par l'étroit portail du château, s'arrêtèrent un instant à droite devant le donjon qui date du quatorzième siècle, puis reprirent de la vitesse pour traverser la cour longue de presque un kilomètre, passant à côté de la chapelle du seizième siècle, un peu plus loin à gauche.

Un des soldats qui prétendaient avoir participé à l'exécution écrivit une histoire à sensation pour un magazine italien en 1963, dans laquelle il mentionnait que de la salle de garde « ils virent l'auto pénétrer dans la cour », puis il racontait l'exécution de Mata Hari dans cette même cour. C'est une fable de plus.

Mata Hari ne fut pas fusillée dans la cour du château de Vincennes, ni dans le donjon, ni contre les murs, ni dans les douves asséchées qui entourent le château. Elle fut exécutée au polygone de Vincennes, vaste champ de manœuvres de la cavalerie qui commençait de l'autre côté de la cour intérieure, au-delà du château lui-même.

L'auto passa les arcades au bout du château et pénétra lentement dans le polygone détrempé par la pluie, et s'arrêta près des troupes assemblées. On sonna le clairon. Et Mata Hari aida sœur Léonide, qui priait tout haut, à descendre de la voiture. Les deux femmes s'avancèrent côte à côte vers le poteau qui marquait l'endroit où devait avoir lieu l'exécution, et se séparèrent.

Douze soldats du quatrième régiment de zouaves se mirent en lignes de six devant elle. A droite, se tenait un groupe de quatre officiers. Près d'eux il y avait sœur Léonide, le Révérend Arboux et le médecin. Plus loin, derrière le peloton d'exécution, se tenaient les troupes, composées d'unités de cavalerie et d'artillerie, et de soldats appartenant aux premières lignes sur le front. Un officier lut la sentence, debout à côté d'elle : « Au nom du peuple français.... »

Mata Hari refusa qu'on l'attache au poteau. Elle refusa aussi qu'on lui bande les yeux. L'officier en charge leva son sabre pour commander le feu. Une salve de douze coups explosa dans la tranquillité de mort du matin.

Le lieutenant Choulot, *aide-major de première classe*[1], chirurgien militaire, s'approcha du corps inerte pour donner le *coup de grâce*[1]. Le docteur Robillard de l'hôpital militaire Bégin à Paris vérifia.

Il était six heures quinze. Le soleil s'était levé quatre minutes plus tôt. Mata Hari, l'Œil du Jour, était morte.

Plus tard, ce matin-là, Maître Clunet téléphona à la légation des Pays-Bas qui informa La Haye — et les vannes de l'imagination s'ouvrirent dès ce moment-là. Un mois à peine après l'exécution le gouvernement hollandais s'inquiéta d'un article paru dans un journal allemand qui affirmait que Mata Hari avait été dame d'honneur de la Reine Wilhelmine. *Jonkheer* Loudon, ministre hollandais des Affaires étrangères, informa la légation hollandaise à Paris que « j'ai fait démentir cette rumeur absurde », il demandait aussi à son représentant à Paris « de faire votre possible si presse française répand également rumeur, afin que journaux établissent que personne indiquée n'a pas été dame d'honneur et n'a aucun rapport avec cour de la reine ».

Les propriétaires de la maison de Mata Hari à La Haye, deux sœurs, écrivirent à Paris en décembre 1917, se demandant si la légation connaissait quelqu'un « sa fille, peut-être » qui pourrait continuer à payer le loyer, dans la mesure où « étant donné la rareté des appartements, c'est un moment idéal pour vendre ou louer une maison ». Elles devaient bientôt obtenir satisfaction : les meubles et les biens de Mata Hari furent vendus aux enchères les 9 et 10 janvier 1918. Le baron Edouard Willem van der Capellen ne se montra pas. Il ne vint même pas prendre une photo de lui qui trônait parmi les articles à vendre.

John MacLeod, dans plusieurs lettres au ministère des Affaires étrangères à La Haye et à la légation de Paris, essaya de savoir ce qui était advenu des biens de son ex-

---

1. En français dans le texte. (N.d.T.)

épouse, parce que « étant donné son train de vie », il en avait conclu « qu'elle possédait une fortune non négligeable ». Et en tant que tuteur de sa fille, il voulait faire remarquer aux autorités françaises que la moitié des biens de Mata Hari revenait à sa fille.

Tous ses biens, l'informa la légation parisienne (qui obtint ces renseignements des Affaires étrangères) y compris « tous les effets mobiliers retirés du Greffe du Conseil de guerre aussi bien que les bijoux retirés de la prison Saint-Lazare, ont été mis en vente le 30 janvier 1918 » et « la somme nette de la vente était de 14 251,65 francs. La somme fut utilisée pour couvrir les frais du procès ».

On informait également John MacLeod, qu'après recherches, « la nommée Zelle MacLeod n'a pas disposé de ses biens et·n·a pas laissé de testament ». La réaction de John fut teintée d'amertume : « Ma fille aurait été l'unique héritière des biens de sa mère, si tout ce que cette femme avait laissé n'avait pas complètement disparu, sans laisser de trace, grâce aux bons soins de la République française. Ils ont dû faire un merveilleux partage de la dépouille. »

Même si Non avait hérité des biens de sa mère, elle n'en aurait pas profité longtemps. John MacLeod dans sa dernière lettre, datée du 10 avril 1919, réclamait un certificat de décès de son ex-épouse « en vue d'un projet de mariage » de sa fille, et indiquait « qu'elle avait l'intention de partir comme institutrice aux Indes orientales néerlandaises ». Non avait passé un examen médical pour partir sous les Tropiques. Quatre mois plus tard exactement, le 10 août 1919, elle était morte. La veille de sa mort, accompagnée de sa belle-mère, elle était allée acheter de la mousseline pour une robe de soirée à porter à bord du bateau. Elle était en parfaite santé, un peu hésitante pour faire son choix, ce qui ne lui ressemblait pas. Non alla se coucher à onze heures ce soir-là. Le lendemain matin, Grietje MacLeod-Meijer la retrouvait morte dans son lit. Elle avait succombé à une soudaine hémorragie cérébrale.

Son père lui survécut huit ans. Agé de près de soixante-douze ans à sa mort, il fut enterré à côté de sa fille au cimetière de Worth-Rheden près d'Arnhem. La tombe porte une simple inscription sans le nom de famille : « Notre Non née le 2 mai 1898 — morte le 10 août 1919, et son père né le 1er mars 1856, mort le 9 janvier 1928. »

Tous les autres sont morts eux aussi : le pathétique avocat Maître Clunet, Ladoux qui lança l'affaire à la demande des Anglais, le capitaine Bouchardon, qui, donnant la touche finale au travail de Ladoux, éprouva le besoin d'aller plus loin et signa l'ordre d'exécution, le lieutenant-colonel Somprou et les membres du jury, les hommes du peloton d'exécution. Chacun d'entre eux repose en paix dans sa tombe, où qu'elle soit — sauf Mata Hari.

Dans cette atmosphère de soupçons qui régnait en 1917, pas un de ses amis n'eut le courage de réclamer son corps pour lui donner des funérailles décentes. Les restes ont été emportés dans les chambres à dissection de l'un des hôpitaux de Paris, où son corps si désiré, si disputé, si admiré subit des opérations post-mortem dans l'intérêt de la science.

Donc ce qui reste du corps de Mata Hari est parti en cendres — poussière d'une femme qui avait commencé sa vie dans une tranquille ville provinciale de Hollande, qui avait aimé la musique, la poésie et les robes rouges. Et plus tard l'argent et les hommes — et qui ne pouvait vivre sans les deux.

Remerciements

Remercier tous ceux qui m'ont aidé à réunir des renseignements pour la rédaction de cet ouvrage relève de l'impossible.

Cela fait plus de cinquante ans que je m'intéresse à Mata Hari, et nombre de ceux qui ont été ses intimes ont disparu depuis longtemps. Parmi eux, Anna Lintjens, celle qui fut la domestique et la fidèle compagne de Mata Hari, occupe à mes yeux une place prépondante.

Mon vieil ami Leo Faust, depuis longtemps disparu, qui avait rencontré Mata Hari lorsqu'il était correspondant de presse à Paris, mérite des louanges pour son extraordinaire mémoire. Au début des années 30, après qu'il eut abandonné sa carrière de journaliste pour ouvrir un restaurant hollandais au 36, rue Pigalle (où il était « *Poète et Marchand de Soupe* »), nous parlâmes souvent de Mata Hari devant un verre de gin hollandais. Et plus tard, après la Seconde Guerre mondiale, ses lettres et d'autres entretiens avec lui m'apportèrent encore de nouveaux éléments.

Mme Grietje MacLeod-Meijer, troisième épouse du mari de Mata Hari, qui, elle, est bien en vie, n'a pas ménagé sa peine pour m'aider, même si l'évocation des épisodes de sa vie auprès de la fille de Mata Hari éveillait de pénibles souvenirs.

M. Willem Dolk, des archives de la ville de Leeuwarden, et son prédécesseur M. Mensonides, qui se trouve maintenant à La Haye, m'ont fourni des informations précises et m'ont accordé beaucoup de leur temps. M. H. W. Keikes du *Leeuwarder Courant*, Frison dont l'intérêt journaliste et historique pour Mata Hari est aussi aigu que le mien, m'a lui aussi été d'un grand secours. Et Mme Ybeltje Kerkhof-Hoogslag comme Mme Buisman-Blok Wybrandt, camarades de classe de Mata Hari, aujourd'hui décédées, ont su me dépeindre les événements de cette époque avec une exactitude étonnante.

Feu Mlle Lucienne Astruc, fille de l'impresario de Mata Hari, m'a confié des lettres d'une valeur inestimable pour retracer la carrière artistique de Mata Hari. Je dois aussi des remerciements à Mlle Ruys, archiviste en chef du ministère des Affaires étrangères hollandais à La Haye, ainsi qu'à certains de ses collègues du ministère de la Guerre des Pays-Bas.

Le ministère de la Guerre français, malgré son refus de me livrer le dossier secret, ne m'en a pas moins fourni toutes les informations qu'il était autorisé à divulguer. Les fonctionnaires des ministères des Affaires étrangères et de la Guerre à Bonn et à Coblence, de même que certains officiels d'Allemagne de l'Est, n'ont pas hésité pour me venir en aide, à fouiller dans le peu d'archives sur la Première Guerre mondiale qui leur restaient après le bombardement de Postdam lors de la Deuxième Guerre mondiale.

De ceux que j'ai interrogés, en Hollande en 1932, c'est le peintre et ami intime de Mata Hari, Piet van der Hem, aujourd'hui décédé, qui m'a confié les lettres personnelles les plus précieuses tout en me racontant tout ce qu'il savait d'elle. Et je dois nommer encore le docteur Roelfsema, M. De Balbian Verster, ainsi que les deux aimables dames

hollandaises qui apparaissent dans cet ouvrage sous les
noms de *Mme K.* et *Mme V.* A tous ceux-là, j'adresse
mes plus chaleureux remerciements.

Achevé d'imprimer en mars 1985
sur presse CAMERON
dans les ateliers de la S.E.P.C.
à Saint-Amand-Montrond (Cher)
pour le compte de la librairie Arthème Fayard
75, rue des Saints-Pères - 75006 Paris

35-14-7308-01

ISBN : 2-213-01535-5

Dépôt légal : mars 1985
Nº d'Édition : 7074. Nº d'Impression : 396.

Imprimé en France

H
5/85